365일
고민 없는
국내 여행

사계절 즐기는 전국 여행 베스트 코스 올가이드

365일 고민 없는 국내여행

김수진 · 정은주 지음

길벗

사계절 즐기는 전국 여행 베스트 코스 몰 가이드
365일 고민 없는 국내 여행

초판 발행 · 2024년 10월 23일

지은이 · 김수진, 정은주
발행인 · 이종원
발행처 · (주) 도서출판 길벗
출판사 등록일 · 1990년 12월 24일
주소 · 서울시 마포구 월드컵로10길 56(서교동)
대표전화 · 02) 332-0931 | 팩스 · 02)323-0586
홈페이지 · www.gilbut.co.kr | 이메일 · gilbut@gilbut.co.kr

편집팀장 · 민보람 | 기획 및 책임 편집 · 백혜성(hsbaek@gilbut.co.kr) | 디자인 · 최주연
제작 · 이준호, 손일순, 이진혁 | 마케팅 · 정경원, 김진영, 조아현, 류효정 | 유통혁신 · 한준희
영업관리 · 김명자 | 독자지원 · 윤정아

본문 조판 · 곰곰사무소 | 사진 · 김수진, 김도형 | 교정교열 · 이정현
CTP 출력 · 인쇄 · 대원문화사 | 제본 · 신정문화사

- 잘못 만든 책은 구입한 서점에서 바꿔드립니다.
- 이 책은 저작권법에 따라 보호받는 저작물이므로 무단 전재와 무단 복제를 금합니다 .
- 이 책의 전부 또는 일부를 이용하려면 반드시 사전에 저작권자와 출판사 이름의 서면 동의를 받아야 합니다.

© 김수진 · 정은주

ISBN 979-11-407-1122-2 (13980)
(길벗 도서번호 020234)

정가 25,000원

독자의 1초까지 아껴주는 정성 길벗출판사

(주)도서출판 길벗 | IT교육서, IT단행본, 경제경영서, 어학&실용서, 인문교양서, 자녀교육서 www.gilbut.co.kr
길벗스쿨 | 국어학습, 수학학습, 어린이교양, 주니어 어학학습 www.gilbutschool.co.kr

독자의 1초를 아껴주는 정성!

세상이 아무리 바쁘게 돌아가더라도
책까지 아무렇게나 빨리 만들 수는 없습니다.

인스턴트 식품 같은 책보다는
오래 익힌 술이나 장맛이 밴 책을 만들고 싶습니다.

땀 흘리며 일하는 당신을 위해
한 권 한 권 마음을 다해 만들겠습니다.

마지막 페이지에서 만날 새로운 당신을 위해
더 나은 길을 준비하겠습니다.

독자의 1초를 아껴주는 정성을 만나보십시오.

PROLOGUE
작가의 말

김수진

"참, 천직이다!" 여행 이야기를 할 때면 아직도 눈빛이 빛난다며 친구들이 나에게 하는 얘기다. 부인할 수 없는 사실이다. 여행 연차가 꽤 오래 쌓였음에도 여전히 여행 가는 길은 설렌다. 또 여전히 '여행 중'은 즐겁고 신난다. 여행을 하면 할수록 이토록 무한한 여행 재미를 많은 이와 함께 나누고 싶다는 마음이 커졌다. 그래서 알게 모르게 나는 '여행 오지라퍼'가 됐다. 좋은 풍경이나 재미난 곳, 핫 플레이스를 발견하면 주변인들에게 꼭 소개한다. 다녀온 사람들이 '엄지 척'을 해주면 기분이 좋아 또 다른 곳을 안내한다. 행복한 여행 바이러스가 가까운 주변만이 아니라 더 멀리 번져 나갔으면 바람 끝에 이 책을 내놓게 됐다. 좋아하는 사람들에게 꼭 얘기해 주고 싶던 대한민국의 많은 여행지를 책에 꾹꾹 눌러 담았다. 이 책 한 권이 언제든 휙 떠날 수 있는 자신감과 동기 부여를 줄 수 있으면 좋겠다. 챗 GPT보다 든든한 여행 벗이 되어주면 좋겠다. 번잡한 일상에서도 당신이 책장을 펼치고 있는 순간만은 여행이 되길, 당신의 여행길을 더욱 즐겁고 알차게 만들어주길⋯. '여행 오지라퍼'의 이런저런 바람을 가득 담아 이 책을 낸다.

Special thanks to
길고 긴 작업 과정에 늘 든든한 버팀목이 되어준 정은주 작가와 백혜성 에디터, 그리고 여행 속에서 가족애를 넘어 동지애를 쌓아온 우리 가족에게 진한 감사를 전한다.

정은주

　우연한 기회에 여행 작가가 되어 집 밖을 떠돌아다니기를 십수 년째. 돌이켜보면 어릴 적부터 '여행자' 기질이 있지 않았나 싶다. 초등학교 시절, 한 번은 이사 간 집을 찾아가다 버스 정류장을 잘못 내려 길을 잃은 적이 있었다. 어린 마음에 덜컥 겁이 날 법도 한데 오히려 낯선 동네에 마음을 뺏겨 시간 가는 줄 모르고 골목을 누비고 다녔던 기억이 선명하다. 어렸던 그때에도 두려움보다는 호기심이 먼저 일었던 모양이다. 지금도 마찬가지다. 새로운 곳이면 어디든 가보고 싶고 가보지 못한 곳은 늘 미련으로 남는다. 그런 까닭에 '여행'을 업으로 삼게 된 것도 어쩌면 우연을 가장한 운명이 아니었을까, 때때로 거창한 생각에 빠지기도 한다. 이런 이유를 들먹이며 오늘도 호시탐탐 떠날 기회만을 엿보고 있다.

　이번 책은 지역별 대표 명소들과 꼭 한번 가봐야 할 곳들, 요즘 뜨는 여행지와 테마 코스들을 골고루 소개했다. 지난해부터 부지런히 발품을 팔거나 어떤 지역은 한 달씩 머무르며 눈과 마음에 담았던 곳들이다. 여행을 더욱 풍성하게 만들어줄 팁들도 알뜰하게 모아 놓았으니 아무쪼록 이 책을 참고 삼아 대한민국 전국 팔도(제주도는 테마 파트에 핵심 명소들만 모았다)를 유람하는데 부족함이 없기를 바라본다.

Special thanks to ↙
책이 나오기까지 든든한 지원군이 되어준 김수진 작가와 백혜성 에디터, 그리고 모든 취재 여행에 동행하며 멋진 사진을 촬영해 준 남편이자 여행 인플루언서 김도형님에게 특별한 감사의 마음을 전한다.

CONTENTS
목차

작가의 말 • 6

일러두기 • 28

| THEME 01 | 꽃 나들이 | 사계절 즐기는 꽃나들이 • 30
| THEME 02 | 드라마 촬영지 | 인생 드라마 촬영지를 찾아서 • 38
| THEME 03 | 야경 명소 | 낮보다 찬란한 밤 풍경 • 40
| THEME 04 | 일출·일몰 명소 | 전국 해맞이 & 해넘이 명소 베스트 • 46
| THEME 05 | 미술관 & 박물관 | 역사와 예술을 즐기는 감성 여행 • 50
| THEME 06 | 인생 사진 여행지 | 당신의 인생 사진을 위한 그곳 • 58
| THEME 07 | 빵지순례 | 빵빵하게, 빵지순례 • 63
| THEME 08 | 전국 맛 지도 | 한국은 넓고, 별미는 많다! • 70
| THEME 09 | 누들 로드 | 전국 면 요리 원정대! 맛있는 면을 향해, 출격 준비! • 78
| THEME 10 | 팔도 술 열전 | 술이 술술~ 넘어간다! 전국 팔도 대표 술 열전 • 82

| THEME 11 | 수제 맥주 | 혀끝으로 즐기는 브루어리 여행 • 86
| THEME 12 | 템플스테이 | 내 안의 나를 찾아 • 90
| THEME 13 | 스카이워크 | 하늘과 바다를 걷는 기분, 전국 스카이워크 열전 • 94
| THEME 14 | 온천 | 사계절 온천에서 노는 법 • 100
| THEME 15 | 제주 자연 여행 | 세계가 인정한 제주도의 가치 • 102

 PART 1 **강원도**

강릉

경포호 • 110
오죽헌 • 112
선교장 • 112
강릉커피거리 • 113
강릉솔향수목원 • 113

주문진해변 • 114
주문진수산시장 • 114
아들바위공원 & 소돌항 • 114
영진해변 • 115
주문진 방사제 • 115
도깨비시장 • 115
사천진해변 • 115
강문해변 • 116
월화거리 • 116
중앙시장 • 116
명주동 골목 • 116
정동진역 • 117
정동진레일바이크 • 117
정동진해변 • 117
모래시계공원 • 118
정동진시간박물관 • 118
하슬라아트월드 • 118
썬크루즈 리조트&정동진해돋이공원 • 119
정동심곡바다부채길 • 119
헌화로 • 119
솔올미술관 • 120
고래책방 • 120
테라로사 • 120
보헤미안박이추커피 • 121
버드나무브루어리 • 121
강릉오죽한옥마을 • 121

SPECIAL 강릉에서 안 먹으면 후회할걸! • 122

고성

송지호 • 126
송지호해변 • 126
왕곡마을 • 126
서낭바위 • 127
건봉사 • 127
하늬라벤더팜 • 127
화진포 • 128
통일전망대 • 129
백섬해상전망대 • 129
초도해안도로 • 129
봉수대해변 • 130
백도해변 • 130
삼포해변 • 130
아야진해변 • 131
천진해변 • 131
능파대 • 131
청학정 • 132
청간정 • 132
바우지움조각미술관 • 132
화암사 • 132
바다정원 • 133
앤트리 카페 • 133
옥란푸딩 • 133
소노펠리체 델피노 더엠브로시아 • 133

속초

설악산국립공원 • 136
설악 케이블카 • 137
신흥사 • 137
척산온천지구 & 척산족욕공원 • 137
영랑호 • 138
청초호 • 138
영금정 • 139
동명항 • 139
속초등대전망대 • 139
장사항 • 139
속초관광수산시장 • 140
아바이마을 • 140
갯배 • 140
속초해변 • 141
외옹치해변 • 141
외옹치바다향기로 • 141
대포항 • 142
상도문 돌담마을 • 142
국립산악박물관 • 143
소호거리 • 143
설악자생식물원 • 144
동아서점 • 144
문우당서림 • 144
칠성조선소 • 144
누들거리 • 145
흰다정 • 145
몽트비어 • 145
크래프트루트 • 145
SPECIAL 속초에서 이건 꼭 먹어야지! • 146

양양

서퍼비치 • 150
하조대해변 • 150
하조대 • 150
죽도해변 • 151
인구해변 • 151
양리단길 • 151
낙산사 • 152
낙산해변 • 152
양양전통시장 • 152
휴휴암 • 153
남애3리해수욕장 • 153
남애항 • 153
오색주전골 • 154
남대천 • 154
오산리선사유적박물관 • 155
양양에너지팜 • 155
정암해변 • 155
잔교리해변 • 155
수산항 • 156
물치해변 • 156
지경리해변 • 156
송천떡마을 • 156
쏠비치 양양 • 157

설해원 • 157
7드라이브인 • 157
코게러지 • 157

동해

논골담길 • 160
도째비골 스카이밸리 • 160
묵호항 • 161
어달해변 • 161
망상해변 • 161
한섬해변 • 162
나인비치37 • 162
대진해변 • 162
무릉계곡 • 163
무릉별유천지 • 164
천곡황금박쥐동굴 • 164
동해무릉건강숲 • 164
추암촛대바위 • 165
북평5일장(북평민속시장) • 165
거동탕수육 • 165

삼척

삼척해변 • 168
이사부사자공원 • 168
증산해변 • 168
이사부길(새천년해안도로) • 169

벽너머엔 나릿골 감성마을 • 169
죽서루 • 169
덕봉산 해안생태탐방로 • 170
삼척활기치유의숲 • 170
가곡유황온천·스파 • 170
초곡용굴촛대바위길 • 171
삼척해양레일바이크 • 171
부남해변 • 171
장호항 • 172
삼척해상케이블카 • 172
갈남항 • 172
수로부인헌화공원 • 173
대이리 동굴지대(대금굴·환선굴·관음굴) • 173
도계유리나라 • 174
쏠비치 삼척 • 174
삼척맹방유채꽃축제 • 174
근덕면 소재지 • 175
삼척해변 진입로 • 175

평창

월정사 • 178
월정사 전나무숲길 • 178
선재길 • 178
상원사 • 179
국립조선왕조실록박물관 • 179
삼양라운드힐 • 180
하늘목장 • 180

대관령양떼목장 • 180
발왕산 천년주목숲길 & 스카이워크 • 181
평창올림픽기념관 • 181
알펜시아 스키점프센터 • 181
이효석문화예술촌 • 182
무이예술관 • 182
허브나라농원 • 182
육백마지기 • 183
산너미목장 • 183
백룡동굴 • 184
마추픽추 • 184
화이트크로우 브루잉 • 184
오삼불고기거리 • 185
평창올림픽시장 • 185
트리고 • 185

소양강댐 • 192
청평사 • 192
춘천막국수체험박물관 • 192
남이섬 • 193
제이드가든 • 193
김유정문학촌 • 194
김유정역 폐역 • 194
구곡폭포 • 194
강촌레일파크 • 195
강아지숲 • 195
해피초원목장 • 196
이상원미술관 • 196
구봉산 전망대 카페거리 • 196
육림고개 • 197
부귀리 벚꽃길 • 197
오월학교 • 197
소울로스터리 • 197

SPECIAL 춘천에 가면 꼭 챙겨야 할 먹템! • 198

춘천

춘천삼악산케이블카 • 188
물레길 & 킹카누 나루터 • 188
의암호스카이워크 • 188
소양강스카이워크 • 189
KT&G상상마당 • 189
공지천 • 189
애니메이션박물관 & 토이로봇관 • 190
레고랜드 • 191
육림랜드 • 191
강원특별자치도립화목원 • 191

철원

철원한탄강주상절리길 • 202
한탄강 물윗길 • 202
철원한탄강은하수교 • 202
고석정국민관광지 • 203
철원역사문화공원 & 소이산 모노레일 • 204
노동당사 • 204
백마고지 전적비 • 204

DMZ두루미평화타운 • 205
DMZ생태평화공원 • 205
고석정꽃밭 • 206
삼부연폭포 • 206
직탕폭포 • 206
도피안사 • 206
드르니국수＆바잘트38.1 • 207
단풍도넛 • 207
동송전통시장 • 207

정선아리랑센터 • 215
영월관광센터 • 216
청령포 • 216
장릉 • 217
선돌 • 217
한반도지형 • 217
김삿갓유적지 • 217
고씨굴 • 218
영월아프리카미술박물관 • 218
하이힐링원 • 218
젊은달와이파크 • 219
별마로천문대 • 219
조선민화박물관 • 219
영월역 일대 • 220
탄광문화촌 • 220
영월서부시장 • 220
태백산국립공원 • 221
태백고생대자연사박물관＆구문소 • 221
바람의언덕(매봉산 풍력발전단지) • 222
용연동굴 • 222
통리탄탄파크 • 222
오로라파크 • 222
몽토랑산양목장 • 223
철암탄광역사촌 • 223
365세이프타운 • 223
황지연못 • 223

정선·영월·태백

정선아리랑시장(정선5일장) • 211
정선레일바이크 • 211
아라리촌 • 211
병방치스카이워크 • 211
화암동굴 • 212
삼탄아트마인 • 211
만항재 • 213
가리왕산케이블카 • 213
나전역카페 • 213
타임캡슐공원 • 213
정암사 • 214
민둥산 • 214
하이원리조트 • 214
마을호텔18번가 • 215
로미지안가든 • 215
파크로쉬 리조트앤웰니스 • 215

PART 2 경기도

가평·포천·연천

아침고요수목원 • 228
수목원로 • 228
쁘띠프랑스&이탈리아마을 피노키오와다빈치 • 229
에델바이스 스위스테마파크 • 229
더스테이힐링파크 • 229
자라섬 • 230
음악역1939 • 230
가평브릿지짚라인 • 230
호명호수 • 231
청평호반 • 231
국립수목원 • 231
산정호수 • 232
허브아일랜드 • 232
포천아트밸리 • 233
산사원 • 233
어메이징파크 • 233
비둘기낭폭포 • 234
한탄강하늘다리 • 234
가람누리문화공원 전망대 • 234
고모호수공원 • 234
연천전곡리유적 • 235
전곡선사박물관 • 235
호로고루 • 235
재인폭포 • 235

양평·남양주

두물머리 • 238
세미원 • 238
황순원문학촌 소나기마을 • 239
구 구둔역 • 239
양평군립미술관 • 240
더그림 • 240
용문산관광단지 • 240
쉬자파크 • 241
용문산로 디저트카페거리 • 241
북한강로 디저트카페거리 • 241
정약용유적지 • 242
다산생태공원 • 242
능내역 폐역 • 242
수종사 • 243
물의정원 • 243
피아노폭포 • 243

인천·강화

인천 차이나타운 • 246
개항장거리 • 246
인천아트플랫폼 • 246
송월동 동화마을 • 247
신포국제시장 • 247
월미도 • 247
인천시민애집 • 248
배다리헌책방골목 • 248

인천대공원 • 248
상상플랫폼 • 249
화평동냉면거리 • 249
애관극장&미림극장 • 249
소래습지생태공원 • 250
소래포구 • 250
예단포 둘레길 • 250
송도센트럴파크 • 251
영종씨사이드 레일바이크 • 251
을왕리해수욕장 • 251
인스파이어 엔터테인먼트 리조트 • 252
파라다이스시티 • 252
동막해변 • 253
강화풍물시장 • 253
대한성공회 강화성당 • 253
용흥궁 • 253
연미정 • 254
소창체험관 • 254
동광직물 생활문화센터 • 254
조양방직 • 254
광성보 • 255
갑곶돈대 • 255
초지진 • 255
전등사 • 256
강화 고인돌유적 • 256
옥토끼우주센터 • 256
강화씨사이드리조트 • 256
석모도 • 257

교동도 • 258
섬 여행 • 259

파주·고양

임진각관광지 • 262
오두산통일전망대 • 262
국립민속박물관 파주 • 262
헤이리예술마을 • 263
파주출판도시 • 264
마장호수 출렁다리 • 265
벽초지수목원 • 265
퍼스트가든 • 265
율곡수목원 • 266
혜음원지 • 266
서오릉 • 266
서삼릉 • 267
원당목장 • 267
일산호수공원 • 267
현대모터스튜디오 고양 • 267

PART 3 충청도

대전·논산

- 소제동 • 272
- 대동하늘공원 • 272
- 만인자연휴양림 • 272
- 상소동산림욕장 • 273
- 대청호 • 273
- 한밭수목원 • 273
- 이응노미술관 • 274
- 신세계 아트&사이언스 • 274
- 국립중앙과학관 • 275
- 유성온천지구 • 275
- 계족산 황톳길 • 275
- 장태산자연휴양림 • 275
- [SPECIAL] 대전 원도심 꿀맛 테마 여행 • 276
- 선샤인랜드 • 278
- 탑정호 출렁다리 • 278
- 관촉사 • 278
- 돈암서원 • 279
- 명재고택 • 279
- 종학당 • 280
- 연산역 • 280
- 연산문화창고 • 280
- 온빛자연휴양림 • 280
- 강경근대역사문화거리 • 281

제천·단양

- 청풍호반케이블카 • 284
- 의림지 • 284
- 청풍문화재단지 • 285
- 교동민화마을 • 285
- 내토·동문·중앙시장 • 285
- 제천한방엑스포공원 • 286
- 제천비행장(모산비행장) • 286
- 국립제천치유의숲 • 286
- 배론성지 • 287
- 옥순봉 출렁다리 • 287
- 가스트로 투어 • 287
- 덩실분식 • 288
- 포레스트 리솜 해브나인 스파 • 288
- 도담삼봉 • 288
- 다누리아쿠아리움 • 289
- 만천하스카이워크 • 289
- 수양개빛터널 • 289
- 고수동굴 • 289
- 단양강 잔도 • 290
- 이끼터널 • 290
- 구인사 • 290
- 소백산자연휴양림 • 290
- 사인암 • 291
- 단양구경시장 • 291
- 패러글라이딩 체험 • 291
- 카페산 • 291

공주·부여

무령왕릉과 왕릉원 • 294
공산성 • 294
국립공주박물관 • 294
마곡사 • 295
공주한옥마을 • 295
연미산자연미술공원 • 295
갑사 • 295
제민천 • 296
부소산성 • 298
정림사지 오층석탑 • 298
국립부여박물관 • 298
궁남지 • 299
백제문화단지 • 299
SPECIAL 공주·부여에서 꼭 먹어야 할 먹템! • 300

서천·보령

국립생태원 • 304
국립해양생물자원관 • 304
장항송림산림욕장 • 304
마량리 동백나무숲 • 305
춘장대해수욕장 • 305
선도리 갯벌체험장 • 305
신성리 갈대밭 • 306
한산모시마을 • 306
문헌서원 • 306
서천수산물특화시장 • 306

대천해수욕장 • 307
죽도 상화원 • 307
충청수영성 • 308
무창포해수욕장 • 308
냉풍욕장 • 308
우유창고 • 309
천북 청보리밭 • 309
천북굴단지 • 309
오서산 • 309

태안·서산·당진

천리포수목원 • 312
팜카밀레 • 312
만리포 • 313
신두리 해안사구 • 314
파도리해수욕장(해식동굴) • 314
청산수목원 • 314
몽산포해수욕장 • 314
꽃지해수욕장 • 315
백사장항 • 315
해미읍성 • 315
간월암 • 316
개심사 • 316
삼길포항 • 316
서산버드랜드 • 316
서산동부전통시장 • 317
왜목마을 • 317

삽교호 • 317
솔뫼성지 • 318
신리성지 • 318
합덕성당 • 318
아미미술관 • 319
순성브루어리 • 319
신평양조장 • 319
아그로랜드 • 319

대한민국술테마박물관 • 331
대둔산 케이블카 • 332
대아수목원 • 332
고산자연휴양림 • 332
대승한지마을 • 333
안덕 건강힐링 체험마을 • 333
왕궁리 유적 • 333
카페 춘포 • 333

미륵사지 • 334
국립익산박물관 • 334
춘포도정공장 • 334
고스락 • 334
백제왕궁박물관 • 335
나바위성당 • 335
아가페정원 • 335
보석박물관 • 335
왕궁포레스트 • 336
익산 교도소 세트장 • 336
달빛소리수목원 • 336
춘포역 • 336

덕유산 곤돌라 • 337
무주 구천동 어샛길 • 337
태권도원 • 337
반디랜드 • 337

PART 4 전라도

전주·완주·익산·무주

전주한옥마을 • 324
전주 남부시장 야시장 • 326
팔복예술공장 • 326
다가여행자도서관 • 326
전주수목원 • 326
덕진공원 • 327
전주동물원 • 327
승광재 • 327
라한 호텔 전주 • 327
SPECIAL 전주에서 맛있는 한 끼 • 328
오성한옥마을 • 330
삼례문화촌 • 331
비비정 농가 레스토랑 • 331
비비정 예술 열차 • 331

군산·부안·고창

군산 시간여행마을 • 340

경암동 철길마을 • 342
초원사진관 • 342
테디베어뮤지엄 • 342
선유도 • 343
고군산군도 • 343
이성당 • 343
변산반도 채석강&적벽강 • 344
부안누에타운 • 344
부안영상테마파크 • 344
내소사 • 345
부안청자박물관 • 345
곰소항 • 345
슬지제빵소 • 345
상하농원 • 346
고창읍성 • 346
선운사 • 346
동호&구시포해수욕장 • 346
고창 보리나라 학원농장 • 347
책마을해리 • 347
고인돌 유적&고인돌박물관 • 347
운곡 람사르습지 자연생태공원 • 347

수지미술관 • 351
구례산수유마을 • 352
쌍산재 • 352
화엄사 • 352
한국압화박물관 • 352
강천산군립공원 • 353
강천힐링스파 • 353
채계산 출렁다리 • 353
순창발효테마파크&발효소스토굴 • 354
용궐산 하늘길 • 354
요강바위 • 354
임실치즈 테마파크 • 355
옥정호 출렁다리&붕어섬 • 355

광주·담양·곡성·나주
양림동 근대역사문화마을 • 358
국립아시아문화전당(ACC) • 360
국립광주박물관 • 360
518민주화운동기록관 • 360
시인 문병란의 집 • 360
1913송정역시장 • 361
광주 사직공원 전망타워 • 361
무등산 지산유원지 • 361
의재미술관 • 361
죽녹원 • 362
대나무골 테마공원 • 362
한국대나무박물관 • 362

남원·구례·순창·임실
남원 광한루원 • 350
지리산허브밸리 • 350
춘향테마파크 • 351
남원시립김병종미술관 • 351

담양 메타세쿼이아길 • 363
메타 프로방스 • 363
해동문화예술촌 • 363
관방제림 • 364
담양곤충박물관 • 364
대담미술관 • 364
딜라이트 담양 • 365
담빛예술창고 • 365
소쇄원 • 365
삼지내마을 • 366
한국가사문학관 • 366
추억의 골목 • 366
담양 국수거리 • 366
창평 국밥거리 • 367
슬로시티 약초밥상 • 367
하심당 • 367
섬진강기차마을 • 368
증기기관차 • 368
섬진강 레일바이크 • 368
도림사 • 369
침실습지 • 369
금성관 & 나주목문화관 • 369
나주 빛가람 치유의 숲(산림자원연구소) • 369

목포문학관 • 372
목포자연사박물관 • 373
목포어린이바다과학관 • 373
국립호남권생물자원관 • 373
목포해상케이블카 • 374
고하도 전망대 • 374
고하도 해상덱 • 374
평화광장 & 춤추는 바다 분수 • 375
갓바위 • 375
고하도 목화체험장 • 375
목포근대역사관 • 376
연희네 슈퍼 & 서산동 시화골목길 • 376
유달산 조각공원 • 376
유달산 노적봉예술공원 & 미술관 • 377
목포모자아트갤러리 • 377
목포미식문화갤러리 해관 1897 • 377
김대중 노벨평화상기념관 • 377
증도 • 378
퍼플섬 • 380
운림산방 • 381
진도타워 • 382
명량해상케이블카 • 382
진도 세방낙조 • 382
쏠비치 진도 리조트 • 382
왕인박사 유적지 & 구림마을 • 383
조훈현 바둑기념관 • 383
한국트로트가요센터 • 383
가야금산조테마공원 • 383

목포 • 신안 • 진도 • 영암

목포해양유물전시관 • 372
목포생활도자박물관 • 372

장흥·강진·완도·해남

정남진 편백숲 우드랜드 • 386
보림사 • 386
다예원 • 386
해동사 • 387
장흥동학농민혁명기념관 • 387
방촌유물전시관 • 387
정남진장흥토요시장 • 387
정남진 전망대 • 388
선학동 유채마을 • 388
소등섬 • 388
탐진강 향기숲공원 • 388
[SPECIAL] 장흥에서 꼭 먹어봐야 할 세 가지 • 389
정남진수목원 • 390
하늘빛수목정원 • 390
설록다원 강진 • 390
이한영차문화원 • 390
가우도 • 391
사의재 • 392
다산초당 • 392
다산박물관 • 392
백운동 원림 • 392
한국민화뮤지엄 • 393
고려청자박물관 • 393
남미륵사 • 393
강진만생태공원 • 393
청산도 • 394
장보고기념관 • 395

청해진 유적지 장도 • 395
완도수목원 • 395
완도해양치유센터 • 395
완도타워 • 396
청해포구 촬영장 • 396
해조류센터 • 396
명사십리해수욕장 • 396
해남 땅끝마을 • 397
두륜산 케이블카 • 397
도솔암 • 397
대흥사 • 397

순천·광양·보성

순천만국가정원 • 400
순천만 습지 • 401
오천 그린광장&풍덕경관공원 • 401
순천드라마촬영장 • 401
낙안읍성 • 402
뿌리깊은나무박물관 • 402
동천 출렁다리 • 402
호남호국기념관 • 403
순천세계수석·정원박물관 • 403
송광사 • 403
선암사 • 403
와온해변 • 404
순천전통야생차체험관 • 404
유익한 상점 • 404

광양매화마을&홍쌍리 청매실농원 • 405
배알도 섬 정원 • 405
윤동주 유고 보존 정병욱 가옥 • 405
전남도립미술관 • 406
광양예술창고 • 406
광양와인동굴 • 406
대한다원 • 406
한국차박물관 • 407
봇재 • 407
득량역 추억의 거리 • 408
강골마을 • 408
비봉공룡테마파크 • 408
율포해수녹차센터 • 408
태백산맥문학관 • 409
보성여관 • 409
제암산자연휴양림 짚라인 • 409

여수 국가대표 패러글라이딩 • 415
이순신공원 • 416
고소동 벽화마을 • 416
여수 낭만포차 • 416
하멜전시관 • 416
만성리검은모래해변 • 417
여수 해양 레일바이크 • 417
녹테마레 • 417
모사금해수욕장 • 417
여수 유월드 루지 테마파크 • 418
예술의 섬 장도 • 418
소호동동다리 • 418
금오도 • 419
낭도 • 419
사도 • 419
거문도 · 백도 • 420
나로우주센터 우주과학관 • 420
쑥섬 • 420
우주발사 전망대 • 421
능가사 • 421
녹동 바다정원 • 421
소록도 • 421

여수·고흥

여수세계박람회장 • 412
오동도 • 413
자산공원 전망대 • 413
여수 해상케이블카 • 414
돌산공원 • 414
선상 크루즈 • 414
예술랜드 • 415
전라남도해양수산과학관 • 415
향일암 • 415

PART 5 경상도

경주·포항·울산

국립경주박물관 • 426
첨성대 • 426
동궁과 월지 • 426
월정교 & 교촌마을 • 426
황리단길 • 427
대릉원 • 427
천마총 • 427
불국사 • 428
석굴암 • 428
양동마을 • 428
경주 양남 주상절리대 • 428
경주엑스포대공원 • 429
경주 남산 • 429
경주 보문호 • 430
호미곶 해맞이광장 • 431
스페이스 워크 • 431
이가리닻 전망대 • 431
포항 해상스카이워크 • 431
구룡포 일본인 가옥 거리 • 432
포항 죽도시장 어시장 • 432
울산암각화박물관 • 432
장생포고래박물관 • 433
고래생태체험관 • 433
장생포 고래바다여행선 • 433
장생포 고래문화마을 • 433
대왕암공원 • 434
울산 간월재 억새평원 • 434
태화강 국가정원 • 434
울산대교 전망대 • 435
자수정 동굴나라 • 435
외고산 옹기마을 • 435
울주 간절곶 • 435

대구·군위·청도·성주

근대문화골목 • 438
김광석 다시그리기길 • 440
앞산 케이블카 • 440
대구 83타워 • 440
스파크랜드 • 440
팔공산 케이블카 • 441
불로동 고분군 • 441
네이처파크 • 441
마비정 벽화마을 • 442
남평문씨본리세거지 • 442
도동서원 • 442
송해공원 • 442
신전뮤지엄 • 443
국립대구과학관 • 443
달성공원 • 443
서문시장 야시장 • 443

SPECIAL 대구가 원조인 먹거리&주전부리 • 444

삼국유사 테마파크 • 446

화본역 • 446

화산산성 전망대 • 446

사유원 • 447

한밤마을 돌담길 • 447

리틀 포레스트 촬영지 • 447

엄마 아빠 어렸을 적에 • 447

청도 레일바이크 • 448

청도 와인 터널 • 448

군파크 루지 • 448

청도소싸움경기장 & 미디어 체험관 • 448

새마을운동발상지기념공원 • 449

청도 신화랑 풍류마을 • 449

가야산야생화식물원 • 449

한개마을 • 449

도산서원 • 455

하회마을 • 456

월영교 • 456

봉정사 • 456

경상북도독립운동기념관 • 457

이육사문학관 • 457

임청각 • 457

만휴정 • 457

안동시립박물관 • 458

안동소주전통음식박물관 • 458

유교랜드 • 458

예끼마을 • 458

부석사 • 459

소수서원 • 459

선비촌 • 459

무섬마을 • 459

문경·안동·영주

문경새재도립공원 • 452

문경 에코월드 • 453

고모산성 • 454

문경오미자테마터널 • 454

문경 철로자전거 • 454

문경 단산 모노레일 • 454

짚라인 코리아 문경 • 455

문경도자기박물관 • 455

카페 가은역 • 455

청송·영덕·울진

주왕산국립공원 • 462

주산지 • 462

산소카페 청송정원 • 462

솔기·솔샘온천 • 462

유교문화전시체험관 • 463

덕천마을 • 463

군립야송미술관 • 463

청송군 수석꽃돌박물관 • 463

영덕해맞이공원 • 464

강구항 & 해파랑 공원 • 464
벌영리 메타세쿼이아숲 • 464
고래불해수욕장 • 464
영덕 블루로드 • 465
덕구온천리조트 • 466
등기산 스카이워크 • 466
성류굴 • 466
불영사 • 466
죽변해안 스카이레일 • 467
국립해양과학관 • 467
후포리 벽화마을 • 467
울진왕피천공원 • 467

대저생태공원 • 474
흰여울문화마을 • 475
국립해양박물관 • 475
태종대 • 475
송도해수욕장 & 스카이워크 • 476
송도해상케이블카 • 476
송도 용궁 구름다리 • 476
초량동 모노레일 • 476
해동 용궁사 • 477
아홉산숲 • 477
죽성드림세트장 • 477

용소웰빙공원 • 478
스카이라운지 루지 부산 • 478
아난티 앳 부산 코브 • 478
가야테마파크 • 479
김해수로왕릉 • 479
낙동강 레일파크 • 479
국립김해박물관 • 479
클레이아크 김해미술관 • 480
김해분청도자박물관 • 480
위양지 • 480

밀양 트윈터널 • 481
영남루 • 481
밀양 영남알프스 얼음골 케이블카 • 481
참샘허브나라 • 481
SPECIAL 부산에서 출출할 때 뭐 먹지? • 482

부산·김해·밀양

해운대해수욕장 • 470
씨라이프 부산 아쿠아리움 • 470
동백섬 • 470
엑스더스카이 전망대 • 471
해운대 블루라인파크 • 471
해리단길 • 471
더베이 101 요트클럽 • 471
부산 시장 탐험 • 472
광안리해수욕장 • 472
보수동 책방골목 • 473
용두산공원 부산 타워 • 473
감천문화마을 • 474
오륙도 스카이워크 • 474

거제·통영·고성

외도 보타니아 • 486
거제식물원 • 486
매미성 • 486
거제포로수용소유적공원 • 487
근포땅굴 • 487
바람의 언덕 • 487
지심도 • 487
거제 파노라마 케이블카 • 488
학동 흑진주몽돌해수욕장 • 488
거제맹종죽테마파크 • 488
공곶이 • 488
동피랑 • 489
서피랑 • 489
요트 투어 • 489
디피랑 • 490
이순신공원 • 490
세병관 • 490
통영케이블카 • 491
전혁림미술관 • 491
봄날의책방 • 491
중앙시장 • 492
스카이라인 루지 통영 • 492
박경리기념관 • 492
달아공원 • 492
소매물도 • 493
장사도 해상공원 까멜리아 • 493
SPECIAL 군침 돌게 하는 통영 먹거리 • 494

당항포 관광지 • 496
상족암군립공원 • 496
고성독수리생태체험관 • 496
그레이스 정원 • 497
만화방초 • 497
고성 송학동 고분군 • 497
문수암 • 497

하동·남해·사천

최 참판 댁 • 500
스타웨이 하동 • 500
동정호 생태습지 • 500
하동야생차박물관 • 501
매암제다원 • 501
쌍계명차 • 501
화개장터 • 501
삼성궁 • 502
코리아 짚와이어 • 502
하동 케이블카 • 502
독일마을 • 503
섬이정원 • 503
물건리 방조어부림 • 503
남해 다랭이마을 • 504
설리 스카이워크 • 504
남해 보물섬 전망대 • 504
보리암 • 505
남해유배문학관 • 505

남해국제탈공연박물관 • 505
남해 지족해협 죽방렴 • 505
남해각 • 506
스페이스 미조 • 506
앵강마켓 • 506
라키비움 • 506
사천바다케이블카 • 507
아라마루 아쿠아리움 • 507
항공우주박물관 • 507
아난티 남해 • 507

진주·산청·함양·거창

진주성 • 510
김시민호 • 510
진주남강유등전시관 • 510
경상남도수목원 • 511
남가람 문화거리 • 511
철도문화공원 • 511
월아산 숲속의 진주 • 512
진치령 터널 • 512
토지주택박물관 • 512
진양호공원 • 513
남가람박물관 • 513
청동기박물관 • 513
SPECIAL 두고두고 생각나는 진주의 맛 3 • 514
남사예담촌 • 515
기산국악당 • 515

산천재 & 남명기념관 • 515
동의보감촌 • 516
겁외사 • 518
수선사 • 518
대명사 • 518
전구형왕릉 • 518
대원사 계곡길 • 519
생초국제조각공원 • 519
카페 산청요 • 519
대봉산 휴양 밸리 • 520
대봉캠핑랜드 • 520
상림공원 • 520
하미앙 와인밸리 • 521
개평마을 • 521
서암정사 • 521
오도재 & 지안재 • 521
창포원 • 522
수승대 출렁다리 • 522
거창 별바람 언덕 • 522
거창 항노화 힐링랜드 • 523
거창사건추모공원 • 523
해플스 팜사이더리 • 523

INTRODUCTION
일러두기

이 책은 전문 여행 작가 두 명이 대한민국 전국을 누비며 찾아낸 여행 인기 명소를 소개합니다. 이 책에 수록한 여행 정보는 2024년 9월 기준이며 최대한 정확한 정보를 싣고자 노력했습니다. 하지만 출판 후 독자의 여행 시점과 동선, 현지 사정에 따라 정보가 변동될 수 있으므로 주의하실 필요가 있습니다.

※ 6개의 광역시는 '도(道)'와는 분리된 독립 시지만 지역 구분 편의상 이전 행정구역인 도(道) 파트에 포함해 소개합니다.

다양한 테마의 여행을 즐길 수 있어요!

관광, 먹거리, 체험을 아우르는 15개의 엄선한 여행 테마를 수록했습니다. 여행을 떠나기 전 읽는 것만으로도 설렐 수 있도록 재미있고 유용한 정보를 담았습니다.

여행 도슨트가 엄선한 지역의 다양한 여행 정보를 제공합니다!

각 지역 소개 페이지에서는 계절마다 가보면 좋은 여행지를 소개하는 '계절 추천 스폿'과 현지에서 꼭 해보면 좋은 포인트를 정리한 '버킷 리스트'를 수록했습니다. 또 최고의 여행지를 선별한 '여행 코스'를 소개하여 여행 계획에 도움을 줍니다. 여행지 소개 페이지에는 상세한 정보와 사진을 실었습니다. 세부 볼거리가 많은 경우 ZOOM IN(줌 인) 구성을 통해 더욱 꼼꼼하게 소개했습니다.

여행의 꽃은 맛집 탐방, 스페셜 페이지로 정리합니다!

꼭 맛봐야 할 추천 먹거리가 있는 지역은 스페셜 페이지를 수록했습니다. 대표 먹거리와 함께 추천 맛집도 소개하니 여행지에서 맛 탐방의 즐거움을 맘껏 누리세요.

여행지 정보에 사용된 아이콘

📍 주 소	해당 장소의 주소를 알려줍니다.
🕐 시 간	해당 장소가 운영하는 시간을 알려줍니다.
✖ 휴 무	특정 휴무일이 없는 곳은 표기하지 않았습니다.
₩ 가 격	입장료, 체험료 등을 안내합니다. 입장료가 없는 경우 표기하지 않았으나, 무료입장 안내가 필요한 경우 표기했습니다.
📞 전 화	전화를 통한 안내가 필요한 경우 정보를 제공합니다.
📷 인스타그램	인스타그램 공지 확인이나 예약이 필요한 경우 정보를 제공합니다.
🌐 홈페이지	홈페이지를 통한 정보 확인 필요한 경우 표기했습니다.

 열린관광지 — 장애인, 고령자, 영유아 동반 가족 등 관광 취약계층이 이동의 제약 없이 편리하고 안전하게 여행할 수 있도록 개·보수한 관광지

 **웰니스관광지** — 자연과 숲 치유, 자연치유(힐링)와 명상 등을 통해 건강한 생활과 삶의 질 향상을 추구하는 관광지

 **한국관광의 별** — 한국인이라면 한 번은 꼭 가봐야할 곳, 새롭게 개장하여 앞으로가 기대되는 곳 등 한국관광 발전에 기여한 여행지
※ 2022, 2023년 수상지만 표시

THEME 01 꽃 나들이

사계절 즐기는 꽃 나들이

사계절 내내 피어나는 꽃은 자연이 선사하는 최고의 선물이다. 봄날을 화사하게 밝히는 벚꽃부터 순백의 겨울을 붉게 물들이는 동백까지. 계절이 바뀔 때마다 다른 풍경을 보여주는 꽃 나들이에 나서보자.

봄꽃의 여왕
벚꽃

우아하고 아름다운 자태를 뽐내는 벚꽃은 많은 사람들에게 사랑받는 가히 봄의 여신이라 할 수 있다. 3월 말부터 제주도와 남부 지방에서 벚꽃 소식을 전하기 시작해 4월 중순 무렵이면 전국이 벚꽃 축제로 들썩인다. 바람에 벚꽃잎이 후두둑 떨어질 때면 모쏠조차 마음이 설레고 떨릴 정도로 아름다운 풍경이 펼쳐진다.

🌸 벚꽃 여행지 1
진해 여좌천 & 경화역

경남 진해는 해마다 4월만 되면 전국에서 몰려든 여행객들로 문전성시를 이룬다. 진해에서도 가장 손꼽히는 벚꽃 명소가 여좌천과 경화역이다. 1.5km 정도 이어진 여좌천 벚꽃길은 환상 그 자체다.

 경남 창원시 진해구 여좌동, 경화동

🌸 벚꽃 여행지 2
하동 쌍계사 십리벚꽃길

화개장터에서 쌍계사 진입로까지 구불구불 이어진 길은 온통 벚꽃 천지가 된다. 벚꽃터널을 연인들이 함께 걸으면 백년가약을 맺는다는 전설이 내려올 만큼 아름답고 사랑스러운 길이다.

 경남 하동군 화개면

🌸 벚꽃 여행지 3
강릉 경포호

남쪽에서 올라온 벚꽃 물결은 4월 초·중순이면 강원도 바닷가까지 닿는다. 거울처럼 매끈한 경포호 주변으로 벚꽃이 만발하면 봄날의 풍경이 절정에 이른다. 야간 조명이 불을 밝히는 밤 풍경도 압권.

📍 강원도 강릉시 경포로 365 일원

샛노란 물결이 넘실거리네
유채꽃

BEST SEASON
4월 초·중순

제주 유채꽃 개화 소식은 봄의 전령처럼 여겨진다. 남쪽 끝 제주부터 서서히 유채꽃이 피어나며 봄이 완연해진다. 한 송이씩 봐도 어여쁘지만 많은 꽃이 모이면 더 환상적인 풍경을 연출한다.

🌼 유채꽃 여행지 1
제주 녹산로

녹산로를 따라 이어진 유채꽃길은 '한국의 아름다운길 100선'에 여러 번 선정되었을 만큼 소문난 명소다. 매년 유채꽃축제가 개최되며 큰사슴이오름 아래 끝없이 펼쳐진 유채꽃밭이 백미다.

 제주도 서귀포시 표선면 가시리 산41

🌼 유채꽃 여행지 2
남해 두모마을

두모마을 유채꽃 풍경이 특별한 이유는 다랑이논 덕분이다. 바다 앞 산비탈의 다랑이논에서 유채꽃이 층층이 노란 물결을 이루는 모습이 눈부시게 아름답다.

 경남 남해군 상주면 양아로533번길 18 일원

🌼 유채꽃 여행지 3
삼척 맹방유채꽃마을

유채꽃 하면 남쪽 지방이 주로 떠오르는데 강원도 동해안에도 봄이면 화려한 유채꽃밭이 펼쳐진다. 유채꽃밭 옆에 오래된 벚나무가 늘어서 봄날의 운치를 더한다.

📍 강원도 삼척시 근덕면 삼척로 3916-112 일원

여름을 부르는 풍성한 꽃송이
수국

여름을 대표하는 꽃 중 하나가 수국이다. 연보랏빛 꽃송이를 풍성하게 피워내는 수국은 바라보기만 해도 마음이 풍요로워진다.

THEME 01 꽃 나들이

BEST SEASON 6월~7월

 수국 여행지 1
제주 혼인지

초여름부터 화려하게 피어난 수국을 볼 수 있는 곳. 혼인지의 여러 장소 중에서도 삼공주의 위패를 모신 삼공주추원사 주변이 분위기 있는 사진을 연출하기 좋다. 한복을 입고 찍으면 더욱 예스러운 사진이 완성된다.

📍 제주도 서귀포시 성산읍 혼인지로 39-22

 수국 여행지 2
제주 송당 동화마을

제주도 동쪽 중산간에 위치한 송당 동화마을은 넓은 부지에 동화 속 한 장면처럼 화사한 풍경을 자랑한다. 여름철에는 다채로운 색상의 수국이 가득해 사진 찍기 좋은 명소로 사랑받는다. 한여름에는 새하얀 유럽 수국이 우아한 자태로 피어난다.

📍 제주도 제주시 구좌읍 비자림로 1191

 수국 여행지 3
고성 그레이스정원

각양각색의 수국이 풍성하게 피어올라 동화 속 정원 같은 분위기를 연출한다. 수국 사이를 거닐며 인생 사진을 가득 남겨보자.

📍 경남 고성군 상리면 삼상로 1312-71

보랏빛 향연
라벤더

6~7월에는 은은한 보랏빛으로 물드는 라벤더밭으로 떠나야 한다. 마음을 안정시켜주는 향기와 더불어 아름다운 풍경으로 여행자들의 마음을 사로잡는다.

BEST SEASON
6월~9월

🌸 라벤더 여행지 1
고성 하늬라벤더팜

청정한 강원도 고성 산촌 지역에 6월이면 보랏빛 세상이 펼쳐진다. 깨끗한 기운 가득 머금은 라벤더 꽃밭을 거닐며 힐링의 시간을 가져보자.

📍 강원도 고성군 간성읍 꽃대마을길 175

🌸 라벤더 여행지 2
거제 지세포진성 꽃동산

역사적인 산성 주변으로 꽃동산을 조성해 거제의 새로운 명물로 거듭났다. 여름이면 라벤더가 화사하게 피어올라 이국적인 풍경을 완성한다.

📍 경남 거제시 일운면 지세포해안로 222 일원

🌸 라벤더 여행지 3
동해 무릉별유천지

폐채석장을 재생한 관광지 무릉별유천지 내 드넓은 대지에 라벤더 정원이 조성되어 여름이면 라벤더 축제가 열린다. 라벤더 꽃 구경에 축제의 재미가 더해져 알차다.

📍 강원도 동해시 이기로 97

하늘거리는 핑크빛 물결
핑크뮬리

BEST SEASON
9월 중순~10월 초

가을철 인생 사진 명소는 핑크뮬리 여행지가 진리다. 하늘거리는 핑크빛 물결에 둘러싸인 신비로운 사진을 찍을 수 있다. 가을 여신이 되고 싶다면 핑크뮬리 꽃 무더기 속으로 고고!

THEME 01 꽃 나들이

🌸 핑크뮬리 여행지 1
경주 동부사적지 핑크뮬리 군락지

핑크뮬리 명소야 전국 각지에 많지만 이곳이 특별한 이유는 국가유산인 첨성대가 배경이 되어준다는 점. 첨성대와 핑크뮬리의 조합은 오직 경주에서만 볼 수 있는 특별한 풍경이다.

📍 경북 경주시 인왕동

🌸 핑크뮬리 여행지 2
나주 국립나주박물관

국립나주박물관 바로 옆쪽에 핑크뮬리가 펼쳐지는 아름다운 공간이 있다. 분홍빛 물결이 일렁이는 핑크뮬리가 선사하는 이색적인 풍경 속에서 잊지 못할 가을 추억을 만들 수 있다.

📍 전남 나주시 반남면 고분로 747

🌸 핑크뮬리 여행지 3
고창 청농원

푸르른 대자연을 배경으로 대나무숲길, 소나무숲길, 복분자밭, 라벤더정원 등이 이어지는 평화로운 공간이다. 가을이면 핑크뮬리가 끝도 없이 펼쳐지는 아름다운 풍경이 연출된다.

📍 전북 고창군 공음면 청천길 41-27

귀엽고, 예쁘고
댑싸리

BEST SEASON
9월~10월

가을이 되면 붉은빛으로 물드는 댑싸리는 둥글고 풍성한 모습이 매력적이다. 이국적인 풍경 덕분에 핑크뮬리 못지않게 가을 여행지로 인기 높다.

🌾 **댑싸리 여행지 1**
칠곡 가산수피아

국내 최대 규모 민간 정원으로 자연 속 산책로와 공룡, 알파카, 미술관 등 다양한 요소를 더해 풍성한 즐길 거리를 제공한다. 계절별로 갖가지 꽃이 피어오르는 가운데 소담스러운 댑싸리밭이 멋을 더한다.

📍 경북 칠곡군 가산면 학하들안2길 105

🌾 **댑싸리 여행지 2**
연천 임진강댑싸리공원

전국적으로 보기 드문 대규모 댑싸리 공원이다. 댑싸리 외에도 다양한 꽃이 식재되어 화사한 볼거리를 제공한다. 댑싸리와 알록달록한 꽃이 어우러진 풍경을 눈에 담고 산책하기 좋은 코스.

📍 경기도 연천군 중면 삼곶리 422

붉은 레드 카펫이 깔리는
동백꽃

BEST SEASON
12월~4월

수목들이 모두 움츠러드는 때 오히려 화사한 얼굴을 내미는 꽃이 있다. 겨울 꽃의 대명사인 동백꽃은 온기 하나 없는 추운 날씨에도 붉고 탐스러운 꽃을 피워낸다. 창백하고 메마른 계절이지만 동백꽃이 피어난 자리에는 언제나 생기가 감돈다.

THEME 01
꽃 나들이

🌼 **동백꽃 여행지 1**
여수 오동도

이른 봄 동백꽃이 만개한 때가 되면 섬은 온통 붉은 빛 물결로 출렁인다. 그 황홀한 순간에 사로잡히면 매년 봄마다 오동도로 발걸음이 향하게 된다.

📍 전남 여수시 오동도로

🌼 **동백꽃 여행지 2**
제주 동백수목원

제주에서 빼놓을 수 없는 인생 사진 여행지. 화사하게 피어난 동백꽃과 함께 우아하고 사랑스러운 사진을 남길 수 있다. 꽃보다 아름다운, 인생의 가장 아름다운 시절을 사진으로 남겨보자.

📍 제주도 서귀포시 남원읍 위미리 929-2

🌼 **동백꽃 여행지 3**
강진 백련사 동백나무숲

백련사 인근에 동백나무가 숲을 이룬 신비로운 공간으로 천연기념물로 지정되어 있다. 백련사와 다산초당을 연결하는 숲길을 따라 동백나무숲을 만날 수 있다.

📍 전남 강진군 도암면 백련사길 125

| THEME 02 | 드라마 촬영지 |

인생 드라마 촬영지를 찾아서

드라마에 몰입해 시청하다 문득 '저기는 어디지?' 궁금할 때가 있다.
이런 궁금증이 모여 어떤 드라마 촬영지는 단숨에 명소로 떠오르기도 한다.
눈에 보이는 날것 그대로의 풍경에 드라마 장면이 더해져 현실과 비현실을 오가는
묘한 감정을 경험하게 되는 시간. 드라마 촬영지 여행이 주는 특별한 매력이다.

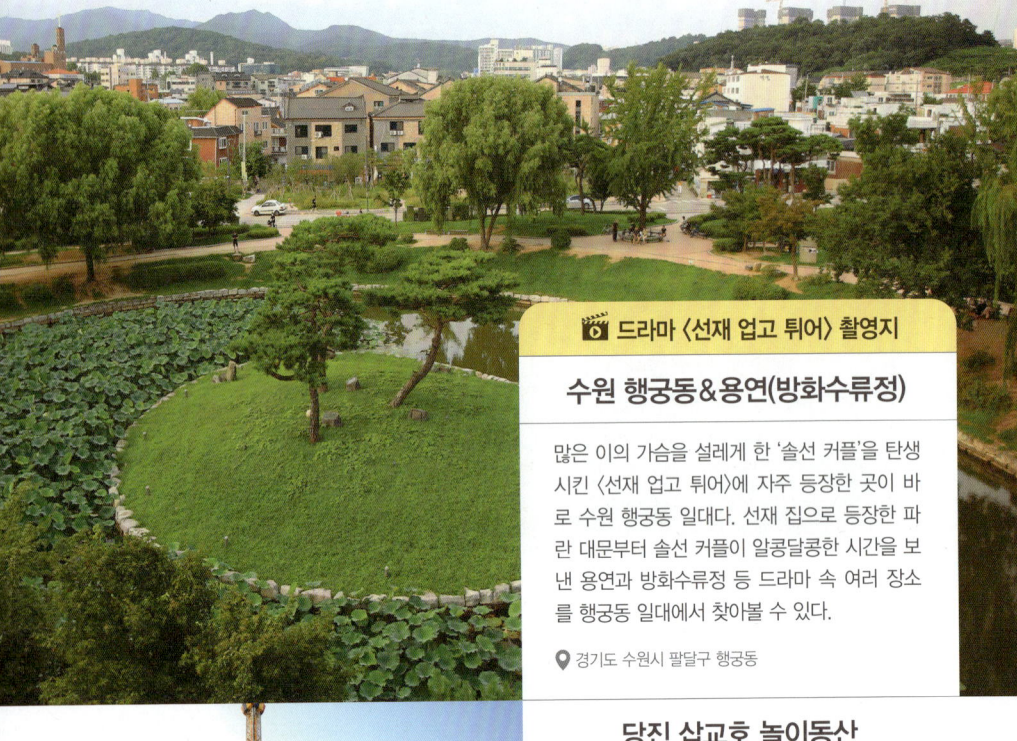

드라마 〈선재 업고 튀어〉 촬영지

수원 행궁동 & 용연(방화수류정)

많은 이의 가슴을 설레게 한 '솔선 커플'을 탄생시킨 〈선재 업고 튀어〉에 자주 등장한 곳이 바로 수원 행궁동 일대다. 선재 집으로 등장한 파란 대문부터 솔선 커플이 알콩달콩한 시간을 보낸 용연과 방화수류정 등 드라마 속 여러 장소를 행궁동 일대에서 찾아볼 수 있다.

📍 경기도 수원시 팔달구 행궁동

당진 삽교호 놀이동산

〈선재 업고 튀어〉에서 선재와 솔이 데이트를 즐기던 레트로 풍 놀이공원이 바로 이곳이다. 바이킹, 대관람차, 회전목마 같은 놀이기구를 갖춘 복고 분위기 덕에 이미 사진 찍기 좋은 곳으로 입소문이 났는데 솔선 커플이 다녀가면서 더 주목받고 있다.

📍 충남 당진시 신평면 삽교천3길 15

드라마 〈눈물의 여왕〉 촬영지

문경 구랑리역

현우와 해인이 애틋한 데이트를 즐기던 장소. 웅장한 성문처럼 생긴 구랑리역이 원래 모습 그대로 등장해 눈길을 끌었다. 폐철로를 활용한 철로 자전거가 오가는 역으로, 평화로운 시골 풍경을 감상하기 좋은 코스다.

📍 경북 문경시 마성면 구랑로 20

드라마 〈미스터 션샤인〉 촬영지

논산 선샤인랜드

〈미스터 션샤인〉에 등장한 글로리호텔, 동매집, 불란셔제빵소, 해드리오 등 대다수의 공간이 현존하는 드라마 같은 세상이다. 개화기 분위기를 재현한 공간에서 당대에 어울리는 의상을 대여해 입고 시간 여행을 즐겨 보자.

📍 충남 논산시 연무읍 봉황로 90

드라마 〈미스터 션샤인〉 촬영지

함양 일두고택

주인공 고애신의 집으로 등장한 고택이다. 조선시대 대학자 정여창의 옛집인 이곳은 국가민속문화유산으로 지정되었다. 예스러운 멋이 살아 있는 고택을 둘러보는 내내 드라마 속 장면이 자연스레 떠오른다.

📍 경남 함양군 지곡면 개평길 50-13

드라마 〈환혼〉 촬영지

함양 농월정

산과 계곡, 반석, 정자가 어우러져 신비로운 분위기를 자아내는 이곳은 낙수가 장욱에게 무예를 가르치는 장소로 등장한다. 단풍 물드는 시기에 촬영해 화면 속 풍경이 더욱 그림 같다. 인적이 드문 곳이라 조용히 드라마를 회상하며 쉬어 가기 좋다.

📍 경남 함양군 농월정길 9-13

드라마 〈소년시대〉 촬영지

춘천 육림고개 & 공지천 & 해피초원목장

충남 부여를 배경으로 한 드라마 〈소년시대〉에는 사실 춘천 곳곳이 등장한다. 레트로한 분위기가 살아 있는 육림고개부터 춘천의 명소 공지천과 해피초원목장 등을 찾아볼 수 있다. 소년들의 아지트로 등장하는 산다라음악다방도 알고 보면 춘천 소재 화양연화커피다.

📍 강원도 춘천시 일대

드라마 〈동백꽃 필 무렵〉 촬영지

포항 구룡포 일본인가옥거리

드라마의 주요 배경이 된 이곳은 역사적인 장소로서도 의미를 갖는다. 조일통상장정을 맺은 이후 많은 일본인이 정착했던 곳으로 지금도 일본식 목조건물이 여럿 남아 독특한 분위기를 자아낸다. 골목을 따라 거닐며 드라마를 추억하는 동시에 역사를 되새기는 시간을 가져보자.

📍 경북 포항시 남구 구룡포읍 호미로 277

| THEME 03 | 야경 명소 |

낮보다 찬란한
밤 풍경

밤이 낮보다 더 좋은 이유는 어둠 속에서 빛나는 야경 때문이다.
마치 밤하늘의 별빛이 어두울수록 더 빛나 보이듯 낮보다 더 찬란하고
황홀한 매력으로 마음을 사로잡는다.
여기, 전국 각지에서 만난 아름다운 야경을 소개한다.

THEME 03
야경 명소

로맨틱한 밤 산책 명소
목포 갓바위

목포 갓바위는 밤 산책 코스로 제격이다. 주홍빛 조명을 받은 갓바위는 신비로운 분위기를 자아내며, 밤바다 위를 걷는 해상 보행교는 무척 로맨틱하다. 커플 여행이라면 반드시 넣어야 할 필수 코스다.

◉ 전남 목포시 용해동 산86-24

빛과 물이 어우러진 환상적인 쇼
목포 춤추는 바다 분수

음악이 흐르면 바다 위로 형형색색의 물줄기가 부드러운 곡선을 그리며 춤을 춘다. 때로는 애절하게, 때로는 경쾌하게 목포의 밤을 더욱 아름답게 물들인다.

◉ 전남 목포시 미항로 115

낭만을 담은 여수 밤바다의 정취
여수 돌산대교

여수 돌산대교는 화려하지 않지만 소박한 멋이 흐르는 장소다. 맞은편 돌산공원에 앉아 대교를 오가는 차들을 바라보며 버스커 버스커의 '여수 밤바다'를 들으면, 낭만이 가슴에 스며든다.

📍 전남 여수시 돌산읍 돌산로 3617-7

신라의 역사를 품은 몽환적인 밤
경주 동궁과 월지

경주의 밤은 오묘하고 몽환적이다. 달빛이 연못에 닿아 모습을 비추면, 천년의 사랑이 다시금 깨어나는 듯 신비로운 느낌을 준다.

📍 경북 경주시 원화로 102

한여름 밤의 꿀처럼 달콤한
부산 더베이101

홍콩의 백만불짜리 야경이 부럽지 않다. 어둠이 내리면 더베이101이 자체 발광하는 동시에 주변 마천루의 화려한 야경이 어우러진다. 더베이101 야외 테라스에서 맥주 한잔 마시며 야경을 감상하는 시간은 '한여름 밤의 꿀'처럼 달콤하다.

📍 부산광역시 해운대구 동백로 52

부산 야경을 살리는 '핵' 요소
부산 광안대교

부산의 화려한 야경을 완성하는 핵심 포인트, 광안대교 야경은 어디에서 봐도 빛난다. 광안리해수욕장에서 바라봐도, 해운대 영화의거리에서 바라봐도, 달맞이고개에서 바라봐도 멋지다. 광안대교가 없었다면 부산 바다 야경이 조금은 심심했을지도.

📍 부산광역시 수영구 광안동

잔잔한 감성 야경
부산 감천문화마을

같은 부산이지만 해운대 쪽의 화려한 야경과는 사뭇 대조적이다. 어둠이 깔리고 방문객들이 감천문화마을을 빠져나가면 고요함 속에 한 집, 한 집 불이 켜지기 시작한다. 삶의 부대낌이 담겨 있는 야경이 따뜻한 느낌을 준다.

📍 부산광역시 사하구 감내2로 203

낮에는 짜릿, 밤에는 황홀
소양강 스카이워크

밤의 호수는 말없이 고요하기만 하다. 여기에 은은한 불빛을 더하니 우아하기 그지없다. 낮 동안 투명 유리 바닥으로 짜릿함을 선사하는 소양강 스카이워크는 밤에는 조명 빛으로 황홀함을 안겨준다.

📍 강원도 춘천시 영서로 2663

| THEME 04 | 일출·일몰 명소 |

전국 해맞이 &
해넘이 명소 베스트

해마다 연말연시가 되면 많은 이들이 해맞이 또는 해넘이 여행을 떠난다.
매일 뜨고 지는 태양이지만 이 하루만큼은 특별한 의미를 담아
저무는 태양과 떠오르는 태양을 마주한다.
지나온 한 해가 아쉽기도 하지만 내일은 내일의 태양이 다시 떠오르고,
붉게 솟아오르는 태양 아래 새 희망이 꿈틀댄다.

THEME 04

일출·일몰 명소

일출 여행 1번지
정동진 해변

연말연시 여행지로 손꼽히는 곳. 어슴푸레한 여명을 뚫고 붉은 태양이 수평선 위로 떠오를 때 환호성과 탄성이 터져 나온다. 해변 주변에 식당과 숙소가 밀집해 있으며 정동진역, 모래시계 공원, 레일바이크 등 즐길 거리도 많다.

📍 강원도 강릉시 강동면 정동진리

🌅 아름다운 금빛 곡선
순천만 습지

S자 곡선이 빚어내는 물길과 태양 아래, 자연이 주는 경이로움을 마주한다. 이곳에 서 있노라면, 세상의 모든 감정이 잦아드는 듯하다. 순천만 갈대밭 사이로 붉게 타오르는 태양이 연출하는 풍경은 잊을 수 없는 장관을 이룬다.

📍 전남 순천시 순천만길 513-25

🌅 아름다운 낙조
진도 세방낙조

다도해를 품은 진도 가학리 앞바다에 내려앉는 해넘이가 마음을 뒤흔든다. 잠두도, 솔섬, 고섬, 주지도 등 수많은 섬 사이로 태양 빛이 사그라들면 하늘은 오렌지빛에서 자줏빛, 보랏빛으로 물들며 긴 여운을 남긴다. 해안도로변에 일몰을 감상하는 전망대가 있다.

📍 전남 진도군 지산면 세방낙조로 148

☀ 땅끝에서 맞는 일몰과 일출
해남 땅끝마을

한반도 땅끝에서 맞는 일몰과 일출이 각별하다. 최남단 좌표에 서 있는 땅끝탑에서 해넘이를 바라보는 동안 수많은 감정이 교차한다. 해넘이 후에는 해맞이가 기다리고 있다. 새벽이 되면 해가 떨어진 반대편 바다에서 떠오르는 일출도 감동적이다.

📍 전남 해남군 송지면 땅끝마을길 60-28

☀ 그리움이 담긴 노을
변산반도 채석강

서해안 3대 낙조 중 하나인 채석강은 서해 바다로 지는 일몰과 독특한 경관이 어우러진 풍경이 일품이다. 수평선 아래로 붉은 태양이 천천히 사라지면 층을 이룬 절벽도 서서히 어둠에 잠긴다. 해넘이 후 하늘 위로 퍼져가는 노을빛이 아름답다.

📍 전북 부안군 변산면 격포리

☀ 손바닥 안의 태양
포항 호미곶

바다 위에 우뚝 서 있는 '상생의 손' 사이로 떠오르는 일출이 특별하다. 호미곶 해맞이광장에서 매년 해맞이 축제가 열린다. 육지 쪽에는 또 다른 '상생의 손'이 마주보고 있다. 이곳에서 멀지 않은 곳에 과메기 생산지인 구룡포가 있다.

📍 경북 포항시 남구 호미곶면 대보리 225-2

☀ 소원을 담아
울주 간절곶

울릉도와 함께 전국에서 가장 먼저 해가 뜨는 곳. 호미곶보다 1분, 정동진보다 5~7분 정도 이른 해맞이를 볼 수 있다. 새하얀 간절곶 등대와 모녀상, 거대한 우체통 등 볼거리가 많다. 세계 최대 크기인 소망 우체통에 소원을 적어 엽서를 띄워보자.

📍 울산광역시 울주군 서생면 대송리

THEME 05 미술관 & 박물관

역사와
예술을 즐기는
감성 여행

알고 보면 미술관과 박물관은 꽤 완벽한 여행지다.
우울한 날, 즐거운 날, 무덤덤한 날에도 잘 어울린다.
혼자여도, 애인과 함께여도, 가족이나 친구와 함께여도 좋다.
다양한 작품과 전시물 감상이 주목적이겠지만 건축물, 뮤지엄 카페, 전망 등
또 다른 재미도 맛볼 수 있다. 그날의 기분과 상황에 따라
골라 갈 만한 박물관과 미술관을 모아봤다.

THEME 05 미술관 & 박물관

노(老)화백이 그리는 순진무구한 제주
왈종미술관

제주에 정착한 이왈종 화백이 그린 '제주 생활의 중도' 시리즈는 자연과 인간의 조화를 아름답게 표현하며 화사하고 편안한 색채로 관람객을 사로잡는다. 미술관 옥상에서는 한라산과 바다, 섬섬이 어우러진 환상적인 풍경을 감상할 수 있다.

📍 제주도 서귀포시 칠십리로214번길 30

한국의 피카소를 만나다
전혁림미술관

전혁림은 통영을 대표하는 화가로 평생 독보적인 작품 세계를 구축한 열정적인 예술가였다. 원색의 세라믹 타일로 마감한 건물 안에는 그의 삶과 예술을 엿볼 수 있는 많은 작품과 유품이 전시되어 있다. 미술관 옆 아트 숍에서 아트 상품도 판매한다.

📍 경남 통영시 봉수1길 10

마음을 어루만져주는
박수근미술관

박수근이라는 이름 앞에는 국민화가, 서민 화가, 한국의 밀레 등 여러 수식어가 붙는다. 2002년 박수근의 고향 양구에 개관한 박수근미술관 입구에서 맞이해주는 화강암 재질의 건축물은 박수근 작품의 질감과 닮았다. 건축물 하나에도 박수근의 예술혼을 고스란히 담아낸 미술관에서 마음을 따스하게 어루만져주는 그의 작품을 만나보자.

📍 강원도 양구군 양구읍 박수근로 265-15

작품과 건축물이 만들어내는 **아름다운 예술**
이응노미술관

이응노는 확실한 시대 의식과 예술관에 따라 활동한 화가다. 2007년 대전에 문을 연 이응노미술관은 프랑스 유명 건축가 로랑 보두앵이 설계한 건축물 자체도 예술이 되는 공간이다. 이응노의 작품과 미술관 건축 자체의 예술성이 환상적인 조화를 이룬다.

📍 대전광역시 서구 둔산대로 157

작가의 정성으로 빚어낸 **특별한 공간**
문신미술관

마산만 바다와 시가지의 모습이 훤히 내다보이는 자리에 문신미술관이 서 있다. 파리에서 활동하던 문신은 유년 시절을 보낸 마산으로 돌아와 직접 미술관을 건립했다. 미술관 개관 이듬해인 1995년 그는 지병으로 세상을 떠났고, 그의 분신 같은 작품들이 대신 자리를 지키고 있다.

📍 경남 창원시 마산합포구 문신길 147

자연을 벗 삼아 예술을 즐기다
이상원미술관

산과 계곡이 어우러진 춘천 지암리 골짜기에 들어선 이상원미술관은 동그란 건축물 형태가 독특하다. 극사실주의 인물화로 유명한 이상원은 안중근 의사 초상을 그린 화가이기도 하다. 이곳은 미술관 외에도 스튜디오, 숙소, 레스토랑 등의 시설을 완비해 뮤지엄 스테이를 즐기기 좋다.

📍 강원도 춘천시 사북면 화악지암길 99

조각품, 건축물, 자연이 모두 빛나는 곳
바우지움조각미술관

울산바위와 마주한 터에 자리한 바우지움조각미술관에는 물의 정원, 돌의 정원, 풀의 정원 등이 있고 전시관은 근현대조각관, 김명숙조형관, 특별전시관으로 이뤄진다. 이곳에서는 조각 작품을 웅장한 자연을 배경으로 전시해 더욱 빛을 발한다.

📍 강원도 고성군 토성면 원암온천3길 37

자연과 예술이 서로를 빛내다
뮤지엄산

지형적 특성에 순응하는 건축을 지향하는 건축계 거장 안도 다다오가 설계한 뮤지엄 산은 웰컴센터를 시작으로 플라워가든, 워터가든, 본관, 스톤가든, 제임스 터렐관까지, 모든 공간이 물 흐르듯 자연스럽게 어우러진다. 돌아다니는 내내 자연이 전하는 감동, 예술이 전하는 감흥에 젖는다.

📍 강원도 원주시 지정면 오크밸리2길 260

모든 순간이 예술이 되는
하슬라아트월드

하슬라아트월드는 바다와 마주한 언덕 위에 근사하게 자리한다. 뮤지엄, 뮤지엄 호텔, 예술 공간으로 이뤄지며 산과 바다, 예술 작품이 어우러져 힐링하는 기분으로 머물기 좋다. 곳곳에 인생 사진 찍기 좋은 포인트도 많아 다양한 재미를 맛볼 수 있다.

📍 강원도 강릉시 강동면 율곡로 1441

푸른 바다의 전설
제주해녀박물관

제주 해녀들은 일제강점기 같은 어려운 시기에도 강인한 정신력으로 제주 바다를 지켜왔다. 세화해변 끝자락에 위치한 제주해녀박물관에서는 해녀들의 역사와 고유한 생활 문화, 그리고 그들이 사용했던 도구를 접할 수 있다. 해녀들의 고된 삶과 감동적인 이야기를 전시관에서 들으며 그들의 강인한 정신을 다시금 느낄 수 있다.

📍 제주도 제주시 구좌읍 해녀박물관길 26

한글 탄생의 비밀
국립한글박물관

국립한글박물관은 한글의 역사와 가치를 다루며, 세종대왕이 한글을 공표한 시기부터 일제강점기까지의 파란만장한 역사를 보여준다. 전시를 통해 한글의 독창성과 중요성을 다시금 깨닫고, 우리말과 글에 깊은 자부심을 느끼게 된다.

📍 서울시 용산구 서빙고로 139

감귤의 모든 것
감귤박물관

감귤에 대한 모든 궁금증을 해결하는 곳. 귤의 기원과 종류, 재배 과정 등 감귤에 대한 다양한 정보를 제공한다. 전 세계의 감귤과 우리나라 감귤을 비교한 패널도 유익하다. 세계감귤전시관에서 사람 손 모양의 귤부터 콩알만 한 작은 귤까지 독특한 열매들을 만나볼 수 있다.

📍 제주도 서귀포시 효돈순환로 441

THEME 06 인생 사진 여행지

당신의 인생 사진을 위한 그곳

여행 중 셀카와 기념 사진이 필수인 시대.
이른바 '인생 사진'을 얻을 수 있는
특별한 포토 존을 찾아 여행을 떠나보자.

경주라서 가능한 고분 포토 존
경주 대릉원

크고 작은 고분이 모여 가장 경주스러운 풍경을 간직한 대릉원에는 여행자들이 줄을 서서 사진 찍는 인기 포토 존이 있다. 커다란 고분들 사이에 목련나무가 고아하게 서 있는 풍경은 이곳에서만 만날 수 있는 풍경이라 더욱 소중하다. 계절별로 느낌이 달라 사계절 모두 욕심나는 포토 존.

📍 경북 경주시 황남동 31-1

돌탑에 깃든 불상의 평온함
합천 천불천탑

합천 허굴산 중턱에는 용탑 스님이 10여 년에 걸쳐 만든 돌탑이 줄지어 서 있다. 천불천탑이라는 이름처럼 산길을 따라 끝없이 늘어선 돌탑마다 자애로운 표정의 작은 불상들이 모셔져 있다. 짙은 녹음을 배경으로 한 웅장한 장관이 절로 카메라를 꺼내 들게 한다.

📍 경남 합천군 가회면 월계리 산88

녹차밭 아래 신비의 용암 동굴
제주 오늘은녹차한잔

제주 녹차밭 속에 숨겨진 용암 동굴. 원시 제주의 모습을 간직한 넓고 신비로운 공간이 펼쳐져 있다. 동굴 입구에서 찍는 사진은 환하게 쏟아지는 빛과 함께 영화의 한 장면 같은 멋진 순간을 선사한다.

📍 제주도 서귀포시 표선면 중산간동로 4772

무지개처럼 아름다운 만년교

창녕 영산만년교

맑은 개울과 더불어 완벽한 데칼코마니를 이루는 황톳빛 다리. 조선시대 정조 시기에 건축된 아치형 무지개다리가 잔잔한 물결에 반영되어 원을 만들어낸다. 특히 봄철 수양벚꽃이 어우러질 때 가장 아름다운 풍경이 펼쳐진다.

📍 경남 창녕군 영산면 동리

독특한 원형 포토 존으로 인기몰이

강릉 하슬라아트월드

하슬라아트월드에는 인생 사진을 남길 만한 포토 존이 가득한데 그중 하이라이트는 바다가 보이는 원형 포토 존이다. 하늘과 바다로 가득 채워진 원형 포토 존에 피사체를 담으면 동굴 숏 감성의 특별한 사진이 완성된다.

📍 강원도 강릉시 강동면 율곡로 1441

돌탑과 얼음광장, 색다른 인생 사진 건지기
대전 상소동산림욕장

산림욕장인데 인생 사진 명소로 더 유명하다. 이국적인 분위기를 풍기는 돌탑들 사이에서 사진을 찍으면 마치 앙코르와트 같은 느낌이 연출된다. 겨울에는 얼음 빙벽이 생겨나 〈겨울왕국〉 같은 신비로운 사진을 건질 수 있다.

📍 대전광역시 동구 산내로 714

하늘 연못의 주인공처럼
제주 돌문화공원

파란 하늘과 흰 구름이 담긴 투명한 연못이 비현실적인 장면처럼 환상적인 풍경을 선사한다. 누구나 어린아이처럼 천진난만한 미소를 짓게 되는 곳, 제주 돌문화공원의 랜드마크이자 인기 포토 존인 하늘 연못에서 신비로운 사진을 남겨보자.

📍 제주도 제주시 조천읍 남조로 2023

THEME 07 빵지순례

빵빵하게, 빵지순례

여행을 계획할 때 빵집 한두 곳 꼭 리스트에 넣는
빵순이, 빵돌이는 집중하시라.
전국의 수많은 빵집 중 지역에서 내로라하는 노포 빵집을 모아 소개한다.
수십 년 전통을 자랑하는 빵집은
단순히 맛집을 넘어 지역 명물로서 가치를 갖는다.
꼭 빵순이, 빵돌이가 아니더라도
굳이 찾아가볼 만한 전국 대표 빵집을 모아봤다.

군산 여행 필수 코스
이성당

군산을 찾는 여행자들이 꼭 한번은 들르게 되는 명물 빵집이다. 1945년부터 영업을 시작해 우리나라에서 가장 오래된 빵집으로 알려져 있으며, 단팥빵과 야채빵이 유명하다. 다른 빵을 사려면 줄 설 필요가 없지만 단팥빵과 야채빵 구매가 목적이라면 대기 필수!

📍 전북 군산시 중앙로 177

단팥빵

야채빵

부산 사람들의 추억을 담은 대표 빵집
비엔씨

사라다빵

1983년 문을 연 비엔씨는 단순히 빵집이 아니라, 추억의 명소다. 원래 비엔씨는 광복로 중심에 있었고 부산 사람들이 광복동이나 남포동에서 만나기로 약속을 한다면 으레 '비엔씨 앞'이었다. 2014년 인근 골목 안쪽으로 자리를 옮겼지만 여전히 부산 대표 빵집으로 사랑받고 있다. 파이만주와 사라다빵이 대표 메뉴다. 부산역에도 매장이 있어 방문하기 편하다.

파이만주

📍 부산광역시 중구 광복로39번길 6 와이즈파크 (광복점)

부산애빵

부산에서 가장 오래된 빵집
백구당

부산에서 가장 오래된 빵집인 백구당은 1959년 개업해 3대째 영업 중이다. 많은 빵집이 생겼다 사라지기를 반복하는 긴 세월 동안 꿋꿋하게 명성을 이어가고 있다. 오래된 빵집이지만 꾸준히 신제품을 개발하면서 끊임없이 전통과 현대를 아우르는 노력을 멈추지 않는다. 옥수수 알갱이가 콕콕 박힌 크로이즌은 무조건 담고 볼 것.

📍 부산광역시 중구 중앙대로81번길 3

크로이즌

쑥쌀빵

성심당 가려고 대전 가는 사람?!
성심당

긴 설명이 필요 없는 전국구 빵집이다. 1956년 대전역 앞 찐빵집으로 시작해 지금은 대한민국 대표 빵집으로 성장했다. 대전부르스, 보문산메아리 등 지역 특성을 살린 메뉴를 비롯해 다양한 빵이 구비되어 있다. 그중 뭐니 뭐니 해도 가장 인기 있는 품목은 튀김소보로와 판타롱부추빵.

📍 대전광역시 중구 대종로480번길 15

판타롱부추빵

튀김소보로

이런 찐빵 어때요?
수복빵집

허름한 가게 외관에서부터 세월의 흔적이 묻어난다. 메뉴라야 찐빵, 꿀빵, 단팥죽, 팥빙수가 전부다. 찐빵을 꼭 맛봐야 하는데 찐빵 위에 걸쭉한 단팥 소스를 뿌려 먹는 점이 독특하다. 계피 향이 살아 있는 달콤한 단팥 소스가 풍미를 살린다. 소박하면서도 은근한 멋과 맛에 중독되는 곳이다.

📍 경남 진주시 촉석로201번길 12-1

팥빙수

찐빵

초코파이

말하지 않아도 아는 그 맛
PNB풍년제과

초코파이 하나로 전국을 강타한 빵집. 전국적인 수제 초코파이 열풍을 몰고 온 가게이기도 하다. 간판 없는 전병 과자점으로 시작해 1951년 풍년제과를 열고 3대째 영업 중이다. 가게 역사가 보여주듯 전병 역시 초코파이와 함께 이곳을 대표하는 품목이다.

📍 전북 전주시 완산구 팔달로 180

전병

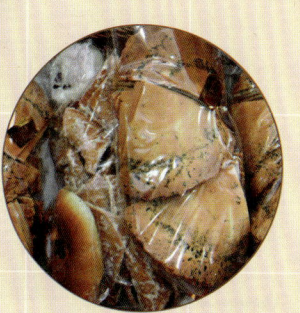

추억을 소환하는 빵집
고려당

이름부터 친근하다. 한때 전국에 이런 이름의 빵집이 많았기 때문이리라. 1959년부터 영업을 시작한 오래된 빵집으로 팥빵, 크림빵, 생도넛 등 옛날식 빵부터 최근 트렌드를 반영한 빵도 있다. 밀크셰이크도 인기 메뉴 놓치지 말 것.

📍 경남 창원시 마산합포구 동서북10길 68

꿀빵

빠다빵

공룡알빵

공룡과 나비가 빵으로?
궁전제과

이름도 재밌는 공룡알빵과 나비파이로 유명한 광주 대표 빵집으로 1973년에 문을 열고 2대째 빵을 구워내고 있다. 신선한 달걀 샐러드를 듬뿍 넣은 공룡알빵과 부드러운 결이 살아 있는 나비파이는 무조건 집고 빵 쇼핑을 시작하면 된다. 광주 곳곳에 분점이 있어 찾기 쉽다.

📍 광주시 동구 충장로 93-6

나비파이

춘향이와 몽룡이도 반했다!
명문제과

남원에서 줄 서서 먹는 빵집으로 소보루에 담백한 생크림을 넣은 생크림슈보루가 독특한 풍미를 느끼게 한다. 빵 위에 아몬드 슬라이스를 잔뜩 올린 꿀아몬드와 진한 풍미와 보드라운 식감이 매력적인 황치즈 카스테라도 인기. 외관은 다소 허름하지만 그래서 더 정겹다.

📍 전북 남원시 용성로 56

생크림슈보루

카스테라

안동에 가면 여기!
맘모스베이커리

1974년 문을 연 안동 대표 빵집. 말랑말랑하면서도 쫄깃한 식감의 빵 속에 크림치즈를 푸짐하게 넣은 크림치즈빵과 상큼한 유자를 가미한 유자파운드가 인기다. 안동찜닭골목과 인접해 함께 코스로 묶기 좋다.

📍 경북 안동시 문화광장길 34

크림치즈빵

유자파운드

천안에서 호두과자만큼 유명한
뚜쥬루과자점

자타 공인 천안을 대표하는 지역 빵집인 뚜쥬루과자점의 첫 시작은 의외로 서울이다. 1992년 서울에 첫 매장을 열어 꽤 인기를 끌었는데 대표는 이곳을 정리하고 1998년 천안으로 내려가 성정점을 열고 정착했다. 지금은 4개 매장을 운영하는데 모두 천안에 있다. 그중 빵돌가마마을은 규모가 워낙 커서 여행 삼아 들르기 좋다. 거북이빵과 돌가마만주, 돌가마빵이 대표 메뉴다.

📍 충남 천안시 동남구 풍세로 706

돌가마만주

거북이빵

크림치즈빵

구례에서 지리산 다음 명물
목월빵집

2016년 문을 열어 앞서 소개된 다른 빵집에 비해 역사는 짧지만 지역 대표성만큼은 부족하지 않다. 요즘 '구례' 하면 떠오르는 아이콘 중 하나로 당당하게 자리를 꿰차고 있는 빵집이다. 구례에서 생산되는 우리 밀과 농산물로 만드는 건강하고 특색 있는 빵이 가득해 일부러 이곳 방문을 목적으로 찾아오는 사람도 많다. 성수기나 주말에는 웨이팅을 감수해야 한다.

📍 전남 구례군 구례읍 서시천로 85

산동막걸리 오곡빵

제주 도민들의 '최애' 빵집
어머니빵집

제주 토박이라면 누구나 아는 오래된 빵집이다. 이곳에서만 맛볼 수 있는 까만 현무암빵과 한라봉파운드가 추천 메뉴. 현지인들이 즐겨 가는 빵집이라는 입소문이 나면서 덩달아 여행자들도 많이 찾는다. 제주 공항과 가깝고 카페도 겸해 여행 중 쉬어 가기도 좋다.

📍 제주도 제주시 도령로 103

먹물연유바게트

생크림팥빵

한라봉파운드

서울 노포 빵집의 핵심
나폴레옹과자점

1968년 서울 성북구에서 문을 열어 지금까지 영업 중인 전통 깊은 빵집으로, 나폴레옹과자점과 함께 흔히 서울 3대 빵집으로 꼽히는 리치몬드과자점, 김영모과자점의 대표 역시 모두 이곳 출신이다. 옛날식 빵부터 신제품까지 라인업이 화려한데 사라다빵과 통팥빵, 구로칸토슈니탱, 초코체리생크림케이크가 꼭 맛봐야 할 대표 메뉴다.

📍 서울시 성북구 성북로 7

사라다빵

녹차슈

THEME 08 전국 맛 지도

한국은 넓고, 별미는 많다!

우리나라는 각 지역에 향토 음식이 많다.
그 지역의 생활환경, 문화에 따라 자연스레 발달해온 음식이 있다.
지금은 전국 곳곳에서 다른 지역의 별미를 맛볼 수 있는 세상이 됐지만
왠지 현지에서 먹는 지역 음식이 더 특별하게 다가온다.
우동 먹으러 일본, 스파게티 먹으러 이탈리아까지 갈 수는 없지만,
가끔은 닭갈비 먹으러 춘천으로, 찜닭 먹으러 안동으로 갈 수는 있다.
일부러 음식을 먹으러 찾아가는 정성까지는 들이지 않더라도,
어느 지역을 여행할 때 현지 별미를 맛보는 건 좋지 아니한가!

전국맛지도

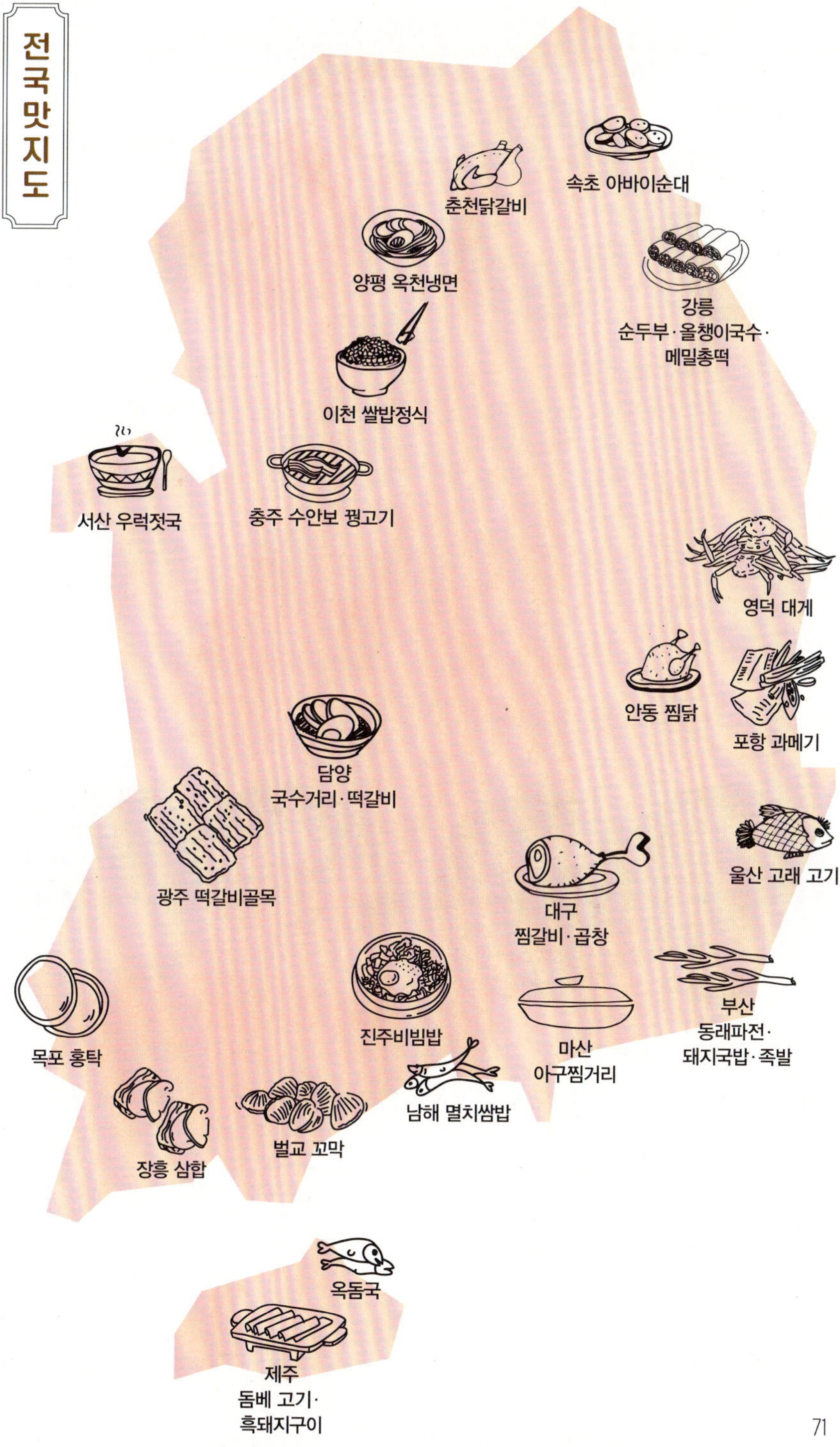

- 속초 아바이순대
- 춘천닭갈비
- 양평 옥천냉면
- 강릉 순두부·올챙이국수·메밀총떡
- 이천 쌀밥정식
- 서산 우럭젓국
- 충주 수안보 꿩고기
- 영덕 대게
- 안동 찜닭
- 포항 과메기
- 담양 국수거리·떡갈비
- 광주 떡갈비골목
- 울산 고래 고기
- 대구 찜갈비·곱창
- 목포 홍탁
- 진주비빔밥
- 마산 아구찜거리
- 부산 동래파전·돼지국밥·족발
- 장흥 삼합
- 벌교 꼬막
- 남해 멸치쌈밥
- 옥돔국
- 제주 돔베 고기·흑돼지구이

THEME 08 전국맛지도

71

경기도

이천 쌀밥정식

토지가 비옥해 좋은 쌀이 난다는 이천. 예전에 임금님 수라상에 올린 쌀로 유명하다. 이천 쌀로 지은 밥에 여러 반찬을 함께 내는 쌀밥정식을 전문으로 하는 가게가 많다.

양평 옥천냉면

한국전쟁 때 피란 온 이북 사람들이 양평 옥천에 자리 잡고 냉면을 판 데서 유래했다. 다른 냉면보다 면발이 굵고 쫄깃하며 주로 동그랑땡 완자와 편육을 곁들여 먹는다.

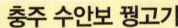

충청도

충주 수안보 꿩고기

온천으로 유명한 수안보에서 다양한 꿩 요리를 맛볼 수 있다. 꿩 샤부샤부, 꿩잡채, 꿩만두, 꿩전 등 다채로운 꿩고기 맛을 경험할 수 있다.

서산 우럭젓국

꾸덕꾸덕 말린 우럭포와 무, 두부 등을 넣고 새우젓으로 간해 끓인다. 의외로 시원하고 담백해서 남녀노소 누구나 좋아할 만한 맛이다. 현지인들에게는 해장국으로도 인기. 서산 시내 향토 음식점이나 삼길포항에서 맛볼 수 있다.

강원도

춘천닭갈비

철판닭갈비와 숯불닭갈비가 있다. 철판닭갈비는 철판 위에 양배추, 양파, 고구마 등의 채소와 양념한 닭고기를 넣어 볶아 먹고, 숯불닭갈비는 양념한 닭고기를 숯불에 구워 먹는 요리다. 철판닭갈비는 먹고 난 후 밥을 볶아 먹을 수 있다. 춘천 번화가 명동에 닭갈비골목이 형성되어 있다.

강릉 초당순두부 & 짬뽕순두부

동해안 바닷물을 간수로 사용한다는 점이 가장 큰 특징. 초당은 허균과 허난설헌의 아버지인 허엽의 호에서 유래했다. 초당순두부를 전문으로 하는 가게가 모여 있는 초당두부마을이 형성돼 있다. 맑은 초당순두부와 반찬을 곁들인 백반이 대표 메뉴인데, 최근에는 짬뽕순두부가 인기있다.

강릉 & 정선 올챙이국수

진짜 올챙이로 만드는 국수가 아니니 걱정 마시라. 옥수수가루로 만드는 국수인데, 면이 올챙이처럼 생겼다 해서 이렇게 불린다. 주로 간장양념장을 곁들인다. 국수지만 면발이 짧아 젓가락이 아닌 숟가락으로 떠먹는다.
TIP. 강릉중앙시장이나 정선오일장에 찾아볼 수 있다.

속초 아바이순대 & 오징어순대

돼지 대창에 선지, 숙주, 배춧잎 등으로 만든 소를 채운 아바이순대는 함경도 향토 음식이다. 한국전쟁 때 함경도에서 내려온 실향민들이 속초에 자리 잡고 아바이순대를 만들어 팔면서 유명해졌다. 돼지 창자 대신 속초에서 흔한 오징어에 순대 속을 넣은 오징어순대도 함께 발달하게 됐다.

메밀총떡(메밀전병)

메밀가루를 얇게 부쳐 송송 썬 김치와 돼지고기 등을 넣고 돌돌 말아 지져낸다. 강원도 지역 어디에 가나 쉽게 볼 수 있다.

정선 콧등치기국수

이름이 독특하다. 먹을 때 면이 콧등을 친다고 붙은 이름이다. 메밀국수에 채 썬 애호박, 당근, 감자옹심이 등을 넣고 끓여낸다. 강원도 향토 음식이지만, 지금은 정선 전역에서 판매한다.

경상도

울산 고래 고기

고래 고기는 보통 수육이나 김치찌개로 많이 먹는데 소고기와 비슷하면서 좀 더 기름진 맛이 난다. 비위가 약한 이들은 다소 냄새가 날 수 있지만 보통은 크게 신경 쓰지 않고 즐길 수 있다.

영덕 대게

대게는 겨울철 동해안 일대에서 많이 잡히는데, 영덕 강구항이 대게 집산지로 유명하다. 아침마다 항구에서 대게 경매가 벌어지며 주변에 빼곡하게 들어선 음식점에서 그날 잡은 신선한 대게찜을 먹을 수 있다. 대게는 11월부터 다음 해 4월까지 제철이다.
TIP. 강구항 주변 약 3km에 걸쳐 음식점 거리가 형성되어 있다.

포항 과메기

바닷바람에 말린 청어나 꽁치는 고단백질 식품으로 겨울철 영양을 보충해주는 고마운 별미다. 잘 말린 과메기는 적당히 촉촉하며 윤기가 흐른다. 상추나 배추에 김과 미역을 얹어 과메기, 쪽파, 마늘, 청양고추를 싸 먹으면 추운 겨울이 즐거워진다.

안동 찜닭

닭에 감자, 당면, 갖은 채소 등을 넣고 졸여 먹는 음식. 간장양념이 기본이라 남녀노소 누구나 즐길 수 있다. 안동시장에 찜닭골목이 있다.

밀양 & 부산 돼지국밥

경남 지역에서 대중적인 음식. 밀양식 돼지국밥은 소 뼈로, 부산식 돼지국밥은 돼지 뼈로 국물을 우려내는데, 지금은 지역을 떠나 가게마다 각자의 방식으로 국물을 낸다. 육수에 돼지고기와 밥을 넣어 먹으면 되는데, 밥을 따로 내주는 곳도 있다.

남해 멸치쌈밥

남해의 멸치와 양념을 넣고 자박하게 끓인 찌개를 밥과 함께 상추나 깻잎 등 채소에 싸 먹는 요리. 멸치는 뼈가 연해 통째로 쌈에 넣어 먹어도 된다.

진주비빔밥

지금은 전주비빔밥이 워낙 유명세를 탔지만, 진주비빔밥 역시 전통적으로 유명하다. 밥 위에 여러 나물을 올려 비벼 먹는 기본은 같지만, 육회를 올리고 선짓국을 곁들여 먹는 게 특징이다.

부산 동래파전

일반 전과 달리 재료를 반죽에 섞지 않고 기름 두른 팬에 재료를 차례로 넣어 부쳐낸다. 쪽파를 놓고 그 위에 각종 해물과 반죽을 넣는 식으로 굽고, 마지막에는 달걀을 얹어 익혀낸다. 막걸리와 찰떡궁합!

부산 부평족발골목

부평 거리에 1960년대 가게 하나에서 시작해 족발집이 늘어났고 지금은 족발골목이 됐다. 가게마다 저마다의 비법 장을 사용해서 조금씩 맛이 다르다. 족발에 톡 쏘는 겨자 소스와 다양한 채소, 해파리를 넣은 냉채족발이 별미다.

대구 찜갈비

대구의 별미 중 하나인 찜갈비는 원래 고춧가루와 다진 마늘을 듬뿍 넣어 혀가 얼얼할 만큼 맵고 달다. 가게에 따라 요즘은 덜 매운 찜갈비도 내놓는다. 무엇보다 양푼에 담아 내는 게 특징. 대구 동인동에 찜갈비골목이 있다.

대구 안지랑 곱창거리

앞산 카페거리와 이어진 안지랑 곱창거리는 싸고 푸짐하게 곱창과 막창을 즐길 수 있는 대구의 대표 먹자골목이다. 1979년에 처음 대구식 양념곱창을 선보인 충북식당을 선두로 수많은 곱창집이 자리한다. 곱창은 초벌구이해 양푼에 한 바가지씩 담아 내준다.

마산 아구찜거리

마산 오동동에서 장사하던 할머니가 어부들이 가져온 아귀를 북어찜처럼 쪄서 손님들에게 내놓은 것이 아귀찜의 시초로 알려져 있다. 이후 각종 채소를 가미하면서 지금 우리가 아는 콩나물을 넣은 형태의 아귀찜이 등장했다.

전라도

장흥삼합

장흥 특산품인 한우와 키조개, 표고버섯을 모두 맛보는 기특한 별미. 고기 한 점에 얇게 져며 구운 키조개와 표고버섯을 얹어 한입에 쏘옥 넣으면 입안에서 고소하고 달콤하고 부드러운 맛의 향연이 펼쳐진다.
TIP. 장흥 정남진 토요시장 근처에 장흥삼합 전문점이 많다.

목포 홍탁

잘 삭힌 홍어와 탁주와의 만남은 진리다! 입과 코를 공격하는 톡 쏘는 홍어의 강한 맛을 부드럽고 달달한 탁주가 잘 달래준다. 홍어는 흑산도산이, 탁주는 인동초 막걸리가 으뜸이다.

벌교 꼬막정식

보성과 순천 사이, 청정한 갯벌을 품은 벌교는 꼬막의 성지로 유명하다. 꼬막으로 만든 음식을 진수성찬처럼 차려내는 꼬막정식에는 피조개, 새조개도 곁들인다.

담양 떡갈비

노릇노릇 구워낸 떡갈비와 대나무통밥이 찰떡궁합을 이룬 담양 떡갈비. 한입씩 베어 물 때마다 달콤한 육즙이 뚝뚝 떨어진다. 고슬고슬 잘 지은 대나무통밥도 별미. 식사 후 대나무통은 가져가도 된다.
TIP. 죽녹원 주변에 대나무통밥과 떡갈빗집이 늘어서 있다.

담양 국수거리

관방제림 둑방길을 따라 자리한 담양 국수거리는 여름날 대나무 평상에 앉아 맛보는 국수 한 그릇이 별미인 곳이다. 진하게 우려낸 멸치국수와 새콤매콤한 비빔국수가 입맛을 돋운다.

광주 송정떡갈비골목

광주의 오미 중 하나인 송정떡갈비는 큼직한 네모 모양으로 넉넉한 남도의 인심을 그대로 담고 있다. 소고기와 돼지고기를 섞은 깊은 풍미가 특징이다. 송정떡갈비골목에 수십 년 된 전통 있는 가게부터 '신상' 맛집까지 다양한 떡갈비 전문점이 늘어서 있다.

제주도

흑돼지구이

까만 털이 더 맛있다! 육질이 쫀득하고 담백한 맛에 엄지가 저절로 척 올라가는 흑돼지는 제주도 대표 별미다. 보통 많이 먹는 오겹이나 목살보다 덩어리째 구워 먹는 근고기가 더 맛있다.

돔베 고기

제주도식 수육. 야들야들 푹 삶아낸 돼지고기를 도마에 올려주는데, 제주어로 도마를 돔베라고 부른다. 바쁜 잔칫집에서 썰어낸 고기를 도마째 손님들께 내던 데서 유래했다.

옥돔국

유난히 생선국이 많은 제주에서도 옥돔국을 최고로 친다. 옥돔에 채 썬 무만 넣어 만든 옥돔국은 시원하고 담백해 해장에도 좋다. 옛날 산모들은 옥돔에 미역을 넣어 끓여 산후조리를 위한 보신용으로 많이 먹었다.

보말죽

제주 바다에 널린 보말은 제주어로 바닷고둥이다. 삶은 보말을 일일이 깐 후 불린 쌀과 함께 죽을 끓이는데, 정성 없이 만들기 힘들다. 짙은 초록빛이 식욕을 마구 당기게 하진 않지만 깊고 구수한 맛이 자꾸만 찾게 한다.

빙떡

잔칫집이나 제사상에 빠지지 않는 향토 음식이다. 얇게 부친 메밀전에 무숙채를 넣고 김밥처럼 돌돌 만다. 간간한 게 건강한 맛이다. '단짠단짠'에 길든 입맛엔 왜 먹나 싶을 맛이다.

THEME 09 누들 로드

전국 면 요리 원정대
맛있는 면을 향해, 출격 준비!

은근하게 중독되는 맛
춘천막국수

닭갈비와 함께 춘천을 대표하는 음식. 메밀 반죽을 틀에 눌러 국수를 뽑아낸다. 춘천에 있는 막국수 전문점에는 대부분 물이나 비빔이 따로 없다. 국수에 양념을 얹어 내고 육수나 동치미를 따로 주기 때문에 취향에 따라 물처럼 먹을 수도, 비빔처럼 먹을 수도 있다.

추천 스폿
유포리막국수
📍 강원도 춘천시 신북읍 맥국2길 123

샘밭막국수
📍 강원도 춘천시 신북읍 신샘밭로 644

잔치 음식이 지역 별미로!
제주 고기국수

제주 고기국수는 옛적 잔칫집에서 돼지고기를 삶아낸 후 그 물에 바로 국수를 넣고 끓여 손님들이 푸짐하게 먹고 갈 수 있도록 만든 음식이다. 소면보다 두툼한 중면을 이용하며 두툼한 돼지 수육을 얹어주는데 국수 한 그릇에 만찬을 즐긴 듯한 포만감이 몰려온다.

추천 스폿
자매국수
📍 제주도 제주시 항골남길 46

가시아방 국수
📍 제주도 서귀포시 성산읍 섭지코지로 10

한국인의 피에는 면이 흐른다. 밥이 주식이지만 예부터 잔칫날에는
국수를 먹고 냉면이나 칼국수 등 다양한 면 요리를 즐겨왔다.
그래서 우리는 중간중간 어떤 식으로든 면 요리를 먹어줘야 한다.
전국 각지에 포진한 면 요리 전문점들이여, 대기하라.
누들 마니아가 언제든 출격 준비를 마쳤다.

짜장면과 달라도 너무 달라!
물짜장

이름에 짜장이 들어가지만 짜장면을 생각하고 시키면 낭패. 완전히 다른 음식이라는 점을 기억하자. 주로 전북 지역의 중국집에서 많이 판다. 해산물과 채소를 듬뿍 넣으며 짜장면보다 훨씬 담백하다. 매콤한 맛을 가미한 물짜장을 판매하는 곳도 있다.

추천 스폿

영화원
📍 전북 군산시 구영5길 112

노벨반점
📍 전북 전주시 완산구 풍남문2길 99

냉면 친구
밀면

부산과 경남 지역에서 많이 먹는 음식으로 오래전에는 '경상도 냉면'이라고 불리기도 했다. 냉면과 가장 큰 차이점이라면 바로 면의 주재료다. 냉면은 메밀이 주재료라면, 밀면은 밀가루가 주재료다. 한국전쟁 때 북에서 내려온 피란민들이 메밀을 구하기 어려워 밀가루를 넣어 냉면을 만든 게 밀면의 시초로 알려져 있다.

추천 스폿

내호냉면
📍 부산광역시 남구 우암번영로26번길 17

개금밀면
📍 부산광역시 부산진구 가야공원로14번길 88-8

넌 우동이냐, 쫄면이냐?!
물쫄면

쫄면 하면 매콤새콤하게 비벼 먹는 음식으로만 알고 있던 사람들에게 물쫄면은 신선한 충격이다. 쫄면인데 따뜻하고 국물까지 들어 있다. 우동 같지만 면이 쫄면이라 더 쫄깃하다. 따뜻한 국물과 쫄깃한 면발의 만남, 의외로 찰떡궁합!

▶ 추천 스폿

풍미당
📍 충북 옥천군 옥천읍 중앙로 23-1

박용자경주명동쫄면
📍 경북 경주시 계림로93번길 3

해산물 국물과 소고기 육전으로 맛을 내는
진주냉면

북에 평양냉면과 함흥냉면이 있다면 남에는 진주냉면이 있다. 진주냉면의 특징은 국물에서 비롯된다. 소 사골이 아니라 죽방멸치와 디포리 등 해산물로 끓여낸 국물을 사용한다. 국물을 끓인 후 저온 숙성시켜 냉면을 만들고 소고기를 달걀에 부친 육전을 올린다.

▶ 추천 스폿

하연옥
📍 경남 진주시 진주대로 1317-20

황포냉면
📍 경남 진주시 호탄길34번길 10

너 너무 럭셔리하다~
문어라면

라면은 언제나 옳다. 거기에 제주 바다에서 잡아 올린 싱싱한 해산물을 더한다면, 그 맛은 굳이 설명할 필요가 없다. 바다로 둘러싸인 제주에는 문어라면, 전복라면, 성게라면, 해물라면 등 온갖 해산물을 투하한 라면이 많다. 그 중에서도 문어라면이 특히 인기. 라면에 문어를 넣으면 비슷한 맛일 것 같지만, 식당마다 맛과 비주얼이 다르다.

추천 스폿

문개항아리
제주도 제주시 조천읍 조함해안로 217-1

경미네집
제주도 서귀포시 성산읍 일출로 259

한국인의 영원한 친구
짬뽕

짜장면과 달리 짬뽕은 전국 3대니, 전국 5대니 하는 맛집이 있고 마니아들은 전국 짬뽕 맛집 순례를 하기도 한다. 군산과 강릉이 특히 짬뽕 순례지로 유명한데, 강릉에는 짬뽕의 인기에 힘입어 지역 별미인 순두부와 결합한 짬뽕순두부가 생겼을 정도.

추천 스폿

원조강릉교동반점
강원도 강릉시 강릉대로 205

지린성
전북 군산시 미원로 87

| THEME 10 | 팔도 술 열전 |

술이 술술~ 넘어간다!
전국 팔도 대표 술 열전

진정한 애주가라면 여행지에선 당연히 그곳 술을 맛봐야 할 터! 그래서 만들었다. 전국 팔도를 대표하는 각 지역 대표 술 목록!

전통주

1 경기도 김포

문배주

원래 평양이 시초이나 현재 문배주 5대 전수자가 김포에서 빚어낸다. 2000년 남북정상회담 만찬주로 선보였다.

2 경상북도 안동

안동소주

안동 지역에 전해 내려오는, 우리나라를 대표하는 전통주 가운데 하나. 알코올 도수가 40도를 훌쩍 웃돌 정도로 높다.

3 전라북도 전주

이강주

조선 3대 명주 중 하나로 배와 생강을 이용해 빚는다. 투명하고 맑은 빛깔에 도수가 높다.

4 충청남도 충주

청명주

수백 년간 이어져 내려온 충주 지역의 전통술. 맑은 빛깔에 향이 그윽하고 독특한 감칠맛이 난다.

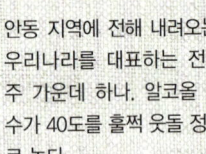

5  충청남도 당진

면천두견주

진달래 꽃잎을 넣어 향기가 좋다. 국가무형문화재 제86호로 지정된 당진 면천 지역 전통주다.

6   충청남도 한산

소곡주

백제시대부터 전해진 서천군 한산면의 유서 깊은 술이다. 앉은뱅이 술이라 불릴 만큼 한번 맛보면 술잔을 내려놓기 힘들다.

7  경상남도 경주

교동법주

무형문화재로 지정된 교동 최씨 집안에서 대대손손 이어져 내려온 법주다.

8   전라남도 진도

홍주

지초 뿌리를 이용해 만든 진도 지방 전통주로 빛깔이 붉고 고운 것이 특징이다.

9  제주도

오메기술, 고소리술

논이 귀한 지역 특성상 쌀이 아닌 차좁쌀로 빚는 제주 지방만의 독특한 탁주. 오메기술을 증류시켜 만든 소주가 고소리술이다.

소주

1 서울&경기도

참이슬(오리지널)
1988년 출시된 이후 오랫동안 업계 1등 자리를 지켜온 불굴의 소주!

2 강원도

처음처럼
2006년 출시된 세계 최초의 알칼리 환원수로 만든 소주

3 충청북도

시원한 청풍
세계 3대 광천수 가운데 하나인 초정 천연 암반수로 빚은 충북 대표 소주

4 충청남도

O2린
특허 기술로 용존 산소량을 3배 가까이 높인 산소 소주

5 경상북도

깨끗한아침 참
듀얼 여과 공법을 사용해 산뜻하고 깔끔한 맛이 특징

6 부산&경상남도

좋은데이
클린에어 숙성과 참숯 세라믹 여과로 순하고 깨끗한 맛!

7 화이트 〔부산 & 경상남도〕

이름처럼 맛이 깨끗하다.

8 C1 〔부산〕

부산을 대표하는 소주. 첫맛은 부드럽고 뒷맛은 깔끔하고!

9 잎새주 〔광주 & 전라남도〕

천연 감미료인 메이플 시럽을 첨가해 흔들수록 달달하다!

10 하이트 〔전라북도〕

전북을 대표하는 맑은 소주

11 한라산 〔제주〕

투명한 유리병에 담긴 자타공인 제주도 대표 소주

85

THEME 11 수제 맥주

혀끝으로 즐기는
브루어리 여행

맥주 맛이 거기서 거기라고 생각하던 시대는 지났다.
각자의 레시피로 맥주를 빚는 브루어리 펍이 늘어나면서
수제 맥주를 테마로 여행을 즐기는 사람들도 많아졌다.
애주가들의 마음을 설레게 할 브루어리 탐방을 위해 '치어스!'

옛 막걸리 양조장에서 빚는 강릉 로컬 맥주
🍺 강릉 버드나무브루어리

막걸리 양조장이 맥주 양조장으로 변신했다. 오래된 막걸리 양조장의 기본 틀을 그대로 살려 빈티지한 요소가 가득 남아 있다. 공간만 전통을 잇는 게 아니다. 맥주에도 '한국적', '강릉적' 요소를 듬뿍 담았다. 강릉 미노리에서 수확한 쌀을 첨가한 미노리세션, 강릉 즈므마을에서 이름을 딴 즈므블랑, 강릉 옛 지명을 사용한 하슬라IPA 등을 만나볼 수 있다.

📍 강원도 강릉시 경강로 1961

버드나무브루어리 미노리세션
ABV 4.6%
고두밥을 짓는 전통 술 빚기를 응용한 쌀을 첨가한 맥주. 은은한 귤 향과 상큼함을 느낄 수 있다.

속초IPA
ABV 6.7%
솔 향과 열대 과일 맛이 조화로운 부드러운 IPA

 속초를 마시다!
속초 크래프트루트

속초, 동명항, 대포항, 갯배, 아바이, 청초호, 영랑호. 모두 크래프트루트에서 빚는 맥주 이름이다. 속초 대표 명소의 이름과 풍경을 담은 라벨 덕분에 속초 여행 기념품으로 챙겨 가기도 좋다. 양조장에서 브루 펍을 운영해 갓 뽑아낸 신선한 맥주를 현장에서 맛볼 수 있다. 피자 맛집으로도 입소문나 '피맥'을 즐기기에 딱 좋다.

📍 강원도 속초시 관광로 418

 맥주에서 유자 향이 솔솔
남해 네코나매

남해에서 만나는 수제 맥주 브루어리로, 고양이와 남해를 결합한 이름이 재미있다. 대표 맥주인 오시다비어 유자위트에일은 남해 특산물인 유자를 듬뿍 넣어 부드럽고 상큼한 맛이 돋보인다. 은은한 홉 향이 매력적인 독일마을라거와 밸런스가 좋은 금산골든에일도 함께 맛볼 수 있다.

📍 경남 남해군 남해읍 화전로 48-1

오시다비어
ABV 5.0%
착향료나 다른 첨가물 없이 남해 유자로 맛을 낸 향긋한 맥주

🍺 감자, 옥수수, 팥으로 만든 맥주를 맛보려면
춘천 감자아일랜드

강원도 대표 아이콘인 감자로 맥주를 만드는 곳. 감자뿐 아니라 옥수수, 팥, 사과, 복숭아, 토마토 등 각종 농산물을 활용해 맥주를 양조한다. 이런 농산물과 맥주의 조합이 어색할 것 같지만 의외로 오묘하게 조화를 이룬다. 늘 마시던 맥주에서 벗어나 조금 색다른 맛을 갈구한다면 추천!

📍 강원도 춘천시 방송길 77

감자맥주
ABV 4.5%
아메리칸 페일에일과 강원도 감자의 기막힌 만남! 시트러스하고 탄산감이 넘쳐 가볍게 여름에 마시기 좋다.

🍺 부산에선 역시 갈매기
부산 갈매기브루잉

부산을 대표하는 브루어리 중 하나로 부산의 지역색을 살린 부산라거와 갈매기IPA를 비롯해 다양한 라인업을 갖췄다. 계절별로 선보이는 메뉴와 게스트 브루어리 메뉴를 더해 선택의 폭을 넓혔다. 광안리해변 인근의 본점을 비롯해 해운대, 남포동 등 부산 관광 명소에 매장을 두고 있어 여행 동선에 따라 들르기 편하다.

📍 부산광역시 수영구 광남로 58

부산라거
ABV 4.5%
100% 순수 몰트로 만든 청량하면서도 꽉 찬 맛!

제주 감성이 더해져 더 맛있다!
🍺 제주 맥파이 브루어리 & 탭룸

경리단길에서 첫선을 보인 유명 브루 펍 맥파이의 맥주를 제조하는 양조장이 제주에 있다. 감귤 창고를 모던하게 개조한 탭룸을 운영해 제주 풍광을 즐기며 신선한 맥주를 맛볼 수 있다. 맥파이의 유명한 페일에일과 포터를 비롯해 시즌 한정판 메뉴도 메뉴판 한쪽을 차지한다. 넓고 쾌적한 실내도 친자연적인 야외 공간도 모두 제주 감성을 만끽하기에 딱!

📍 제주도 제주시 동회천1길 23

맥파이 페일에일
ABV 4.8%
맥파이의 첫 번째 맥주이자 지금까지도 가장 사랑받는 맥주.
입안 가득 느껴지는 열대 과일 향과 감귤류의 풍미가 매력적이며 쌉쌀한 끝맛이 특징.

THEME 12 템플스테이

내 안의 나를 찾아

깊은 산속 고즈넉한 산사에서 보내는 템플스테이는 정신없이 달려가던 일상을 잠시 '멈춤' 하고 차분히 자신과 마주하게 한다. 그 잠깐의 휴식에서 우리는 자신을 되돌아보고 다시 몸과 마음을 가다듬을 수 있다. 진정한 자신과의 만남이 필요한 이들에겐 혼자 떠날 것을 추천한다. 때로는 오롯이 자신만을 위한 시간도 필요하지 않겠는가.

템플스테이, 어떻게 갈까?

당일형

하룻밤 시간을 내기 어렵다면 당일형 프로그램을 추천한다. 하루 동안 사찰을 둘러보며 참선이나 다도, 연등이나 염주 등을 만드는 체험이 마련된다. 외국인 친구들에게 한국 문화를 소개하는 데도 좋다.

체험형

사찰마다 여러 프로그램을 운영한다. 발우공양과 108배, 다도체험 등 전통 불교문화 체험을 비롯해 선무도 배우기, 국궁 체험, 숲 체험, 갯벌 탐사 등 사찰 특성에 따른 독특한 체험이 곁들여진다.

휴식형

고즈넉한 사찰에 머물면서 휴식과 힐링의 시간을 갖고픈 이들에게 추천한다. 사찰 내에서 정해진 일과 외에 특별한 프로그램 없이 자유롭게 휴식을 취할 수 있다.

템플스테이 주요 프로그램

참선과 명상

스님들의 수행법인 참선과 명상은 대부분 템플스테이 프로그램에 포함되어 있다. 일상을 벗어나 고요한 자신의 내면을 들여다보고 스스로 성찰하는 시간을 가질 수 있다. 이런 시간에 익숙하지 않은 참가자들이 간혹 졸기도 하는데 스님들이 돌아다니면서 죽비를 내리치기도 한다.

다도 체험

그윽한 향기를 품은 차를 마시며 스님과 이야기를 나누는 시간이다. 템플스테이 프로그램 가운데 만족도가 높은 프로그램으로 서로 스스럼없이 대화하는 중에 마음의 평안과 위로를 얻을 수 있다.

발우공양

템플스테이 프로그램 중 난도가 높은 축에 속한다. 발우는 스님들이 사용하는 전통 식기를 뜻하며 스님들의 식사법을 '발우공양'이라고 부른다. 음식이 만들어지기까지 수고한 많은 이들에 대한 감사와 다 함께 나누어 먹는 배려, 음식을 남기지 않는 절약 정신 등을 배울 수 있다.

108배

몸과 마음을 다스리는 수행법으로 108가지 번뇌를 내려놓기 위한 시간이다. 절 한 번에 번뇌가 한 가지씩 사라진다. 꽤 고된 체험이지만 건강에 도움이 되는 데다 마음이 후련해지고 가벼워지는 효과가 있다. 몸이 불편하거나 종교적 이유로 부담이 된다면 조용히 앉아 있기만 해도 된다.

예불

사찰의 가장 기본적인 일과 중 하나로 하루의 시작과 끝을 알리는 역할을 한다. 이른 새벽에 범종 소리가 울리면 스님들과 산사의 모든 이들이 법당에 모여 예불을 올린다. 종교적인 이유를 떠나 산사에서 맞는 새벽의 기운과 불교문화를 체험하는 특별한 기회가 된다.

> **TIP**
> 1 보통 사찰에서 수련복을 지급한다. 겨울철엔 따뜻한 옷을 준비하면 더 좋다.
> 2 개인 세면도구 외의 준비물은 불필요한 요소다. 일상에서 쓰던 물건은 가급적 두고 떠나자.
> 3 작은 수첩에 오롯이 자신과 대면한 느낌을 적어보자.
> 4 스님들을 만나면 두 손을 합장하고 가벼운 목례로 예의를 갖추자.
> 5 사찰의 일과 시간에 맞춰 생활하자. 경내 음주, 흡연은 금지된다.

템플스테이의 모든 것

템플스테이 통합정보센터

템플스테이가 처음이라면 이곳에 문의해보자. 템플스테이에 대한 궁금증과 자신에게 맞는 사찰까지 엄선해준다. 홈페이지에서 템플스테이를 검색한 후 예약과 결제도 가능하다.

📍 서울시 종로구 우정국로 56   🌐 http://www.templestay.com

템플스테이 추천 스폿

참다운 나를 깨우는 공간
가야산 해인사 템플스테이

가야산 자락 아래 자리한 해인사는 아름다운 자연환경으로 유명하며, 팔만대장경을 모신 법보종찰로 알려져 있다. 주말 체험형 템플스테이를 운영하며 예불, 아침 공양, 사찰 투어, 108배, 선 명상 등의 프로그램을 진행한다. 평일에는 휴식형 템플스테이를 통해 자유롭게 머물며 쉴 수 있다.

📍 경남 합천군 가야면 해인사길 122

땅끝 마을 산사에서의 하룻밤
미황사 템플스테이

미황사에서는 체험형과 휴식형 템플스테이 모두 가능하다. 예불, 공양, 울력 등 사찰의 하루 일과를 체험하며 스님과의 다담 시간도 마련된다. 참선, 기도, 산행, 독서 등 자유 수행 시간을 통해 자신과 마주하는 기회를 제공한다. 연말에는 해맞이와 해넘이 템플스테이도 운영한다.

📍 전남 해남군 송지면 미황사길 164

2

는 맛이 있네

천 소양강스카이워크

년 랜드마크인 소양강처녀상과 소양2교 인근에
서 춘천의 풍경을 더욱 특별하게 만들어준다.
다리 길이가 174m이고, 그중 156m가 투명 강
리 구간으로 물 위를 걷는 짜릿한 기분을 제대
만끽할 수 있다. 스카이워크 끝에는 원형 광장과
대가 있는데 광장 중앙 바닥 역시 투명 유리로
어져 이곳에서 기념사진을 찍는 사람들이 많다.

도 춘천시 영서로 2663

천년의 숨결 속에 잠들다
불국사

세계문화유산인 불국사에서 하룻밤을 보내며 천년 역사의 향기를 느껴보자. 불국사의 국보 문화재를 배우고, 밤에는 달빛과 별빛 아래 석가탑과 다보탑을 거닐 수 있다. 참선, 숲속 명상, 스님과의 차담을 통해 자신을 성찰하는 소중한 시간을 가져보자.

경북 경주시 불국로 385

전나무길을 걷다 멈춘 곳
내소사

부안에 위치한 내소사는 전나무길이 아름다운 사찰로 휴식형과 체험형 템플스테이를 운영한다. 체험형 템플스테이에서는 부안 마실길과 능가산길 트레킹, 단청 배우기, 만다라 명상 등 특별한 프로그램을 운영한다. 가족이 함께 휴식형을 선택할 경우, 별도의 1실이 제공된다.

전북 부안군 진서면 내소사로 243

야자수 우거진 사찰에서 템플스테이
약천사

제주 서귀포에 위치한 약천사는 야자수가 우거진 이국적인 분위기 속에서 하룻밤을 보낼 수 있는 특별한 사찰이다. 사찰 문화 체험과 더불어 제주의 생활 체험도 함께 즐길 수 있다. 고사리 따기, 감귤 따기, 올레길 걷기와 천연 염색 배우기 등 독특한 프로그램이 마련되어 있다.

제주도 서귀포시 대포동 1165

THEME 13 스카이워크

하늘과 바다를 걷는 기분 전국 스카이워크 열전

스카이워크는 상공 위, 물 위를 걷고 싶은 인간의 욕망을 표출한 하나의 작품이다. 아찔한 전망에 짜릿한 재미가 더해지니 남녀노소 모두에게 사랑받는 여행 아이템이다. 아찔한 즐거움이 펼쳐지는 스카이워크를 따라 한 발씩 내디뎌보자.

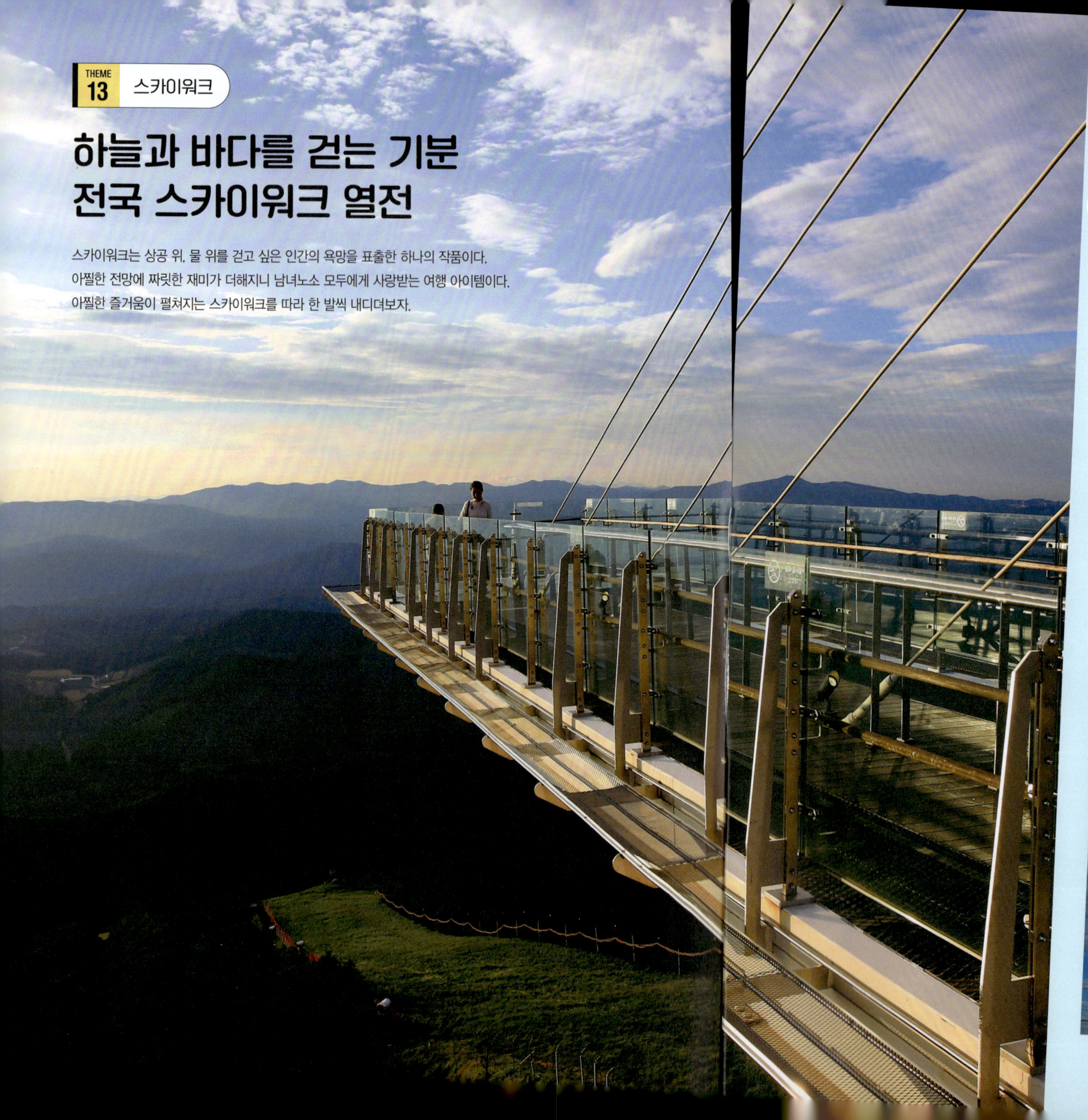

1

우리나라에서 가장 높은 곳에 자리

평창 발왕산 기 스카이

모나 용평리조트에서 관광 케이
로를 따라 1,458m 높이 발왕산
장한 스카이워크가 눈길을 끈
워진 스카이워크라 이곳에 오
을 내려보는 듯한 기분이 든다
랑하는 대관령 일대 산세를
수 있어 특별하다.

강원도 평창군 대관령면 올림픽

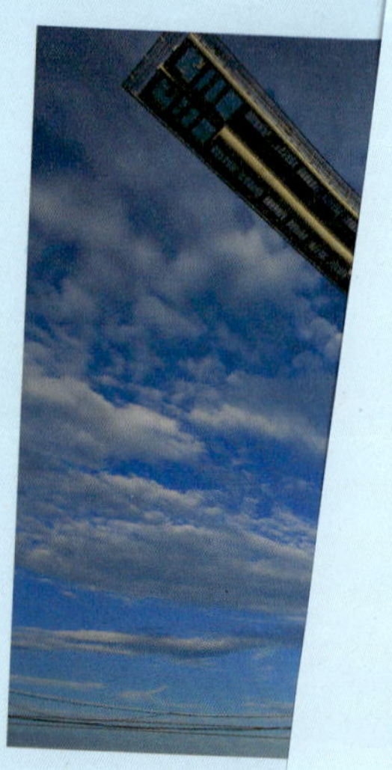

걷
춘

춘
들
전
화
로
전
이

강

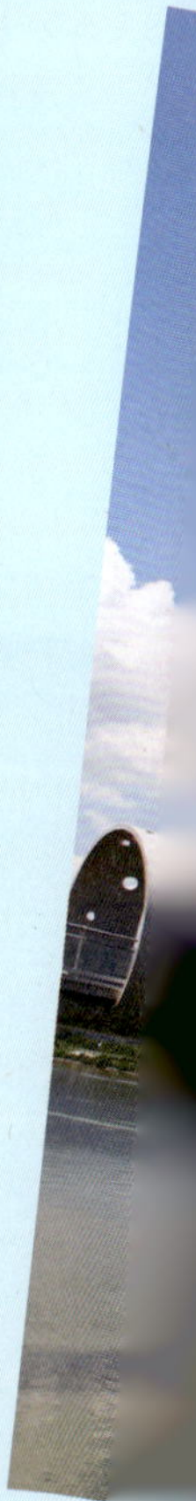

하늘에서 내다보는 기막힌 절경

단양 만천하스카이워크

만학천봉 정상에 수면 120m 높이로 서 있는 만천하스카이워크는 타원형 건축 형태부터 독특하다. 나선형 보행로를 따라 올라가면 스카이워크에 도착한다. 삼지창처럼 세 갈래로 길이 났는데 중앙에 있는 길이 10m 정도로 가장 길다. 남한강 절경이 한눈에 들어오는 기가 막힌 전망에 감탄이 이어진다.

📍 충북 단양군 적성면 옷바위길 10

숲에서 바다로, 아찔한 걸음

장항스카이워크

서해안 바닷가, 지상에서 15m 높이에 조성된 하늘 산책로로, 키 큰 소나무들과 어깨를 나란히 하고 걷기 좋다. 약 286m에 걸쳐 이어져 있으며 솔숲에서 바다 쪽으로 뻗어나 있다. 중간쯤은 바닥을 구멍이 송송 뚫린 철판으로 마감해 더욱 스릴감을 느낄 수 있다.

📍 충남 서천군 장항읍 장항산단로34번길 74-45

 출렁이는 파도, 활기찬 부산 바다
부산 송도구름산책로

과거에 있던 출렁다리를 복원한 구름 산책로는 해변 끝자락에 있는 거북섬과 이어진 해상 산책로다. 바닥 중간을 투명한 유리로 조성해 발아래 출렁이는 파도가 생생하게 보인다. 스카이워크 끝에 서면 활기찬 부산 바다를 온몸으로 느낄 수 있다.

📍 부산시 서구 암남동 129-4

 한 폭의 산수화와 마주하다
정선 병방치스카이워크

해발 583m 절벽 끝에 U자 구조물로 이뤄져 전망을 막힘 없이 감상하기 좋다. 눈앞에 펼쳐지는 수려한 절경에 바닥이 투명 유리라는 아찔함도 금세 잊게 된다. 한반도 지형을 닮은 밤섬과 산이 어우러진 비경이 감동적이다. 주변에는 산책로와 짚와이어 시설도 마련되어 있다.

📍 강원도 정선군 정선읍 병방치길 225

THEME 14 온천

사계절
온천에서 노는 법

온천을 즐기는 두 가지 방법!
온천 워터파크에서 신나고 재미있게 하루를 보낸다.
두 번째, 고요하고 한적한 노천탕에 몸을 담그고
세상 근심 걱정 모두 잊은 채 시간을 흘려보낸다.
여름엔 온천 워터파크가, 겨울엔 온천장이 진리다.

천국 같은 온천 테마파크
스플라스 리솜

야외 워터파크와 실내 온천장, 객실, 레스토랑 등을 갖춘 리조트형 온천 테마파크이며 온 가족이 함께 즐기는 어트랙션 시설이 많다. 600년 전통을 품은 덕산 온천수는 피부 탄력 유지와 재생, 혈액순환 개선에 도움을 주는 실리카 성분이 풍부한 것으로 알려져 있다.

📍 충남 예산군 덕산면 온천단지3로 45-7

사계절 내내 즐기는
이천 테르메덴

실내 바데 풀과 야외 온천 풀이 연결되어 있어 워터파크와 온천욕을 동시에 즐길 수 있다. 야외에는 아이들이 좋아할 만한 시설이 가득하다. 동굴탕, 연인탕, 정자탕 같은 은밀한 공간은 커플들에게 특히 인기가 많다.

📍 경기도 이천시 모가면 사실로 984

놀면서 예뻐지자!
설악 워터피아

국내 최초로 지정된 대한민국 1호 보양 온천으로 설악산과 동해 바다가 펼쳐진 곳에 자리한 온천 테마파크는 면적이 약 80,000㎡에 달한다. 신나게 놀면서 피부가 촉촉해지는 효과까지 알뜰하게 누릴 수 있다.

📍 강원도 속초시 미시령로 2983번길 111

THEME 14

온천

매끈한 피부 미인의 비밀
청송 솔기 & 솔샘온천

청송 지역에서 솟아나는 온천수는 pH 9.58인 알칼리성 중탄산나트륨천이다. 일반 온천수보다 알칼리성이 월등히 높아 피부에 비단이 감긴 듯 매끄러운 느낌이 든다. 주왕산온천관광호텔에서 운영하는 솔기온천과 대명리조트 안에 자리한 솔샘온천이 있다.

📍 경북 청송군 청송읍 중앙로 315(솔기온천), 주왕산면 하의리 857(솔샘온천)

유서 깊은 온천탕
온양온천

조선시대 여러 왕이 다녀갔다고 알려진 온양온천은 국내에서 가장 오래된 온천 가운데 하나다. 수온 44~57℃, pH 9.0인 알칼리성 단순천으로 탄산칼륨, 류산, 황산칼슘 성분이 많이 함유되어 있다. 피부병과 신경통, 위장병, 부인병 완화에 효험이 있다고 알려졌다.

📍 충남 아산시 온양동

전통적인 온천 휴양지
수안보온천

수안보 관광 특구는 1997년 국내에서 가장 먼저 자연 온천수를 이용한 전통적인 온천 휴양지이다. 수온 53℃, pH 8.3의 약알칼리성 온천으로 리튬과 칼슘, 나트륨, 마그네슘 성분이 풍부해 피부를 매끈하게 만들고 성인병 예방에 좋은 것으로 알려졌다.

📍 충북 충주시 수안보면 온천리

THEME 15 제주 자연 여행

세계가 인정한 제주도의 가치

화산이 만든 아름다운 섬, 제주도. 이 작은 섬에 유네스코 세계자연유산이 세 곳이나 있다. 세계인이 반한 그곳, 한라산과 성산일출봉, 거문오름 용암동굴계를 만나보자. 오름도 올라야 한다. 오름에 서면 제주의 또 다른 매력이 보인다.

전 세계인의 버킷 리스트
한라산

한라산은 많은 이들의 버킷 리스트에 올라 있는 인기 여행지다. 하늘이 담긴 듯 보이는 백록담 맑은 물과 고지대에 펼쳐진 너른 평원, 기암괴석으로 가득한 절경에 엄지가 절로 척 올라간다. 특히 겨울철 눈꽃과 1년에 단 한 번 열리는 1월 1일 새벽 일출이 으뜸으로 꼽힌다.

> **⊕ TIP**
>
> **한라산 탐방하기**
> 한라산을 등반하는 코스는 총 5개다. 백록담 정상을 밟으려면 성판악과 관음사 코스를 이용하며 지정된 시간에 진달래밭 대피소에 도착하지 못하면 정상 등반이 불가하다. 늦어도 오전 8~9시 전에는 출발해야 시간 내에 통과할 수 있다. 기상 상황이 좋지 않은 때는 등반이 금지되므로 미리 입산 통제 상황을 확인하는 것이 좋다. 또한 사전 예약한 후 등반할 수 있다.
>
> 한라산 탐방 예약시스템 🌐 https://visithalla.jeju.go.kr

천년의 숨결 속에 잠들다
불국사

세계문화유산인 불국사에서 하룻밤을 보내며 천년 역사의 향기를 느껴보자. 불국사의 국보 문화재를 배우고, 밤에는 달빛과 별빛 아래 석가탑과 다보탑을 거닐 수 있다. 참선, 숲속 명상, 스님과의 차담을 통해 자신을 성찰하는 소중한 시간을 가져보자.

📍 경북 경주시 불국로 385

전나무길을 걷다 멈춘 곳
내소사

부안에 위치한 내소사는 전나무길이 아름다운 사찰로 휴식형과 체험형 템플스테이를 운영한다. 체험형 템플스테이에서는 부안 마실길과 능가산길 트레킹, 단청 배우기, 만다라 명상 등 특별한 프로그램을 운영한다. 가족이 함께 휴식형을 선택할 경우, 별도의 1실이 제공된다.

📍 전북 부안군 진서면 내소사로 243

야자수 우거진 사찰에서 템플스테이
약천사

제주 서귀포에 위치한 약천사는 야자수가 우거진 이국적인 분위기 속에서 하룻밤을 보낼 수 있는 특별한 사찰이다. 사찰 문화 체험과 더불어 제주의 생활 체험도 함께 즐길 수 있다. 고사리 따기, 감귤 따기, 올레길 걷기와 천연 염색 배우기 등 독특한 프로그램이 마련되어 있다.

📍 제주도 서귀포시 대포동 1165

THEME 13 스카이워크

하늘과 바다를 걷는 기분
전국 스카이워크 열전

스카이워크는 상공 위, 물 위를 걷고 싶은 인간의 욕망을 표출한 하나의 작품이다.
아찔한 전망에 짜릿한 재미가 더해지니 남녀노소 모두에게 사랑받는 여행 아이템이다.
아찔한 즐거움이 펼쳐지는 스카이워크를 따라 한 발씩 내디뎌보자.

THEME 13

스카이워크

1

우리나라에서 가장 높은 곳에 자리한 스카이워크
평창 발왕산 기 스카이워크

모나 용평리조트에서 관광 케이블카를 타거나 등산로를 따라 1,458m 높이 발왕산 정상부에 오르면 웅장한 스카이워크가 눈길을 끈다. 워낙 높은 곳에 세워진 스카이워크라 이곳에 오르면 구름 위에서 세상을 내려보는 듯한 기분이 든다. 아름다운 풍광을 자랑하는 대관령 일대 산세를 드론 뷰처럼 내려다볼 수 있어 특별하다.

📍 강원도 평창군 대관령면 올림픽로 715

② 춘천 소양강스카이워크

걷는 맛이 있네

춘천 랜드마크인 소양강처녀상과 소양2교 인근에 들어서 춘천의 풍경을 더욱 특별하게 만들어준다. 전체 다리 길이가 174m이고, 그중 156m가 투명 강화유리 구간으로 물 위를 걷는 짜릿한 기분을 제대로 만끽할 수 있다. 스카이워크 끝에는 원형 광장과 전망대가 있는데 광장 중앙 바닥 역시 투명 유리로 이루어져 이곳에서 기념사진을 찍는 사람들이 많다.

📍 강원도 춘천시 영서로 2663

 하늘에서 내다보는 기막힌 절경
단양 만천하스카이워크

만학천봉 정상에 수면 120m 높이로 서 있는 만천하스카이워크는 타원형 건축 형태부터 독특하다. 나선형 보행로를 따라 올라가면 스카이워크에 도착한다. 삼지창처럼 세 갈래로 길이 났는데 중앙에 있는 길이 10m 정도로 가장 길다. 남한강 절경이 한눈에 들어오는 기가 막힌 전망에 감탄이 이어진다.

📍 충북 단양군 적성면 옷바위길 10

숲에서 바다로, 아찔한 걸음

장항스카이워크

서해안 바닷가, 지상에서 15m 높이에 조성된 하늘 산책로로, 키 큰 소나무들과 어깨를 나란히 하고 걷기 좋다. 약 286m에 걸쳐 이어져 있으며 솔숲에서 바다 쪽으로 뻗어나 있다. 중간쯤은 바닥을 구멍이 송송 뚫린 철판으로 마감해 더욱 스릴감을 느낄 수 있다.

📍 충남 서천군 장항읍 장항산단로34번길 74-45

5 출렁이는 파도, 활기찬 부산 바다
부산 송도구름산책로

과거에 있던 출렁다리를 복원한 구름 산책로는 해변 끝자락에 있는 거북섬과 이어진 해상 산책로다. 바닥 중간을 투명한 유리로 조성해 발아래 출렁이는 파도가 생생하게 보인다. 스카이워크 끝에 서면 활기찬 부산 바다를 온몸으로 느낄 수 있다.

📍 부산시 서구 암남동 129-4

6 한 폭의 산수화와 마주하다
정선 병방치스카이워크

해발 583m 절벽 끝에 U자 구조물로 이뤄져 전망을 막힘 없이 감상하기 좋다. 눈앞에 펼쳐지는 수려한 절경에 바닥이 투명 유리라는 아찔함도 금세 잊게 된다. 한반도 지형을 닮은 밤섬과 산이 어우러진 비경이 감동적이다. 주변에는 산책로와 짚와이어 시설도 마련되어 있다.

📍 강원도 정선군 정선읍 병방치길 225

THEME 14 온천

사계절 온천에서 노는 법

온천을 즐기는 두 가지 방법!
온천 워터파크에서 신나고 재미나게 하루를 보낸다.
두 번째, 고요하고 한적한 노천탕에 몸을 담그고
세상 근심 걱정 모두 잊은 채 시간을 흘려보낸다.
여름엔 온천 워터파크가, 겨울엔 온천장이 진리다.

천국 같은 온천 테마파크
스플라스 리솜

야외 워터파크와 실내 온천장, 객실, 레스토랑 등을 갖춘 리조트형 온천 테마파크이며 온 가족이 함께 즐기는 어트랙션 시설이 많다. 600년 전통을 품은 덕산 온천수는 피부 탄력 유지와 재생, 혈액순환 개선에 도움을 주는 실리카 성분이 풍부한 것으로 알려져 있다.

📍 충남 예산군 덕산면 온천단지3로 45-7

사계절 내내 즐기는
이천 테르메덴

실내 바데 풀과 야외 온천 풀이 연결되어 있어 워터파크와 온천욕을 동시에 즐길 수 있다. 야외에는 아이들이 좋아할 만한 시설이 가득하다. 동굴탕, 연인탕, 정자탕 같은 은밀한 공간은 커플들에게 특히 인기가 많다.

📍 경기도 이천시 모가면 사실로 984

놀면서 예뻐지자!
설악 워터피아

국내 최초로 지정된 대한민국 1호 보양 온천으로 설악산과 동해 바다가 펼쳐진 곳에 자리한 온천 테마파크는 면적이 약 80,000㎡에 달한다. 신나게 놀면서 피부가 촉촉해지는 효과까지 알뜰하게 누릴 수 있다.

📍 강원도 속초시 미시령로 2983번길 111

THEME 14

온천

매끈한 피부 미인의 비밀
청송 솔기 & 솔샘온천

청송 지역에서 솟아나는 온천수는 pH 9.58인 알칼리성 중탄산나트륨천이다. 일반 온천수보다 알칼리성이 월등히 높아 피부에 비단이 감긴 듯 매끄러운 느낌이 든다. 주왕산온천관광호텔에서 운영하는 솔기온천과 대명리조트 안에 자리한 솔샘온천이 있다.

📍경북 청송군 청송읍 중앙로 315(솔기온천), 주왕산면 하의리 857(솔샘온천)

유서 깊은 온천탕
온양온천

조선시대 여러 왕이 다녀갔다고 알려진 온양온천은 국내에서 가장 오래된 온천 가운데 하나다. 수온 44~57℃, pH 9.0인 알칼리성 단순천으로 탄산칼륨, 류산, 황산칼슘 성분이 많이 함유되어 있다. 피부병과 신경통, 위장병, 부인병 완화에 효과가 있다고 알려졌다.

📍충남 아산시 온양동

전통적인 온천 휴양지
수안보온천

수안보 관광 특구는 1997년 국내에서 가장 먼저 자연 온천수를 이용한 전통적인 온천 휴양지이다. 수온 53℃, pH 8.3의 약알칼리성 온천으로 리튬과 칼슘, 나트륨, 마그네슘 성분이 풍부해 피부를 매끈하게 만들고 성인병 예방에 좋은 것으로 알려졌다.

📍충북 충주시 수안보면 온천리

THEME 15 제주 자연 여행

세계가 인정한 제주도의 가치

화산이 만든 아름다운 섬, 제주도. 이 작은 섬에 유네스코 세계자연유산이 세 곳이나 있다. 세계인이 반한 그곳, 한라산과 성산일출봉, 거문오름 용암동굴계를 만나보자. 오름도 올라야 한다. 오름에 서면 제주의 또 다른 매력이 보인다.

전 세계인의 버킷 리스트
한라산

한라산은 많은 이들의 버킷 리스트에 올라 있는 인기 여행지다. 하늘이 담긴 듯 보이는 백록담 맑은 물과 고지대에 펼쳐진 너른 평원, 기암괴석으로 가득한 절경에 엄지가 절로 척 올라간다. 특히 겨울철 눈꽃과 1년에 단 한 번 열리는 1월 1일 새벽 일출이 으뜸으로 꼽힌다.

+ TIP

한라산 탐방하기
한라산을 등반하는 코스는 총 5개다. 백록담 정상을 밟으려면 성판악과 관음사 코스를 이용하며 지정된 시간에 진달래밭 대피소에 도착하지 못하면 정상 등반이 불가하다. 늦어도 오전 8~9시 전에는 출발해야 시간 내에 통과할 수 있다. 기상 상황이 좋지 않은 때는 등반이 금지되므로 미리 입산 통제 상황을 확인하는 것이 좋다. 또한 사전 예약한 후 등반할 수 있다.

한라산 탐방 예약시스템 🌐 https://visithalla.jeju.go.kr

섬의 랜드마크
성산일출봉

제주도의 랜드마크이자 일출 명소인 성산일출봉은 명성에 걸맞게 1년 365일 사람들로 붐빈다. 가파른 계단길을 오르면 움푹 파인 분화구와 푸른 바다, 올록볼록 솟은 오름들이 파노라마처럼 펼쳐진다. 매년 1월 1일 성산일출봉에서 일출 축제가 펼쳐지며 카운트다운과 함께 터지는 불꽃놀이가 한 해의 시작을 알린다.

해녀 물질 공연

⊕TIP

성산일출봉 바닷가에서 매일 오후 1시 30분, 3시에 해녀 물질 공연이 열린다. 해녀들이 물질할 때 부르는 노동요와 간단한 퍼포먼스를 보여주며 이후 입수 과정을 지켜볼 수 있다. 해녀들이 막 잡아 온 문어나 소라를 즉석에서 구입할 수도 있다.

용암이 만든 지하 세계
거문오름 & 만장굴

거문오름에서 터져 나온 용암은 해안까지 흘러가며 지하에 여러 동굴을 만들었다. 그중 유일하게 일반에 개방된 것이 만장굴이다. 만장굴은 전체 길이가 7.4km에 달하지만 그중 1km 구간만 관람이 허용된다. 용암이 만든 지하 세계가 신비롭고 웅장하다. 거문오름은 용암 협곡과 풍혈, 곶자왈과 고루 접한 독특한 생태 환경을 품고 있다. 해설사와 함께 미지의 세계를 탐험해보자. 거문오름 탐방은 사전 예약이 필수이며, 샌들이나 하이힐 착용 시 출입이 금지된다.

세계자연유산센터

⊕TIP

제주가 세계자연유산으로 선정된 과정과 용머리해안이 가장 오래된 화산 지형이라는 것, 성산일출봉이 원래는 봉우리가 2개였다는 것, 한라산이 가장 젊은 화산이라는 것 등 제주에 관련된 숨은 상식을 배울 수 있다. 거문오름이 만든 비개방 동굴인 김녕굴과 용천동굴의 신비도 체험할 수 있다. 제주 자청비 설화를 바탕으로 만든 4D 영상도 한 번쯤 볼 만하다. 거문오름 탐방을 위한 출발 장소이기도 하다.

부드러운 곡선미
용눈이오름

자연 훼손이 심해 몇 년간 탐방이 금지되었다가 최근 다시 여행자의 품으로 돌아온 인기 높은 오름이다. 경사가 심하지 않고 걷기 편해 어린아이도 함께 오를 수 있다. 곡선미가 아름다운 이곳 정상에 오르면 다랑쉬오름이 한눈에 잡히며 멀리 성산일출봉과 우도가 마주한 멋진 풍경도 펼쳐진다. 말을 풀어놓고 키워 오름 곳곳에서 말들과 만날 수 있다.

제주 오름의 여왕
다랑쉬오름

제주도에서 손꼽히는 오름 가운데 하나로 파노라마처럼 펼쳐지는 주변 경치가 으뜸이다. 동부 지역 해맞이 명소로도 유명하다. 특히 분화구가 온전히 살아 있는데, 규모가 백록담과 맞먹을 만큼 웅장하다. 입구에 해설사가 상주하는 탐방 안내소가 있으며 주차시설이 잘되어 있다. 경사가 좀 심한 편이지만 정상에 오르면 말 그대로 가슴이 탁 트이는 듯한 기분을 만끽할 수 있다.

산책하듯 사뿐사뿐
아부오름

고소영과 장동건이 주연을 맡은 영화 〈연풍연가〉와 이정재가 출연한 〈이재수의 난〉 촬영지로 유명한 곳이다. 완만한 경사면을 5분 정도 올라가면 금세 정상에 닿는다. 높이는 낮지만 면적이 커 분화구 둘레를 따라 도는 데 약 30분 소요된다. 온 가족이 천천히 산책하듯 즐기기 좋다. 여름철에는 탐방로를 따라 수국꽃이 활짝 피어나 더욱 아름다운 모습이 된다.

종달리 마을이 한눈에
지미오름

종달리 바닷가 마을에 우뚝 선 지미오름은 올레 21코스가 지나는 길목이다. 다소 가파른 계단길을 올라가면 파란 바다가 펼쳐진 풍경이 마음을 사로잡는다. 맑은 날엔 우도와 성산일출봉이 무척 가깝게 보이며 살짝 방향을 틀면 색색의 지붕들이 옹기종기 모인 종달리 마을이 한눈에 들어온다.

가볍게 올라 웅장하게 본다
백약이오름

수많은 약초가 난다고 해 백약이라는 이름이 붙었다. 비교적 수월하게 오를 수 있는 데다 정상에서 바라본 경치가 들인 노력에 비해 훨씬 가치 있는 오름이다. 오름 앞에 길게 뻗은 도로 금백조로의 풍경이 이색적이다.

PART 1

강원도

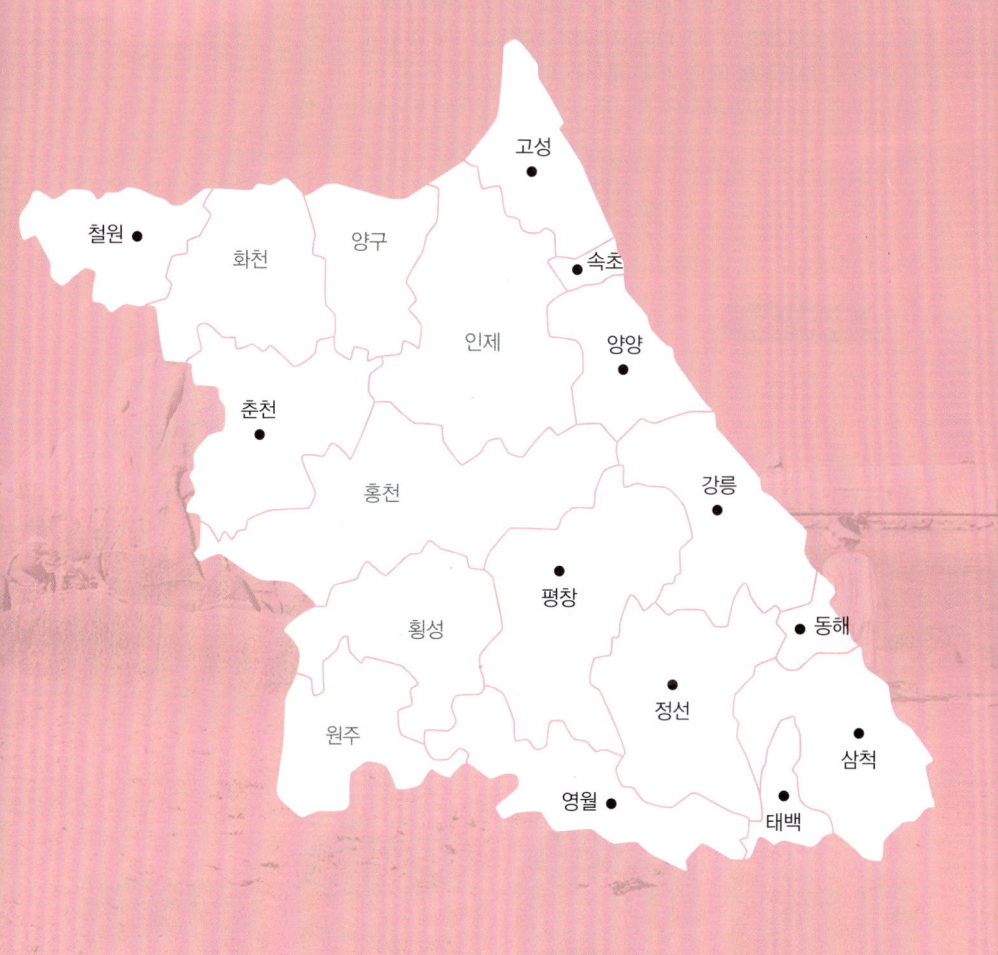

강릉

바다의 도시 강릉은 언제부터인가 커피의 도시라는 애칭을 얻었고
아기자기한 소품 가게와 다양한 테마의 문화 예술 공간이 더해진 감성 여행지가 됐다.
서울과 강릉을 연결하는 KTX가 다니면서 1시간 30분 내에 닿을 수 있어
심리적인 호감도만큼 물리적인 거리도 줄어들었다.
이제 강릉은 현재 대한민국에서 가장 인기 있는 여행지 중 하나가 되었다는 말씀!

계절 추천 스폿

봄
벚꽃 흐드러지는 봄날 명소
경포호 & 경포대

여름
경포, 주문진, 영진
어딜 가도 좋은
해수욕장

가을
국화, 구절초 등
가을꽃 가득한
강릉솔향수목원

겨울
바다를 두 눈에 담고
커피 한잔
강릉커피거리

버킷 리스트

보헤미안, 테라로사,
강릉커피거리 등
커피 투어

북적거리는
경포해변부터 한적한
금진해변까지,
해변에서 쉬어 가기

월화거리, 명주동,
버드나무브루어리
같은 레트로 여행지로
시간 여행

오죽헌, 허균·허난설헌
기념공원, 경포대 따라
역사 문화 탐방

강릉의 감성을 오롯이 만끽하는
당일치기 코스

①
월화거리
강릉의 색다른 감성이
펼쳐지는 거리

②
중앙시장
강릉 주전부리 천국!

③
경포호
자전거 타도, 걸어도 좋은
힐링 여행지

④
경포해변
사계절 즐거운
바다 여행

눈과 마음이 행복해지는
1박 2일 코스

Day 1

①
오죽헌
강릉 역사 여행
일번지

②
아르떼뮤지엄 강릉
미디어 아트로 만나는
강릉 풍경

③
허균·허난설헌기념공원
역사 이야기와 솔숲에
매료되는 공간

④
강문해변
사진을 부르는 해변

Day 2

①
영진해변
조금은 한적하게
강릉 바다를 느끼는 시간

②
주문진 방사제
(드라마 〈도깨비〉 촬영지)
〈도깨비〉는 끝나도
사진은 남는다.

③
주문진수산시장
해산물 러버들의
파라다이스

④
아들바위공원 & 소돌항
자연과 세월이 합작한
대작이 펼쳐지는 갤러리

'강릉' 하면 가장 먼저 떠오르는 이름
경포호

📍 강원도 강릉시 경포로 365

거울처럼 표면이 맑다 해서 '경호(鏡湖)'라고도 불린다. 맑고 잔잔한 호수에 딱 어울리는 이름이다. 호수 둘레에 산책로와 자전거도로가 조성되어 있다. 벚꽃 만발한 봄날 자전거를 타거나 사부작사부작 걸으면 만족도 최상!
우리나라를 대표하는 석호인 경포호를 중심으로 경포해변, 경포대 등 인기 관광 명소가 대거 모여 있다. 자연·역사 명소는 물론 아르떼뮤지엄, 경포아쿠아리움 같은 테마 시설도 다양해 모두의 여행 취향을 만족시킨다.

➕ TIP

경포호 여행 추천 코스
허균·허난설헌기념공원 ▶ 아르떼뮤지엄 강릉 또는 경포아쿠아리움 ▶ 경포가시연습지 ▶ 경포호 ▶ 경포대 ▶ 경포해변

ZOOM IN 경포호 둘러보기

경포호의 풍경을 완성하는 누각
경포대
📍 강원도 강릉시 경포로 365

경포호가 내려다보이는 아트막한 언덕에 자리한 유서 깊은 정자로, 풍광이 아름다워 예부터 많은 시인 묵객이 찾았던 명물이다. 보물로 지정되었으며 해돋이 명소이자 야경 명소.

동해안 최대 해변
경포해변
📍 강원도 강릉시 창해로 514

경포호와 바다를 분리하는 해안 사주가 경포해변이 됐다. 동해안 최대 해변이라는 명성에 걸맞게 드넓은 모래사장을 자랑한다. 해변과 송림을 따라 걷기 좋은 산책로도 조성되어 있다.

여름에 경포를 찾는다면 여긴 꼭!
경포가시연습지
📍 강원도 강릉시 운정동 643

경포호 한쪽에 왁자지껄한 경포해변이 있다면, 다른 한쪽에는 차분한 습지가 있다. 조용히 산책하기 좋은 코스로 연꽃과 가시연이 피는 여름날의 풍경이 화사하다.

강릉의 풍경을 색다르게 즐기는 방법
아르떼뮤지엄 강릉
📍 강원도 강릉시 난설헌로 131 🕐 10:00~20:00
💰 어른 17,000원, 청소년 13,000원, 어린이 10,000원

강릉의 자연과 몰입형 미디어 아트가 만나 초현실적인 볼거리를 연출하는 상설 전시관. 강렬한 시각적 연출과 감각적인 사운드, 은은한 향기에 오감이 행복해진다.

수달과 펭귄이 사는
경포아쿠아리움
📍 강원도 강릉시 난설헌로 131 🕐 10:00~18:00
💰 어른 20,000원, 청소년 18,000원, 어린이 16,000원

바다와 호수, 습지가 한데 모인 경포호 일대의 생태 환경에 대해 알려주는 생태 관광 명소. 한국 수달과 펭귄, 물범 등 다양한 해양 생물을 만날 수 있어 어른도, 아이도 좋아한다.

아름다운 소나무숲을 품은
허균·허난설헌기념공원
📍 강원도 강릉시 난설헌로193번길 1-29

조선시대 최고의 여류 문인으로 평가받는 허난설헌과 소설 《홍길동전》을 쓴 허균, 두 남매를 기리는 문학 공원으로 기념관, 전통차 체험관 등을 갖췄다. 공원 내 아름다운 솔숲 산책로도 놓치지 말고 걸어볼 것.

다채로운 볼거리 갖춘 강릉 대표 명소
오죽헌

📍 강원도 강릉시 율곡로3139번길 24　🕘 09:00~18:00
💰 어른 3,000원, 청소년 2,000원, 어린이 1,000원

신사임당이 나고 자란 집이자 결혼 후 율곡 이이를 낳은 집이다. 주변에 검은 대나무가 자라 오죽헌이라는 이름이 붙었다. 보물로 지정된 이곳은 유서 깊은 주택 건축물로서의 가치도 인정받고 있다. 오죽헌을 중심으로 문성사, 율곡기념관, 율곡인성교육관, 강릉화폐전시관 등 돌아볼 만한 곳이 많다. 아이와 함께라면 디지털 체험 존, 미디어 아트 등 흥미로운 콘텐츠를 갖춘 율곡인성교육관을 놓치지 말자.

> **TIP**
> 1 '아는 만큼 보인다'고 했다. 1일 8차례 진행하는 정규 문화 해설을 이용하자.
> 2 갖가지 굿즈를 판매하는 기념품 숍(솔향명품샵)도 둘러볼 만하다.

시간이 멈춘 듯 고아한 풍경
선교장

📍 강원도 강릉시 운정길 63
🕘 3~10월 09:00~18:00, 11~2월 09:00~17:00
💰 어른 5,000원, 청소년·노인 3,000원, 어린이 2,000원

조선시대 사대부 살림집으로 당대 생활 모습을 보여주는 중요한 국가유산으로 꼽힌다. 낮은 산자락을 따라 여러 건축물이 어우러진 모습이 포근하면서도 운치 있다. 소박한 분위기의 안채, 주인 전용 별당 건물인 동별당, 많은 책을 소장한 사랑채 열화당 등 각각의 건축물이 조화를 이루며 선교장을 완성한다. 선교장의 백미는 인공 연못 위에 위치한 정자, 활래정. 뒷산과 정자, 못이 그림처럼 어우러지는데 연꽃 피는 계절에 가장 아름답다.

> **TIP**
> 1 여러 상설 체험 프로그램을 운영하며 다식 만들기 체험이 대표적이다.
> 2 한옥 스테이도 가능하니 하룻밤 묵어 가도 좋다.

다채로운 볼거리 갖춘 강릉 대표 명소
강릉커피거리

📍 강원도 강릉시 창해로14번길

안목해변을 따라 많은 카페가 늘어선 강릉 인기 명소로 강릉카페거리, 안목카페거리라고도 불린다. 지금은 대형 카페가 즐비하게 늘어서 있는데 그 시작은 커피 자판기였다. 자판기 커피 한잔 마시며 바다를 감상하던 곳이 커피거리로 발전한 것. 스타벅스, 공차 같은 프랜차이즈 매장부터 산토리니커피, 커피커퍼, 키크러스, 보사노바 등 개인 카페까지, 선택의 폭이 넓다.

┤ⓘTIP├
카페를 구경한 후에는 해변 뒤쪽 소품 숍도 구경하자. '라라의안목'과 '안목역 선물상점'이 인기다.

숲과 꽃을 좋아하는 여행자라면
강릉솔향수목원

📍 강원도 강릉시 구정면 수목원길 156 🕐 화~일요일 3~10월 09:00~18:00, 11~2월 09:00~17:00 / 야간 개장 3~10월 20:00~23:00, 11~2월 18:00~22:00 ⓦ 무료입장

바다의 도시 강릉에서 만나는 숲이라 색다른 느낌을 준다. 난대식물원, 비비추원, 수국원, 창포원 등 여러 테마 정원으로 구성되며 계절마다 색다른 풍경을 연출한다. 금강송과 주목이 피톤치드를 가득 뿜어내는 천년숨결치유의길과 탁 트인 전망을 제공하는 하늘정원은 꼭 들러야 할 포인트다. 야간에도 개장하니 여행 계획 시 참고하자.

┤ⓘTIP├
강릉 명물인 테라로사커피공장 본점과 멀지 않으니 동선에 넣으면 좋다.

BTS 버스 정류장 옆 해변
주문진해변

📍 강원도 강릉시 주문진읍 주문북로 210

수심이 얕고 물이 맑아 여름철 해수욕장으로 인기이며, 양옆으로 아담한 향호해변과 소돌해변이 이어져 다양한 매력을 선사한다. 향호해변에 BTS 앨범 재킷 촬영 장소로 유명한 BTS 버스 정류장이 위치해 인증 사진도 남길 수 있다.

수산물 쇼핑, 먹방 모두 OK!
주문진수산시장

📍 강원도 강릉시 주문진읍 시장2길 4

동해안 대표 수산 시장으로 왁자지껄한 분위기가 매력적이다. 싱싱한 해산물을 판매하는 상점을 비롯해 회 센터, 건어물 판매점, 대게 전문점 등 다양한 수산물 매장이 모여 있어 수산물 쇼핑과 먹방을 즐기기에 좋다.

⊕ TIP
생선구이, 자연산 회, 독도새우 등을 판매하는 풍물시장 먹자골목도 들러볼 것.

기이한 바위가 가득한 해안가
아들바위공원 & 소돌항

📍 강원도 강릉시 주문진읍 해안로 1968-6

소돌항과 아들바위공원은 널리 알려진 관광지는 아니지만 아름다운 비경을 간직한 명소다. 쥐라기시대에 바다 아래 있다가 지각변동으로 지상으로 솟았다는 기이한 바위가 장관을 연출한다. 아들바위가 대표 포인트인데, 먼 옛날 자식이 없는 노부부가 여기서 기도를 한 후 아들을 얻었다는 전설이 전해져 이런 이름이 붙었다. 해안 산책로를 따라 오묘한 형태의 바위들을 구경하는 재미가 쏠쏠하다.

⊕ TIP
1 소돌항에 싱싱한 해산물을 판매하는 음식점이 여럿 모여 있는데, 문어라면이 유명하다.
2 투명 카약을 체험할 수 있다.
3 소돌항 등대는 인기리에 방영됐던 드라마 〈더 글로리〉 촬영지다.

한적한 해변을 원한다면
영진해변

📍 강원도 강릉시 연곡면 해안로 1451

경포해변이나 안목해변의 번잡함이 싫다면 이곳을 추천한다. 해변이 넓고 한적해 여유롭게 쉬어 가기 좋고 해변을 따라 카페가 여럿 들어서 조용하게 커피 한잔 즐기기 좋다.

여전히 사랑받는 드라마 〈도깨비〉 촬영지
주문진 방사제

📍 강원도 강릉시 주문진읍 해안로 1609

드라마 〈도깨비〉가 종영된 지는 오래되었지만 아직도 많은 방문객이 이곳을 찾는다. 쪽빛 바다를 배경으로 드라마 속 주인공 지은탁과 도깨비 김신처럼 마주 보고 서서 기념사진 한 장 남겨볼 것.

이국적인 휴양지 분위기와 이색 디저트가 매력적인
도깨비시장

📍 강원도 강릉시 주문진읍 학교담길 32-8

옛 오징어 가미 공장을 재생한 복합 문화 공간으로 이국적인 휴양지 분위기와 시골스러운 공간이 어우러져 특색 있다. 여러 공간이 모여 다양한 재미를 선사하는데, 강냉이소쿠리의 강냉이 아이스크림과 옥수수 커피, 콩방앗간의 콩물 도넛과 조청 콩도넛이 유명하다.

여유로우면서도 알차게
사천진해변

📍 강원도 강릉시 사천면 진리해변길 109-1

경포에서 멀지 않은 해변으로 앞바다에 자리한 바위섬이 특별한 풍경을 완성한다. 해변 인근에 강릉 별미인 사천물회마을, 하늘계단 포토 존으로 유명한 베이커리 카페 곳 등 함께 가볼 만한 곳도 많다.

사진 찍기 좋은 해변
강문해변

📍 강원도 강릉시 창해로350번길 21

경포해변과 이어지는 아담한 해변으로 아기자기한 포토 존이 많아 인증 사진 남기기 좋다. 해변을 가로지르는 솟대다리가 랜드마크로 야경이 근사하다. 해변을 따라 오래된 수제 버거 맛집인 폴앤메리를 비롯해 다양한 상점이 자리한다.

강릉의 색다른 풍경 속을 걷는
월화거리

📍 강원도 강릉시 금성로11번길 9

강릉역에서 시내 구간으로 이어지는 폐철도를 따라 조성한 2.6km 길이의 산책로. 강릉 고유 설화인 '무월랑과 연화부인' 이야기를 테마로 꾸미고 월화거리라는 이름을 붙였다. 단아한 가옥, 아기자기한 조형물 등이 어우러져 정겨운 분위기를 자아낸다.

먹거리 천국
중앙시장

📍 강원도 강릉시 금성로 21

싱싱한 농산물과 수산물이 가득한 강릉 대표 시장으로, 몇 년 사이 각종 주전부리가 등장하면서 관광객들이 꼭 들르는 코스가 됐다. 풍성한 먹거리 중 닭강정, 아이스크림 호떡, 어묵 크로켓이 특히 인기다.

시간 여행자가 되는 순간
명주동 골목

📍 강원도 강릉시 경강로2024번길 20

명주동은 오랫동안 강릉 행정의 중심 역할을 해온 동네로 옛 강릉의 운치를 간직하고 있다. 방앗간이나 적산 가옥을 리모델링해 조성한 카페, 초등학교 건물을 문화 예술 공간으로 탈바꿈시킨 명주예술마당 등 눈길 가는 스폿이 가득하다.

세계에서 바다와 가장 가까운 역
정동진역

📍 강원도 강릉시 강동면 정동역길 17　🕐 일출~일몰
💰 입장권 1,000원

정동진은 광화문에서 정동쪽에 있는 나루터라는 뜻으로, 강릉 대표 관광 명소이자 해돋이 명소로 유명하다. 정동진 여행의 중심이 되는 정동진역은 바다와 어우러진 아담한 역사 분위기가 특별해 단순한 기차역을 넘어 인기 여행지로 사랑받고 있으며 〈모래시계〉, 〈푸른 바다의 전설〉, 〈남자친구〉 등 여러 드라마의 배경이 되기도 했다. 역사 내에는 모래시계 소나무, 정동진 시비 같은 볼거리도 있다.

> **TIP**
> 정동진역은 기차를 타지 않아도 둘러볼 수 있는데, 입장권을 구입해야 한다.

정동진 바다를 아름답게 추억하는 방법
정동진레일바이크

📍 강원도 강릉시 강동면 정동역길 17
🕐 3~10월 08:45~16:45 총 8회, 11~2월 08:45~15:45 총 7회 운행　💰 2인승 25,000원, 4인승 35,000원

레일바이크를 타고 정동진 해안가를 달려보자. 전국에서 바다와 가장 가까운 레일바이크로 바로 옆에 펼쳐지는 바다 풍경을 한눈에 담을 수 있다. 2인승, 4인승 레일바이크를 운행해 연인, 가족, 친구끼리 즐기기 좋다.

크루즈가 어우러진 이국적인 풍경
정동진해변

📍 강원도 강릉시 정동진리 303-1

정동진역 앞에서 모래시계공원 앞까지 이어지는 꽤 널찍한 해변으로 여름에는 해수욕, 다른 계절에는 해안 산책을 즐기기 좋다. 해변 끝에 크루즈 모양의 숙박 시설 썬크루즈 리조트가 있어 이국적인 풍경을 연출한다.

초대형 모래시계가 있는
모래시계공원

📍 강원도 강릉시 헌화로 990-1

정동진해변과 맞닿은 공원으로 지름 8.06m, 폭 3.2m, 무게 40톤에 이르는 초대형 모래시계가 설치되어 있다. 모래시계에 담긴 모래 무게만 8톤이며, 위에 있는 모래가 아래로 모두 떨어지는 데 딱 1년이 걸린다.

기차로 만든 이색 박물관
정동진시간박물관

📍 강원도 강릉시 헌화로 990-1　🕘 09:00~18:00
💰 어른 9,000원, 중·고등학생 6,000원, 어린이 5,000원

모래시계공원 입구에 선 알록달록한 기차가 눈길을 끄는데, 이곳이 바로 정동진시간박물관이다. 객차 내부를 전시관으로 꾸미고 시간을 테마로 한 다양한 볼거리를 전시한다. 잠시 시간을 내 우리에게 주어진 시간의 의미를 생각해보자.

'인생 숏' 포인트 가득한 복합 예술 공간
하슬라아트월드

📍 강원도 강릉시 강동면 율곡로 1341　🕘 09:00~18:00
💰 어른 17,000원, 청소년 13,000원, 어린이 11,000원

바다를 마주한 복합 예술 공간으로, 야외 조각공원, 현대미술관, 피노키오 & 마리오네트 박물관, 뮤지엄 호텔 등 다양한 즐길 거리를 갖췄다. 바다가 시원하게 내다보이는 해안 절벽에 조성된 드넓은 야외 조각공원에서는 자연과 예술의 아름다운 조합을 만끽하고, 실내 미술관에서는 다채로운 장르의 예술 작품을 감상할 수 있다. 최근 오션스퀘어까지 개장해 볼거리가 더욱 풍성해졌다. 예쁜 포토 존이 많아 '인생 숏' 명소로도 인기인데, 그중 원형 포토 존이 가장 인기 높다.

> **●TIP**
> 1 프라이빗한 공간에서 조각가 최옥영 작가가 만든 돌담 욕조에 발을 담그고 바다를 감상하는 '오션 풋 스파' 프로그램을 이용해볼 것.
> 2 좀 더 알차게 관람하고 싶다면 프라이빗 도슨트 투어를 추천한다.

다채로운 볼거리 갖춘 산상 크루즈
썬크루즈 리조트
& 정동진해돋이공원

📍 강원도 강릉시 강동면 헌화로 950-39   공원 이용 시 07:00~18:00   공원 입장료 중학생 이상 5,000원, 만 5세~초등학생 3,000원

바닷가 산 위에 솟아 있는 크루즈는 정동진 명물로 크루즈를 테마로 꾸민 특별한 숙박 시설 썬크루즈 리조트다. 호텔, 콘도, 풀 빌라 등 다양한 숙소를 갖추고 오션 뷰와 인피니티 풀 등을 내세워 특별한 하룻밤을 원하는 여행자들에게 인기다. 썬크루즈 리조트에는 해돋이공원과 조각공원이 있어 투숙객뿐 아니라 일반 여행자도 방문할 만하다. 시원하게 바다를 조망하는 한편 하늘계단, 대형 손 모양 조형물 등 여러 포인트에서 인증 사진을 남길 수 있다. 입장권을 끊으면 공원과 썬크루즈 전망대 등을 돌아볼 수 있다.

황홀한 비경을 따라 걷는 길
정동심곡바다부채길

📍 강원도 강릉시 강동면 헌화로 950-39(정동 매표소) / 강동면 심곡리 114-3(심곡 매표소)   4~10월 09:00~17:30, 11~3월 09:00~16:30 / 기상 상황에 따라 변동 가능하므로 방문 전 사전 확인   어른 5,000원, 청소년 4,000원, 어린이 3,000원

천연기념물로 지정된 해안 단구를 따라 조성한 탐방로. 이곳의 지형이 바다를 향해 부채를 펼쳐놓은 모양 같다 해서 이런 이름을 붙였다. 썬크루즈 리조트 주차장과 심곡항 사이 2.86km 구간을 걸으며 기암괴석, 주상절리 등의 비경을 감상할 수 있다.

바다와 가장 가까운 해안도로
헌화로

📍 강원도 강릉시 강동면 심곡리 162

심곡항에서 금진해변을 잇는 아름다운 해안도로로, 드라이브 코스로 인기다. 쪽빛 바다와 신비한 기암괴석을 두 눈 가득 담으며 드라이브를 즐길 수 있다. 헌화로는 드라마 〈시그널〉 마지막 장면에, 헌화로가 지나는 금진해변은 드라마 〈스물다섯 스물하나〉에 등장했다.

강릉 '신상' 미술관
솔올미술관

📍 강원도 강릉시 원대로 45   🕐 5~10월 10:00~19:00, 11~4월 10:00~18:00   ❌ 월요일(월요일이 공휴일인 경우 그다음 날)   ₩ 4세 이상 10,000원

2024년 초 개관한 강릉의 새로운 명소로, 프리츠커상을 수상한 리처드 마이어가 세운 건축 회사 마이어 파트너스가 설계를 맡아 주목을 끌었다. 미술과 건축이 조화를 이루는 솔올미술관은 한국 미술과 세계 미술을 연결하는 전시를 선보인다.

책방 순례하고 싶은 날엔
고래책방

📍 강원도 강릉시 율곡로 2848   🕐 08:00~20:00
📷 gore_bookstore

책과 문화가 함께하는 강릉의 지역 서점으로 지하 1층, 지상 4층 규모로 이뤄졌다. 지하 1층부터 각 층은 '강릉', '문학 여행', '삶', '만남', '쉼'이라는 테마로 구성되며 카페도 갖춰 편안하게 쉬어 가기 좋다.

강릉 카페 투어 1번지
테라로사

📍 강원도 강릉시 구정면 현천길 7(본점) / 난설헌로 145(경포호수점) / 사천면 순포안길 6(사천점) / 문화의길 9(임당점)
🕐 09:00~21:00

강릉이 자타공인 대한민국 커피 도시로 자리매김하는 데 한 축을 담당한 곳이 바로 테라로사다. 2002년 강릉의 외진 동네에서 시작해 지금은 서울, 부산, 제주 등지에서도 만나볼 수 있는 전국구 카페가 됐다. 그래도 본고장인 강릉에서 만나는 테라로사가 '찐' 아닐까. 강릉에 총 4개의 매장이 있는데, 테라로사의 진가를 보여주는 테라로사 커피공장 본점, 커피와 책이 어우러진 경포호수점, 솔숲이 매력적인 사천점, 뚜벅이족도 가기 편한 시내의 임당점이 모두 저마다의 매력을 자랑한다.

➕ TIP
본점에는 카페 외 커피 뮤지엄, 아트 숍, 레스토랑 등을 갖춰 다양한 공간이 있다. 특히 빵에 진심이라면 베이커리 라인업이 가장 '빵빵한' 본점을 추천한다.

커피 명인이 내려주는 커피 한잔
보헤미안박이추커피

📍 강원도 강릉시 연곡면 홍질목길 55-11(본점) / 사천면 해안로 1107(커피공장) / 수리골길 121-4(경포점) 🕒 목·금요일 09:00~17:00, 토·일요일 08:00~17:00(본점) / 09:00~18:00(커피공장) / 08:00~18:00(경포점)

강릉 커피를 이야기할 때 결코 빠질 수 없는 이름이 바로 대한민국 1세대 바리스타 박이추다. 박이추 바리스타가 강릉에 카페를 열면서 그의 커피를 마시러 강릉을 찾는 커피 애호가가 많아졌다. 오랜 세월이 흐른 지금도 그는 이곳에서 커피를 내리고, 커피 명인의 커피를 맛보러 찾는 사람들의 발걸음이 끊이지 않는다. 강릉에서는 영진해변 인근의 본점, 사천 앞바다가 내다보이는 보헤미안 로스터스 커피공장, 강릉올림픽파크 인근의 경포점 등 세 곳을 만나볼 수 있다.

┤ ⊕ TIP ├

1 박이추 바리스타가 내려주는 커피를 맛보고 싶다면 본점을 방문하면 좋다. 일정상 가게를 비우는 경우도 있으므로 사전 문의하는 게 안전하다. 월·화·수요일은 휴무일이라는 점 참고하자.
2 가성비 훌륭한 모닝 세트를 맛볼 것. 커피공장에서는 '토스트+샐러드+달걀+커피 또는 홍차' 구성, 경포점에서는 '토스트+달걀+크로켓+커피' 구성으로 선보인다. 모닝 세트 가격은 8,000원이며 커피공장은 낮 12시까지, 경포점은 오전 11시까지만 이용 가능.

수제 맥주 마니아라면 무조건 찜!
버드나무브루어리

📍 강원도 강릉시 경강로 1961
🕒 12:00~23:00(16:00~17:00 브레이크 타임)

폐양조장을 개조해 만든 수제 맥주 브루어리 펍으로 수년째 강릉 '핫플'로 사랑받고 있다. 분위기면 분위기, 맛이면 맛, 무엇 하나 빠질 게 없다. 강릉 지역색을 살린 수제 맥주와 함께 피자, 버거, 바비큐 등 곁들일 음식을 선보인다. 버드나무브루어리 병맥주는 강릉 다른 곳에서도 구입할 수 있지만 진가를 맛보려면 이곳에서 직접 맛보길 추천한다.

┤ ⊕ TIP ├

첫 방문이라 맥주 고르기가 어렵다면 4종류를 한 번에 맛볼 수 있는 샘플러를 주문하자.

오죽헌 옆 한옥에서 하룻밤
강릉오죽한옥마을

📍 강원도 강릉시 죽헌길 114 🕒 입실 15:00, 퇴실 11:00

오죽헌 인근에 조성된 단아한 한옥 마을로, 선이 고운 한옥이 여러 채 모여 고풍스러운 분위기를 연출한다. 2명 정도 머물 만한 아담한 방부터 가족이 머물기 좋은 독채까지 다양한 객실을 완비했다. 조식 뷔페나 전문가와 함께하는 찻자리 등도 이용 가능하다.

강릉에서 안 먹으면 후회할걸!

1 순두부 짬뽕
2 순두부 젤라토
3 흑임자 라떼

| 추천 스폿 ① **동화가든 본점**

📍 강원도 강릉시 초당순두부길77번길 15

칼칼한 짬뽕 국물과 담백한 순두부의 맛있는 조합으로 인기가 식을 줄 모르는 짬뽕순두부 맛집. 인기 맛집이다 보니 줄 서기는 감내해야 한다. '이렇게 줄 서서 먹을 일인가' 싶지만 한번 먹고 나면 문득문득 그 맛이 생각난다.

| 추천 스폿 ② **순두부젤라또**

📍 강원도 강릉시 초당순두부길 95-5(1호점) | 경강로 2642(2호점) | 해안로 1603(3호점)

순두부와 젤라토가 만났다. 초당순두부 마을에서 첫선을 보인 후 엄청난 인기를 끌며 현재는 강릉에 3개, 삼척에 1개 매장을 운영 중이다. 이탈리아 전통 레시피대로 만들어내는 순두부 젤라토는 두부를 싫어하는 사람마저 좋아할 맛이다.

| 추천 스폿 ③ **카페 툇마루**

📍 강원도 강릉시 난설헌로 232

흑임자라떼로 일약 스타가 된 카페. 그런 만큼 귀하신 흑임자라떼를 마시려면 1~2시간씩 기다려야 한다. 고소한 흑임자와 진한 에스프레소가 만나 풍성한 맛을 완성한다.

┤ TIP ├
웨이팅이 싫다면 역시 흑임자라떼 맛집으로 유명한 영진해변의 바우 카페를 방문하는 것도 대안이다.

추천스폿 ④ 강릉빵다방

📍 강원도 강릉시 남강초교1길 24

전국적인 인절미 크림빵 열풍을 몰고 온 빵집. 겉에는 100% 국산 콩으로 만든 인절미 가루를, 안에는 콩 크림을 가득 채웠다. 달콤하면서도 고소한 맛과 쫄깃한 식감이 빵과 떡, 그 경계를 넘나든다.

추천스폿 ⑤ 엄지네포장마차

📍 강원도 강릉시 경강로2255번길 21

현지인들이 즐겨 찾던 음식점이었다가 전국구 유명 인사가 된 지 이미 오래. 꼬막무침과 비빔밥이 함께 나오는 메뉴가 최고 인기 메뉴. 탱글탱글한 꼬막과 양념이 잘된 비빔밥이 환상의 조화를 이룬다.

> **TIP**
> 육사시미도 숨은 인기 메뉴.

추천스폿 ⑥ 벌집 | 형제칼국수 | 현대장칼국수 | 금학칼국수

📍 강원도 강릉시 경강로2069번길 15(벌집) | 강릉대로204번길 2(형제칼국수) | 임영로182번길 7-1(현대장칼국수) | 대학길 12-6(금학칼국수)

칼국수에 고추장이나 된장을 가미한 강원도 향토 음식 장칼국수는 얼큰한 국물과 쫄깃한 면발이 매력적이다. 강릉에 특히 유명한 장칼국수 전문점이 많은데, 비슷한 듯하면서도 저마다의 비법을 담은 특별한 맛을 선보인다.

고성

해안을 따라 이어지는 크고 작은 해변이 이곳의 가장 큰 매력!
아직 덜 알려져 평온하며 깨끗한 해변이 많고 앞바다는 물빛이 영롱하다.
고성은 바다만으로도 충분히 매력적이지만 설악산, 화암사, 건봉사 등 산악 풍치와
송지호, 화진포 같은 대형 석호의 운치도 갖췄다.

계절 추천 스폿

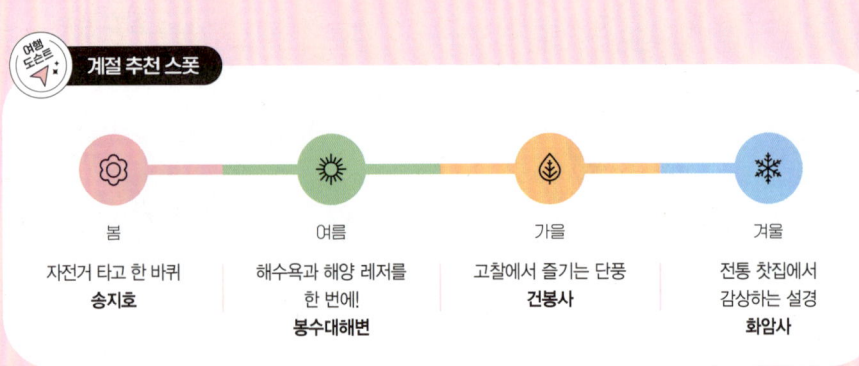

봄
자전거 타고 한 바퀴
송지호

여름
해수욕과 해양 레저를
한 번에!
봉수대해변

가을
고찰에서 즐기는 단풍
건봉사

겨울
전통 찻집에서
감상하는 설경
화암사

버킷 리스트

20여 개의 개성 만점
해변을 하나씩
탐방하기

비경을 간직한 건봉사,
화암사에서 힐링하기

성수기 지난 평온한
해변에서 피크닉 즐기기

송지호와 화진포를
자전거 타고
여유롭게 돌아보기

추천 코스

고성의 다양한 얼굴과 마주하는
당일치기 코스

① 송지호
사계절 볼거리 넘치는
아름다운 석호

② 왕곡마을
느릿느릿
전통 한옥 마을 마실

③ 서낭바위
상상력을 자극하는
이색 바위 행렬

④ 아야진해변
무지개 해안도로 따라
해변 구경

호젓하게 풍경에 집중하는
1박 2일 코스

Day 1

① 통일전망대
분단의 현실을
실감하는 순간

② 초도해안도로
나만 알고 싶은 비밀의
해안 드라이브 코스

③ 화진포
유명 인사들도
사랑했던 비경

Day 2

① 왕곡마을
강원도에서 만나는
한옥 마을 풍경

② 능파대
BTS처럼 화보 찍고
싶은 스폿

③ 청간정
바다를 눈에 담고
신선놀음

④ 천진해변
해변 피크닉에 딱!

⑤ 화암사
찻집에서 수바위
감상하며 힐링

걷기에도 자전거 타기에도 좋은 강원도 대표 석호
송지호

📍 강원도 고성군 죽왕면 동해대로 6021

퇴적작용으로 바다와 분리된 석호로, 담수와 해수가 공존해 독특한 자연환경을 자랑한다. 바다에 사는 물고기와 민물고기가 함께 서식해 겨울에는 많은 철새가 모여든다. 송지호를 즐기는 방법은 다양하다. 호수 둘레에 조성된 탐방로를 따라 가볍게 산책하거나 5층 규모의 관망 타워에 올라 호수를 조망해도 좋다. 겨울에는 떼 지어 날아드는 철새들의 군무를 감상할 수 있다.

> **⊕ TIP**
> 송지호관망타워 옆에 무료 자전거 대여소가 있으니 자전거를 타고 호숫가를 한 바퀴 돌아보자. 대여소는 일반적으로 3월부터 11월까지 운영하며 신분증을 지참해야 한다.

즐길 거리 풍성한 고성 대표 해변
송지호해변

📍 강원도 고성군 죽왕면 심층수길 74

송지호와 연결되는 바다 앞에 고성을 대표하는 송지호해변이 자리한다. 울창한 송림과 어우러진 해안 풍광이 아름답고 수심이 얕으며 깨끗해 사계절 찾는 사람이 많다. 해변 바로 앞에는 오토 캠핑장도 있어 가족 단위로 방문하기 좋다.

> **⊕ TIP**
> BTS 정국의 캠핑 브이로그에 등장해 아미들 사이에서 유명하다.

산이 감싼 포근한 전통 마을
왕곡마을

📍 강원도 고성군 죽왕면 왕곡마을길 36-13 ⓦ 무료입장

전통 가옥이 밀집한 마을로, 산에 에워싸여 포근한 분위기를 자아낸다. 산에 둘러싸인 덕에 한국전쟁 때 폭격을 피하고 옛 모습을 유지할 수 있었다. 천천히 마을을 한 바퀴 돌며 영화 〈동주〉 촬영지나 전통 가옥 내부를 살펴보자.

국가지질공원으로 지정된 신비로운 풍경
서낭바위

📍 강원도 고성군 죽왕면 심층수길 40-3

송지호해변 남단에는 국가지질공원으로 지정된 신비로운 분위기의 암석 해안이 숨어 있다. 원래 이곳은 군사 보호 지역으로 일반인 출입이 금지되다 2010년부터 개방됐다. 화강암층 사이로 암맥이 관입하면서 형성된 독특한 암석이 자아내는 비경이 입소문을 타면서 찾는 사람도 많아졌다. 서낭바위는 서낭당이 위치하던 곳이라 해서 이런 이름이 붙었는데 그 유래에 걸맞게 지금도 방문객들은 돌을 쌓으며 소원을 빌곤 한다.

> **TIP**
> 서낭바위 일대에 특이한 암석이 많은데 그중 최고 인기 스타는 부채바위. 얼핏 보면 사람 옆모습 같기도 하고 스누피를 닮았다고 하는 이들도 있다. 이 바위가 워낙 유명해 서낭바위로 착각하기도 한다.

고성8경 중 제1경
건봉사

📍 강원도 고성군 거진읍 건봉사로 723

신라 때 지은 고찰로 한때는 전국 4대 사찰로 꼽힐 정도로 위상이 대단했다. 수천 칸의 전각을 갖춘 대가람이었으나 한국전쟁 때 거의 소실됐고 이후 복원 사업이 진행됐다. 고요하게 머물다 가기 좋은 곳으로 무지개 모양의 다리 능파교(보물)가 백미다.

보랏빛 물결 일렁이는 꽃 바다
하늬라벤더팜

📍 강원도 고성군 간성읍 꽃대마을길 175 🕘 09:00~19:00(라벤더 시즌) 💰 어른 6,000원, 중·고등학생 5,000원, 초등학생 3,000원, 36개월 이상 2,000원(라벤더 시즌)

해마다 6월이면 라벤더가 보랏빛 물결을 이루는 이국적 풍광을 눈과 사진에 담으려는 사람들이 모여든다. 라벤더와 함께 수국, 메타세쿼이아 숲 등이 볼거리를 더한다.

> **TIP**
> 하늬라벤더팜의 명물 라벤더 아이스크림도 맛볼 것!

유명 인사들도 사랑한 비경
화진포

📍 강원도 고성군 거진읍 화진포길 280

호수 둘레가 16km에 이르는 동해안 최대 석호로 유명하다. 규모만 큰 게 아니라 호수, 송림, 산이 어우러지는 경관 역시 훌륭하다. 이를 증명하듯 김일성, 이승만, 이기붕 등 유명 인사들이 이곳에 별장을 뒀고 싱가포르 리센룽 전 총리도 개인 휴가차 방문한 바 있다. 호수 주변으로 볼거리와 뷰포인트가 다양해 여유롭게 드라이브를 즐기며 특별한 시간을 보낼 수 있다.

⊕ TIP

자전거를 타고 화진포를 한 바퀴 돌아보자. 화진포해양박물관 옆에 무료 자전거 대여소를 운영 중이다. 일반 자전거 외 어린이용, 커플용도 구비했다. 3월부터 11월까지 이용 가능하며 신분증 지참 필수.

 화진포 둘러보기

화진포 역사안보전시관

📍 강원도 고성군 현내면 이승만별장길 33   🕘 하절기 09:00~18:00, 동절기 09:00~17:30
₩ 어른 3,000원, 청소년·어린이 2,300원(통합 입장권)

김일성 별장, 이승만 별장, 이기붕 별장은 현재 전시관으로 꾸며 일반에 개방 중이며 세 곳을 통틀어 화진포 역사안보전시관이라 부른다.

김일성 별장
화진포해변이 내다보이는 언덕 위에 지은 유럽풍 2층 석조 건물로, 1948년부터 1950년까지 김일성이 가족과 함께 휴양하러 찾았던 곳이다. '화진포의 성'이라고도 불리며 내부에 한국전쟁 및 북한 관련 자료 등이 전시되어 있다.

이승만 별장
1954년 건립된 이승만 전 대통령 별장으로 오랫동안 방치되어 있던 것을 1990년대 재건축해 전시관으로 활용 중이다. 침실과 거실, 집무실 등을 재현해놓았고 일부 유품이 전시되어 있다.

이기붕 별장
1920년대에 외국인 선교사들이 세운 건축물로 해방 이후에 북한 공산당 간부들의 휴양소로 이용되다 휴전 후 이기붕 전 부통령의 부인 박마리아가 별장으로 사용했다. 당대의 물품이 소소하게 진열되어 있다.

화진포해변
📍 강원도 고성군 현내면 화진포길 386

오랜 세월에 걸쳐 조개껍질과 돌이 부서지며 만들어진 모래로 이뤄진 백사장이 특별하다. 물이 맑고 해변이 넓어 여름 피서지로도 인기 높다.

북녘땅을 조망하는 특별한 여행지
통일전망대

📍 강원도 고성군 현내면 금강산로 481(통일전망대 출입신고소)
🕐 출입신고소 출발 기준 09:00~16:50(여름 성수기 17:50, 동절기 15:50까지) 💰 어른 3,000원, 초·중·고등학생 1,500원 / 주차비 별도

우리나라의 분단 현실을 생생하게 체험하는 특별한 공간으로, 동해안 최북단 도시인 고성, 그 안에서도 가장 북쪽의 명호리에 위치한다. 1980년대 지은 옛 통일전망대 건물 옆에는 2018년 건립된 높이 34m의 통일전망타워가 우뚝 서 있다. 통일전망타워에는 통일홍보관, 전망교육실, 전망대, 포토 존 등이 있으며 북녘땅까지 조망 가능하다. 6·25전쟁체험전시관과 DMZ박물관까지 둘러볼 수 있어 알차다.

TIP 통일전망대는 민통선 이북 지역에 위치하기 때문에 바로 방문할 수 없고 먼저 출입신고소를 방문해야 한다. 차량당 신고서를 1장씩 작성하면 되는데, 이때 대표자는 신분증이 필요하다. 신고서를 작성하고 안보 영상 관람 후 안내에 따라 자차로 통일전망대로 이동하면 된다.

답답한 가슴이 탁 트이는 순간
백섬해상전망대

📍 강원도 고성군 거진읍 거진리 산105

거진항 인근 앞바다에 자리한 백섬과 해안도로를 연결하는 약 140m 길이의 해상 탐방로. 바다 위를 걷는 듯한 짜릿함을 맛보며 탁 트인 주변 경관을 조망할 수 있다.

TIP 거진항에서 백섬해상전망대를 거쳐 북쪽으로 이어지는 해안도로를 따라 드라이브를 즐겨도 좋다.

나만 알고 싶은 아름다운 드라이브 코스
초도해안도로

📍 강원도 고성군 초도항길 135

화진포해변 바로 옆 초도항에서 동해안 최북단 항구인 대진항까지 이어지는 해안도로로, 바다를 바로 옆에 두고 달리는 아름다운 드라이브 코스다. 사람들이 많이 찾는 곳이 아니라 한적하게 바다를 즐기고 싶은 날 강추!

TIP 해안도로를 따라 초도항, 초도해변, 대진5리해변, 대진항 등 고성의 숨은 해안 명소가 이어진다.

즐길 거리 많은 원더 비치
봉수대해변

📍 강원도 고성군 죽왕면 봉수대길 10-22

1990년대 후반에야 해변으로 개발된 곳이라 청정함이 돋보인다. 아기자기한 포토 존이 있어 사진 찍기 좋고 서핑, 카누, 카약 등 각종 해양 레포츠도 즐길 수 있다. 오토 캠핑장, 레저 체험관 등 다른 해변보다 풍성한 편의 시설을 갖췄다는 점이 큰 특징이다.

┌─ **TIP** ─────────────────────┐
1 해변에 '해쉼터'라는 카페가 있다. 백사장에 조성한 야자수길이 사진 포인트로 유명하다.
2 해변 바로 앞에 VR해양모험관이 있다. 열기구, 롤러코스터, 래프팅 등 다양한 VR 체험이 가능하다.
└───────────────────────────────┘

예능 〈여름방학〉에 나온 거기
백도해변

📍 강원도 고성군 죽왕면 문암항길 133

깨끗한 해변, 울창한 송림, 바다 앞 오토 캠핑장 등을 두루 갖춰 마니아층을 확보하고 있는 해변이다. tvN 예능 〈여름방학〉 촬영지로 유명해졌으며 서핑도 즐길 수 있다.

┌─ **TIP** ─────────────────────┐
마을 안길로 들어서면 옥수수 스콘으로 유명한 카페 '고성빵가'가 있다.
└───────────────────────────────┘

드라마 〈스물다섯 스물하나〉에 나온 거기
삼포해변

📍 강원도 고성군 죽왕면 삼포해변길 76

너른 모래사장이 펼쳐지고 앞바다에는 기암괴석이 군데군데 흩어져 있다. 드라마 〈스물다섯 스물하나〉 팬이었다면 드라마 속 한 장면을 단박에 떠올릴지도. 한여름 성수기가 아니라면 돗자리 하나 펴고 여유롭게 '바다 멍' 하기 좋은 해변이다.

무지개 해안도로가 빛나는
아야진해변

📍 강원도 고성군 토성면 아야진해변길 173

고성 해변 중 몇 년 사이 가장 유명해진 곳이라 할 수 있다. 해안을 따라 무지개색 경계석을 설치하면서 인기가 높아졌다. 그렇다고 무지개 해안도로가 전부는 아니다. 쪽빛 바다와 고운 모래사장이 어우러진 해안 풍광 또한 예술이다. 인기 해변이다 보니 고성의 다른 해변에 비해 사계절 내내 여행객이 많은 편이다.

┤ **+TIP** ├

1 시원한 오션 뷰를 제공하는 카페가 여럿 있는데, 그 중 아얏트커피가 뷰 맛집이다. 아야진해변 명물인 무지개 해안도로와 바다를 한눈에 담을 수 있다.
2 감성적인 어촌 풍경을 간직한 아야진항도 함께 방문해보자. 등대를 배경으로 기념사진을 찍고 횟집을 비롯한 다양한 음식점도 이용할 수 있다.

초승달 모양 해안선이 예쁜
천진해변

📍 강원도 고성군 토성면 천진해변길 27

초승달 모양으로 곡선을 그리며 들어서 선이 참 고운 해변이다. 천진해변 자체는 아담하지만 바로 옆의 봉포해변과 이어져 넓어 보인다. 해변 끝에 스쿠버다이빙업체가 있어 전문 교육 및 체험 다이빙에 참여할 수 있다.

자연이 빚어낸 걸작품
능파대

📍 강원도 고성군 죽왕면 괘진길 65

문암해변 한쪽에는 벌집처럼 구멍이 뚫린 듯한 타포니 군락으로 유명한 능파대가 위치한다. 국가지질공원으로 지정된 이곳은 BTS '2021 윈터 패키지' 촬영을 계기로 이름을 알렸다.

바다와 기암을 벗 삼아 쉬어 가는 정자
청학정

📍 강원도 고성군 토성면 천학정길 10

해안 절벽 위에 세워진 팔작지붕 정자로 광활한 바다를 조망하며 쉬어 가기 좋다. 정자 아래 해안에 있는 기도하는 얼굴, 코끼리 얼굴 같은 기암을 찾아보는 재미도 쏠쏠하다. 고성8경 중 하나로 숨은 일출 명소이기도 하다.

관동8경에 속하는 운치 있는 정자
청간정

📍 강원도 고성군 토성면 동해대로 5110

조선시대 정자로 관동8경이자 고성8경에 속한다. 원래의 정자는 소실됐고 지금 건축물은 1928년에 다시 지은 것이다. 이승만 전 대통령이 쓴 현판이 걸려 있다.

설악산마저 하나의 작품이 되는
바우지움조각미술관

📍 강원도 고성군 토성면 원암온천3길 37　🕐 화~일요일 10:00~18:00　❌ 월요일　₩ 어른 13,000원(아메리카노 1잔 포함), 초·중·고등학생 7,000원, 36개월 이상 유아 5,000원

자연과 예술이 어우러진 조각 전문 미술관. 물, 소나무, 돌 등을 주제로 한 5개의 테마 정원과 3개의 전시관에서 다양한 작품을 관람할 수 있다. 설악산 울산바위가 어우러지는 물의 정원이 백미다.

수바위와 찻집이 매력적인
화암사

📍 강원도 고성군 토성면 화암사길 100

신라시대에 창건한 고찰로 웅장한 산으로 둘러싸여 경관이 수려하다. 특히 수바위가 명물인데 산사 내 전통 찻집이 뷰포인트다. 따뜻한 차 한잔 마시며 수바위를 감상하면 평온이 스며든다.

바다를 온전히 즐기는 대규모 카페
바다정원

📍 강원도 고성군 토성면 버리깨길 23
🕐 월~금요일 10:00~20:00, 토·일요일 10:00~22:00

바다와 송림을 끼고 자리한 대형 카페. 시원한 오션 뷰를 갖춘 실내와 해변과 바로 이어지는 야외 공간 모두 매력적이다. 빵 종류가 다양하며 수제 캐러멜과 캐러멜 쿠키가 인기.

〈빨강머리 앤〉 팬이라면 꼭!
앤트리 카페

📍 강원도 고성군 죽왕면 자작도선사길 18-1
🕐 11:00~18:00(토·일요일 10:00~19:00) ❌ 화요일

애니메이션 〈빨강머리 앤〉에 나오는 초록 지붕 집을 재현한 동화 같은 카페. 앤티크한 분위기로 꾸며놓은 실내 공간도 매력적이다. 여기저기 예쁜 포인트가 너무 많아 사진을 백만 장쯤 찍게 된다.

강원도 스타일 푸딩이 있는
옥란푸딩

📍 강원도 고성군 토성면 토성로 123
🕐 10:30~16:30 ❌ 목요일

담백하면서도 부드러운 두부 푸딩, 걸쭉하면서도 고소한 감자 푸딩, 탱글탱글하고 달콤한 밤 푸딩 등 특별한 수제 푸딩을 판매한다. 천진해변과 가까워 포장 후 바다에서 즐겨도 좋다.

환상적인 울산바위 뷰에 빠져드는
소노펠리체 델피노 더엠브로시아

📍 강원도 고성군 토성면 미시령옛길 1153

통창 너머로 펼쳐지는 울산바위 뷰가 황홀한 감동을 자아낸다. 이 풍경만 바라보고 있어도 절로 힐링이 된다. 솔방울 모양 에스프레소 얼음을 넣은 카페라테가 특색 있다.

속초

강원도에서 면적이 가장 작은 도시지만 설악산과 동해를 품고 있다.
그뿐인가. 영랑호와 청초호, 2개의 큰 석호가 있고
닭강정, 아바이순대, 오징어순대 등 지역 대표 별미도 수두룩하다.
거기에 아바이마을과 상도문 돌담마을처럼 속초만의 이야기를 더하는 공간까지.
작은 도시에 수많은 볼거리와 먹거리, 이야기가 들어찬 밀도 있는 여행지다.

계절 추천 스폿

봄
벚꽃 구경하고 싶은 날
설악산 벚꽃터널 & 영랑호

여름
여름밤의 낭만 명소
청초호 & 대포항

가을
명불허전 대한민국
제1의 단풍 명소
설악산

겨울
추운 날에는
따뜻한 온천이 최고
척산온천지구

버킷 리스트

먹거리 천국 속초에서
닭강정, 아바이순대 등
행복한 먹방

영랑호와 청초호,
속초 양대 석호의
매력 음미

등린이도 전문가도
모두 행복한
설악산 트레킹

상도문 돌담마을,
소호거리 등 속초의
또 다른 모습 발견

 추천 코스

당일치기 코스
잔잔하거나 활기차거나

① 영랑호
벚꽃 필 때 더욱
빛나는 풍경

② 영금정
하염없이 바다를
바라보게 되는 곳

③ 속초관광수산시장
배 부르게 먹을 결심!

④ 속초해변
속초 여행 인증 사진
포인트

1박 2일 코스
이토록 다양한 재미란

Day 1

① 설악산
사계절 모두
예쁘지 말입니다!

② 상도문 돌담마을
드라마 속을
걷는 듯한 기분

③ 대포항
화려한 야경과 싱싱한
수산물이 매력적인 항구

Day 2

① 외옹치바다향기로
바다 향기가 함께하는
산책로

② 속초해변
도심과 가까워 언제나
찾기 편한 해변

③ 아바이마을
역사, 갯배, 먹거리가
어우러진 공간

④ 속초관광수산시장
먹다 지칠지 몰라요!

한국인이라면 한 번쯤은 찾는 명산
설악산국립공원

📍 강원도 속초시 설악산로 1055

설악산국립공원은 속초, 양양, 고성, 인제 등에 걸쳐 있는데, 속초 쪽 설악산소공원이 대중적으로 많이 찾는 곳 중 하나다. 설악산 대표 탐방 코스인 울산바위코스 출발점이자 케이블카 탑승지이기 때문. 쉬운 코스부터 어려운 코스까지 다양한 난도의 트레킹 코스가 소공원을 중심으로 뻗어 있어 누구나 각자의 체력에 맞춰 설악산을 만끽할 수 있다.

> **TIP**
> 1 사람이 많이 찾는 만큼 카페, 음식점 등 편의 시설이 잘 갖춰져 있다.
> 2 자동차 야영지, 캐러밴 전용 야영지, 캐러밴 등을 갖춘 설악동 야영장을 운영한다.
> 3 설악산소공원으로 가는 입구는 봄이면 벚꽃 터널이 펼쳐진다.
> 4 단풍철에는 인파가 몰려 소공원 입구 쪽 주차장에 차를 세우기 어려울 수 있다. 아래쪽 탐방안내소 인근 주차장에 차를 세우고 걸어가는 것도 방법이다.

 설악산 둘러보기

누구나 부담 없이 걸어보는
비룡폭포 탐방 코스
소공원을 출발해 비룡폭포를 거쳐 토왕성폭포 전망대까지 가는 코스로 편도 2.8km 길이다. 비교적 완만한 탐방로를 따라 설악산의 유명 폭포인 육담폭포, 비룡폭포, 토왕성폭포 등을 눈에 담을 수 있어 만족스럽다.

명불허전 대표 코스
울산바위 탐방 코스
설악산 하면 가장 먼저 떠오르는 울산바위와 흔들바위를 만나는 핵심 코스로, 소공원 출발 기준 울산바위까지 편도 약 3.8km 길이다. 흔들바위까지는 보통 수준의 탐방로가 이어지나 흔들바위에서 울산바위까지 오르는 구간은 어려운 편이다.

설악산 자연경관이 매력적인
금강굴 탐방 코스
소공원에서 와선대와 비선대를 거쳐 금강굴까지 가는 약 3.6km의 탐방 코스. 비선대까지는 쉬운 코스이나 비선대에서 금강굴까지 0.6km 구간은 아주 어려운 구간이라는 점을 참고하자. 산행에 자신이 없다면 비선대까지만 왕복하는 것도 방법이다.

가장 편안하게 설악산에 오르는 방법
설악 케이블카

📍 강원도 속초시 설악산로 1085　🕘 09:00~17:30 / 기상 상황에 따라 운휴 가능　💰 중학생 이상 15,000원, 37개월~초등학생 11,000원

케이블카를 이용해 몸이 불편한 어르신이나 장애인은 물론 유아 동반 가족도 편하게 설악산에 오를 수 있다. 상부에 오르면 봉화대, 권금성 성터, 무학송을 둘러보고 울산바위까지 감상할 수 있다.

설악산이 품은 산사
신흥사

📍 강원도 속초시 설악산로 1137

설악산의 품에 안긴 단아한 절집으로 소공원 내에 자리해 누구나 쉽게 방문할 수 있다. 소공원에 들어서면 자연스레 신흥사의 일주문과 통일대불을 마주하게 되고, 다리를 지나면 보물로 지정된 극락보전을 중심으로 여러 전각이 모여 있는 경내가 나온다.

양질의 온천수로 여행의 피로를 풀다
척산온천지구
& 척산족욕공원

📍 강원도 속초시 관광로 277　💰 시설마다 다름

설악산 인근 온천지구로 피부병, 신경통 완화에 효과가 있다고 알려진 양질의 온천수가 공급된다. 일대에 여러 숙박 시설이 있는데, 척산온천휴양촌과 척산온천장이 대표적이다. 두 곳 모두 대중탕을 함께 운영해 숙박하지 않더라도 온천욕을 즐길 수 있다. 무료 족욕 체험이 가능한 척산족욕공원도 인기 스폿. 시원한 야외에서 온천수에 발을 담그고 피로를 풀 수 있어 여행 중 들르면 좋다.

> **TIP**
> 척산족욕공원은 동절기(12~2월)에는 운영하지 않으니 참고하자.

걷기, 드라이브, 자전거, 어떤 방식으로 돌아봐도 좋은
영랑호

📍 강원도 속초시 장사동 산313-1

현지인과 관광객이 모두 많이 찾는 자연 석호로, 신라 화랑 영랑이 이곳 풍광에 매료되어 머물렀다는 설화에서 이름이 유래했다. 면적이 약 1.2km²에 이를 정도로 넓은 호수 둘레에는 산책로와 도로가 조성되어 걷기, 드라이브 코스로 인기다. 호수 둘레가 약 8km에 달해 걸어서 한 바퀴 다 돌기 부담스럽다면 부교로 만든 영랑호수윗길을 따라 호수를 가로질러 A코스(3.5km)나 B코스(4.6km) 중 선택해서 걸어도 된다.

> **+TIP**
> 1 영랑호 명물이자 속초8경에 속하는 범바위를 놓치지 말 것.
> 2 속초 벚꽃 명소라 봄에 방문하면 가장 아름답다.
> 3 문화해설사와 함께 자전거를 타고 호숫가를 도는 스토리자전거를 운영한다. 일반 자전거 대여도 가능.

낮에는 호수가, 밤에는 야경이 빛나는
청초호

📍 강원도 속초시 엑스포로 140

영랑호와 함께 속초 양대 석호를 이루는 아름다운 호수로 속초8경에 속한다. 넓이 1.3km², 둘레 5km에 이르는 커다란 호수 주변으로 공원, 산책로 등을 잘 갖추어 시민들의 휴식처로 사랑받는다. 호수 둘레를 거닐며 풍광을 감상하는 것만으로도 만족스럽지만 청초호의 뷰포인트인 높이 73.4km의 엑스포타워 전망대와 호수 위에 세운 정자 청초정도 놓치지 말자. 상공에서 그리고 호수 위에서 바라보는 청초호는 또 다른 느낌으로 다가온다.

> **+TIP**
> 1 청초호는 야간 조명을 설치해 낮 풍경만큼 야경 또한 멋지다.
> 2 속초 중심부에 위치해 주변으로 음식점과 카페 같은 상점이 많다. 속초 명물인 만석닭강정 본점, 청초수물회도 이곳에 위치한다.

일출 명소이자 전망 명소
영금정

📍 강원도 속초시 영금정로 43

동명항 옆 해안 암반 지대를 일컬으며 파도가 바위에 부딪치며 내는 소리가 거문고 타는 것처럼 들린다 해서 이런 이름이 붙었다. 방문객들이 시원한 전망을 즐길 수 있도록 바위 언덕과 바다 쪽에 정자를 하나씩 만들어놓았다.

싱싱한 해산물이 가득
동명항

📍 강원도 속초시 영금정로 50

어선과 여객선이 드나드는 큰 항구로 싱싱한 해산물을 맛볼 수 있는 곳으로도 유명하다. 활어회 센터를 비롯해 각종 해산물을 전문으로 취급하는 음식점이 많아 선택의 폭이 넓다.

> **+TIP**
> 동명항 한쪽에는 그날 잡은 오징어를 요리해서 판매하는 노점이 밀집한 오징어난전이 있다.

등대에서 즐기는 동해 전망
속초등대전망대

📍 강원도 속초시 영금정로5길 8-28 🕘 09:00~18:00

영금정 바로 인근에 위치한 또 하나의 전망 포인트로 더 높은 곳에서 바다를 조망할 수 있다. 등대 내부 해양 문화 공간에 영상관, 홍보관, 등대전망대를 조성해 등대도 관람하고 전망도 즐길 수 있어 일석이조.

아담하고 한적한 항구의 매력
장사항

📍 강원도 속초시 장사항해안길 58

속초 북쪽 해안의 아담한 항구로 동명항에 비해 한적한 분위기가 매력적이다. 항구 옆 작은 해변은 스노클링 포인트로 유명하며 주변에 횟집과 카페도 많다.

> **+TIP**
> 장사항 앞에는 속초에서 커피와 딸기 케이크로 유명한 카페 어나더블루가 있다.

속초 여행 필수 먹방 코스
속초관광수산시장

📍 강원도 속초시 중앙로147번길 12

속초 여행자라면 누구나 코스에 넣는 명물 시장. 그래서 그 어느 곳보다 연중 붐빈다. 수산물과 청과물부터 젓갈, 닭강정, 튀김, 호떡, 떡볶이 등 속초 대표 전통시장답게 다양한 먹거리를 판매하며 줄 서서 대기해야 하는 맛집도 많다. 대표적인 곳으로는 만석닭강정, 강원도막걸리술빵, 남포동찹쌀씨앗호떡 등이 있다.

┤ TIP ├

1 지상만 돌고 가는 경우가 많은데 시장 지하에 수산물 회 센터가 있다.
2 오래된 순댓국집이 모여 있는 순대골목도 가보자. 백년가게로 선정된 88순대국을 비롯해 현지인 맛집을 찾아볼 수 있다.

피란민의 이야기가 서린
아바이마을

📍 강원도 속초시 청호로 122

한국전쟁 때 피란 온 함경도 실향민들이 정착하면서 생겨난 마을로, 지금도 아바이순대, 오징어순대, 함흥냉면 등 함경도식 음식을 판매하는 가게가 많다. 벽화가 그려진 골목길, 문화 예술 공간인 아트플랫폼 갯배, 깨끗한 백사장 등 소소한 즐길 거리도 있다.

속초에서 만나는 이색 체험
갯배

📍 강원도 속초시 중앙부두길 51 🕐 5~10월 05:00~23:00, 11~4월 05:30~22:30 / 기상 상황에 따라 변동 가능
💰 편도 기준 어른 500원, 초등학생 300원

아바이마을과 시내를 잇는 무동력 운반선으로, 주민들의 주요 교통수단으로 개발됐다가 지금은 관광 요소로 더 인기를 끌고 있다. 짧은 구간을 사람이 직접 줄을 끌어당기며 이동하는 방식이 독특하다.

365일 속초 '핫플'
속초해변

📍 강원도 속초시 해오름로 190

속초 대표 해변으로 사계절 많은 관광객이 찾는 관광 명소다. 여름철에는 강렬한 태양 아래 해수욕을 즐기고 다른 계절에는 송림이나 꽃밭, 해변을 거닐며 여유롭게 돌아볼 수 있다. 해변 입구를 시작으로 곳곳에 설치된 조형물은 사진 찍기 좋은 포인트가 되어준다. 해변에서 내다보이는 작은 섬 조도도 눈여겨보자. 하얀색 등대가 홀로 선 무인도로 속초8경에 속한다.

┤ ➕ TIP ├

1 속초고속버스터미널과 가까워 뚜벅이족도 찾기 편하다.
2 해변 바로 앞에 널찍한 국민여가캠핑장이 위치한다.

속초해변 옆 아담한 해변
외옹치해변

📍 강원도 속초시 해오름로 86-1

한쪽으로는 속초해변, 다른 한쪽으로는 외옹치바다향기로와 연결되는 아담한 해변으로, 조금 한적하게 바다를 즐기고 싶은 이들에게 추천할 만하다. '바다멍' 하며 쉬기에도, 해안 산책을 즐기기에도 좋은 위치다.

청정한 바다를 옆에 끼고 걷는 길
외옹치바다향기로

📍 강원도 속초시 대포동 656-14 🕐 4~9월 06:00~20:00, 10~3월 07:00~18:00 / 기상 상황에 따라 변동 가능

수십 년 동안 민간인 출입을 통제하던 해안 구간에 산책로를 조성해 일반에 공개한 게 2018년. 해안 절경을 가까이에서 감상할 수 있는 탐방 코스로 여전히 사랑받고 있다. 완만한 덱 탐방로라 아이부터 어르신까지 누구나 편하게 걸을 수 있으며, 왕복 1시간 정도 소요된다.

먹거리, 전망, 야경, 모두 완벽한
대포항

📍 강원도 속초시 대포항1길 6-13

역사적으로 오래된 항구로 종합관광어항으로 개발돼 풍부한 먹거리뿐 아니라 다채로운 즐길 거리를 제공한다. 관광수산시장과 난전활어시장 등에서 싱싱한 해산물을 맛보고 대포항 명물인 튀김골목도 들러보자. 배를 채운 후에는 산책로와 구름다리를 따라 걸으며 소화시키면 완벽한 코스. 야간 조명을 잘 갖추어 저녁 무렵 방문하면 또 다른 매력을 만끽할 수 있다.

> **TIP**
> 대포항에는 잘 알려지지 않았지만 환상적인 뷰를 제공하는 전망대가 숨어 있다. 동해와 설악산, 일출과 일몰을 모두 눈에 담을 수 있는 대포항 전망대를 놓치지 말 것.

느린 걸음으로 머물다 가야 할
상도문 돌담마을

📍 강원도 속초시 상도문길 44

동해와 설악산의 웅장함, 속초관광수산시장과 속초해변의 북적거림 같은 이미지로 속초를 기억하는 이들에게 상도문 돌담마을은 색다른 감성으로 다가온다. 설악산 인근에 고즈넉하게 자리 잡은 이곳은 500여 년의 역사를 간직하고 있으며 한옥과 돌담이 어우러져 푸근하고 정겨운 느낌이 가득하다. 미로처럼 이어지는 마을 길을 따라 거닐며 아기자기한 스톤 아트나 선 고운 한옥 지붕 등 소소한 장면을 천천히 눈에 담아보자.

> **TIP**
> 속초8경에 속하는 학무정이 이곳에 위치한다. 솔숲에 둘러싸인 정자에서 잠시 쉬어 가도 좋다.

등산에 대해 배우고 체험하는
국립산악박물관

📍 강원도 속초시 미시령로 3054
🕐 화~일요일 09:00~18:00 ❌ 월요일 ⓦ 무료입장

산림청이 건립한 우리나라 최초 산악 전문 박물관으로, 등산 역사와 문화를 종합적으로 소개한다. 전시와 함께 체험 프로그램을 운영해 아이들과 방문하기에도 적합하다. 실내에서 낮은 암벽을 올라보거나 고산지대의 저산소 환경을 체험하는 프로그램이 준비되어 있는데, 후자는 온라인 사전 예약이 필요하다. 박물관 옆에는 높이 18.25m 규모의 인공 암벽장을 갖춘 국립등산학교가 있다.

> **TIP**
> 박물관 뒤쪽 야외로 가면 산책로와 전망 쉼터, 숲 놀이터 등을 갖춘 노리숲길을 이용할 수 있다.

오래된 뒷골목에 스며든 레트로 감성
소호거리

📍 강원도 속초시 수복로259번길 11

속초시외버스터미널 뒷골목의 레트로한 공간. 오래된 골목에 트렌디한 감각을 더해 색다른 매력을 선사한다. 규모가 크지는 않지만 게스트하우스, 서점, 카페 등이 들어서 아기자기하다. 다인실을 갖춘 소호259 호스텔, 독채로 이용 가능한 소호259 클래식, 감성적인 분위기의 소호카페, 북스테이로 유명한 완벽한날들, 혼술 하기 좋은 속초백수씨심야식당 등 개성 넘치는 스폿을 만나볼 수 있다.

또 하나의 설악산을 만나는 공간
설악산자생식물원

📍 강원도 속초시 바람꽃마을길 164 🕘 09:00~18:00
💰 무료입장

설악산의 각종 식물을 식재한 식물원으로, 속초의 숨은 명소 중 하나다. 주변 자연 지형을 잘 보존한 상태에서 수생식물원, 암석원, 미로원, 자연탐방로 등을 조성해 가볍게 돌아보기 좋다.

3대째 운영 중인 동네 서점
동아서점

📍 강원도 속초시 수복로 108 🕘 월~토요일 09:00~21:00

1956년 개업해 대를 이어 운영 중인 속초 대표 지역 서점. 동네 서점이 점점 사라지는 시대에 이렇게 오랫동안 자리를 지켜내는 서점의 존재가 반가워 찾는 이들이 많다. 앉아서 책을 읽을 공간이 있고 북 토크도 종종 진행한다.

책과 함께하는 편안한 공간
문우당서림

📍 강원도 속초시 중앙로 45 🕘 09:00~21:00

동아서점 바로 인근에 위치한 또 하나의 대표 동네 서점. 1984년 문을 열었으며, 이름에는 '책과 사람의 공간'이라는 의미를 담았다. 편안하게 책을 둘러볼 수 있는 아늑한 분위기이며 굿즈도 판매한다.

조선소를 개조한 뉴트로 '핫플'
칠성조선소

📍 강원도 속초시 중앙로46번길 45 🕘 11:00~20:00

1950년대에 문을 연 옛 조선소를 개조한 복합 문화 공간으로 전시관, 카페, 책방 등을 갖췄다. 기존 건축물을 그대로 살려 뉴트로 감성이 묻어나며, 바로 앞에 시원하게 펼쳐지는 청초호가 매력을 더한다.

면 러버라면 꼭 들러야 할
누들거리

📍 강원도 속초시 번영로105번길 17

속초공설운동장 인근 골목을 따라 냉면, 파스타, 쌀국수, 옹심이, 짜장면, 칼국수 등 다양한 면 요리 전문점이 모여 있다. 쌀국수 맛집으로 이름난 매자식당도 이곳에서 만나볼 수 있다. 맛있는 면 요리를 먹은 후에는 이 골목의 설악젤라또에서 디저트까지 깔끔하게 마무리하면 된다.

빙수는 이제 사계절 음식
흰다정

📍 강원도 속초시 수복로 248
🕐 11:00~18:00(재료 소진 시 조기 마감) ❌ 수요일

속초에서 알아주는 빙수 맛집으로 웨이팅은 거의 필수다. 우유빙수, 코코넛빙수, 말차빙수는 거의 상시 제공하며 계절별로 토마토빙수, 블루베리빙수, 아보카도빙수 등을 선보인다. 빙수 모양새, 맛, 매장 분위기 모두 매력 만점!

로컬 수제 맥주의 맛
몽트비어

📍 강원도 속초시 학사평길 7-1
🕐 13:30~22:00(금·토요일은 23:00까지)

속초 로컬 브루어리 펍으로, 다양한 수제 맥주를 선보인다. 기본 맥주류 외 생딸기로 맛을 낸 스트로베리 에일, 복숭아 향미 가득한 피치 화이트 사우어, 강원도 수미감자로 만든 강원감자맥주 등 독특한 메뉴를 맛볼 수 있다. 속초IC 쪽 본점과 속초해변점이 있다.

'피맥' 조합이 훌륭한
크래프트루트

📍 강원도 속초시 관광로 418
🕐 16:00~23:00(금·토요일은 24:00까지)

각종 수상 경력을 자랑하는 수제 맥주 양조장으로 맥주와 함께 피자, 스테이크 등 다양한 요리를 선보인다. 피자가 유명해 '피맥'을 즐기기 좋다. 속초 대표 명소 이름과 이미지를 담은 라벨 덕에 속초 기념품으로도 인기다.

속초에서 이건 꼭 먹어야지!

① 닭강정

② 아바이순대 & 오징어순대

③ 함흥냉면

| 추천 스폿 | ① 속초관광수산시장

📍 강원도 속초시 중앙로147번길 12

속초에 가면 누구나 한 번씩은 먹는 음식, 닭강정! 바삭하게 튀긴 닭고기와 매콤달콤한 양념이 만나 맛깔스럽다. 속초관광수산시장에 닭강정 가게가 여럿 모여 있는데, 만석닭강정과 중앙닭강정이 가장 유명하다.

| 추천 스폿 | ② 아바이마을 | 아바이순대타운

📍 강원도 속초시 청호로 122(아바이마을) | 금호동 492-51(아바이순대타운)

돼지 대창을 깨끗이 손질한 후 찹쌀, 선지, 각종 채소로 속을 채워 만드는 아바이순대는 속초를 대표하는 먹거리다. 돼지 대창을 구하지 못해 오징어에 속을 채워 만들기 시작했다는 오징어순대 역시 지금은 속초 별미로 사랑받는다.

| 추천 스폿 | ③ 함흥냉면옥

📍 강원도 속초시 청초호반로 299

속초로 피란 온 함흥 실향민들이 전파한 함흥냉면은 양념한 가자미회나 명태회를 올려 매콤, 달콤, 새콤한 맛이 조화를 이룬다. 1951년 문을 연 함흥냉면옥은 속초를 대표하는 함흥냉면 전문점이며, 고구마 전분으로 만든 면과 명태회가 특징적이다.

| 추천 스폿 ④ 라또래요

📍 강원도 속초시 동해대로 3938-1

강원도에서 나는 농산물로 맛을 내는 '찐' 로컬 젤라토를 맛볼 수 있다. 키위, 블루베리, 딸기, 토종 다래 같은 제철 과일을 활용한 젤라토부터 속초 커피 맛집 어나더블루의 블렌딩 원두를 사용한 젤라토까지 종류가 다양하다. 그중 가장 인기 메뉴는 감자와 쑥. 감자 젤라토에는 후추를 가미해 독특하다.

| 추천 스폿 ⑤ 청소수물회 | 봉포머구리집 | 속초항아리물회

📍 강원도 속초시 엑스포로 12-36(청초수물회) | 영랑해안길 223(봉포머구리집) | 해오름로188번길 11(속초항아리물회)

싱싱한 해산물을 듬뿍 넣은 물회는 새콤, 매콤하면서 시원한 맛이 일품이다. 추천 스폿 외에도 동명항, 대포항 등의 활어회 센터는 물론 많은 횟집에서 물회를 맛볼 수 있다.

| 추천 스폿 ⑥ 속초751샌드위치

📍 강원도 속초시 교동로 75-1

홍게는 찜은 기본, 라면, 탕 등 어떻게 먹어도 맛있다. 홍게 요리를 전문으로 하는 음식점은 많은데 그중 속초751샌드위치는 국내 최초로 홍게 샌드위치를 선보인 곳이라 특별하다. 게맛살이 아닌 진짜 홍게 살을 꽉 채워 만든 샌드위치는 풍미가 깊다. 가격이 싼 편은 아니지만 아낌없이 넣은 홍게 살을 보면 수긍하게 된다.

양양

서핑 성지로 통하는 양양!
죽도해변, 인구해변, 서피비치 등이 서핑 메카이자 트렌디한 해변으로 입소문 나면서 서핑을 즐기거나 그곳만의 '바이브'를 느끼러 찾아드는 여행자가 많아졌다. 동시에 낙산사와 하조대, 설악산 오색주전골 등 정통 관광지가 균형을 맞추면서 여행자들의 다양한 요구를 만족시키는 여행지로 사랑받고 있다.

계절 추천 스폿

봄
벚꽃 휘날리는
드라이브 코스
남대천

여름
낮에는 서핑,
밤에는 파티로 뜨거운
서피비치

가을
설악산 최고의 단풍 명소
오색주전골

겨울
설경이 함께하는
야외 온천 수영장
설해원

버킷 리스트

설악산 오색주전골
트레킹하고
오색탄산온천에서
힐링하기

정암해변, 잔교리해변
등 작지만 이색적인
해변 찾아다니기

서핑 천국 양양에서
서핑 도전!

오션 뷰 절집,
낙산사와 휴휴암에서
쉬어 가기

 추천 코스

때로는 힙하게, 때로는 단아하게
당일치기 코스

① 낙산사
바다와 고찰의 웅장한 조합

② 서피비치
여전히 세상 힙한 해변

③ 하조대
국가 지정 명승의 위엄

모든 장면이 화보가 되는
1박 2일 코스

Day 1

① 낙산사
바다를 끼고 들어선 천년 고찰

② 양양전통시장
시장 구경의 재미는 역시 먹방

③ 오색주전골
트레킹과 온천욕으로 힐링

Day 2

① 하조대
'애국가 소나무'가 있는 명승

② 죽도해변 & 인구해변
낮에는 서핑, 밤에는 펍

③ 휴휴암
바다 보러 찾는 절집

④ 남애항
강원도 3대 미항이라는 명성에 걸맞은 자태

여기가 한국이야, 외국이야?
서피비치

📍 강원도 양양군 현북면 하조대해안길 119

한국에서 가장 핫한 해변이라고 해도 과언이 아니다. 군사 지역으로 수십 년 동안 일반인 출입이 통제되던 해변은 2015년 서핑 전용 해변이라는 독특한 콘셉트로 재탄생했다. 이국의 휴양지를 떠올리게 하는 특별한 분위기로 지금까지도 양양 핫플로 큰 인기를 누리고 있다. 서핑 해변답게 서핑용품을 대여하고 강습도 진행한다. 태닝 존, 릴랙스 존 등도 갖춰 꼭 서핑을 하지 않고도 각자의 방식대로 머물다 갈 수 있다.

> **TIP**
> 1 선라이즈 요가, 모닝 요가, 선셋 요가 등 비치 요가 클래스를 운영한다. 바다를 마주하며 요가를 체험하는 특별한 순간!
> 2 서핑 전용 해변이라 안전을 위해 물놀이 구역이 따로 지정되어 있으니 참고할 것.

넓은 백사장과 수려한 경관
하조대해변

📍 강원도 양양군 현북면 하조대해안길 29-1

해변이 꽤 널찍해 사계절 언제 찾아도 여유롭게 휴식을 취할 수 있다. 해변 주변으로 카페, 펍, 음식점 등 편의 시설이 많고 전망대와 둘레길도 갖추어 다양한 재미를 맛볼 수 있다.

> **TIP**
> 서피비치 바로 옆이라 함께 돌아보기 편하다.

다양한 스토리를 품은 명승
하조대

📍 강원도 양양군 현북면 조준길 99

기암괴석으로 이뤄진 신비한 암석 해안으로 조선 개국 공신인 하륜과 조준이 머물렀던 곳이라 해서 하조대라 부르게 됐다고 전한다. 절벽 끝에는 1990년대에 복원한 하조대 정자가 서 있고, 그 인근에 하조대등대가 있다.

양양 서핑 붐이 시작된 곳
죽도해변

📍 강원도 양양군 현남면 새나루길 43

양양이 서핑 메카로 자리 잡는 데 일조한 해변으로, 바로 옆 인구해변과 함께 지금도 양양 서핑 여행의 중심이 되고 있다. 해변 남쪽 끝에는 양양10경에 속하는 죽도정을 품은 죽도산이 위치해 다양한 매력을 자랑한다.

서퍼들의 성지
인구해변

📍 강원도 양양군 현남면 인구항길 11

죽도해변과 함께 서핑 중심지로 꼽히는 곳으로, 두 해변은 죽도산을 사이에 두고 나란히 자리한다. 서핑뿐 아니라 해수욕을 하거나 해변 피크닉을 즐기기에도 좋다.

양양에서 가장 트렌디한 거리
양리단길

📍 강원도 양양군 현남면 인구길 일원

양양 죽도해변과 인구해변에 젊은 서퍼들이 모여들면서 그에 발맞춰 서핑 숍, 카페, 숙소, 음식점, 펍 등 트렌디한 공간이 대거 들어섰고, 언제부터인가 이 일대가 양리단길이라 불리게 되었다. 인생 사진을 남길 수 있는 메밀라운지, 열대 휴양지 분위기 물씬 풍기는 플리즈웨잇, 젤라토 맛집인 페이보릿, 빙수 전문점인 닌베, 풀 파티로 유명한 템플온더비치 등 양양 '핫플'이 이 일대에 모여 있어 낮부터 밤까지 알차게 놀기 좋다.

> **+ TIP**
> 양리단길 상점 중에는 동절기나 비수기에는 문을 닫는 곳도 있다. 여름철과 겨울철의 분위기가 사뭇 다른 편이다.

오랜 역사를 간직한 바닷가 절집
낙산사

- 강원도 양양군 강현면 낙산사로 100
- 06:00~18:30
- 무료입장, 주차비 별도

바다가 한눈에 내다보이는 해안 언덕에 위치한 신라시대 고찰. 관광 명소이자 역사적 장소로 가치를 인정받는다. 2005년 대형 산불로 많은 전각이 소실된 바 있는데 화재 이후 김홍도의 작품 '낙산사도'를 바탕으로 복원 사업을 진행했다. 낙산사에는 바다와 맞닿은 홍련암, 일출 명소인 의상대, 높이 16m 크기의 해수관음상 등 볼거리가 풍성하다. 규모가 꽤 큰 편이므로 곳곳을 살펴보려면 여유를 갖고 방문하길 추천한다.

> **+ TIP**
> 정문과 후문, 두 군데에서 입장 가능하며 후문이 의상대, 홍련암과 가깝다.

해변에서 그네 타기
낙산해변

- 강원도 양양군 강현면 해맞이길 17

너른 백사장과 울창한 해송림이 어우러진 강원도 대표 해변으로 그네, 야자수 파라솔 등이 놓여 색다른 포인트를 만든다. 해변과 솔숲을 거닐고 그네도 타며 바다를 즐기는 코스.

> **+ TIP**
> 군데군데 설치된 조각 작품과 함께 기념사진 찰칵!

로컬 먹거리 가득한
양양전통시장

- 강원도 양양군 양양읍 남문5길 9

먹거리가 풍성한 시장으로 현지인과 관광객 모두 많이 찾는다. 4일과 9일로 끝나는 날에는 오일장이 열려 더욱 활기차다. 송이닭강정, 공가네감자옹심이 등이 유명하며 봄날은간다의 산나물튀김도 별미.

쉬고 또 쉬어 가는 바닷가 암자
휴휴암

📍 강원도 양양군 광진2길 3-16

바다를 끼고 위치한 암자로 풍광이 좋아 관광객들의 발걸음이 끊이지 않는다. 앞바다에 연꽃을 닮은 너른 바위를 중심으로 관세음보살 형상 바위, 거북이 모양 바위 등 기이한 암석이 가득하다.

풍광 좋고 놀기 좋은
남애3리해수욕장

📍 강원도 양양군 현남면 매바위길 167

고운 모래가 넓게 펼쳐진 백사장과 등대, 구름다리가 어우러져 풍경이 예쁘다. 거기에 더해 물이 맑고 해수욕과 서핑을 모두 즐길 수 있어 여름철 피서지로 인기다. 예능 〈나 혼자 산다〉에서 박나래가 찾은 해변으로도 유명하다.

양양에서 가장 아름다운 항구
남애항

📍 강원도 양양군 매바위길 127

강원도 3대 미항이자 양양10경으로 꼽힐 정도로 수려한 경관을 자랑한다. 에메랄드빛 바다를 배경으로 방파제가 아늑한 항구를 이루고, 그 안에 고기잡이배들이 늘어서 어촌 감성을 더한다. 빨간 등대와 하얀 등대가 포인트인데, 양양 특산품인 송이를 형상화한 빨간 등대가 명물이다. 스카이워크 전망대에서 내다보는 전망 또한 일품이니 놓치지 말 것.

> **●TIP**
> 전망대 인근 고래카페 역시 뷰포인트. '바다 멍' 하기 좋은 공간으로 반려견 동반이 가능하다. 기념품을 비롯해 각종 소품과 반려견 옷도 판매한다.

단풍, 약수, 온천을 모두 만끽하는
오색주전골

📍 강원도 양양군 서면 약수길 45

설악산국립공원 내 대표적인 단풍 코스 중 하나로 탐방로가 완만해 누구나 가볍게 걸어볼 만하다. 맑고 깨끗한 계곡과 기암괴석이 어우러져 한 폭의 한국화 같은 풍경을 완성하며, 약수와 온천까지 함께 즐길 수 있어 더욱 특별하다. 사계절 언제 찾아도 아름답지만 단풍이 곱게 물드는 가을철 풍광이 단연 최고. 약수터탐방지원센터에서 용소폭포까지 편도 약 1시간 소요.

> **TIP**
> 트레킹 후에는 오색탄산온천에서 피로를 풀자. 저온 탄산 온천과 고온 알칼리 온천이 복합된 온천이라 물이 좋기로 유명하다.

연어가 회귀하는 청정한 하천
남대천

📍 강원도 양양군 양양읍 조산리 86-7

양양은 동해와 설악산이라는 최고의 바다와 산을 보유했으며, 남대천이라는 아름다운 하천도 품었다. 양양10경 중 1경으로 여겨지는 대표 명소로 봄에는 벚꽃, 가을에는 억새와 코스모스가 흐드러지는가 하면 양양송이조각공원, 연어생태공원 등이 다양한 즐길 거리를 제공한다. 우리나라 최고의 연어 회귀 하천이라는 점도 특별함을 더한다.

> **TIP**
> 1 남대천 제방 도로를 따라 벚나무가 가득해 봄날 풍경이 대단하다. 드라이브하거나 산책하며 꽃놀이하기 좋은 양양 대표 벚꽃 명소.
> 2 가을에는 남대천으로 거슬러 올라오는 연어를 만날 수 있는 연어축제가 열린다.

선사시대 흔적을 만나보는
오산리선사유적박물관

📍 강원도 양양군 손양면 학포길 33
🕐 화~일요일 09:00~08:00 ❌ 월요일 ⓦ 무료입장

약 8,000년 전 신석기인들이 살았다고 하는 오산리 유적에 들어선 선사시대 전문 박물관. 선사시대 관련 다양한 전시와 체험이 이뤄지며 야외에는 탐방로가 조성되어 있다.

아이와 가볼 만한 실내 여행지
양양에너지팜

📍 강원도 양양군 서면 산얏골길 10
🕐 월~금요일 09:00~17:00, 토요일 10:00~16:00
❌ 일요일·공휴일 ⓦ 무료입장

양수발전을 테마로 꾸민 전시관으로 아이 동반 가족 여행객에게 추천할 만하다. 다소 어려울 수도 있는 주제를 입체적인 전시와 흥미로운 체험으로 풀어내 아이들이 흥미롭게 즐길 수 있다.

동해안 유일의 몽돌 해변
정암해변

📍 강원도 양양군 강현면 정암리

해변 일부가 몽돌로 이뤄져 분위기가 색다르다. 몽돌소리길이라는 해안 산책로를 따라 동글동글한 몽돌, 나무로 만든 그네 등 자연적 요소가 어우러진 이곳만의 독특한 풍경을 만끽해보자.

이효리도 방문했던 감성 해변
잔교리해변

📍 강원도 양양군 현북면 동해대로 1108

잘 알려지지 않은 숨은 해변이었는데 예능 〈댄스가수 유랑단〉에 등장하면서 찾는 사람이 늘었다. 규모가 크지는 않으며 여유롭게 머물기 좋은 감성 해변이다.

요트 마리나가 있는 이국적인 항구
수산항

📍 강원도 양양군 수산1길 20-16

각양각색의 요트가 정박한 요트 마리나가 이국적인 풍경을 연출한다. 요트 투어를 비롯해 투명 카누, 선상 낚시 등 바다에서 즐길 수 있는 다양한 체험이 준비되어 있다.

양양 인기 차박지
물치해변

📍 강원도 양양군 동해대로 3552

양양과 속초를 오가는 7번 국도 바로 옆에 위치해 접근성이 좋고 차박지로도 인기가 높다. 바로 옆에 물치항이 있어 해변과 항구의 낭만을 함께 즐기기 좋다.

⊕ TIP
물치항에는 가성비 좋기로 소문난 회센터가 있다.

가족 휴양객, 반려인에게 추천할 만한
지경리해변

📍 강원도 양양군 현남면 화상해안길 83

양양 남쪽 끝에 있는 해변으로 비교적 한적한 편인데 지경국민여가캠핑장과 마주해 여름철에는 활기차다. 반려견 동반이 가능해 반려인이 많이 찾는다.

⊕ TIP
캠핑장은 보통 4월 말부터 10월 말 정도까지 운영한다.

전통 방식으로 빚어 더욱 맛난 떡
송천떡마을

📍 강원도 양양군 서면 떡마을길 107

산과 계곡으로 둘러싸인 청정한 마을로 전통 방식으로 떡을 만드는 것으로 유명하다. 마을 입구에는 떡 판매장이 있어 여행 중 떡을 사러 들르는 여행객도 꽤 있다.

⊕ TIP
봄부터 가을까지 마을 계곡 옆에서 캠핑장을 운영한다.

이국적인 분위기의 바닷가 리조트
쏠비치 양양

📍 강원도 양양군 손양면 선사유적로 678

스페인 남부 안달루시아의 건축을 모티브로 조성해 이국적인 분위기가 돋보인다. 바다 바로 옆이라 오션 뷰를 감상하며 휴양하기 좋고 카페와 레스토랑, 워터파크 등 투숙객이 아니더라도 이용 가능한 부대시설도 갖췄다.

온천 수영장 갖춘 럭셔리 리조트
설해원

📍 강원도 양양군 손양면 공항로 230

럭셔리 복합 리조트이며 100% 온천수로 채운 야외 수영장이 유명하다. 온천 수영장은 일반인도 이용 가능하고, 입장권을 끊으면 온천 수영장, 온천 사우나, 노천 스파를 모두 이용할 수 있다.

+TIP 천연 암석인 파동석을 이용한 디톡스 프로그램을 선보이는 면역공방도 인기.

'미쿡' 감성 포토 존이 가득
7드라이브인

📍 강원도 양양군 현북면 동해대로 1269-7 🕐 11:00~19:00
❌ 화요일(부정기 휴무는 인스타그램에 공지)
📷 7_drivein

7번 국도 옆 휴게소를 리모델링한 공간으로 미국 서부 로드 트립 중 만날 법한 '바이브'를 풍긴다. 카페, 스테이, 서핑 숍 등으로 이뤄지며 힙한 분위기의 포토 존이 많아 화보 느낌의 인생 사진을 건질 수 있다.

'힙' 그 자체
코게러지

📍 강원도 양양군 현북면 동해대로 1269-7 🕐 10:00~18:30
❌ 수요일(부정기 휴무는 인스타그램에 공지)
📷 kohgarage_official

커다란 철제 문으로 이루어진 입구부터 빨간 클래식 자동차와 각종 서핑용품으로 꾸민 내부까지, 그야말로 '힙함'으로 중무장했다. 1층은 카페, 2층은 호텔, 3층은 수영장으로 구성되어 있다.

동해

우리 바다 동해(東海)와 같은 이름을 쓰는 동해시의 역사는 그리 오래되지 않았다.
1980년 삼척군 북평읍과 명주군 묵호읍이 통합되면서 신설됐다는 사실.
북쪽의 망상해변에서 묵호항과 논골담길을 지나 남쪽의 추암촛대바위까지.
그리 길지 않은 해안선을 따라 저마다의 개성을 지닌 해안 명소가 이어진다.
망상해변 쪽과 강릉 남쪽, 추암촛대바위 쪽과 삼척 북쪽을 함께 묶어 여행해도 좋다.

 계절 추천 스폿

 봄
찬찬히 거닐며 봄 산책
논골담길

 여름
라벤더정원에서 꽃놀이
무릉별유천지

 가을
신선처럼 단풍놀이
무릉계곡

 겨울
뜨끈뜨끈 찜질
동해무릉건강숲

 버킷 리스트

망상오토캠핑리조트나
추암오토캠핑장에서
바다 바라보며 캠핑

추암촛대바위에서
새해 해맞이

무릉계곡 베틀바위
전망대까지 산행

추천 코스

바다 따라 펼쳐지는 다양한 풍경
당일치기 코스

① 망상해변
넓고 고운 백사장이 매력적인 스폿

② 도째비골 스카이밸리
바다와 함께하는 짜릿한 체험

③ 묵호항
싱싱한 수산물이 가득!

④ 논골담길
묵호항 사람들의 이야기를 담은 골목길

동해를 여행하는 알짜배기 코스
1박 2일 코스

Day 1

① 추암촛대바위
대한민국 대표 일출 명소

② 무릉계곡
수려한 비경이 이어지는 계곡

③ 무릉별유천지
폐채석장이 감성 여행지로 변신

Day 2

① 한섬해변
터널 포토 존에서 찰칵!

② 논골담길
바닷가 언덕 감성 마을

③ 도째비골 스카이밸리
바다 보고, 짜릿한 체험도 즐기고!

④ 망상해변
드넓은 백사장에서 취향대로 휴양하기

묵호항의 이야기를 담은 감성 마을
논골담길

📍 강원도 동해시 논골1길 2

묵호항 번성기와 쇠퇴기를 함께한 마을과 사람들의 이야기를 담은 감성 스토리 마을로 바닷가 산비탈을 따라 작은 집들이 옹기종기 모여 있는 모습이 정겹다. 묵호항 쪽에서 등대오름길, 논골1길, 논골2길, 논골3길 등의 골목으로 들어서면 논골담길 일대를 돌아볼 수 있다. 골목길을 따라 아기자기한 벽화를 감상하고 묵호항의 상징인 묵호등대와 전망 포인트인 바람의언덕까지 방문하면 완벽하다.

| ⊕ TIP |

자동차로 방문한다면 묵호항수변공원 공영 주차장에 차를 세우고 길 건너편 등대길슈퍼 옆 등대오름길로 올라가면 편하다.

짜릿한 체험 시설과 시원한 전망을 함께~
도째비골 스카이밸리

📍 강원도 동해시 묵호진동 2-109
🕐 4~10월 10:00~18:00, 11~3월 10:00~17:00 ✖ 월요일
💰 어른 2,000원, 7~18세 1,600원, 체험 시설 이용료 별도

묵호등대 옆에 들어선 동해시 관광 명소로, 이색 체험 시설과 전망 시설을 갖췄다. 도째비골이라는 이름이 재미있는데, 밤에 비가 내리면 이 일대에 푸른 빛들이 보였고 사람들은 이를 도깨비불로 여겨 도째비골이라는 이름을 붙였다고 전해진다. 도째비는 도깨비의 방언. 와이어를 따라 공중을 달리는 스카이 사이클, 스릴감 넘치는 자이언트 슬라이드, 해발 57m 높이의 스카이워크 등을 즐길 수 있다.

| ⊕ TIP |

도째비골 스카이밸리 맞은편 해상에 설치된 해랑전망대가 또 하나의 즐길 거리.

풍성한 먹거리
묵호항

📍 강원도 동해시 일출로 68

동해시 대표 항구로 주변에 먹거리, 볼거리가 많아 관광객들이 즐겨 찾는다. 싱싱한 해산물을 제공하는 활어 판매 센터를 비롯해 여러 종류의 음식점이 모여 있다. 활어 판매 센터에서 해산물을 사서 주변 식당에서 소정의 비용을 내고 먹을 수 있다.

여름 포차로 유명한
어달해변

📍 강원도 동해시 일출로 217

묵호항에서 망상해변으로 가는 길에 만나는 아담한 해변으로, 여름 성수기에 운영하는 포차로 유명하다. 모래사장 위에 늘어선 파라솔 테이블에 앉아 조개구이나 회를 먹으며 낭만적인 시간을 보낼 수 있다.

넓고 깨끗한 백사장이 매력적인
망상해변

📍 강원도 동해시 동해대로 6270-10

맑고 투명한 바다 옆으로 곱고 부드러운 모래가 끝도 없이 펼쳐져 사계절 언제 찾아도 만족도가 높은 해변이다. 바다 색과 대비되는 쨍한 빨간색 시계탑을 비롯해 인증 사진 찍기 좋은 포토 존이 여럿 있고 해변을 따라 덱 산책로도 잘 조성되어 있다. 덱 산책로는 폭이 넓어 유모차나 휠체어로도 편하게 이동할 수 있다. 해변 옆으로 자동차 캠핑장, 한옥, 카라반 등 다양한 시설을 갖춘 망상오토캠핑리조트가 있어 하루 이틀 여유롭게 머물러도 좋다.

> **TIP**
> 해변 인근에 카페와 음식점이 많은데, 그중 오래전부터 현지인 맛집으로 사랑받아온 피아노 레스토랑에 들러볼 것. 맛있는 이탤리언 요리에 예쁜 해변 뷰는 덤!

터널 포토 존으로 유명한
한섬해변

📍 강원도 동해시 한섬해안길 9

외지인들에게 알려진 관광 명소는 아니었는데 SNS 상에서 터널 포토 존이 입소문을 타면서 유명해졌다. 규모는 작지만 주변 경치가 아름답고 포토 존도 다양해 여행지로서 충분히 매력적이다. 한섬해변을 중심으로 총 2.4km 길이의 행복한섬길이라는 산책로가 조성되어 재미를 더한다. 걷기 편한 산책로를 따라 다채로운 풍광이 펼쳐지는데 영화 <007> 시리즈 촬영지로 유명한 태국 푸껫 팡아만의 제임스 본드 섬과 닮았다는 바위도 만나볼 수 있다.

> **TIP**
> 한섬해변굴다리 공영 주차장이나 감추 쪽 공영 주차장에 차를 세우고 여행을 시작하면 된다.

망상에서 만나는 서핑 비치
나인비치37

📍 강원도 동해시 일출로 217

양양에 서피비치가 있다면 동해에는 나인비치37이 있다. 망상해변 일원에 위치한 서핑 비치로, 카페와 펍 시설도 갖췄다. 망상의 아름다운 해변을 배경으로 야자수와 야자 파라솔이 늘어선 모습이 이국의 휴양지를 연상시킨다.

번잡하지 않아 매력적인 서핑 명소
대진해변

📍 강원도 동해시 망상동 1-3

대진항과 어우러진 아늑한 해변으로 꽤 오래전부터 서핑 명소로 사랑받아왔다. 수심이 낮고 파도가 적당해 특히 서핑 초보자나 가족 단위 서퍼가 많이 찾는다. 번잡하지 않으면서도 서핑 숍, 식당 같은 편의 시설을 갖춰 동해의 숨은 명소로 꼽힌다.

무릉도원에 버금가는 신비로운 풍치
무릉계곡

📍 강원도 동해시 삼화로 538
🕐 하절기 09:00~20:00, 동절기 09:00~18:00
💰 어른 2,000원, 청소년 1,500원, 어린이 700원

신선이 노닐었다는 무릉도원의 아름다움에 빗대 무릉계곡이라 불린다. 두타산과 청옥산 등 크고 작은 산들이 에워싼 4km 길이의 계곡을 따라 기암괴석과 폭포가 이어지며 절경을 이룬다. 아름다운 자연경관에 화강암 침식과 퇴적을 보여주는 지질학적 가치를 인정받아 명승으로 지정되었다. 가벼운 산책부터 제대로 된 산행까지 무릉계곡을 둘러보는 방법도 다양해 각자 취향에 맞게끔 여행 동선을 짜면 된다.

 무릉계곡 둘러보기

무릉계곡 랜드마크
무릉반석
약 5,000m² 규모의 드넓은 반석과 마주하는 순간 자연의 경이로움에 감탄할 수밖에 없다. 웅장한 반석 위에는 옛 시인 묵객들이 새긴 수많은 글씨가 남아 특별함을 더한다. 신비로운 분위기 덕에 드라마 〈연인〉, 〈마이 데몬〉 등에 등장한 바 있다.

'한국의 장자제'라 불리는 비경
두타산 베틀바위
바위 생김새가 베틀 같다 해서 이런 이름이 붙었으며 '한국의 장자제'라 불릴 정도로 빼어난 절경으로 유명하다. 관리사무소에서 베틀바위 전망대까지 약 1.5km로 그리 멀지 않으나 오르막 구간이 이어진다는 점을 참고하자.

무릉계곡 대표 폭포
용추폭포 & 쌍폭
무릉계곡을 대표하는 명물 폭포. 용이 승천하는 모양에 비유되는 용추폭포는 3단으로 흘러내리는 모습이 시원하다. 두타산에서 내려온 물길이 만든 폭포와 청옥산의 물이 흘러 내려오는 폭포가 합쳐지는 쌍폭도 용추폭포로 가는 길에 볼 수 있다.

에메랄드빛 호수와 이색 체험 시설 갖춘 테마 공간
무릉별유천지

📍 강원도 동해시 이기로 97 🕙 10:00~17:30 ❌ 월요일
💰 6~9월 어른 6,000원, 7~18세 3,000원, 36개월~6세 2,000원 / 10~5월 어른 4,000원, 7~18세 2,000원, 36개월~6세 1,000원

약 40년 동안의 채광 작업이 마무리된 폐채석장을 이색 관광 명소로 재탄생시켰다. 에메랄드빛 호수 두 곳을 중심으로 알파인 코스터, 스카이 글라이더, 롤러코스터형 짚라인, 오프로드 루지 등 다양한 체험 시설을 조성했다. 폐산업 시설을 재생한 쇄석장에서 관람을 시작하는데, 이곳에 매표소, 안내소, 산업 시설 기록 공간, 카페 등이 있다. 규모가 큰 편이라 내부를 도는 열차를 운행한다.

┤ ➕ TIP ├
1 라벤더정원이 있어 6월에 방문하면 보랏빛 꽃 물결을 감상할 수 있다.
2 무릉별유천지의 별미, 시멘트 아이스크림 맛보기.

황금박쥐가 출현한 동굴
천곡황금박쥐동굴

📍 강원도 동해시 동굴로 50
🕙 09:00~18:00(여름 성수기 운영 시간은 유동적)
💰 어른 4,000원, 청소년 3,000원, 어린이 2,000원

길이 약 1,500m에 이르는 천연 동굴로 시내 중심부에 위치해 접근성이 좋다. 원래 천곡동굴로 불리다 멸종 위기종인 황금박쥐가 몇 차례 출현하면서 이름에 황금박쥐를 추가했다. 동굴 탐방로를 따라 커튼형 종유석, 종유 폭포 등 신비한 생성물을 구경할 수 있다.

청정한 자연 속에서 쉬어 가는
동해무릉건강숲

📍 강원도 동해시 삼화로 455

무릉계곡 입구에 자리해 청정한 기운이 가득하다. 친환경 자재로 지은 숙박 시설과 웰니스 체험 프로그램을 운영한다. 화이트 견운모 찜질방, 황토 찜질방, 소금동굴 등으로 이뤄진 찜질방 시설도 별도 이용 가능하다.

전국구 해돋이 명소
추암촛대바위

📍 강원도 동해시 촛대바위길 33

짙푸른 바다 위에 우뚝 솟은 추암촛대바위는 전국구 일출 명소로 손꼽힌다. 그렇다고 꼭 일출만 보러 갈 필요는 없다. 촛대바위를 중심으로 거북바위, 두꺼비바위, 코끼리바위 등 온갖 형상의 기암괴석이 진귀한 볼거리를 선사하고, 추암해변, 출렁다리, 해암정 등 즐길 거리도 다양하기 때문이다. 어디 그뿐인가. 추암해변 바로 옆 삼척 증산해변과 이사부사자공원도 걸어서 바로 이동할 수 있다.

> **TIP**
> 추암해변 자연 절경을 조망하며 캠핑을 즐길 수 있는 추암오토캠핑장이 해변 바로 앞에 자리한다.

영동 지역 대표 오일장
북평5일장(북평민속시장)

📍 강원도 동해시 오일장길 10

오랜 역사를 자랑하는 전통시장으로, 오일장이 열리는 날이면 일대 거리가 노점으로 꽉 찬다. 인근에서 공수된 수산물과 농산물은 물론 공산품과 주전부리까지 다양한 품목을 취급한다. 시장 대표 메뉴인 국밥을 비롯해 메밀전, 메밀전병 등 각종 향토 음식이 입맛을 자극한다.

> **TIP**
> 3·8일로 끝나는 날에 장이 선다.

문어를 넣은 탕수육
거동탕수육

📍 강원도 동해시 일출로 83

동해 대표 맛집으로 웨이팅이 필수다. 돼지고기와 문어를 함께 넣은 거동탕수육이 시그니처 메뉴이고 문어로만 만든 리얼문어탕수육도 선보인다. 문어나 오징어를 올린 짬뽕과 쟁반짜장을 맛볼 수 있다.

삼척

강원도 동해안 최남단에 자리한 삼척은 장쾌한 기암괴석 해안과 널찍한 은빛 해변, 에메랄드빛 바다가 절묘하게 조화를 이루며 풍경을 감상하기 좋은 드라이브 코스나 탐방로가 잘 조성되어 있다. 더불어 해상케이블카나 해양레일바이크, 스노클링, 투명 카누 등 다채로운 방식으로 바다를 즐길 수 있다는 점도 매력적이다.

 계절 추천 스폿

봄	여름	가을	겨울
유채꽃과 벚꽃, 바다를 모두 즐기는 **삼척맹방유채꽃축제**	여름에도 시원한 동굴 피서 **대금굴 & 환선굴**	고아한 가을의 운치 **죽서루**	따뜻한 온천욕 명소 **가곡유황온천**

 버킷 리스트

장호항이나 갈남항에서 시원하게 스노클링

삼척활기치유의숲에서 웰니스 프로그램 참여

〈헤어질 결심〉, 〈봄날은 간다〉, 〈밀수〉 등 영화 촬영지 탐방

죽서루 용문바위에서 소원 빌기

추천 코스

다채로운 바다 풍경을 즐기는
당일치기 코스

① 삼척해변
쏠비치 삼척과 어우러지는 이국적인 풍경

② 이사부길 (새천년해안도로)
드라이브 코스, 걷기길, 모두 굿!

③ 덕봉산 해안생태탐방로
맹방해변과 덕산해변 사이 해안 탐방로

바다를 여행하는 여덟 가지 방법
1박 2일 코스

Day 1

① 장호항
스노클링 & 투명 카누 명소

② 삼척해상케이블카
바다 위를 날아서~

③ 초곡용굴촛대바위길
기암괴석의 비경을 감상하는 해안 탐방로

④ 덕봉산 해안생태탐방로
바다와 함께 걷는 길

Day 2

① 벽너머엔 나릿골 감성마을
항구 옆 옛 동네를 걷는 감성 코스

② 이사부길 (새천년해안도로)
쪽빛 바다를 옆에 끼고 힐링하기

③ 삼척해변
강원도 '핫플'이 모여 있는 해변

④ 이사부사자공원
이사부 장군 이야기를 품은 해안 공원

모래성 모양 놀이터가 포인트
삼척해변

📍 강원도 삼척시 테마타운길 76

길이 1.2km의 드넓은 백사장이 펼쳐지며 해변 북쪽 끝에 쏠비치 삼척이 위치해 이국적인 멋을 더한다. 원래 이름은 후진해변으로 그리 유명한 관광지는 아니었으나 쏠비치 삼척이 들어서면서 찾는 사람이 점점 많아졌다. 해변에는 모래성처럼 생긴 놀이터가 있어 아이들과 머물기 좋고 해안 산책로와 포토 존도 갖췄다. 주변으로 편의 시설이 많아 사계절 언제 찾아도 만족스럽다.

┤ ✚ TIP ├
관광 명소로 인기를 얻으면서 해변 주변에 카페도 많아졌다. 아몬드 크림 라테로 유명한 카페 얼, 강릉 유명 카페 순두부젤라또와 보사노바 커피로스터스, 평창 인기 카페인 트리고 등이 해변을 따라 자리한다.

아이와 가기 좋은 가족형 테마 공원
이사부사자공원

📍 강원도 삼척시 수로부인길 343

삼척시 최북단 해변인 증산해변과 동해시 최남단 해변인 추암해변 사이에 자리해 공원 옆 산책로를 따라 걸어서 두 도시를 오갈 수 있다. 공원 안에는 그림책을 테마로 조성한 그림책나라도 있어 아이들과 방문하기 좋다.

조용하게 바다를 감상하고 싶은 날엔
증산해변

📍 강원도 삼척시 수로부인길 390

삼척해변과 인접하지만 분위기는 사뭇 다르다. 삼척해변에 비해 아담하고 한적해 조용한 해변을 선호하는 사람들에게 추천할 만하다. 추암해변과 이어져 동해안 명물인 추암촛대바위까지 볼 수 있다.

가슴이 시원해지는 해안 풍경
이사부길(새천년해안도로)

📍 강원도 삼척시 새천년도로 326

삼척해변에서 삼척항까지 바다를 따라 이어지는 약 4.6km 해안도로로, 짙푸른 바다와 기암괴석이 만들어내는 절경을 눈에 담고 달릴 수 있다. 도로 옆으로 걷기길, 조각공원 같은 즐길 거리가 이어져 재미를 더한다.

삼척 바다를 즐기는 또 다른 방법
벽너머엔 나릿골 감성마을

📍 강원도 삼척시 나리골길 36

삼척항이 내다보이는 산자락의 오래된 동네가 감성마을로 변신했다. 비탈길을 따라 구옥이 늘어선 풍경이 정겹다. 천천히 동네를 구경하며 전망대에 오르면 장엄한 바다 뷰가 수고로움을 충분히 보상해준다.

> **⊕ TIP**
> 핑크뮬리원이 있어 가을에 찾아도 좋다.

관동8경 중 하나이자 국보의 위엄
죽서루

📍 강원도 삼척시 죽서루길 37 🕐 3~10월 09:00~18:00, 11~2월 09:00~17:00 ₩ 무료입장

과거에는 관동8경으로 꼽혔고 현재는 국보로 지정되어 있다는 사실이 죽서루의 가치를 설명해준다. 고려시대에 창건되어 조선시대에 여러 차례 개·보수한 것으로 전하며, 조선 후기에 증축된 형태로 오늘에 이르고 있다. 죽서루의 외형을 보면 누각을 받치는 기둥 중 상당수가 자연 암반 위에 세워져 독특하다. 절벽 위에 있는 누각의 경관이 빼어나 예부터 많은 시인 묵객이 찾았으며, 내부에는 그들이 남긴 현판이 여럿 걸려 있다.

> **⊕ TIP**
> 죽서루를 찾는다면 용문바위도 꼭 관람할 것. 해룡이 된 신라 문무왕이 지나갔다는 전설을 품은 바위로 용문이라 불리는 구멍을 통과하며 소원을 빌면 이루어진다고 한다.

외나무다리가 포인트
덕봉산 해안생태탐방로

📍 강원도 삼척시 근덕면 교가리 산136

맹방해변과 덕산해변 사이에 높이 약 50m의 아담한 덕봉산이 자리한다. 군사 지역이라 일반인 출입이 수십 년 동안 통제되어오다 2021년에 산책로와 전망대를 갖춘 해안생태탐방로로 개방됐다. 전망대로 올라가는 내륙 코스와 산 둘레를 걷는 해안 코스가 있으며, 각각 약 300m, 600m 길이라 부담 없이 걸어 볼 만하다. 짧은 코스지만 대나무 숲, 기암괴석, 바다 전망을 두루 즐길 수 있어 만족도 100%!

┤ ✚TIP ├
덕산해변, 맹방해변과 양쪽에서 이어져 어디에서 출발해도 된다. 양쪽 해변과 산을 이어주는 외나무다리가 감성 사진 포인트.

숲에서 힐링 휴식
삼척활기치유의숲

📍 강원도 삼척시 미로면 준경길 651-230

청정한 숲속에 조성한 치유 공간으로, 자연을 벗 삼아 힐링하기 좋다. 다양한 숲길을 따라 산책하고 족욕 테라피, 온열 테라피, 힐링 다도 등을 체험할 수 있다. 숲에서 제대로 힐링하고 싶다면 산림 치유 프로그램을 이용하는 것도 방법.

수려한 자연 풍경 바라보며 온천욕 & 스파
가곡유황온천·스파

📍 강원도 삼척시 가곡면 탕곡리 509-3
🕐 온천 07:00~19:00, 스파 10:00~18:00
₩ 온천 기준 13세 이상 9,000원, 36개월~12세 6,000원

평화로운 자연 속에 자리한 온천·스파 시설. 몸에 좋은 유황 온천수에 시설까지 좋아 입소문을 타고 있다. 아름다운 산이 내다보이는 메인 풀장에 상쾌한 노천 스파, 오묘한 분위기의 동굴 스파까지, 다양한 테마 공간을 갖췄다.

'해금강'이라 불리는 비경 속을 걷는 길
초곡용굴촛대바위길

📍 강원도 삼척시 근덕면 초곡길 236-4
🕐 3~10월 09:00~18:00, 11~2월 09:00~17:00

구렁이가 용이 되어 승천했다는 전설을 품은 초곡용굴을 비롯해 갖가지 모양의 신비한 바위가 어우러져 해금강이라 불리는 숨은 절경. 예전에는 배를 타고 나가야만 이곳의 경치를 감상할 수 있었는데, 2019년 해안을 따라 탐방로가 조성되면서 접근성이 좋아졌다. 덱 탐방로와 출렁다리로 이루어진 길을 걸으며 청록빛 바다와 촛대바위, 거북바위, 피라미드바위 같은 기암괴석을 관찰하는 재미가 쏠쏠하다. 탐방로가 길지 않아 누구나 가볍게 걸어볼 만하다는 점도 장점.

레일바이크 타고 동해안 감상
삼척해양레일바이크

📍 강원도 삼척시 근덕면 공양왕길2 (궁촌 정거장) / 용화해변길 23 (용화 정거장) 🕐 09:00~16:00(5회 운행) ❌ 둘째·넷째주 수요일 ₩ 2인승 25,000원, 4인승 35,000원

아름다운 해안선을 따라 운행하는 5.4km 길이의 해양 레일바이크. 바다를 보며 달리는 중간중간 신비로운 조명 쇼가 펼쳐지는 터널도 지난다. 궁촌 정거장이나 용화 정거장, 양쪽에서 모두 출발 가능하며 편도 이동 후 무료 셔틀버스를 타고 출발역으로 돌아오면 된다.

영화 〈헤어질 결심〉 속 해변
부남해변

📍 강원도 삼척시 근덕면 부남리 42

아는 사람들만 알음알음 찾던 숨은 해변이었는데, 예능 〈나 혼자 산다〉, 영화 〈헤어질 결심〉 촬영지로 알려지며 유명해졌다. 물빛이 영롱하고 갯바위가 어우러진 풍광이 아름다워 사진 찍기 좋은 곳이기도 하다.

스노클링 & 투명 카누 명소
장호항

📍 강원도 삼척시 장호항길 115

'한국의 나폴리'라는 수식어가 따라다니는 동해안 대표 미항 중 하나로 산과 바다, 항구가 아름다운 조화를 이룬다. 물이 맑고 투명해 스노클링과 투명 카누 즐기기 좋은 곳으로 알려지면서 해마다 많은 여행자가 찾는다. 바다에서 갓 잡은 싱싱한 회를 맛볼 수 있는 음식점과 카페, 숙소 등 편의 시설도 잘 갖춰져 있다. 바로 인근에 장호해변과 장호비치캠핑장도 있어 여름 피서지로 부족함이 없다.

TIP
스노클링 장비가 있으면 가져오면 되고 현장에서 대여도 가능하다.

장호항을 하늘에서 즐기는 방법
삼척해상케이블카

📍 강원도 삼척시 근덕면 장호항길 12-10(장호역) / 삼척로 2154-31(용화역) ⏰ 09:00~18:00(상황에 따라 운영 시간 변동 가능) ❌ 첫째·셋째 주 화요일 ₩ 13세 이상 왕복 10,000원, 36개월~12세 왕복 6,000원

장호항의 비경을 한눈에 담고 싶다면 장호~용화 사이 바다 위를 가로지르는 해상케이블카를 이용해볼 것. 총 874m 구간을 날며 바다를 감상할 수 있다.

TIP
장호역에 실감 미디어실, AR 트릭아트 체험관, 하늘계단 같은 소소한 즐길 거리가 있다.

삼척의 숨은 명소
갈남항

📍 강원도 삼척시 원덕읍 갈남길 49-26

장호항에서 멀지 않은 항구로 아담한 해변을 끼고 있는데, 이곳 역시 스노클링 명소로 사랑받는다. 해변 앞으로 작은 섬과 갯바위가 펼쳐지는 풍경이 운치 있다.

TIP
해변 바로 앞에 자리 잡은 카페 네가있는바다는 바다를 보며 휴식을 취하기 좋은 명당이다.

오션 뷰 산책로가 매력적인 산상 공원
수로부인헌화공원

📍 강원도 삼척시 원덕읍 임원항구로 33-17 🕐 3~10월 09:00~18:00, 11~2월 09:00~17:00 ✖ 매월 18일
💰 어른 3,000원, 청소년 2,000원, 어린이 1,500원

임원항 뒤편의 남화산에 수로부인 관련 설화를 테마로 꾸민 대규모 공원. 《삼국유사》에 나오는 '헌화가'와 '해가'를 모티브 삼아 다양한 볼거리를 조성했다. 공원 가운데에는 수로부인이 용을 타고 있는 장면을 묘사한 초대형 조각상을 중심으로 막대기로 땅을 두드리며 '해가'를 부르는 백성들을 표현한 조각상이 늘어서 있다. 설화를 재현한 이 장면 뒤로 웅장한 바다가 펼쳐져 생동감이 실린다. 바다를 조망하며 걷는 산책로 외에 전망대, 포토 존, 카페 등의 시설을 갖췄다.

┤ ⊕ TIP ├
1 산상에 자리한 공원과 지상과 공원을 연결하는 높이 약 50m의 엘리베이터를 설치해 이동이 편리하다.
2 공원 입구의 임원항은 저렴하게 해산물을 사고 맛볼 수 있는 곳으로 현지인들 사이에서 유명하다.

천연기념물로 지정된 신비한 동굴 세상
대이리 동굴지대
(대금굴·환선굴·관음굴)

📍 강원도 삼척시 신기면 환선로 800 🕐 3~10월 09:00~17:00, 11~2월 09:00~16:00 💰 대금굴 어른 12,000원, 청소년 9,000원, 어린이 6,000원, 모노레일 이용료 포함 / 환선굴 어른 4,500원, 청소년 3,000원, 어린이 2,000원, 모노레일 이용료 별도

삼척 두타산 부근에 위치한 동굴지대로, 대금굴, 환선굴, 관음굴 등 여러 동굴이 발견됐다. 규모가 크고 동굴 생물이 많이 서식해 천연기념물로 지정해 보호 중이며 대금굴과 환선굴 일부 구간만 일반에 개방한다. 대금굴과 환선굴 모두 각종 동굴 생성물과 폭포 등이 신비로운 분위기를 자아낸다. 대금굴은 동굴 내부 140m 지점까지 모노레일을 타고 들어가 관람할 수 있고, 환선굴은 매표소에서 동굴 입구까지 모노레일을 타고 이동할 수 있다.

┤ ⊕ TIP ├
환선굴은 내부 사진 촬영이 가능하나 대금굴은 불가.

유리공예를 보고 체험하는 테마 공간
도계유리나라

📍 강원도 삼척시 도계읍 강원남부로 893-36
🕘 09:00~18:00 ❌ 월요일
💰 어른 8,000원, 청소년 6,000원, 어린이 4,000원

유리공예를 테마로 한 도계유리나라는 갤러리, 역사관, 거울방, 보석방, 작가관 등을 갖추고 유리의 매력을 다양하게 보여준다. 각종 체험이 재미를 더하는데, 액체 상태의 유리를 파이프로 떠서 입으로 불어 작품을 만드는 유리공예 기법인 블로잉 시연을 매일 5회씩 진행해 특별하다. 그중 3회는 관람객이 직접 블로잉으로 작품을 만들어보는 체험이 더해진다. 그 밖에도 램프 워킹, 페인팅 등 체험 프로그램도 운영한다.

TIP
도계유리나라 옆에는 나무를 테마로 조성한 도계 나무나라도 있다. 피노키오 전시실, 나무도서관, 나무놀이터 등이 있어 아이들과 방문하기 좋다.

해외 휴양지에 머무는 듯한 기분
쏠비치 삼척

📍 강원도 삼척시 수로부인길 453

삼척해변 북단에 그리스 산토리니풍 쏠비치 삼척이 들어서면서 해안 풍경이 달라졌다. 파란 지붕에 하얀 건물이 에메랄드빛 바다와 마주 선 모습이 상당히 이국적이다. 워터파크와 각종 다이닝, 카페 시설을 갖춰 꼭 숙박하지 않아도 들러볼 만하다.

유채꽃+바다+벚꽃, 다 있다!
삼척맹방유채꽃축제

📍 강원도 삼척시 근덕면 상맹방리 215-8

해마다 봄이 오면 상맹방해변 앞에 샛노란 유채꽃밭이 펼쳐진다. 바다와 유채꽃밭을 함께 즐길 수 있어 매력적인데, 시기를 잘 맞추면 벚꽃 구경까지 덤으로 따라온다. 축제는 보통 4월경 약 2주에 걸쳐 진행한다.

내공 있는 맛집 가득한 작은 시골 마을
근덕면 소재지

📍 강원도 삼척시 근덕면 교가길 14(문화제과) / 삼척로 3657(근덕이삼척꽈배기) / 교가길 13-3(이화루)

삼척 관광 명소인 덕봉산 해안생태탐방로, 덕산해변, 맹방해변으로 향하는 길목에 근덕면 소재지를 지나는데, 작은 시골 동네지만 내공 있는 맛집이 많아 잠시 들러볼 만하다. 꽈배기 맛집으로 소문난 문화제과와 근덕이삼척꽈배기가 모두 이 동네에 자리 잡고 있다. 쫀득한 식감의 옛날식 꽈배기를 좋아한다면 문화제과, 갓 구워낸 '겉바속촉' 꽈배기를 선호한다면 근덕이삼척꽈배기를 추천한다. 비빔짬뽕으로 TV 프로그램 〈생활의 달인〉에 소개된 중국집 이화루도 문화제과 인근에 있다.

삼척 대표 맛집 총집합
삼척해변 진입로

📍 강원도 삼척시 새천년도로 596(부일막국수) / 새천년도로 673-1(삼고정문) / 새천년도로 615(뜰애홍합밥)

쏠비치 삼척이 들어서고 관광객이 늘면서 자연스레 음식점도 많아졌다. 7번 국도에서 삼척해변과 쏠비치 삼척이 위치한 해안가로 빠지는 새천년도로를 따라 다양한 음식점이 모여 있다. 그중 대표적인 곳으로는 오랫동안 이 자리를 지켜온 '찐' 로컬 맛집인 부일막국수, 생선구이와 간장 새우로 유명한 삼고정문, 홍합밥 정식 단일 메뉴를 선보이는 뜰애홍합밥 등이 있다. 워낙 인기 있는 음식점들이라 웨이팅은 필수.

평창

산세 좋은 평창은 대한민국 청정 여행지로 통한다.
'한국의 알프스'라 불리는 대관령이 이국적인 목장 풍경을 완성하고
오대산, 발왕산, 청옥산 등 여러 산이 각자의 개성으로 여행자를 불러 모은다.
평창은 면적이 넓고 주요 관광지가 떨어져 있는 편이다.
오대산, 대관령 쪽은 강릉과, 청옥산 쪽은 정선이나 영월과 코스를 엮어 여행해도 좋다.

계절 추천 스폿

봄	여름	가을	겨울
초록빛으로 물들기 시작한 **대관령 목장**	샤스타 데이지 속에서 인생 사진 **육백마지기**	월정사에서 단풍 구경, 이효석문화예술촌에서 메밀꽃 구경	겨울 스포츠 만끽하는 **대관령 스키장**

버킷 리스트

흰 눈이 소복이 쌓인 월정사 전나무숲길, 선재길 걷기

원시미 가득한 백룡동굴에서 '찐' 동굴 탐험

산너미목장에서 힐링 솔캠!

고원 청정 지대 대관령에서 시원하게 여름 나기

추천 코스

몸과 마음이 초록빛으로 물드는
당일치기 코스

① 월정사
평화로운 산사의 한때

② 월정사 전나무숲길
사계절 기분 좋은 산책 코스

③ 국립조선왕조실록박물관
실록 원소장처에서 원본을 감상하다.

④ 삼양라운드힐
알프스 부럽지 않은 초원 풍경

힐링과 감성으로 꽉 채운
1박 2일 코스

Day 1

① 육백마지기
산상에 펼쳐지는 비밀의 화원

② 산너미목장
눈부신 산 뷰를 선사하는 차박 성지

③ 이효석문화예술촌
《메밀꽃 필 무렵》이 현실로 살아나다.

Day 2

① 월정사
단풍, 설경 모두 최고!

② 월정사 전나무숲길
피톤치드 가득 마시며 워싱

③ 삼양라운드힐 or 하늘목장
가슴이 탁 트이는 대관령 풍경

④ 발왕산 천년주목숲길 & 스카이워크
누구에게나 쉽게 길을 열어주는 넉넉한 산

자연 속에서 힐링하기 좋은 산사
월정사

📍 강원도 평창군 진부면 오대산로 374-8 🕐 일출 2시간 전 ~일몰 Ⓦ 무료입장, 주차비 유료

신라시대에 세운 천년 고찰로, 오대산국립공원에 위치해 수려한 자연미가 돋보인다. 경내에 들어서면 국보인 월정사 팔각구층석탑과 석조보살좌상이 가장 먼저 눈길을 끈다. 석탑과 석조보살좌상의 돌 색감이 달라 의아하게 여길 수 있는데, 석조보살좌상은 보존 문제로 진품은 인근 월정사성보박물관에 보관 중이고 현재 경내에 있는 건 복제품이다. 오대산에 폭 안긴 산사는 단풍철에 특히 아름답지만 겨울 설경 또한 매력적이다.

> **+TIP**
> 경내에 전망 좋고 분위기 좋은 찻집과 카페가 있다.

'어싱' 명소로 사랑받는
월정사 전나무숲길

📍 강원도 평창군 진부면 오대산로 350-7

월정사를 찾으면 꼭 걸어봐야 할 숲길. 일주문에서 금강교까지 약 1km 구간에 키 큰 전나무가 우거져 사계절 언제 찾아도 매력적이다. 드라마 <도깨비> 촬영지로 잘 알려져 있으며 최근에는 맨발 걷기(어싱) 명소로도 인기다.

월정사와 상원사를 잇는 아름다운 숲길
선재길

📍 강원도 평창군 진부면 오대산로 374-8

월정사와 상원사를 잇는 9km 길이의 숲길로, 두 절을 연결하는 도로가 놓이기 전 스님과 신도가 이용하던 길이다. 계곡을 따라 이어지는 숲길이 아름다워 트레킹 코스로 유명해졌다. 단풍 물드는 가을날 특히 걷기 좋다.

오대산 비경을 감상하기 좋은 산사
상원사

📍 강원도 평창군 진부면 오대산로 1209   🕐 일출 2시간 전~일몰   💰 무료입장, 주차비 유료

월정사의 말사로, 월정사에서 자동차, 버스, 도보로 모두 이동 가능하다. 월정사보다 고지대에 위치해 오대산을 조망하기 좋다. 단풍철에 울긋불긋 물든 오대산을 한눈에 담을 수 있는 포인트이기도 하다. 전망뿐 아니라 여러 국가유산도 자랑거리다. 우리나라에 현존하는 종 가운데 가장 오래된 상원사 동종(국보)과 조선 세조와의 전설을 품은 목조문수동자좌상(국보)을 만나볼 수 있다.

실록 원본을 상시 전시하는 국내 유일 박물관
국립조선왕조실록박물관

📍 강원도 평창군 진부면 오대산로 176
🕐 5~10월 09:30~17:30, 11~4월 09:30~16:50
❌ 화요일   💰 무료입장

1913년 일본으로 반출됐던 《조선왕조실록》 오대산 사고본은 국내 환수 이후 서울 소재 국립고궁박물관에 보관되어오다 2023년 말 원소장처인 오대산으로 돌아왔다. 기존에 영인본을 전시하던 왕조실록의궤박물관을 2023년 11월 국립조선왕조실록박물관으로 새 단장해 원본을 전시하고 있다. 실록과 함께 오대산사고본 의궤 원본도 볼 수 있어 특별하다.

TIP
박물관 바로 옆에 월정사의 국보, 보물 등 많은 국가유산을 전시하는 월정사성보박물관이 있으니 함께 관람하자. 현재 시설 및 콘텐츠 보강을 위해 임시 휴관 중이며 2025년 5월 전면 개관 예정이다.

볼거리, 즐길 거리, 먹거리 모두 풍성
삼양라운드힐

📍 강원도 평창군 대관령면 꽃밭양지길 708-9
🕐 5~10월 09:00~17:00, 11~4월 09:00~16:30
💰 어른 12,000원, 36개월 이상~고등학생 10,000원

삼양라운드힐이라는 이름이 낯설겠지만 대관령 대표 목장인 삼양목장의 새로운 이름이다. 드넓은 고원 목초지에 소와 양이 뛰놀고 새하얀 풍력발전기가 돌아가는 풍경이 이국적이다. 4.5km에 이르는 목책로, 해발 1,140m에 위치한 동해전망대, 영화 〈연애소설〉 촬영지인 연애소설나무 등 볼거리가 풍성하고 양몰이 공연, 타조·양 먹이 주기 등의 체험도 진행한다. 이곳에서 생산하는 유기농 우유로 만드는 다양한 제품과 삼양식품의 라면, 과자 등을 판매하는 마트도 빼놓으면 섭섭하다.

> **TIP**
> 목장 안을 도는 셔틀버스를 운영한다. 일부 구간은 버스를 타고 일부는 걸으며 목장을 탐방한다. 동절기(11~4월)에는 셔틀버스를 운행하지 않아 타고 온 차로 목장을 관람할 수 있다.

자연 그대로의 목장 풍경
하늘목장

📍 강원도 평창군 대관령면 꽃밭양지길 458-23 🕐 4~9월 09:00~18:00, 10~3월 09:00~17:30 💰 중학생 이상 8,000원, 36개월 이상~초등학생 6,000원

자연 순응형 체험 목장으로 젖소, 양, 염소, 말 등 다양한 동물이 공존한다. 건초 주기, 승마, 트랙터 마차 같은 체험 프로그램을 운영하며, 목장에서 만든 요거트나 아이스크림 및 굿즈도 판매한다.

여유롭게 한 바퀴 돌아보기 좋은
대관령양떼목장

📍 강원도 평창군 대관령면 대관령마루길 483-32 🕐 동절기 09:00~17:00, 하절기 09:00~18:30 / 월별로 조금씩 달라짐 💰 어른 7,000원, 36개월 이상~고등학생 5,000원

푸릇한 목장 주변으로 철쭉 군락지, 야생 습지 등이 있어 계절마다 색다른 매력을 선사한다. 걸어서 돌아보기 좋은 규모로 중간중간 양 떼를 보고 포토 존에서 인생 사진도 찍으며 알차게 즐겨보자.

케이블카 타고 발왕산 정상에서 힐링
발왕산 천년주목숲길 & 스카이워크

📍 강원도 평창군 대관령면 올림픽로 715

해발 1,458m 발왕산 정상에는 국내 최대 주목 군락에 조성한 천년주목숲길이 있다. 편안한 탐방로를 따라 걸으며 수령이 1,800년인 아버지왕주목을 비롯해 고해주목, 팔왕눈이주목 등 다양한 스토리를 지닌 나무를 관찰하고, 우리나라에서 가장 높은 곳에 세운 스카이워크에 올라 탁 트인 전망도 즐길 수 있다. 용평리조트에서 케이블카를 타고 정상까지 오를 수 있어 누구나 편하게 접근 가능하다.

평창올림픽의 감동을 다시 한번
평창올림픽기념관

📍 강원도 평창군 대관령면 올림픽로 220
🕐 3~10월 10:00~19:00, 11~2월 10:00~18:00
❌ 월요일 💰 무료입장

평창을 세계에 알린 2018 평창동계올림픽과 동계패럴림픽의 감동을 추억할 수 있는 기념관. 다양한 올림픽 관련 전시와 함께 컬링, 스키점프 같은 동계 스포츠 VR 체험도 가능하다.

짜릿한 즐거움, 환상적인 전망
알펜시아 스키점프센터

📍 강원도 평창군 스포츠파크길 135 🚠 모노레일 상행 기준 09:20~16:55 💰 모노레일 어른 4,000원, 청소년 3,000원, 어린이 2,000원 ❌ 화요일은 모노레일 미운행

2018 평창동계올림픽이 열렸던 장소로 스키점프대, 전망대 등으로 이뤄진다. 모노레일을 타고 97.7m 높이의 정상에 올라 대관령의 아름다운 풍광을 시원하게 조망할 수 있다.

메밀꽃 필 무렵 찾으면 더 아름다운
이효석문화예술촌

📍 강원도 평창군 봉평면 효석문학길 73-25(이효석문학관) / 창동리 575-3(효석달빛언덕) 🕐 5~9월 09:00~18:30, 10~4월 09:00~17:30 💰 이효석문학관 초등학생 이상 2,000원 / 효석달빛언덕 초등학생 이상 3,000원 / 통합권 초등학생 이상 4,500원

이효석의 《메밀꽃 필 무렵》 배경지인 봉평에서 만나는 문화 예술 공간으로 이효석문학관과 효석달빛언덕으로 이뤄진다. 이효석문학관은 작가의 생애와 작품 세계를 보여주는 전시가 중심이고, 효석달빛언덕에는 이효석 생가 및 작가가 평양에서 생활하던 집 등이 재현되어 있다. 이효석문학관과 효석달빛언덕은 별도 공간이라 여행 일정이나 취향에 따라 원하는 곳만 입장해도 된다.

> **TIP** 가을에 열리는 효석문화제 기간에 찾으면 새하얀 메밀꽃밭과 다채로운 이벤트를 즐길 수 있어 알차다.

예술 작품 감상하고 피자도 먹고
무이예술관

📍 강원도 평창군 봉평면 사리평길 233 🕐 10:00~21:00(실내전시관은 18:00까지) ❌ 수요일 💰 5세 이상 5,000원

폐교를 문화 예술 공간으로 재탄생시킨 곳으로, 실내외에서 다양한 작품을 감상할 수 있다. 겨울에는 야외 전시장이 얼음 썰매 체험장으로 변신해 색다른 재미를 선사한다.

> **TIP** 예술관 내 카페가 감자피자 맛집으로 유명하다.

우리나라 최초의 허브 테마 관광 농원
허브나라농원

📍 강원도 평창군 봉평면 흥정계곡길 225 🕐 5~10월 09:00~18:00, 11~4월 09:00~17:30 ❌ 11~4월 화요일 💰 5~10월 중학생 이상 8,000원, 초등학생 5,000원 / 11~4월 중학생 이상 5,000원, 초등학생 3,000원

평창의 청정 여행지 흥정계곡을 끼고 자리하며 다채로운 테마 정원과 허브 관련 공간이 어우러져 힐링하기 좋다. 계절마다 풍광이 달라져 찾는 시기에 따라 다른 분위기를 즐길 수 있다.

> **TIP** 허브를 활용한 향긋한 요리를 선보이는 레스토랑, 허브차와 허브 빵을 판매하는 카페도 이용 가능하다.

비밀의 화원처럼 숨겨두고 싶은
육백마지기

📍 강원도 평창군 미탄면 청옥산길 583-76

청옥산 정상의 넓은 평원을 일컫는데, 볍씨 600말을 뿌릴 정도 규모라 해서 이런 이름을 붙였다. 고랭지 채소밭으로 조성되었던 곳으로 몇 해 전부터 입소문을 타면서 관광 명소가 됐다. 산 정상이지만 자동차로 오를 수 있고 산책로와 포토 존이 있어 많은 여행자가 찾는다. 초록빛 초원과 하얀 풍력발전기가 그림처럼 어우러지는데, 샤스타 데이지가 만발하는 6월 무렵 풍경이 최고!

> **TIP**
> 낮 풍경만큼 야경 또한 예술이라 일몰과 별 관측 명소로 유명하다.

환상적인 산 뷰가 펼쳐지는 차박 성지
산너미목장

📍 강원도 평창군 미탄면 산너미길 210

끝도 없이 펼쳐지는 겹겹의 산 뷰 하나로 여행자들의 마음을 사로잡은 차박 명소로, 드라마 〈슬기로운 의사생활 시즌 2〉에 등장한 바 있다. 젖소나 양이 아니라 흑염소를 키우는 목장인데, 일부 공간을 캠핑장으로 개방하면서 힐링 캠핑을 즐기려는 사람들이 찾고 있다. 육백마지기에 버금가는 뷰를 제공하는 육십마지기라는 전망 포인트와 별이 쏟아지는 밤하늘이 매력을 더하고, 간혹 염소들이 등장해 보너스 같은 재미를 선사한다.

> **TIP**
> 1 목장으로 들어가는 길이 구불구불한 임도라 운전에 주의해야 한다.
> 2 목장 내 수제 버거를 파는 산너미팜이 있어 캠핑을 하지 않더라도 들러볼 만하다.

동강이 품은 절대 비경
백룡동굴

📍 강원도 평창군 미탄면 문희길 63 ⏰ 2월 11일~11월 10일 09:00~15:00, 11월 11일~2월 10일 09:00~14:00 ❌ 월요일
₩ 어른 18,000원, 청소년·어린이 14,000원

동강 옆 백운산 기슭에 형성된 석회암 동굴로 총 길이가 약 1,875m에 이른다. 1970년대 발견되어 천연기념물로 보호받고 있으며, 2010년에야 일반에 개방됐다. 원시 동굴의 원형이 잘 보존된 곳이라 그 가치를 지키기 위해 하루 관람 인원을 제한한다. 하루 12회 동굴 탐험을 진행하며, 회당 20명까지만 참가 가능하다. 탐방로가 조성되어 있지 않고 인솔자의 안내에 따라 탐험하듯 돌아봐야 하는 동굴이라는 점을 참고하자.

> **TIP**
> 탐험형 동굴 특성상 65세 이상 어르신과 6세 이하 어린이 및 중증 장애인은 관람을 제한한다.

귀요미 알파카와 노는 카페
마추픽추

📍 강원도 평창군 봉평면 태기로 352 ⏰ 10:00~18:00

알파카 체험장이 있는 이색 카페로 다양한 알파카 굿즈를 판매한다. 커피나 음료를 주문하면 체험장에서 순하고 귀여운 알파카와 놀 수 있는데, 자판기에서 먹이를 사서 주거나 사진 촬영도 가능하다.

산골에서 만난 '찐' 수제 맥주 맛집
화이트크로우 브루잉

📍 강원도 평창군 방림면 고원로 65 ⏰ 금요일 16:00~20:00, 토·일요일 11:00~20:00 / 월~목요일은 맥주 구입만 가능

평창의 외진 골짜기에 있지만 맛있는 수제 맥주를 맛보러 일부러 찾아오는 사람이 많다. 수제 맥주와 함께 피자, 피시 & 칩스 등의 음식도 판매하는데, 주인장이 캐나다인이라 캐나다 전통 음식인 푸틴도 제공한다.

언제 먹어도 맛난 별미
오삼불고기거리

📍 강원도 평창군 대관령면 횡계리 331-6

양념에 재운 오징어와 삼겹살을 지글지글 볶아 먹는 오삼불고기는 누구나 좋아하는 별미다. 횡계 일대에 오삼불고기를 판매하는 음식점이 많은데, 납작식당과 도암식당이 특히 유명하다.

메밀부치기로 유명한
평창올림픽시장

📍 강원도 평창군 평창읍 평창시장1길 13

평창읍에 있는 전통시장으로, 규모가 크지는 않지만 메밀부치기로 유명해 많은 관광객이 찾는다. 메밀부치기와 함께 메밀전병, 수수부꾸미 같은 별미를 맛볼 수 있다. 오일장(5·10일)이 열리는 날 방문하면 즐길 거리가 더욱 풍성하다.

트렌디한 메밀 메뉴를 선보이는 봉평 로컬 카페
트리고

📍 강원도 평창군 봉평면 메밀꽃길 10-1
🕐 11:00~19:00 ❌ 화요일

봉평 소재 카페로 메밀이라는 지역 특색을 살린 메뉴를 선보여 눈길을 끈다. 메밀 우유, 메밀 크림, 메밀 팝콘을 더한 트리고 크림 라테를 비롯해 메밀 아이스크림 라테, 메밀 아이스크림 아포가토, 요거트 메밀 그래놀라, 메밀 소금빵 같은 독특한 메밀 메뉴를 맛볼 수 있다. 메밀뿐 아니라 평창 사과를 활용한 뱅쇼, 봉평 딸기로 맛을 내는 딸기 라테, 강원도산 팥을 듬뿍 넣은 팥빵 등 로컬 푸드로 만든 메뉴가 다양하다.

춘천

춘천이라는 이름은 낭만이라는 수식어를 늘 달고 다닌다.
서울과 가깝고 ITX와 전철 같은 대중교통 연결성이 좋아 훌쩍 떠나기도 좋다.
호수의 도시라는 별명에 어울리는 경치가 도심을 채우고
케이블카, 스카이워크, 레일바이크, 카누 등 체험 거리도 다양하며,
남이섬, 레고랜드, 육림랜드 같은 테마 공간까지 가득하니
이토록 충만한 여행지가 또 있을까.

계절 추천 스폿

봄
벚꽃이 날리는
**소양강댐 &
부귀리 벚꽃길**

여름
내가 만드는
시원한 막국수
춘천막국수체험박물관

가을
호수와 단풍이 그려내는
명작 감상
춘천삼악산케이블카

겨울
새하얀 눈으로 뒤덮인
겨울 풍경
남이섬

버킷 리스트

춘천닭갈비,
춘천막국수, 감자빵 등
춘천 별미 탐방

육림랜드, 육림고개,
김유정역 폐역 따라
레트로 여행

케이블카, 레일바이크,
스카이워크, 카누 등
다채로운 액티비티

호수 따라 자연 풍경
즐기며 자전거 타기

추천 코스

호반의 도시에서 보내는 하루
당일치기 코스

1. 춘천삼악산케이블카
호수 위 하늘을 달리다.

2. 공지천
서울에 한강이 있다면 춘천에는 여기!

3. 소양강스카이워크
호수는 잔잔하고 스카이워크는 짜릿하고!

4. 구봉산 전망대 카페거리
춘천이 아름다운 이유를 깨닫는 순간

낭만 한도 초과
1박 2일 코스

Day 1

1. 김유정문학촌
김유정 소설 배경이 살아 숨 쉬는 곳

2. 김유정역 폐역
기차가 멈춘 곳에서 추억은 시작되고

3. 강촌레일파크 (김유정 레일바이크)
은근하게 매력적인 풍경 속으로!

4. 춘천삼악산케이블카
하늘에서 춘천을 감상하는 방법

Day 2

1. 애니메이션박물관 & 토이로봇관
동심의 세계로 초대합니다.

2. 소양강댐
그냥 댐인데 멋있어서 언제나 인기!

3. 청평사
유람선 타고 찾아가는 아담한 산사

춘천의 아름다움을 한눈에 확인할 수 있는
춘천삼악산케이블카

📍 강원도 춘천시 스포츠타운길 245 🕐 5~9월 09:00~21:00, 10~4월 09:00~18:00 / 토요일 연장 운행 ⓦ 일반 캐빈 기준 중학생 이상 23,000원, 36개월~초등학생 17,000원

춘천의 평화로운 호수, 의암호를 가로질러 삼악산까지 연결되는 3.61km 길이의 케이블카로, 상공 위에서 호수, 산, 도시 풍광을 한눈에 담을 수 있다. 산이 호수를 겹겹이 둘러싼 덕에 계절별로 확연히 다른 색감과 풍경이 펼쳐진다. 삼악산 상부 정차장에 내리면 왕복 약 820m의 덱 산책로와 약 50m 길이의 스카이워크 전망대가 기다린다. 산 기운을 머금고 가볍게 산책하며 춘천을 시원하게 조망할 수 있어 즐겁다.

➕ TIP
바닥이 투명한 크리스털 캐빈도 선택 가능.

호반의 도시를 여행하는 방법
물레길 & 킹카누 나루터

📍 강원도 춘천시 스포츠타운길 113-1(물레길) / 송암동 684(킹카누 나루터)

호반의 도시 춘천에는 카누를 타고 호수를 누비는 여행 코스가 마련되어 있다. 춘천송암스포츠타운에서 물레길과 킹카누 나루터라는 두 업체를 통해 물길 여행을 시작할 수 있다. 현장에서 기본 교육만 받으면 누구나 체험 가능하다.

호수 따라 걷고 스카이워크도 체험
의암호스카이워크

📍 강원도 춘천시 칠전동 486 🕐 3~11월 09:00~18:00 ✖ 동절기 ⓦ 무료입장

의암호와 삼악산이 어우러진 풍광을 감상하기 좋은 포인트로, 구간은 짧지만 전망만은 부족함이 없다. 춘천송암스포츠타운과 김유정문인비에서 접근 가능하다. 그중 주차장이 넓은 스포츠타운에서 출발해 호수 덱 산책로를 따라 돌아보는 코스를 추천한다.

물 위를 걷는 짜릿한 기분
소양강스카이워크

📍 강원도 춘천시 영서로 2663 　 🕐 3~10월 10:00~21:00, 11~2월 10:00~18:00 　 ❌ 기상 상황 악화 시 　 ₩ 초등학생 이상 2,000원(전액 지역 상품권으로 환급)

춘천 랜드마크로 꼽히는 소양2교와 소양강처녀상 옆에 위치한 총 길이 174m의 스카이워크. 직선 구간 끝에는 바닥이 투명 유리로 된 원형 광장이 조성되었고 그 양옆으로는 전망대가 뻗어 있다. 해가 진 후에는 경관 조명을 밝혀 또 다른 매력을 발산한다.

풍경, 건축, 문화, 예술을 야무지게 즐기는
KT&G상상마당

📍 강원도 춘천시 스포츠타운길399번길 25

1980년 강원어린이회관으로 지은 건물을 복합 문화 공간으로 재탄생시켰다. 한국 건축계의 거장 김수근 건축가의 작품으로 호수 옆에 나비가 날개를 편 채 앉은 듯한 형상을 띤다. 내·외부 모두 인상적인 건축물을 꼼꼼히 돌아보고 갤러리, 카페, 아트 숍도 들러보자.

변치 않는 춘천 인기 관광 명소
공지천

📍 강원도 춘천시 수변공원길 18

예나 지금이나 춘천을 대표하는 휴식 공간으로, 관광객과 현지인 모두 즐겨 찾는다. 공지천 물길을 중심으로 의암공원, 공지천조각공원, 에티오피아 한국전참전기념관 등 여러 명소가 모여 있다. 수변 산책로와 자전거길이 잘 조성되어 산책하고 자전거 타기 좋다. 풍경 하나만으로도 방문을 주저할 필요가 없는데, 여기에 벚꽃, 오리배, 물안개 등 다양한 매력 포인트가 더해진다.

> **TIP**
> 주변에 자전거 대여소, 카페, 음식점 등 편의 시설을 잘 갖추고 있다.

모두의 동심을 자극하는 즐길 거리가 한자리에
애니메이션박물관 & 토이로봇관

📍 강원도 춘천시 서면 박사로 854　🕒 10:00~18:00
❌ 월요일　🎟 24개월 이상 7,000원(두 곳 모두 관람 가능)

애니메이션, 토이, 로봇. 이들의 공통점은 아이뿐 아니라 어른도 동심의 세계로 이끈다는 것. 호수를 끼고 나란히 자리한 애니메이션박물관과 토이로봇관은 아이와 어른 모두에게 신나게 놀 기회를 제공한다. 애니메이션 관련 다양한 콘텐츠를 갖춘 애니메이션박물관은 전시 코너와 함께 체험 공간을 운영한다. 흥미진진한 체험이 많은데, 인기 애니메이션에 직접 목소리를 입혀보는 더빙 체험이 최고 인기 코너. 바로 옆 토이로봇관에도 재미난 체험 거리가 가득하다. 여러 로봇을 직접 조작해보는 코너를 비롯해 메타버스 실감체험관, AR 로봇, 슬롯카 레이싱, 드론 체험 등 이색 체험을 한자리에서 즐길 수 있다.

> ➕ TIP
> 박물관 야외를 도는 투어 기차도 운영한다.

 애니메이션박물관 둘러보기

피크닉 하기 좋은
야외 잔디밭
호수를 끼고 넓은 잔디밭이 펼쳐져 가족, 연인, 친구끼리 피크닉 기분을 낼 수 있다. 공원 같은 분위기라 돗자리를 펴고 쉬거나 아이들이 뛰놀기도 좋다. 잔디밭 앞으로는 수변 산책로가 이어져 서정적인 호수 풍경을 감상하며 걷기에도 그만이다. 산책로에 벚나무가 가득해 봄날에 더욱 운치 있다.

아이와 함께라면 여기까지 꼭!
서면 유아숲체험원
애니메이션박물관 앞 작은 숲에 유아숲체험원이 조성되어 있다. 그네다리, 원형그물다리, 지그재그다리, 짚라인 등 다양한 구조물을 설치해 아이들에게 신나는 숲 놀이 시간을 선사한다.

숨겨진 춘천 뷰 맛집
갤러리툰 카페
토이로봇관 3층에 위치한 갤러리툰 카페는 '레알' 춘천 뷰 맛집이다. 안에 들어서자마자 눈앞에 펼쳐지는 환상적인 호수 풍경에 절로 탄성이 쏟아진다. 갤러리 겸 카페를 겸하는 복합 문화 공간이라 방문 시기에 따라 다채로운 전시를 관람할 수도 있다.

레고 좋아하는 사람이라면 필수 방문 코스
레고랜드

📍 강원도 춘천시 하중도길 128　🕐 10:00~18:00(자세한 운영시간과 휴장일은 홈페이지에서 사전 확인)　💰 1일 이용권 13세 이상 65,000원, 2~12세 55,000원 / 시즌에 따라 변동 가능

레고를 주제로 조성한 글로벌 테마파크로, 레고 마니아나 아이를 둔 가족 여행자들에게 인기가 높다. 레고로 만든 각종 전시물과 다채로운 놀이기구로 꾸미고 계절마다 레고를 활용한 이색 콘텐츠도 선보인다. 놀이기구가 어린이들이 즐기기 좋은 수준으로 구성되어 있다는 평이 많은데, 2025년 닌자고 어트랙션 개장을 시작으로 청소년과 성인 눈높이에 맞는 놀이시설도 추가할 예정이라니 기대해볼 것.

> **TIP**
> 레고를 테마로 꾸민 객실, 다이닝, 수영장 등을 갖춘 레고랜드 호텔도 함께 운영한다.

레트로 감성 가득한 놀이동산
육림랜드

📍 강원도 춘천시 영서로 2965　🕐 10:00~18:00(토·일요일은 19:00까지)　❌ 화요일　💰 입장권 어른 7,000원, 13~19세 6,000원, 24개월~12세 5,000원

신생 글로벌 테마파크 레고랜드와는 완전히 대조되는 춘천의 오래된 로컬 놀이동산이다. 1975년 문을 열어 레트로한 감성이 가득하며, 각종 놀이기구 외에도 동물원, 일일 캠프촌 등 다양한 즐길 거리를 제공한다.

강원의 자연을 느껴보는
강원특별자치도립화목원

📍 강원도 춘천시 화목원길 24　🕐 3~10월 09:00~18:00, 11~2월 09:00~17:00　❌ 첫째 주 월요일　💰 어른 1,000원, 중·고등학생 700원, 초등학생 500원

자연 속 휴식 공간으로 사계식물원, 철쭉원, 수생식물원, 철쭉원, 메타세쿼이아숲, 토피어리원 등으로 이뤄진다. 강원 산림에 대한 다양한 이야기를 담은 산림박물관까지 함께 관람할 수 있어 알차다.

> **TIP**
> 3D영상관과 어린이정원도 있어 아이들과 찾아도 좋다.

국내 최대 댐이자 춘천 인기 관광지
소양강댐

📍 강원도 춘천시 신북읍 신샘밭로 1128

국내 최대 댐이자 돌과 흙으로 만든 사력댐으로, 댐 높이 123m, 제방 길이 530m 규모를 자랑한다. 다목적댐이라는 실용적 용도에 더불어 관광 명소로서 중요한 역할을 한다. 산으로 둘러싸인 소양호 풍경이 그림 같고, 유람선, 물문화관, 댐 정상길 등 즐길 거리도 많다. 댐 정상길을 따라 전망대에 오르면 일대 풍광이 시원하게 펼쳐진다.

> **TIP**
> 1 댐 규모가 큰 만큼 수문을 개방할 때 엄청난 장관이 펼쳐진다. 수문 개방 소식이 전해지면 이를 보기 위해 찾는 사람이 많다.
> 2 소양강댐으로 올라오는 길은 춘천 대표 벚꽃 명소 중 하나이니 참고할 것.

수려한 자연에 폭 안긴 고려선원
청평사

📍 강원도 춘천시 북산면 오봉산길 810

자연미와 인공미가 조화를 이루는 명승으로, 육로로도 접근 가능하지만 주로 소양강댐에서 유람선을 타고 찾는다. 올라가는 길에 계곡과 폭포, 기암괴석이 조화로운 자연 절경을 감상할 수 있어 좋다. 중생들에게 윤회전생을 깨우치게 하려는 의미를 담고 있다는 회전문은 보물로 지정된 국가유산이니 눈여겨보자.

내 손으로 만든 막국수 한 그릇
춘천막국수체험박물관

📍 강원도 춘천시 신북읍 신북로 264
🕐 10:00~17:00(전시관), 10:30~16:30(체험관) ✖ 월요일
💰 막국수 체험 5,000원(2인 이상 체험 가능)

춘천 향토 음식인 막국수를 주제로 한 이색 박물관으로 막국수를 만드는 체험이 이뤄져 더욱 특별하다. 1층에서 막국수에 대한 전시를 관람하고 2층에서 막국수를 만들어볼 수 있다. 반죽부터 면 뽑기까지 전 과정을 직접 체험하고 시식까지 하는 완벽한 코스.

내 취향대로 여행을 디자인할 수 있는
남이섬

📍 강원도 춘천시 남산면 남이섬길 1　　⏰ 남이섬 들어가는 선박 기준 08:00~21:00　　₩ 어른 16,000원, 중·고등학생 13,000원, 36개월~초등학생 10,000원

한국인은 물론 외국인 관광객들도 많이 찾는 명실공히 대한민국 대표 관광지다. 자연, 문화, 예술, 액티비티 등의 흥미 요소를 두루 갖춰 각자의 방식대로 여행을 계획할 수 있다. 봄에는 화사한 벚꽃, 여름에는 푸르른 숲, 가을에는 알록달록 단풍, 겨울에는 새하얀 설경과 함께 자연을 음미하는 한편, 곳곳에 마련된 액티비티와 체험으로 역동적인 재미를 만끽할 수 있다. 시기별로 진행되는 공연과 이벤트, 축제까지 섭렵하면 완벽하다.

> **TIP**
> 1 섬 내 호텔정관루에 투숙하면 관람객이 없는 시간대의 고요한 남이섬을 즐길 수 있다.
> 2 반려견놀이터, 펫 프렌들리 식당과 카페, 반려견용품 판매점 등을 갖춰 강아지와 방문해도 좋다.

유럽 정원에 온 듯한 분위기
제이드가든

📍 강원도 춘천시 남산면 햇골길 80　　⏰ 09:00~18:00
₩ 어른 11,000원, 36개월~고등학생 6,000원 / 동절기 요금 변동

'숲속의 작은 유럽'이라는 모토처럼 유럽 감성이 가득한 수목원이다. 입구에서 만나는 이탈리아 토스카나풍 건물을 시작으로 이탈리안 웨딩 가든, 영국식 보더 가든이 이어지며 이국적인 멋을 더한다. 더 깊숙이 들어가면 은행나무미로원, 수생식물원, 원추리정원 등이 또 다른 자연미를 선사한다. 브런치 & 디저트 카페인 살롱제이드와 정원 관련 아이템을 선별해놓은 큐레이션 숍 스튜디오 제이드도 놓칠 수 없는 포인트.

국민 작가 김유정의 문학 속으로
김유정문학촌

📍 강원도 춘천시 신동면 김유정로 1430-14
🕐 3~10월 09:30~18:00, 11~2월 09:30~17:00
❌ 월요일 ₩ 초등학생 이상 2,000원

근대 단편문학의 거장이자 영원한 청년 작가로 불리는 김유정 작가의 생가 일원에 조성한 문학촌으로, 생가, 김유정기념전시관, 김유정이야기집으로 구성된다. 가족과 제자들의 고증을 통해 복원한 생가 마당에는 작가의 작품 속 장면을 담은 조형물이 설치되어 있고, 바로 옆에는 작가의 생애와 작품을 소개하는 전시관이 있다. 전시관은 규모가 작아 볼거리가 부족하게 느껴지는데, 맞은편 김유정이야기집이 입체적인 전시와 영상으로 부족함을 채워준다.

> **TIP**
> 가죽공예, 도자기, 민화 등을 체험하는 공간이 마련되어 있다.

아기자기한 매력에 스며드는
김유정역 폐역

📍 강원도 춘천시 신동면 김유정로 1435

2010년 경춘선 전철이 개통하면서 문을 닫은 옛 역사가 지금은 관광지로 탈바꿈했다. 옛 간이역 감성을 만끽하며, 철로에 서 있는 옛 무궁화호 열차와 역사 안팎에 설치된 아기자기한 조형물을 배경으로 인증 사진을 남겨보자.

가벼운 트레킹 코스로 굿!
구곡폭포

📍 강원도 춘천시 남산면 강촌구곡길 254 🕐 08:30~17:30
₩ 7세 이상 2,000원(전액 지역 상품권으로 환급)

아홉 구비를 돌아 떨어진다 해서 이런 이름이 붙었다. 매표소에서 계곡 옆 산책로를 따라 20분 정도만 올라가면 폭포를 만날 수 있어 누구나 부담 없이 가볼 만하다. 산행을 좀 더 즐기고 싶다면 20~30분 정도 오르막길을 걸어 문배마을까지 가보자.

옛 경춘선 낭만을 떠올리며 달리는
강촌레일파크

📍 강원도 춘천시 신동면 김유정로 1383(김유정 레일바이크) / 남산면 서백길 57(경강 레일바이크) 🕐 하절기 09:00~17:30, 동절기 09:00~16:30(김유정 레일바이크) / 하절기 09:00~17:00, 동절기 09:00~15:30(경강 레일바이크) 💰 2인승 40,000원, 4인승 56,000원(김유정 레일바이크) / 4인승 35,000원(경강 레일바이크)

경춘선 폐선로를 활용한 레일바이크로 옛 경춘선 낭만을 다시금 느껴볼 수 있는 여행 코스다. 김유정 레일바이크와 경강 레일바이크, 두 곳에서 체험 가능하다. 김유정 레일바이크는 김유정역을 출발해 강촌역까지는 가는데, 처음 6km 구간은 레일바이크로, 나머지 2.5km 구간은 낭만열차로 이동해 다양한 재미를 맛볼 수 있다. 경강 레일바이크는 영화 〈편지〉 촬영지로 유명한 경강역에서 출발해 되돌아오는 7.2km 코스이며, 반려견과 함께 탑승 가능한 펫 바이크도 운영한다.

반려견 가족이라면 집중!
강아지숲

📍 강원도 춘천시 남산면 충효로 437 🕐 10:00~18:00 ❌ 월요일 💰 어른 17,000원, 청소년 15,000원, 37개월~12세 12,000원, 반려견 8,000원

춘천의 청정한 자연에 자리 잡은 국내 최대 규모 반려견 테마파크. 반려견과 인간의 아름다운 관계를 주제로 꾸민 박물관을 중심으로, 강아지들이 마음껏 뛰놀 수 있는 운동장, 울창한 숲 한가운데 조성한 반려견 동반 수영장, 다양한 행사가 진행되는 잔디마당 등으로 이뤄진다. 사람은 피톤치드를 듬뿍 마시고, 강아지는 노즈 워킹을 만끽할 수 있는 산길 산책로도 자랑거리다. 반려견용품을 판매하는 마켓, 강아지 음료를 제공하는 카페 등도 갖춰 반려견과 행복한 시간을 보내기에 부족함이 없다.

'한국의 스위스'라는 수식어가 아깝지 않은
해피초원목장

📍 강원도 춘천시 사북면 춘화로 330-48   🕙 10:00~18:00
💰 36개월 이상 7,000원

산자락 너른 초지에 한우와 양이 뛰노는 목장은 겹겹의 산과 잔잔한 호수가 그려내는 그림 같은 풍경을 조망할 수 있는 곳으로 유명하다. 자연에서 가축과 교감하고 포토 존에 올라 '한국의 스위스' 같다는 애칭을 얻게 해준 비경을 눈과 사진에 가득 담아본다. 또 하나, 1등급 이상 한우로 매일 직접 반죽한 패티와 역시 목장에서 구워내는 수제 빵으로 만든 한우 버거도 꼭 맛볼 것. 이곳의 한우 버거는 〈BTS 인 더숲 시즌 1〉에서 뷔와 제이홉이 먹으면서 더욱 이름을 알렸다.

> **◆ TIP**
> 입장료에 동물 먹이 체험이 포함되며, 당나귀 타기는 별도 체험료를 지불해야 한다.

산속에서 만나는 평온한 예술 공간
이상원미술관

📍 강원도 춘천시 사북면 화악지암길 99   🕙 10:00~18:00
💰 어른 6,000원, 초·중·고등학생 4,000원

춘천 출신으로 한국 극사실주의 화풍의 대가로 손꼽히는 이상원 화백의 작품을 전시하는 미술관이다. 산속에 들어선 원형의 미술관 건축물이 인상적이며 뮤지엄 스테이를 운영해 하룻밤 묵으며 예술과 자연에 스며들기 좋다.

춘천을 눈에 담고 커피 한 모금
구봉산 전망대 카페거리

📍 강원도 춘천시 동면 순환대로 1154-97

춘천 도심이 한눈에 내려다보이는 구봉산 자락에 카페가 늘어서 있다. 춘천 명물인 산토리니와 빵으로 유명한 지씨아뜰리에를 비롯해 대형 프랜차이즈인 스타벅스와 투썸플레이스까지, 선택의 폭이 넓다. 편의점과 음식점도 찾아볼 수 있는데, 모두 탁 트인 전망이 자랑거리다.

옛날 가게와 뉴트로풍 상점이 어우러진 거리
육림고개

📍 강원도 춘천시 중앙로77번길 40

오래전 번화가였다가 상권 이동으로 활기를 잃은 옛 거리에 트렌디한 상점이 들어서며 새로운 모습으로 변신한 곳. 여전히 영업 중인 옛 가게와 새 상점이 어우러져 뉴트로 분위기를 자아낸다. 최근에는 드라마 <소년시대>에 등장하기도 했다.

벚꽃 구경 놓쳤다면 여기
부귀리 벚꽃길

📍 강원도 춘천시 북산면 부귀리 산115-7

원래는 춘천 현지인들만 알음알음 가던 숨은 벚꽃 명소였는데, 몇 해 전부터 SNS상에서 입소문을 타면서 찾는 사람이 많아졌다. 시골길을 따라 벚나무가 가득해 봄날에 장관을 이루는데, 다른 곳들보다 늦게 개화해 벚꽃 구경 시기를 놓친 이들에게 위안이 된다.

폐교에서 '핫플'로
오월학교

📍 강원도 춘천시 서면 납실길 160   🕐 카페 11:00~20:00

시골 폐교를 개조한 복합 문화 공간으로, 카페, 레스토랑, 스테이 등을 갖췄다. 기존 건축물의 기본 틀을 최대한 그대로 유지해 옛날 학교의 포근한 분위기가 느껴진다. 목공예 체험이 가능한 나무창작소가 색다른 재미를 선사한다.

한쪽에는 짙은 솔숲, 다른 한쪽에는 소양강
소울로스터리

📍 강원도 춘천시 동면 소양강로 530   🕐 09:00~00:00

소양강 옆 넓은 솔숲이 카페로 재탄생해 힐링 명소로 사랑받는다. 소나무가 우거진 짙은 숲에서 산책하고 소양강도 조망할 수 있어 일반 카페와 다른 특별함이 돋보인다. 피톤치드 가득한 숲에서 쉬는 것만으로도 만족스럽다.

춘천에 가면 꼭 챙겨야 할 먹템!

춘천닭갈비

감자빵

춘천막국수

| 추천 스폿 ① **1.5닭갈비** | **통나무집닭갈비** | **원조숯불닭불고기집**

📍 강원도 춘천시 후만로 77(1.5닭갈비) | 신북읍 신샘밭로 763(통나무집닭갈비) | 낙원길 28-4(원조숯불닭불고기집)

춘천에서 넘쳐나는 게 닭갈비 음식점인데, 추천할 만한 곳은 현지인들이 좋아하는 1.5닭갈비와 관광객들 사이에서도 유명한 통나무집닭갈비. 숯불에 구운 닭갈비가 유명한 원조숯불닭불고기집으로 가보자.

| 추천 스폿 ② **유포리막국수** | **샘밭막국수** | **실비막국수**

📍 강원도 춘천시 신북읍 맥국2길 123(유포리) | 신북읍 신샘밭로 644(샘밭) | 소양고개길 25(실비)

춘천 막국수 전문점은 집마다 스타일이 조금씩 달라 골라 가는 맛이 있다. 그중 전통 깊은 시원한 동치미가 매력적인 유포리막국수, 깔끔한 맛이 돋보이는 샘밭막국수, 현지인들이 즐겨 찾는 실비막국수 등을 추천할 만하다.

| 추천 스폿 ③ **감자밭**

📍 강원도 춘천시 신북읍 신샘밭로 674

전국적인 감자빵 붐을 몰고 온 원조집. 겉모습은 감자를 꼭 닮았고 안에는 국산 감자가 가득 들었다. 쌀가루 반죽으로 만든 쫄깃한 외피와 포슬포슬한 감자가 풍성한 식감과 맛을 완성한다. 카페 분위기도 좋아 감자빵도 먹고 카페 놀이도 즐길 수 있다.

추천스폿 ④ 대원당
📍 강원도 춘천시 퇴계로 191

1968년 문을 열어 지금까지 영업 중인 춘천 대표 로컬 빵집으로 옛날식 빵부터 트렌디한 빵까지 다양한 라인업을 갖췄다. 소보로 빵 안에 딸기잼과 버터크림을 듬뿍 넣은 맘모스, 부드럽고 고소한 버터크림빵이 대표 메뉴다.

추천스폿 ⑤ 육림닭강정
📍 강원도 춘천시 소양고개길 46

설탕 대신 조청으로 은은하고 구수한 단맛을 내며, 옛날 방식대로 조리해 적당한 바삭함이 돋보인다. 중간 맛과 매운 맛 중 선택 가능하며, 일일 한정으로 호두 강정과 껍데기 강정도 판매한다.

추천스폿 ⑥ 박사마을곰핫도그
📍 강원도 춘천시 서면 금산길 66

자연 재배한 야생 곰취를 넣어 곰핫도그라고 부른다. 곰취를 넣은 반죽에 국내산 돈육 수제 소시지, 프랑스산 모차렐라 치즈 등 좋은 재료를 넣어 만든 핫도그로 인기몰이 중. 기본 핫도그 외에 매운맛이나 치즈와 소시지를 반반 넣은 핫도그도 준비되어 있다.

철원

DMZ 인접 도시로 평화 안보 관광지로만 여겨지던 철원이 몇 년 사이 달라졌다. 유네스코 세계지질공원에 등록된 한탄강을 따라 주상절리길과 물윗길이 등장하면서 여행자들에게 큰 호응을 얻고 있다. 여기에 봄가을에 화사하게 피어오르는 고석정꽃밭, 레트로한 감성의 철원역사문화공원, 광활한 철원평야를 한눈에 담기 좋은 소이산 모노레일 같은 신상 관광지가 더해지면서 여행지의 매력이 나날이 상승하고 있다.

 계절 추천 스폿

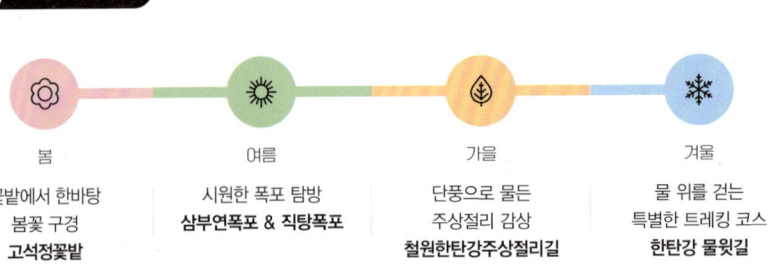

봄	여름	가을	겨울
꽃밭에서 한바탕 봄꽃 구경	시원한 폭포 탐방	단풍으로 물든 주상절리 감상	물 위를 걷는 특별한 트레킹 코스
고석정꽃밭	**삼부연폭포 & 직탕폭포**	**철원한탄강주상절리길**	**한탄강 물윗길**

 **버킷 리스트**

다양한 DMZ 탐방 프로그램과 함께 민간인통제구역 돌아보기

오대쌀, 고추냉이 등 철원 특산물 활용한 여러 음식 맛보기

DMZ두루미탐조관광을 통해 우아한 두루미 탐조

추천 코스

— 역사와 자연이 만드는 여행 이야기 —
당일치기 코스

① 철원역사문화공원 & 소이산 모노레일
옛 철원을 느끼고 광활한 철원평야를 감상하고

② 노동당사
세트장 같은 분위기의 국가등록문화유산

③ 동송전통시장
평범한 듯 특별한 시장 구경

④ 고석정국민관광지
최고의 비경과 다채로운 즐길 거리

— 철원 핵심만 골라 즐기는 —
1박 2일 코스

Day 1

① 철원한탄강주상절리길
짜릿하게 아름다운 풍경 속으로

② 고석정국민관광지
많은 드라마에서 봤던 거기

③ 철원한탄강은하수교
한탄강을 가로지르는 보행교

Day 2

① 동송전통시장
소소한 주전부리 찾아다니는 재미

② 도피안사
국보를 품은 단아한 절집

③ 철원역사문화공원 & 소이산 모노레일
철원을 재미있게 여행하는 방법

④ 노동당사
서태지와 아이들 뮤비에도 등장했던 명물

아찔하고 짜릿하게 한탄강 협곡을 즐기는 방법
철원한탄강주상절리길

📍 강원도 철원군 갈말읍 군탄리 산78-2(순담 매표소) / 군탄리 산174-3(드르니 매표소) ⏰ 3~11월 09:00~18:00, 12~2월 09:00~17:00 ❌ 화요일 ₩ 어른 10,000원, 7~18세 4,000원(입장료의 50% 금액을 지역 상품권으로 환급)

한탄강 유네스코 세계지질공원 내 주상절리 협곡에 조성한 총 3.6km 길이의 걷기길. 절벽을 따라 잔도와 다리로 길을 내 상공에서 협곡의 아름다운 경치를 감상하는 동시에 아찔한 스릴도 만끽할 수 있다. 순담과 드르니, 양쪽에 매표소가 있는데, 어디에서 출발해도 상관없다. 편도를 걸은 후 셔틀버스를 타고 원래 출발점으로 돌아오면 된다. 단, 셔틀버스는 주말에만 운행하므로 평일에는 걸어서 되돌아오거나 택시를 이용해야 한다.

⊕ TIP
한국관광공사에서 제작한 오디오 관광 안내 해설 앱 '오디'를 이용하면 주상절리길에 대한 다양한 이야기를 들으며 걸을 수 있다.

한탄강 물 위를 걷는 이색 체험
한탄강 물윗길

📍 강원도 철원군 갈말읍 상사리 522-13(태봉대교 매표소) ⏰ 10~3월 09:00~17:00 ❌ 화요일 ₩ 어른 10,000원, 7~18세 4,000원(입장료의 50% 금액을 지역 상품권으로 환급)

주상절리길이 상공에서 한탄강 주상절리를 즐기는 코스라면, 물윗길은 이름 그대로 물 위에서 감상하는 코스다. 태봉대교~순담계곡 구간에 설치된 부교를 따라 물 위를 걷는 이색 트레킹 체험으로, 매년 10월부터 이듬해 3월까지만 운영한다.

⊕ TIP
태봉대교, 은하수교, 고석정, 순담, 총 4개 매표소가 있다.

한탄강의 아름다운 풍경과 어우러지는
철원한탄강은하수교

📍 강원도 철원군 동송읍 장흥리 725-12 ⏰ 09:00~18:00

철원9경에 속하는 아름다운 송대소 인근에 설치한 길이 180m의 보행교로 철원의 상징인 두루미를 형상화한 디자인이 인상적이다. 다리를 건너며 한탄강과 일대 주상절리를 살펴보고, 다리 건너편 전망대에 올라 철원평야를 한눈에 담아보자.

⊕ TIP
은하수교 앞에 위치한 카페 은하수가 다리를 조망하기 좋은 포인트.

최고의 비경, 고석정과 다채로운 즐길 거리
고석정국민관광지

📍 강원도 철원군 동송읍 태봉로 1825

한탄강 중류에 우뚝 솟은 고석(孤石)과 정자, 주변 절벽을 통틀어 고석정이라 부른다. 현무암과 화강암이 어우러진 지질학적 특징에 신라 진평왕, 고려 충숙왕이 이곳에 머물렀고, 의적 임꺽정이 숨어 지냈다는 역사적 이야기가 더해져 특별함을 더한다. 고석정 일대는 국민관광지로 조성되어 다양한 편의 시설과 즐길 거리를 제공한다.

 고석정국민관광지 둘러보기

작지만 알찬 볼거리
작은농업전시관 호미뜰

고석정국민관광지에 위치한 소규모 전시관으로, 농업 관련 알찬 전시가 이뤄져 가볍게 들러볼 만하다. 농부의 부엌, 농부의 창고, 농부의 방 등의 테마로 꾸민 입체적인 전시가 흥미롭다.

철원 로컬 푸드와 기념품이 한자리에
오늘의농부

📷 today_farmer

철원 농특산물을 판매하는 로컬 푸드 마켓도 고석정국민관광지에서 만날 수 있다. 철원을 대표하는 오대쌀은 물론 각종 채소와 과일, 건강식품, 가공식품 등을 취급한다. 기념품으로 챙길 만한 아이템도 다양하다.

TIP
주말에는 철원한탄강은하수교 주차장에서 농특산물 직거래 장터인 철원DMZ마켓이 열린다. 보통 3~11월 주말에 진행하며, 자세한 일정은 오늘의농부 인스타그램에서 확인.

화산 온천수로 유명한
한탄리버스파호텔

게르마늄이 풍부한 화산 온천수를 제공하는 온천 사우나로 유명하다. 온천 사우나와 찜질방, 실내 풀장, 레스토랑 등의 부대시설은 숙박하지 않더라도 이용할 수 있다.

옛 철원 시가지로 시간 여행
철원역사문화공원 & 소이산 모노레일

📍 강원도 철원군 철원읍 금강산로 262　🕘 3~11월 09:00~18:00, 12~2월 09:00~17:00　❌ 화요일　₩ 철원역사문화공원 무료입장 / 소이산 모노레일 어른 7,000원, 7~18세 4,000원(어른 3,000원, 7~18세 2,000원을 지역 상품권으로 환급)

1930년대 강원도 3대 도시로 번성했던 철원읍 중심지 모습을 재현해 철원역사문화공원을 조성했다. 옛 철원군청, 철원극장, 철원경찰서, 철원역, 학교 등을 재현해놓았고 내부에서 다양한 체험도 이뤄져 색다른 재미를 선사한다. 철원극장에서는 라디오 드라마나 무성영화를 상영하고, 철원양장점에서는 근대 의상을 입고 사진 촬영을 할 수 있다. 철원역에서는 소이산 모노레일을 운영하는데, 모노레일을 타고 소이산 정상에 오르면 탁 트인 철원평야가 한눈에 들어온다.

서태지와 아이들 뮤비에서 봤던 거기
노동당사

📍 강원도 철원군 철원읍 금강산로 265

한국전쟁 전까지 북한이 노동당사로 사용했던 지상 3층 규모의 건물. 시멘트와 벽돌로 견고하게 쌓아 한국전쟁 당시 주변 건물들이 모두 파괴되었음에도 이 건물만은 살아남았다. 서태지와 아이들의 '발해를 꿈꾸며' 뮤직비디오 촬영지로도 유명하다.

> **TIP**
> 현재 보수 공사 중이라 2024년 11월까지 관람 불가.

아픈 역사의 흔적
백마고지 전적비

📍 강원도 철원군 철원읍 대마1길 72

백마고지 전투 희생자들을 기리는 22.5m 높이의 기념탑을 중심으로 당시 격전 현장을 보여주는 다양한 전시를 진행한다. 전망대에 오르면 망원경을 통해 백마고지까지 내다볼 수 있다.

> **TIP**
> 철원의 상당수 평화관광지는 민간인통제구역에 위치해 개별 관광이 불가한데, 이곳은 민간인통제구역이 아니라 자유롭게 관람 가능하다.

철원에서 특별한 경험을 하고 싶다면
DMZ두루미평화타운

📍 강원도 철원군 동송읍 양지2길 15-19 🕐 DMZ평화관광 09:30, 10:30, 13:30, 14:30(동절기 14:00) / DMZ두루미탐조관광 동절기 10:00, 14:00 ❌ 화요일 💰 프로그램별로 다름

폐교한 양지초등학교를 리모델링한 공간으로 숙소와 국제두루미센터를 갖췄고, 민간인통제구역을 돌아보는 DMZ평화관광과 DMZ두루미탐조관광 프로그램 접수처로도 활용된다. 제2땅굴과 평화전망대, 월정리역을 돌아보는 DMZ평화관광은 하루 4차례, DMZ두루미탐조관광은 겨울철에만 운영한다. 두 프로그램 모두 당일 현장 접수만 가능하며, 선착순으로 마감된다. 민간인통제구역 내 평화 안보 명소를 둘러보고 겨울 철새 두루미를 탐조하는 특별한 철원 여행을 계획해보자.

베일에 가려졌던 비밀의 땅으로
DMZ생태평화공원

📍 강원도 철원군 생창길 479 🕐 10:00, 14:00 ❌ 화요일 💰 어른 10,000원, 7~18세 4,000원(입장료의 50% 금액을 지역 상품권으로 환급)

전쟁, 평화, 생태가 공존하는 DMZ의 상징적 메시지를 전달하기 위해 조성한 공간으로, 2개 탐방 코스를 운영한다. 1코스(십자탑 탐방로)는 580m 높이에 설치된 십자탑, DMZ 내부와 유사하게 생태를 복원한 지뢰숲길 등을, 2코스(용양보 탐방로)는 각종 희귀 동식물이 서식하는 용양보 일대를 탐방한다. 개별 관광은 불가하고 탐방 프로그램을 통해서만 출입할 수 있으니 참고할 것. 전화 예약 또는 방문 접수 가능.

봄과 가을에 화려하게 피어나는 꽃밭
고석정꽃밭

📍 강원도 철원군 동송읍 태봉로 1769 🕐 봄가을 정해진 기간에만 운영 ❌ 화요일 ₩ 어른 6,000원, 13~18세 4,000원, 7~12세 3,000원(입장료의 50% 금액을 지역 상품권으로 환급)

고석정 인근 옛 포병 훈련장 부지에 꽃밭을 조성해 관광 명소로 탈바꿈시켰다. 봄과 가을에 잘 어울리는 꽃을 심어 화사한 볼거리를 제공한다. 천천히 걸어서 구경하거나 깡통열차를 타고 편하게 돌아볼 수 있다.

20m 규모의 삼단 폭포
삼부연폭포

📍 강원도 철원군 갈말읍 삼부연로 216

철원9경 중 하나이며 조선시대에 겸재 정선이 이곳 경치에 반해 화폭에 담아냈다고 한다. 폭포가 세 번 꺾이면서 가마솥처럼 움푹 파인 곳에 떨어진다 해서 삼부연이라는 이름이 붙었다. 20m 높이 폭포와 주변 기암괴석이 아름답게 조화를 이룬다.

가로로 넓게 펼쳐진 독특한 폭포
직탕폭포

📍 강원도 철원군 동송읍 직탕길 94

우리나라 폭포는 보통 세로로 길게 떨어지는 형태를 띠는데, 직탕폭포는 가로로 넓게 펼쳐져 독특하다. 규모는 훨씬 작지만 폭포 생김새 때문에 '한국의 나이아가라'라고 불리기도 한다. 폭포 상류에 놓인 현무암 돌다리도 명물이니 걸어볼 것.

잠시 편안하게 쉬기 좋은 절집
도피안사

📍 강원도 철원군 도피동길 23

통일신라시대에 창건된 사찰로, 규모는 작지만 국보인 철조비로자나불좌상과 보물인 삼층석탑을 품었다. 철원역사문화공원, 노동당사, 고석정 같은 철원 관광 명소와 멀지 않아 여행 중 들르기 편하다. 가을에 방문하면 단풍도 구경할 수 있다.

철원 특산물 고추냉이를 맛있게 즐길 수 있는
드르니국수 & 바잘트38.1

📍 강원도 철원군 갈말읍 드르니길 119-31
🕙 10:00~19:00 ❌ 화요일

철원 하면 보통 오대쌀만 떠올리지만 고추냉이도 많이 생산된다. 철원한탄강주상절리길 드르미 매표소 인근 음식점 드르니국수에서는 철원 고추냉이 생잎을 올린 비빔국수를 선보인다. 이곳에서는 오대쌀 비빔밥, 현무암 만두 등 철원 특산물을 테마로 한 음식을 맛볼 수 있어 특별하다. 식당 바로 옆 카페 바잘트38.1에서는 철원 고추냉이를 베이스로 한 아이스크림과 현무암 모양 빵을 판매한다.

달달한 디저트가 필요할 때
단풍도넛

📍 강원도 철원군 갈말읍 삼부연로8번길 17-10
🕙 11:00~19:00 ❌ 일요일

원래 현지인들이 찾던 조용한 곳인데 방송에 나온 이후 유명해졌다. 메이플 시럽을 바른 단풍 도넛을 비롯해 감자 도넛, 옥수수 도넛, 쌀 도넛을 판매한다. 작은 연못이 있는 야외 공간도 매력 포인트.

철원 대표 시장
동송전통시장

📍 강원도 철원군 동송읍 금학로218번길 1

철원에서 가장 큰 시장으로 지역에서 생산한 다양한 농특산물을 판매한다. 먹거리도 풍성한데, 오대쌀 핫도그를 선보이는 한잎핫도그, 카이막과 수제 요거트로 유명한 밀크스토리, 현지인들이 즐겨 찾는 노포, 민속분식이 추천 스폿이다.

정선 · 영월 · 태백

강원도 산촌 풍경을 대변하는 정선, 영월, 태백은 청정 지역의 대명사로 통한다.
동강을 따라 정선과 영월이 이어지고, 만항재를 넘어 정선과 태백을 오가며,
태백산국립공원은 정선, 영월, 태백과 맞닿는다.
그만큼 세 지역은 서로 긴밀하게 연결되어 함께 여행 코스로 묶기 좋다.
웰니스 여행지로도 각광받는 이 일대는 힐링이 필요할 때 찾기 좋은 최고의 선택지다.

계절 추천 스폿

봄	여름	가을	겨울
단종문화제와 함께 더욱 의미 있는 **영월 장릉**	눈과 몸이 모두 시원해지는 **태백 바람의언덕**	반짝이는 은빛 억새 물결 속으로 **정선 민둥산**	눈축제와 설경 즐기기 **태백산국립공원**

버킷 리스트

삼탄아트마인, 철암탄광역사촌, 탄광문화촌 등 옛 탄광 시대로 시간 여행

박물관의 고장 영월에서 작은 박물관 탐방

웰니스 관광지에서 진정한 휴식과 치유의 시간 갖기

바람의언덕, 몽토랑산양목장, 로미지안가든, 별마로천문대 등 고원지대의 청정함에 스며들기

각자의 개성을 담아낸
당일치기 코스

정선

① 정선5일장
건강한 산촌 먹거리 가득!

② 가리왕산케이블카
힘들이지 않고 가리왕산 비경을 독차지

③ 나전역카페
국내 1호 간이역 카페

④ 정선레일바이크
레일바이크 대표 주자

영월

① 장릉
비운의 왕 단종의 능

② 영월관광센터
관광센터 자체가 재미난 여행지

③ 청령포
단종 유배지이자 아름다운 솔숲

④ 영월서부시장
메밀전과 메밀전병은 꼭!

태백

① 태백산국립공원
영험한 기운이 흐르는 명산

② 몽토랑산양목장
머무는 것만으로도 힐링

③ 바람의언덕
사진에 백만 번 담고 싶은 고랭지 풍광

추천 코스

진정한 느림의 미학을 탐미하는
2박 3일 코스

Day 1

①
젊은달와이파크
오래된 박물관이
'핫플'로 변신

②
한반도지형
딱 한반도 모양이네!

③
선돌
자연의 예술성에
찬사를!

④
별마로천문대
밤에도 낮에도
신비로운 정취

Day 2

①
마을호텔18번가
동네 골목길,
호텔이 되다.

②
삼탄아트마인
폐광의 의미 있는 변신

③
정암사
국보 수마노탑을
품은 산사

④
만항재
차로 오를 수 있는
가장 높은 고개

Day 3

①
몽토랑산양목장
카메라만 갖다 대면
모두 인생 사진

②
오로라파크
철도와 별을 주제로 한
테마파크

③
철암탄광역사촌
탄광의 역사를
기억하다.

정선

흥겨운 산촌 장날 풍경
정선아리랑시장(정선5일장)

📍 강원도 정선군 정선읍 5일장길 40

청정 산촌 지역인 정선의 대표적인 전통시장으로, 곤드레, 황기, 더덕 등 각종 산나물과 약초가 많아 특색 있다. 콧등치기국수, 메밀전병, 수수부꾸미, 수리취떡 같은 향토 별미도 다양하게 맛볼 수 있다.

◆ TIP
매월 2·7일로 끝나는 날에 오일장이 서고 매주 토요일에 주말장이 열린다.

한 폭의 한국화 속을 달리는
정선레일바이크

📍 강원도 정선군 여량면 노추산로 745
🕘 3~10월 08:40~16:40, 11~2월 08:40~14:50
💰 2인승 30,000원, 4인승 40,000원

때 묻지 않은 자연 풍광을 간직한 구절리역과 아우라지역 사이 7.2km 구간을 달리는 레일바이크 체험. 싱그러운 산과 강을 따라 레일바이크를 타고 달린 후 돌아올 때는 풍경열차로 좀 더 여유롭게 경치를 감상할 수 있다.

조선시대 정선을 만나다
아라리촌

📍 강원도 정선군 애산로 37 🕘 09:00~18:00 💰 무료입장

조선시대 정선 주거 문화를 재현한 테마 공간으로, 전통 와가, 굴피집, 너와집, 귀틀집 등 다양한 형태의 가옥을 만나볼 수 있다. 박지원의 고전 《양반전》 등 장인물 조형물이 늘어선 양반전거리도 볼만하다.

환상적인 전망에 스릴을 더하다
병방치스카이워크

📍 강원도 정선군 병방치길 225
🕘 하절기 09:00~18:00, 동절기 10:00~17:00
💰 어른 2,000원, 청소년·어린이 1,000원

약 580m 높이 절벽 끝에 설치한 U자형 스카이워크로 이곳에서 바라보는 동강 풍경이 그림 같다. 동강이 굽이쳐 흐르는 지형이 한반도 모양을 닮아 이색적이다. 스카이워크 옆에는 짜릿한 재미를 선사하는 짚와이어도 있다.

금광과 석회동굴의 신비한 조합
화암동굴

📍 강원도 정선군 화암동굴길 12   🕐 09:30~18:00
💰 어른 7,000원, 중·고등학생 5,500원, 초등학생 4,000원 / 모노레일 요금 별도

금광산과 석회석 천연 동굴이 공존하는 특별한 동굴. 총 길이가 약 1,800m에 이르며 상부 갱도와 하부 갱도, 상하부를 연결하는 365개 계단으로 이뤄진다. '금과 대자연의 만남'이라는 주제에 걸맞게 금 채취 및 제련 과정을 알려주는 전시물과 각종 석회석 생성물을 볼 수 있어 흥미롭다. 동화 테마로 꾸민 아기자기한 동화의 나라와 대형 석주, 석순, 종유석이 신비로운 분위기를 연출하는 천연 종유 동굴이 하이라이트다.

 TIP
상부에서 하부로 내려오는 동선으로 관람한다. 상부 동굴 입구까지는 걸어가거나 모노레일을 이용할 수 있다.

옛 탄광의 의미 있는 변신
삼탄아트마인

📍 강원도 정선군 고한읍 고한리 함백산로 1445-44
🕐 09:30~17:30 / 시기에 따라 변동 가능 ❌ 월·화요일
💰 어른 13,000원, 중·고등학생 11,000원, 5~13세 10,000원

2001년 문을 닫은 삼척탄좌 정암광업소가 2013년 문화 예술 재생 공간인 삼탄아트마인으로 다시 태어났다. 한때 많은 지역민의 터전이었던 탄광의 역사를 기반으로 문화와 예술적 기운을 불어넣어 아주 특별한 공간으로 재탄생시킨 것. 삼척탄좌 시절 종합 사무동으로 쓰던 건물은 본관으로, 석탄을 집합시키던 시설은 레일바이뮤지엄으로, 중앙압축기 시설은 원시미술박물관으로 변신했다. 삼탄역사박물관, 현대미술관, 마인갤러리 등 볼거리가 많으니 관람 시간을 넉넉하게 잡고 방문할 것.

차 타고 편하게 올라가는 산상의 화원
만항재

📍 강원도 정선군 고한읍 함백산로 865

해발 1,330m에 자리한 만항재는 우리나라에서 도로를 통해 올라갈 수 있는 가장 높은 고개로 유명하다. 고원지대라 공기가 상쾌하고 시원해 여름철 피서지로도 인기다. 무더위를 식히는 동시에 화사하게 피어나는 야생화를 감상할 수 있어 일석이조. 겨울철 설경도 환상적이다.

청정한 산의 기운과 풍경을 만끽
가리왕산케이블카

📍 강원도 정선군 북평면 중봉길 41-35
🕐 10:00~18:00(탑승은 16:00까지) ❌ 월요일
💰 중학생 이상 15,000원, 3세~초등학생 11,000원

2018 평창동계올림픽 경기장으로 활용했던 가리왕산 일원에 설치한 케이블카. 대한민국 100대 명산에 속하는 가리왕산의 아름다운 풍경을 파노라마 뷰로 즐길 수 있어 감동적이다. 케이블카 상부 역에 조성한 생태탐방로를 따라 거닐며 가리왕산의 정기를 느껴보자.

국내 1호 간이역 카페
나전역카페

📍 강원도 정선군 북평면 북평8길 38 🕐 10:30~19:00

지금도 기차가 다니는 아담한 간이역이 카페로 변신해 색다른 분위기를 자아낸다. 역사적인 분위기를 살린 채 카페로 운영해 이곳만의 개성이 살아 있다. 메뉴 주문 시 옛날 비둘기호 승차권을 함께 제공하는 센스도 굿!

은하수를 볼 수 있는 명당
타임캡슐공원

📍 강원도 정선군 신동읍 엽기소나무길 518-23

2000년대 초반 엄청난 인기를 끈 영화 〈엽기적인 그녀〉 촬영지로 이름을 알렸으니 지금은 차박 성지, 별 보기 좋은 명당으로 더 유명하다. 고원지대라 사방이 트여 있고 공기가 맑아 힐링의 시간을 보낼 수 있다.

> **TIP** 이름처럼 실제 타임캡슐을 묻는 체험이 가능하다.

국보 수마노탑을 품은
정암사

📍 강원도 정선군 함백산로 1410

신라시대 자장율사가 창건한 천년 고찰이며 국보로 지정된 수마노탑을 볼 수 있다. 수마노탑은 우리나라에서 유일하게 모전석탑으로 조성된 진신사리 봉안탑이라는 의미를 지닌다. 탑에 진신사리가 봉안되어 법당에는 불상을 모시지 않는다는 점도 독특하다.

은빛 억새 물결 일렁이는 가을 명소
민둥산

📍 강원도 정선군 남면 민둥산로 12

해발 1,118m 높이 민둥산은 7부 능선 정도까지는 숲이 둘러싸고 있으나 정상부는 나무 대신 억새가 끝없이 펼쳐진다. 가을이면 억새가 은빛 물결을 이루는 장관을 보러 많은 여행객이 모여든다. 증산초등학교에서 시작하는 코스가 일반적이며, 3.2km와 2.6km 구간 중 선택 가능하다.

원하는 건 뭐든 즐길 수 있는
하이원리조트

📍 강원도 정선군 사북읍 하이원길 265

스키장, 워터파크, 골프장 및 내국인 출입 가능 카지노까지 다채로운 시설을 완비한 강원도 대표 복합 리조트. 역동적인 즐길 거리가 가득한 가운데 편안한 트레킹 코스와 웰니스 시설을 갖춰 웰니스 여행지로 제격이다. 깨끗하고 상쾌한 자연 속을 걷는 하늘길 트레킹 코스가 특히 유명한데, 자작나무숲, 샤스타 데이지 군락지, 얼레지 군락지, 고원숲길 등 다채로운 풍경이 이어져 지루하지 않게 걸어볼 수 있다.

┤ ➕ TIP ├
하이원리조트 내 인생 사진 맛집으로 알려진 한옥 베이커리 카페 운암정이 있다. 자연과 어우러진 고풍스러운 한옥에서 각종 차와 디저트를 맛볼 수 있는데 단아한 상차림의 애프터눈 티 세트가 인기다.

오직 이곳에서만 만나는 이색 호텔
마을호텔18번가

📍 강원도 정선군 고한읍 고한2길 36

정겨운 폐광촌 골목이 호텔로 변신해 이색적이다. 골목 내 민박집이 객실이 되고 카페, 음식점, 세탁소, 이발관 등은 호텔 부대시설 역할을 한다. 아기자기한 매력이 가득한 골목길을 걸어 바로 옆 고한구공탄시장까지 여행을 이어가자.

조용히 사색하고 싶은 날엔
로미지안가든

📍 강원도 정선군 북평면 어래길 20 ⏰ 09:00~17:00
💰 5~11월 월~목요일 12,000원, 금~일요일 15,000원 / 12~4월 월~목요일 10,000원, 금~일요일 12,000원

가리왕산에 '치유와 성찰의 숲'을 모토로 조성한 정원. 걷기 명상에 최적화된 트레킹 코스와 다양한 힐링 명상 테마 스폿에서 조용하고 편안하게 사색하기 좋다. 숙소, 글램핑장, 카페 등의 시설도 갖춰 각자 여행 일정과 목적에 맞게 이용할 수 있다.

진정한 웰니스 호캉스
파크로쉬 리조트앤웰니스

📍 강원도 정선군 북평면 중봉길 9-12

주변 자연환경, 시설, 프로그램, 식단 모두 웰니스에 최적화해 진정한 휴식과 재충전을 원하는 현대인들에게 호평을 얻고 있다. 분위기 좋은 실내외 수영장과 저쿠지 등의 시설까지 완비해 외부에 나가지 않고 리조트에만 머물러도 만족도가 높다.

정선아리랑을 뮤지컬로
정선아리랑센터

📍 강원도 정선군 정선읍 애산로 51

정선에 갔다면 정선아리랑을 현대적으로 해석한 뮤지컬 퍼포먼스 '아리아라리' 공연을 관람하자. 해외에서도 호평을 얻은 흥미진진한 공연으로 남녀노소 누구나 즐기기 좋다. '아리아라리' 공연은 보통 4~11월에 상연하니 방문 전 일정을 확인할 것.

┤ ⊕ TIP ├
아리랑을 주제로 다양한 전시가 이뤄지는 박물관도 관람 가능하다.

다채로운 즐길 거리 갖춘 여행지
영월관광센터

📍 강원도 영월군 영월읍 청령포로 126-3
🕘 09:00~18:00 (시설별로 차이 있음) ❌ 월요일
💰 무료입장, 전시관 및 체험 유료

청령포로 향하는 길에 독특한 형태의 빨간색 건물이 눈에 띈다. 이곳이 바로 영월관광센터인데 영월, 태백, 삼척, 정선 등 탄광 지역에 대한 관광안내소 역할을 하는 동시에 다채로운 시설과 즐길 거리를 갖춰 관광 명소로도 인기다. 민화를 테마로 한 미디어 체험관, 조선왕조 의상 체험 코너, 꽃차문화체험관 등 흥미로운 공간과 함께 뮤지엄 숍, 푸드코트, 카페 등도 이용할 수 있다.

> **+ TIP**
> 야외에 마련된 정원과 산책로, 포토 존도 놓치면 안 될 포인트!

유배된 단종이 머물렀던
청령포

📍 강원도 영월군 영월읍 청령포로 133 🕘 09:00~18:00
💰 어른 3,000원, 청소년 2,500원, 어린이 2,000원(도선료 포함)

영월로 유배된 단종이 머무르던 곳이다. 지금도 배를 타고 들어가는 청령포는 삼면이 강으로 둘러싸였고 나머지 한쪽은 험준한 암벽이 가로막아 섬이 아니지만 섬처럼 고립되어 있다. 소나무가 빽빽하게 들어선 이곳에는 수령 600년 정도로 추정되는 관음송(천연기념물)이 있는데, 단종이 이 나무의 갈라진 줄기에 앉아 시간을 보내곤 했다고 전한다. 그 밖에도 단종이 어머니를 그리워하며 쌓았다는 망향탑, 해 질 무렵 한양을 바라보며 시름에 잠겼던 곳이라고 전하는 노산대 등 단종의 슬픔이 서린 공간이 남아 있다.

비운의 왕 단종이 잠든 곳
장릉

📍 강원도 영월군 영월읍 단종로 190　🕘 09:00~18:00
💰 어른 2,000원, 청소년 1,500원, 어린이 1,000원

어린 나이에 왕위에 올라 숙부인 수양대군에게 왕위를 빼앗기고 죽음을 당한 조선 6대 왕 단종이 묻힌 곳이다. 유일하게 수도권 밖에 자리한 왕릉이며 유네스코 세계문화유산에 등재되어 있다. 입구 쪽 단종역사관을 먼저 관람한 후 능을 돌아보면 더 의미 있다.

자연과 세월이 완성한 걸작
선돌

📍 강원도 영월군 영월읍 방절리 769-4

서강 절벽에 우뚝 솟은 약 70m 높이 바위로, 큰 칼로 쪼갠 듯한 형상이 독특하다. 고생대 석회암에 발달한 절리를 따라 암석이 부서져 내리면서 기둥 모양 암석이 남게 된 것으로 알려져 있다. 주차장에서 편안한 덱 산책로를 따라 잠깐 오르면 선돌과 주변 자연을 한눈에 담을 수 있는 전망대가 나온다.

한반도와 똑같이 생긴
한반도지형

📍 강원도 영월군 한반도면 한반도로 555

오랜 세월에 걸친 하천 침식과 퇴적 활동으로 만들어진 지형으로, 그 모습이 한반도를 닮았다 해서 이런 이름이 붙었다. 명승으로 지정되었으며 계절마다 자연이 빛깔을 달리해 어느 때 찾느냐에 따라 느낌이 다르다.

방랑 시인 김삿갓의 흔적을 따라
김삿갓유적지

📍 강원도 영월군 김삿갓면 김삿갓로 216-22

방랑 시인 김삿갓 묘소가 있는 마을에 조성한 공간으로 관련 연구 자료를 전시한 난고김삿갓문학관, 그가 살던 집터 등이 있다. 해학과 풍류를 즐기며 한세상을 살다 간 김삿갓의 흔적을 느낄 수 있으며, 주변에 물 좋은 계곡이 있고 캠핑장이 조성되어 있다.

천연기념물로 지정된 신비의 동굴
고씨굴

📍 강원도 영월군 김삿갓면 영월동로 1117 🕘 09:00~18:00
💰 어른 4,000원, 청소년 3,000원, 어린이 2,000원

천연기념물로 지정된 석회암 동굴. 임진왜란 당시 고씨 가족이 피란했던 곳이라 해서 고씨굴이라 부른다. 약 4억~5억 년 전에 형성된 동굴에는 종유석, 석순, 석주, 동굴산호 등이 잘 발달해 신비로운 분위기가 가득하다. 동굴 총 길이는 약 3,380m이며 그중 약 600m 구간을 일반에 개방한다. 동굴 내 좁고 낮은 구간이 있으므로 관람 시 안전모 착용은 필수다.

> **TIP**
> 1 고씨굴 바로 인근의 영월동굴생태관을 방문하면 동굴 관람에 도움이 된다.
> 2 영월 명물인 칡국수를 판매하는 음식점이 모여 있는 고씨굴칡국수촌도 들러보자.

아프리카에 대해 알아가는 시간
영월아프리카미술박물관

📍 강원도 영월군 김삿갓면 영월동로 1107-1 🕘 하절기 09:00~18:00, 동절기 09:00~17:00 ❌ 화·수요일(휴관일 변동 가능) 💰 어른 5,000원, 초·중·고등학생 4,000원, 유치원생 3,000원

아프리카 여러 부족의 생활 도구, 장신구, 조각, 그림 등을 전시하며 아프리카 문화를 이해할 기회를 제공한다. 흥미로운 전시품이 가득한 실내만큼 수려한 자연에 둘러싸인 야외 공간도 매력적이다. 주변 자연을 한껏 만끽할 수 있는 캠핑장도 함께 운영한다.

자연의 품속에서 제대로 쉬기
하이힐링원

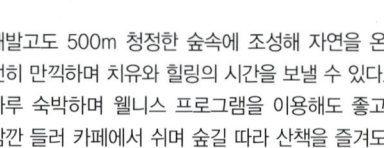

📍 강원도 영월군 상동읍 섬지골길 113

해발고도 500m 청정한 숲속에 조성해 자연을 온전히 만끽하며 치유와 힐링의 시간을 보낼 수 있다. 하루 숙박하며 웰니스 프로그램을 이용해도 좋고 잠깐 들러 카페에서 쉬며 숲길 따라 산책을 즐겨도 좋다.

영월 최고 명소
젊은달와이파크

📍 강원도 영월군 주천면 송학주천로 1467-9 🕙 10:00~18:00
💰 중학생 이상 15,000원, 36개월~초등학생 10,000원

지금 영월에서 가장 핫한 곳으로 빨간 조형물을 배경으로 인생 사진 찍는 게 인기다. 술샘박물관으로 운영되던 곳을 강릉 하슬라아트월드 관장이자 조각가인 최옥영 작가와 영월군이 손잡고 복합 문화 예술 공간으로 재탄생시켰다. 작가의 시그너처 컬러인 붉은색을 사용한 설치미술과 시골 자연이 어우러진 풍경이 SNS에서 입소문을 타면서 단숨에 영월 명소로 자리 잡았다. 조용한 시골 동네에 자리한 미술관이 전하는 따스하고 편안한 감성이 매력적이다.

별, 운해, 전망, 일출, 모든 걸 즐길 수 있는
별마로천문대

📍 강원도 영월군 영월읍 천문대길 397 🕙 4~9월 15:00~23:00, 10~3월 14:00~22:00 💰 어른 7,000원, 청소년 6,000원, 어린이 5,000원

해발 약 800m에 자리한 시민천문대로 지름 80cm 주망원경과 보조 망원경 여러 대를 통해 달과 별, 행성을 관측할 수 있다. 별 보기 좋은 곳인 동시에 야경, 전망, 운해, 일출 명소로도 유명하다. 바로 옆에 활공장이 있어 패러글라이딩 즐기는 사람도 볼 수 있다.

민화를 제대로 감상하는 기회
조선민화박물관

📍 강원도 영월군 김삿갓면 김삿갓로 432-10 🕙 3~10월 09:00~18:00, 11~2월 09:00~17:00 ❌ 월·화요일(여름 성수기에는 무휴) 💰 어른 5,000원, 초·중·고등학생 4,000원, 유치원생 3,000원

다양한 조선시대 민화를 전시하는데, 전문 해설가의 설명을 들으며 작품을 감상할 수 있다는 점이 매력적이다. 눈으로 훑기만 하는 게 아니라 자세한 설명이 더해지니 작품에 대한 이해도가 확연히 높아진다. 2층에는 성인 전용 춘화 전시실이 마련되어 있다.

영월 여행의 아기자기한 재미 속으로
영월역 일대

📍 강원도 영월군 영월읍 영월로 2106

한옥 형태로 눈길을 끄는 영월역은 단순히 여행의 출발지와 종착지로서의 공간을 넘어 그 자체가 훌륭한 여행지가 된다. 영월역 일대에 도시 재생 사업이 진행되면서 재미난 공간이 곳곳에 포진해 있다. 영월 여행에 도움을 주는 문화충전샵과 영월트래블라 운지를 비롯해 영월 로컬 푸드 베이커리인 별애별빵 1984와 이달엔영월 등을 찾아볼 수 있다. 거기에 영월 별미인 다슬기해장국을 파는 음식점들과 '찐' 로컬 맛집인 행운식당, 덕포식당도 모두 이곳에 자리한다는 사실.

옛 탄광 시절을 생생하게 체험하는
탄광문화촌

📍 강원도 영월군 북면 밤재로 351 🕐 3~10월 10:00~18:00, 11~2월 10:00~17:00 ❌ 월요일 🎫 어른 2,000원, 청소년 1,000원, 어린이 1,000원

'영월 마차리 탄광촌의 흔적'이라는 주제로 옛 석탄 산업 시대 생활상을 보여준다. 탄광 근로자들의 생활 모습을 담은 생생한 전시와 체험으로 당대의 탄광 현장을 쉽게 이해하도록 도와준다. 그 시절을 아는 어른도, 전혀 모르는 아이도 모두 흥미롭게 즐길 수 있는 테마 공간이다.

먹방 여행 필수 코스
영월서부시장

📍 강원도 영월군 서부시장길 12-4

영월 중심가에 위치하며, 규모는 크지 않지만 메밀전과 메밀전병을 판매하는 향토 먹거리 장터가 있어 여행자들이 많이 찾는다. 영월 인기 맛집인 일미닭강정, 평양냉면, 서부순대가 모두 이 일대에 모여 있어 먹방 여행에서 빼놓을 수 없다.

특별한 정기가 느껴지는
태백산국립공원

📍 강원도 태백시 천제단길 168(당골탐방지원센터)

민족의 정기를 상징하는 천제단을 품은 태백산은 2016년 국립공원으로 지정됐다. 영봉, 장군봉, 문수봉 등 1,500m가 넘는 고봉으로 이뤄진 수려한 산세를 자랑하며 봄에는 화사한 철쭉과 진달래, 여름에는 울창한 숲과 시원한 계곡, 가을에는 화려한 단풍, 겨울에는 순백의 설경이 풍경을 절정으로 끌어올린다. '살아서 천년, 죽어서 천년'을 간다는 주목이 가득한 주목 군락지도 태백산을 대표하는 비경이다.

---TIP---
1 당골광장 근처에 있는 태백석탄박물관을 방문해볼 것. 지상 3층, 지하 1층 규모로 석탄 산업에 관련된 다양한 내용을 일목요연하게 전시한다.
2 산행에 자신 없다면 완만한 1.5km 코스로 이뤄져 누구나 가볍게 걸어볼 만한 검룡소 코스를 추천한다.

고생대의 신비 속을 여행하다
태백고생대자연사박물관 & 구문소

📍 강원도 태백시 태백로 2249 🕘 09:00~18:00 ❌ 월요일 (구문소는 상시 개방) 💰 어른 2,000원, 청소년 1,500원, 어린이 1,000원 / 구문소 무료

고생대 지층에 세운 고생대 전문 박물관으로 생생한 교육과 체험 기회를 제공한다. 박물관 1층은 관람객이 직접 참여하며 배우는 체험 전시 위주로 이뤄지며, 2층에서는 선캄브리아시대와 전기 및 중기 고생대 다양한 생명체와 지층을, 3층에서는 후기고생대부터 신생대까지의 동식물을 전시한다. 박물관 관람 후에는 인근 구문소까지 함께 돌아볼 것. 석회 동굴 형태 구문소는 풍광이 아름다운 데다 다양한 지질 구조를 파악할 수 있어 경관 관광에 더해 체험 교육 현장으로도 가치를 갖는다.

세상 시원한 풍경
바람의언덕
(매봉산 풍력발전단지)

📍 강원도 태백시 창죽동 9-384

매봉산 고지대에 고랭지 배추밭이 초록 물결을 이루고 군데군데 새하얀 풍력발전기가 들어선 모습이 그야말로 환상적이다. 여름에도 기온이 선선하고 풍광이 시원해 무더위를 식히기에 제격이다. 배추 수확기에는 차량 통행을 통제하는 대신 셔틀버스 서비스를 제공한다.

국내 최고지대 동굴
용연동굴

📍 강원도 태백시 태백로 283-29 🕘 09:00~18:00
❌ 월요일 💰 어른 3500원, 청소년 2500원, 어린이 1500원

우리나라에서 가장 높은 곳에 자리 잡은 동굴로 유명하다. 약 3억 년 전에서 1억 5,000만 년 전에 생성된 것으로 추정되는 동굴 안에는 종유석, 석순, 산호 모양 생성물 등 진귀한 볼거리가 가득하다. 고원성 산지인 태백에서 만나는 동굴은 연중 시원한 기운이 가득해 여름철 피서지로 그만이다.

옛 탄광을 활용한 이색 테마파크
통리탄탄파크

📍 강원도 태백시 통골길 116-44 🕘 09:00~18:00
❌ 월요일(시기별로 운영 시간 및 휴무일 변동 가능)
💰 어른 8,000원, 청소년 6,000원, 5세~초등학생 4,000원

옛 한보탄광 폐광 부지와 폐갱도에 IT 문화 콘텐츠를 접목한 테마파크를 조성했다. 과거 산업화 주역이었던 광부들의 삶과 석탄을 주제로 한 디지털 아트를 비롯해 다양한 디지털 콘텐츠를 선보이는 동시에 해발 약 700m 야외에서 태백의 자연을 즐기는 공간도 마련했다.

철도와 별을 이야기하는 테마파크
오로라파크

📍 강원도 태백시 통리길 72 🕘 09:00~18:00
❌ 월요일 💰 무료입장

2012년 문을 닫은 통리역과 철도 부지를 활용해 철도와 별을 주제로 태백의 아름다운 밤하늘에 대한 이야기를 들려주는 테마파크. 전 세계 다양한 고원지대 역사 및 오로라, 사계 별자리 등을 감상할 수 있다. 탁 트인 조망을 제공하는 눈꽃전망대도 놓칠 수 없는 포인트다.

스위스 부럽지 않은 청정한 풍경
몽토랑산양목장

- 강원도 태백시 효자1길 27-2
- 09:30~18:00(성수기 변동 가능)
- 목장 입장료 5,000원

유산양이 뛰노는 목장으로 태백 시내가 내려다보이는 고지대에 위치해 전망이 일품이다. 산양유로 만든 각종 음료와 빵을 판매하는 베이커리 카페를 운영하는데, 이곳에서 바라보는 뷰가 하이라이트. 카페에서 쉬고 목장에서 체험도 즐기며 상쾌한 한때를 보낼 수 있다.

1960년대 탄광촌을 만나다
철암탄광역사촌

- 강원도 태백시 동태백로 406
- 10:00~17:00
- 첫째·셋째 주 월요일
- 무료입장, 체험비 별도

1960년대 탄광촌 분위기를 그대로 살려 당대 탄광 생활사를 제대로 느껴볼 수 있다. 한양다방, 봉화식당, 호남슈퍼 등 옛 건물을 활용해 다채로운 전시와 체험을 진행한다. 특히 이곳에서만 즐길 수 있는 연탄 만들기 체험을 놓치지 말 것.

국내 최대 규모 종합 안전체험관
365세이프타운

- 강원도 태백시 평화길 15
- 09:00~18:00
- 월요일
- 자유이용권 22,000원(20,000원은 지역 상품권으로 환급)

안전을 주제로 교육과 놀이를 융합한 우리나라 대표 종합 안전 체험 시설로, 각종 재난과 재해를 직접 또는 가상으로 경험하며 이에 대한 대처 방법을 배운다. 체험 코너를 놀이 시설처럼 구성해 누구나 재미있게 즐기면서 유익한 배움을 얻을 수 있다.

도심 속 휴식처
황지연못

- 강원도 태백시 황지연못길 12

낙동강 발원지라 불리는 황지연못은 태백 중심지에 위치해 접근성이 좋다. 황 부자가 노승에게 시주 대신 두엄을 퍼주자 천지가 흔들리면서 집터가 연못으로 변했다는 전설이 서려 있다. 도심 속 휴식처이자 봄꽃과 단풍 구경하기 좋은 명소이기도 하다.

PART 2

경기도

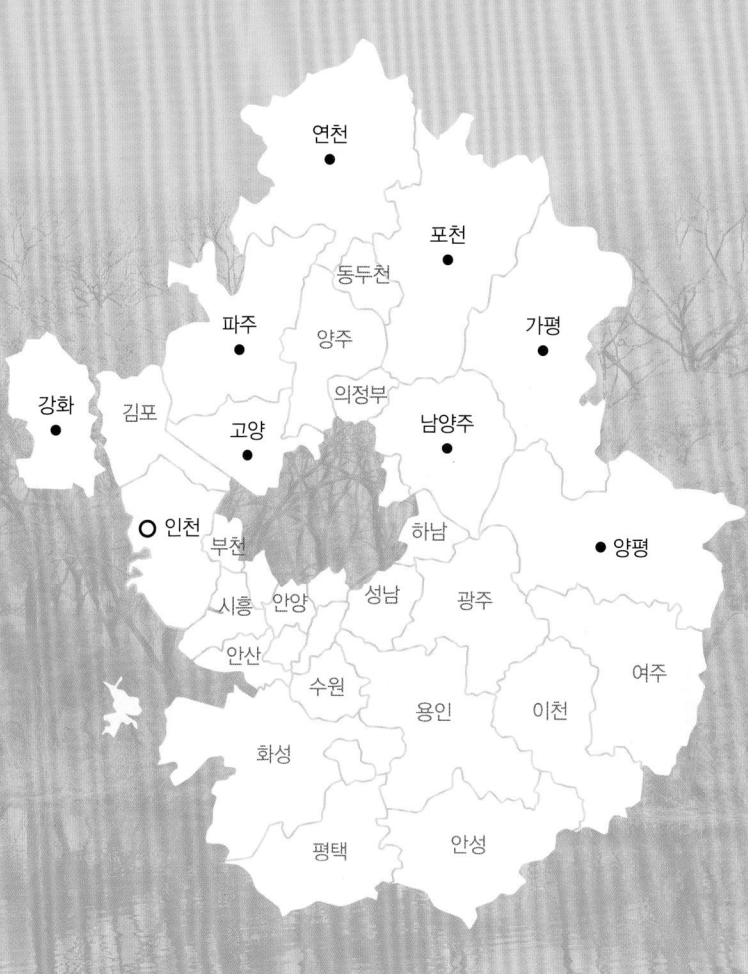

가평·포천·연천

연천, 포천, 가평으로 이어지는 일대는 산수가 좋다.
서울에서 그리 멀지 않으면서도 곳곳에 아름다운 산과 강, 호수, 계곡, 폭포가 가득해
자연 속 휴식이 필요한 도시인들에게 매력적인 여행지다.
순수한 자연을 온전히 느끼기 좋은 공간뿐 아니라 자연과 감성 테마가
어우러진 여행지도 많아 기분과 취향에 따라 다양한 여행 코스를 계획할 수 있다.

추천 계절 스폿

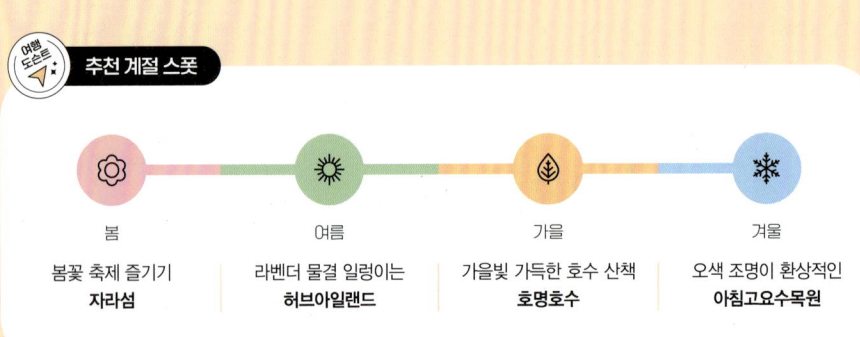

봄
봄꽃 축제 즐기기
자라섬

여름
라벤더 물결 일렁이는
허브아일랜드

가을
가을빛 가득한 호수 산책
호명호수

겨울
오색 조명이 환상적인
아침고요수목원

버킷 리스트

각종 테마 마을 탐방하며
비행기 타지 않고
해외여행 기분 내기

아침고요수목원,
비둘기낭폭포, 재인폭포 등
드라마 촬영지 탐방 여행

국립수목원,
아침고요수목원,
허브아일랜드, 자라섬
돌며 식물로 힐링

청평호반에서
수상 레포츠 체험하기

추천 코스

인생 사진 수백 장 건지는
당일치기 코스

가평 1

 →  →

1. **자라섬** — 자연과 호흡하는 힐링 휴식처
2. **호명호수** — 산 위에 숨은 비밀의 호수
3. **아침고요수목원** — 계절 따라 즐기는 사색 매력

가평 2

 →  →

1. **더스테이힐링파크** — 감성 힐링이 필요할 때
2. **에델바이스 스위스테마파크** — 가평인데 스위스에 온 듯한 기분
3. **쁘띠프랑스** — 〈어린왕자〉와 프랑스 감성 따라

포천

 →  →  →

1. **허브아일랜드** — 허브를 보고 먹고 체험하는 시간
2. **포천아트밸리** — 오묘한 물빛에 반하다.
3. **비둘기낭폭포** — 주상절리와 폭포의 신비한 조합
4. **한탄강하늘다리** — 주상절리 비경을 감상하는 코스

연천

 →  →

1. **전곡선사박물관** — 아슐리안 주먹도끼를 만나다.
2. **연천전곡리유적** — 구석기시대로 떠나는 여행
3. **재인폭포** — 에메랄드빛 감도는 웅장한 폭포

가평

한국적 아름다움에 매료되는 수목원
아침고요수목원

📍 경기도 가평군 상면 수목원로 432   🕒 08:30~19:00
💰 어른 11,000원, 청소년 8,500원, 36개월~초등학생 7,500원

축령산 자락 드넓은 부지에 곡선과 여백, 비대칭의 균형미 등 한국적 아름다움을 살려 조성한 수목원으로, 한국정원 서화연을 비롯해 야생화정원, 포레스트정원, 드라이가든, 하경정원 등 다채로운 주제의 정원으로 이뤄진다. 한국 전통미가 살아 있는 서화연은 〈구르미 그린 달빛〉, 〈옷소매 붉은 끝동〉, 〈환혼〉 같은 인기 사극 드라마 배경이 된 곳으로 유명하다. 봄에는 봄꽃페스타, 여름에는 수국전시회, 가을에는 들국화전시회와 국화전시회, 겨울에는 오색별빛정원전이 열려 계절마다 다른 매력을 발산한다.

┝ ❶TIP ┥
수목원 내에 빵집, 카페, 식당, 허브용품 판매장 등 여러 편의 시설이 있다.

가평 유명 카페와 맛집이 모여 있는
수목원로

📍 경기도 가평군 상면 수목원로

아침고요수목원으로 들어가는 도로(수목원로) 일대에 카페, 맛집, 펜션이 밀집해 있다. 카페를 찾는다면 분위기 좋은 한옥 카페 고요재, 커피 맛집인 나무아래오후N, 화려한 도넛이 가득한 도넛하우스 등을 추천한다. 음식점 중에는 청국장으로 유명한 옛골75와 잣두부 요리로 이름난 언덕마루 가평잣두부집이 오래된 대표 맛집이다. 아침고요수목원 오가는 길에 카페, 맛집까지 즐기면 하루 나들이 코스로 완벽하다.

비행기 타지 않고 유럽 여행
쁘띠프랑스 & 이탈리아마을 피노키오와다빈치

📍 경기도 가평군 청평면 호반로 1063 🕘 09:00~18:00
💰 중학생 이상 12,000원, 36개월 이상~초등학생 10,000원 (쁘띠프랑스) / 중학생 이상 16,000원, 36개월 이상~초등학생 12,000원(이탈리아마을)

프랑스와 이탈리아를 모티브로 조성한 2개의 테마파크가 나란히 자리해 유럽 여행 온 듯한 기분을 만끽하게 해준다. 작은 프랑스 마을처럼 꾸민 쁘띠프랑스에는 〈어린왕자〉를, 이탈리아 토스카나 지역과 베네치아 마을을 모티브로 꾸민 이탈리아마을에는 피노키오와 레오나르도 다빈치 콘텐츠를 더해 특별하다. 두 곳 모두 이국적인 분위기를 제공하는 동시에 공간과 잘 어울리는 갖가지 체험과 공연도 진행한다. 오르골 시연, 인형극, 퍼포먼스 등 공연 내용과 일정을 미리 확인한 후 동선을 계획할 것.

⊕ TIP
통합권을 끊으면 할인된 가격에 두 곳을 돌아볼 수 있는데, 시간적 여유가 안 된다면 원하는 한 곳만 관람해도 된다.

가평에서 만나는 스위스
에델바이스 스위스테마파크

📍 경기도 가평군 설악면 다락재로 226-5 🕘 09:00~18:00
💰 24개월 이상 8,000원

스위스의 작은 마을 축제를 주제로 꾸민 테마파크. 와인뮤지엄, 뻐꾸기시계뮤지엄, 하이디도서관 등 흥미로운 공간이 가득하고 베른베어관에서는 예쁜 곰 인형 탈을 쓰고 기념사진을 남길 수 있다. 치즈 퐁뒤, 치즈 라클렛 등 스위스 음식 체험 프로그램도 운영한다.

감각적인 터치를 가미한 힐링 공간
더스테이힐링파크

📍 경기도 가평군 설악면 한서로268번길 134 🕘 시설별로 다름
💰 36개월 이상 8,000원(업장 이용 시 5,000원 환급)

정원, 산책로, 호텔, 전시관, 풀, 스파 등을 갖춰 힐링하기 좋은 곳. 알파카와 노는 공간이 마련돼 아이와 가도 만족스럽고, 트렌디한 대형 카페 나인블럭이 있어 카페 여행하기에도 적합하다.

꽃 구경하고 피크닉과 캠핑도 즐기는
자라섬

📍 경기도 가평군 가평읍 자라섬로 60

남이섬과 인접했으며, 자라 형상의 산이 바라보는 섬이라 해서 자라섬이라 명명하게 됐다. 동도, 서도, 중도, 남도로 이뤄지는데, 동도를 제외한 나머지 섬은 관광지로 개방한다. 서도로 들어와 중도를 거쳐 남도까지 돌아보는 코스로, 서도는 캠핑장, 중도는 공원, 남도는 꽃정원으로 운영 중이다. 예쁘게 정돈된 남도꽃정원이 산책 코스로 사랑받는데 봄과 가을에는 꽃축제가 열려 최고의 풍경을 연출한다. 곳곳에 포토 존이 마련되어 있으며 섬 끝 쪽에 서면 남이섬이 가까이 내다보인다.

TIP
1 서도, 중도, 남도가 모두 다리로 연결돼 자동차나 도보로 이동 가능하다. 단, 남도는 자동차 진입 불가.
2 자전거 대여소가 있어 자전거를 타고 한 바퀴 돌아볼 수 있다.

음악이 흐르는 복합 문화 공간
음악역1939

📍 경기도 가평군 가평읍 석봉로 100

1939년 영업을 시작한 옛 가평역 폐선 부지에 조성한 음악 중심 문화 공간. 공연장, 스튜디오, 레지던스, 영화관 같은 시설을 갖췄다. 야외에는 무궁화호 열차를 개조해 만든 전시관과 어린이를 위한 놀이터가 있다.

새가 되어 산 위를 나는 기분
가평브릿지짚라인

📍 경기도 가평군 가평읍 경반안로 417-11
🕘 09:00~18:00(시기별로 변동 가능) ₩ 66,000원

짚라인을 타고 공중을 날며 칼봉산 일대 능선을 한눈에 담아보자. 난도와 길이가 다른 8개 코스로 이뤄져 지루할 틈 없이 즐길 수 있다. 체험객의 적응을 돕는 짧고 쉬운 코스로 시작해 짚라인 재미를 한껏 만끽할 수 있는 장거리 코스로 마무리된다.

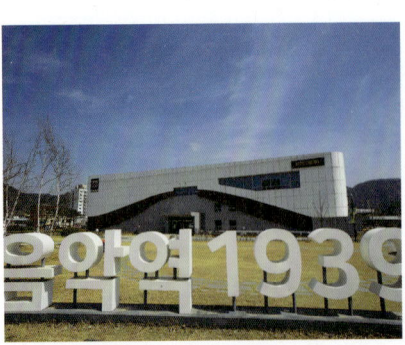

백두산 천지에 비견되는 절경
호명호수

📍 경기도 가평군 청평면 상천리 산369-1 🕘 09:00~18:00(동절기에는 미개방) 💰 무료입장

호명산 해발 535m 지점에 만든 인공 호수로, 수려한 산세와 어우러진 풍광이 아름다워 가평8경에 속한다. 이곳은 경치 좋은 관광지인 동시에 국내 최초로 건설된 양수식 발전소의 상부 저수지이기도 하다. 산에 폭 안긴 호수 풍경은 종종 백두산 천지에 비유되기도 하며, 물 위에 놓인 하늘거북 조형물이 포인트를 살린다. 호수 둘레에 산책로가 조성되어 걸어서 한 바퀴 돌아볼 수 있다. 친환경 전기차나 자전거를 타고 편하게 돌아보는 방법도 있다.

> **⊕ TIP**
> 자가용으로 호수까지 오를 수는 없다. 주차장에 차를 세운 후 포장 도로를 따라 1시간 정도 올라가야 호수에 도착한다. 어려운 코스는 아니라 시간 여유가 있다면 산책하듯 걸어볼 만하다. 주차장에서 버스를 타고 이동해도 된다. 버스가 자주 오는 편은 아니므로 미리 운행 시간표를 확인할 것.

수상 레포츠의 메카
청평호반

📍 경기도 가평군 설악면 회곡리, 청평면 호명리·고성리 일원

1940년대 청평댐이 완공되면서 생긴 인공 호수로, 가평8경 중 1경이라는 타이틀이 아깝지 않을 만큼 경치가 아름답다. 드라이브 코스로 인기가 높은 동시에 수상스키, 제트보트, 유람선 같은 수상 레포츠를 즐기기 좋은 곳으로 이름났다.

자연 그대로의 아름다움을 만나는
국립수목원

📍 경기도 포천시 소흘읍 광릉수목원로 509 🕘 4~10월 09:00~18:00, 11~3월 09:00~17:00, 차량으로 방문 시 사전 예약해야 주차장 입장 가능 ❌ 월요일 💰 어른 1,000원, 청소년 700원, 어린이 500원

조선조 세조대왕과 정희왕후의 왕실림으로 지정되어 수백 년간 자연 그대로의 모습을 보존해온 광릉 숲에 국립수목원을 조성해 특별하다. 산림박물관과 20여 개의 전시원을 돌아보며 우리나라 식물과 생태계에 대해 배울 수 있다.

포천

즐길 거리 풍성한 국민 관광지
산정호수

📍 경기도 포천시 영북면 산정호수로411번길 108

명성산과 관음산 등 여러 산으로 둘러싸인 산정호수는 관개용 저수지로 축조됐으며 산에 있는 우물 같은 호수라 해서 이런 이름이 붙었다. 계절 따라 변모하는 산과 호수를 감상하며 힐링하는 자연 휴식처로 오랫동안 사랑받아왔다. 호수를 한 바퀴 도는 둘레길이 조성되어 있고 오리배나 클래식한 놀이기구를 운영한다. 주변에 식당, 카페, 숙소 등 편의 시설도 많아 나들이 코스로 부족함이 없다.

> **TIP**
> 호수 둘레길을 따라 걷다 보면 드라마 〈낭만닥터 김사부〉 촬영지인 돌담병원을 볼 수 있다.

이곳에서는 누구나 동화 속 주인공!
허브아일랜드

📍 경기도 포천시 신북면 청신로947번길 51
🕙 10:00~21:00(토요일은 22:00까지) ❌ 수요일
💲 평일 고등학생 이상 10,000원, 37개월 이상~중학생 8,000원(주말·공휴일 요금 상이)

허브를 주제로 한 테마 식물원으로 크게 힐링 존, 향기 존, 산타 존, 베네치아 존으로 이뤄진다. 각 구역에는 허브를 온몸으로 체험하는 허브힐링센터, 연중 크리스마스 분위기를 풍기는 산타마을, 물의 도시 베네치아를 모티브로 꾸민 베네치아마을 등 저마다의 테마에 어울리는 공간이 자리한다. 곤돌라, 미니기차, 트랙터 마차 같은 탈것과 카페, 레스토랑, 빵집 등을 함께 즐길 수 있다.

> **TIP**
> 야간에는 환상적인 조명이 불을 밝혀 색다른 매력을 발산한다. 보통 오후 6시 30분에 점등하는데, 일몰 시각에 따라 조금씩 달라진다.

폐채석장, 신비한 풍경이 되다
포천아트밸리

📍 경기도 포천시 신북면 아트밸리로 234 🕐 3~10월 월~목요일 09:00~19:00, 금·토요일·공휴일 09:00~22:00, 일요일 09:00~20:00 / 11~2월 09:00~18:00 / 휴장일은 홈페이지에 공지 ₩ 어른 5,000원, 청소년 3,000원, 어린이 1,500원(모노레일 이용료 별도)

방치되었던 폐채석장을 복합 예술 문화 공간으로 재탄생시킨 이색 여행지. 훼손된 자연경관을 친환경적으로 복구했는데, 근대산업 유산을 느껴볼 수 있도록 일부는 그대로 보존했다. 채석 과정에서 생긴 웅덩이에 자연스레 물이 유입되어 형성된 천주호를 중심으로 조각공원, 전망대 등이 들어섰다. 천주호의 신비로운 풍경은 〈푸른 바다의 전설〉, 〈달의 연인 - 보보경심 려〉 같은 드라마의 배경이 되기도 했다. 매표소에서 천주호까지 오르막길을 따라 천천히 걷거나 모노레일을 타고 편하게 오를 수 있다.

┤ **TIP** ├
천주호에서 조금 더 올라가면 천문과학관이 있다.

전통 술을 음미하다
산사원

📍 경기도 포천시 화현면 화동로432번길 25 🕐 09:00~17:30 ₩ 어른 4,000원(기념품, 시음 포함)

배상면주가에서 전통 술을 테마로 조성한 박물관. 전통 술과 관련한 전시를 관람하고 다양한 술도 시음할 수 있다. 수백 개의 커다란 장독이 늘어선 야외 공간은 포토 존으로도 인기 높다.

자연, 과학, 휴식이 조화를 이룬 테마파크
어메이징파크

📍 경기도 포천시 신북면 탑신로 860 🕐 10:00~18:00 ❌ 월·화요일 ₩ 기본 입장료 36개월 이상 8,000원

200여 가지 공학 전시물을 직접 만지고 체험하는 실내 과학관과 짜릿하고 흥미로운 즐길 거리가 가득한 자연 속 야외 공간으로 이뤄진다. 높이 4.5m의 어메이징 스윙, 숲속에 연결된 300m 길이의 히든 브리지 등 이색 체험 포인트가 많다.

영화, 드라마에서 본 신비한 풍경
비둘기낭폭포

📍 경기도 포천시 영북면 대회산리 415-2

한탄강 현무암 협곡을 따라 형성된 폭포로 천연기념물로 지정되었다. 지형, 지질학적으로 가치가 큰 동시에 풍광이 아름다워 여러 드라마와 영화 촬영지로도 이용됐다. 주변 주상절리와 깊은 옥빛 소가 어우러진 풍경이 신비롭다.

주상절리 감상 포인트
한탄강하늘다리

📍 경기도 포천시 영북면 대회산리 377

한탄강을 가로지르는 길이 200m 현수교로, 한탄강 주상절리 협곡의 비경을 감상하기 좋은 포인트다. 다리 양옆으로 한탄강을 따라 산책로를 조성해 다양한 코스로 걸어볼 수 있다. 비둘기낭폭포와 인접해 함께 코스로 엮기 좋다.

한탄강을 한눈에
가람누리문화공원 전망대

📍 경기도 포천시 영북면 대회산리 377

한탄강 일대를 시원하게 눈에 담을 수 있는 전망대로, 완만한 나선형 경사로를 따라 올라가는 코스라 누구나 부담 없이 걸을 만하다. 전망대에 카페 시설도 갖춰 차 한잔 마시며 여유롭게 쉬어 가기 좋다.

산책하고 '물멍' 하기 좋은
고모호수공원

📍 경기도 포천시 영북면 대회산리 377

고모저수지 주변에 조성한 수변 공원으로 가볍게 산책하거나 오리배를 탈 수 있다. 일대에 전망 좋은 카페가 많아 편안하게 '물멍' 하기 좋다. 유명 맛집인 욕쟁이할머니집을 비롯해 다양한 음식점도 찾아볼 수 있다.

연천

타임머신 타고 선사시대로
연천전곡리유적

📍 경기도 연천군 전곡읍 양연로 1510

동아시아 최초 아슐리안형 주먹도끼가 발견된 구석기 유적이다. 1978년 이곳에 놀러 온 미군 병사가 발견한 석기가 아슐리안형 주먹도끼로 밝혀지면서 세계적으로 주목받게 됐다. 산책로를 따라 구석기시대를 알려주는 조형물이 설치돼 흥미롭다.

⊕ TIP
시기에 따라 구석기 관련 체험 프로그램을 운영한다.

구석기시대를 재미있게 배우는
전곡선사박물관

📍 경기도 연천군 전곡읍 평화로443번길 2 🕐 10:00~18:00
❌ 월요일 ₩ 무료입장

연천에서 발견된 아슐리안형 주먹도끼 관련 전시가 이뤄져 전곡리유적과 함께 방문해야 할 필수 코스다. 구석기 유적과 인류의 진화 과정을 입체적으로 전시해 남녀노소 누구나 재미있게 관람할 수 있고 이색적인 건축물과 탁 트인 야외 공간이 볼거리를 더한다.

고구려 흔적 따라
호로고루

📍 경기도 연천군 장남면 장남로163번길 128

고구려 3대 성으로 알려진 국가 사적으로, 임진강과 한탄강이 지류와 만나 형성하는 삼각형 대지 위에 조성된 독특한 형태를 취하고 있다. 입구에 호로고루 홍보관이 있고 계절에 따라 청보리밭과 해바라기 꽃밭이 펼쳐진다.

어디에서 바라봐도 신비로운
재인폭포

📍 경기도 연천군 연천읍 부곡리 192

국가 명승이자 유네스코 한탄강 세계지질공원으로 현무암 주상절리와 에메랄드빛 소가 신비롭게 어우러져 장관을 연출한다. 산책로와 출렁다리가 조성돼 높이 18m의 웅장한 폭포를 아래와 위, 다양한 각도에서 관찰할 수 있다.

양평·남양주

북한강을 끼고 마주한 양평과 남양주는 수도권과 인접해 주말 나들이 명소로 늘 사랑받아왔다.
강 주변으로 두물머리, 정약용유적지, 물의정원 같은 힐링 공간이 모여 있고
전망 좋은 카페가 늘어서 즐길 거리가 풍성하다.
여행자들이 즐겨 찾는 양평 양수리와 남양주 조안리가 양수대교와 신양수대교로 이어져
두 도시를 하나의 여행지처럼 편하게 돌아볼 수 있다.

추천 계절 스폿

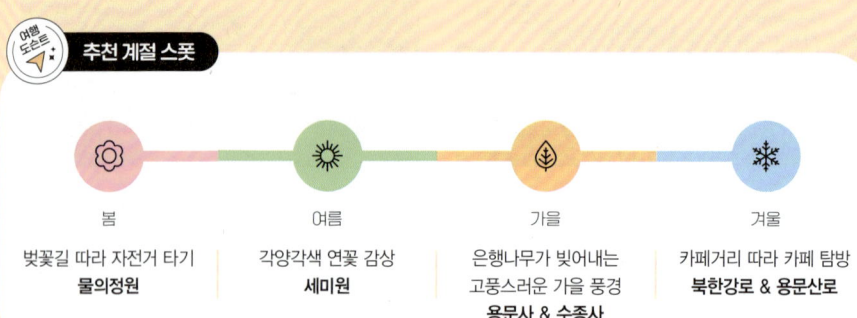

봄	여름	가을	겨울
벚꽃길 따라 자전거 타기	각양각색 연꽃 감상	은행나무가 빚어내는 고풍스러운 가을 풍경	카페거리 따라 카페 탐방
물의정원	**세미원**	**용문사 & 수종사**	**북한강로 & 용문산로**

버킷 리스트

이제는 폐역이 된
구둔역, 능내역으로
추억의 간이역 여행

정약용유적지, 수종사 등
정약용 흔적 따라가기

수종사에서 두물머리
내려다보며 차 한잔 음미하기

추천 코스

짧은 시간, 다채로운 볼거리
당일치기 코스

`양평`

① 두물머리
영화, 드라마 단골 배경

② 세미원
연꽃 필 때 절정의 풍경

③ 용문산관광단지
신비한 은행나무가 선사하는 감동

`남양주`

① 정약용유적지
다산 정약용의 흔적을 따라

② 다산생태공원
사부작사부작 기분 좋은 산책

③ 능내역 폐역
추억이 방울방울, 감성이 몽글몽글

④ 수종사
수려한 풍경이 마음에 종을 울리다.

`양평 & 남양주`

① 북한강로 디저트 카페거리
북한강 따라 카페 투어

② 두물머리
잔잔한 강물 보며 힐링

③ 능내역 폐역
인생 사진 찍고 자전거 타고~

④ 정약용유적지
다산 정약용에게 한발 가까이 다가가다.

양평

마음이 편안해지는 온화한 경치
두물머리

📍 경기도 양평군 양서면 양수리 697

두물머리라는 이름에는 남한강과 북한강, 두 물줄기가 합쳐지는 곳이라는 뜻이 담겼다. 수령이 수백 년인 늠름한 느티나무와 고풍스러운 황포돛배가 그려내는 고아한 풍경 덕에 사시사철 많은 관광객이 찾아들고 여러 드라마와 영화의 배경이 되기도 했다. 시계가 또렷한 순간에도, 강물 위로 물안개가 피어오르는 순간에도, 모든 풍경이 아름답다.

┤ +TIP ├
두물머리를 찾았다면 꼭 해야 할 두 가지가 있다. 하나는 액자 포토 존에서 사진 남기기, 다른 하나는 두물머리 명물 연핫도그 먹기!

연꽃이 그려낸 최고의 그림
세미원

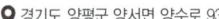

📍 경기도 양평군 양서면 양수로 93
🕘 09:00~18:00(연꽃문화제 기간에는 20:00까지)
❌ 월요일(4~10월 예외)   💰 어른 9,000원, 6~18세 3,000원

'물과 꽃의 정원'을 표방하는 세미원은 연꽃으로 유명하다. 홍련지, 백련지, 열대수련정원, 빅토리아연못 등에서 다채로운 연꽃이 피어나 연꽃이 피는 시기에 찾으면 최고의 풍경을 감상할 수 있다. 장독대분수, 유상곡수 등 동양 전통 정원 양식이 돋보이도록 꾸며 연꽃과 잘 어우러진다. 세미원 옆 강물에는 정조가 부친 사도세자를 참배하러 갈 때 한강에 설치했다는 배다리를 복원해놓았다. 배를 이어 만들었다는 배다리를 통해 세미원과 두물머리를 오갈 수 있다.

┤ +TIP ├
7월 초~8월 중순 무렵 연꽃문화제가 열릴 때 방문하면 좋다. 연꽃 개화 상황에 따라 문화제 기간이 달라지니 방문 전 확인할 것.

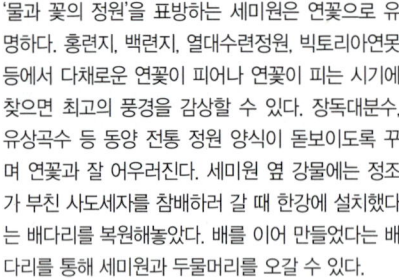

문학 감성에 젖어 드는 하루
황순원문학촌 소나기마을

📍 경기도 양평군 서종면 소나기마을길 24
🕐 3~10월 09:30~18:00, 11~2월 09:30~17:00 ❌ 월요일
💰 어른 2,000원, 청소년 1,500원, 어린이 1,000원

작가 황순원의 삶과 문학 세계를 기리는 공간으로, 모두에게 친숙한 소설 〈소나기〉의 배경을 현실적 공간에 재현해 흥미롭게 전시를 즐길 수 있도록 했다. 문학관 건물만 보더라도 중앙 부분을 소설에서 소년과 소녀가 소나기를 피한 수숫단 모양을 형상화해 원뿔형으로 건축했다. 문학관 내부에는 황순원 작가의 소장품, 유품 등을 전시하는 공간을 시작으로 〈소나기〉를 입체적으로 표현한 영상체험관 등이 있다. 야외에도 작가의 소설을 소재로 꾸민 문학 산책로와 드넓은 소나기광장 등이 있어 여유롭게 머물며 문학 감성을 음미하기 좋다.

┤ ✚TIP ├
매시 정각에 소나기광장에 인공 소나기가 쏟아진다. 비가 오는 날과 겨울에는 운영하지 않는다.

아이유와 BTS도 찾았던
구 구둔역

📍 경기도 양평군 지평면 구둔역길 3

1940년 보통역으로 영업을 개시했고 노선 복선화로 현재는 폐역됐다. 일제강점기의 기차역 건축 특성을 고스란히 간직하고 있어 국가등록문화유산으로 지정됐으며, 현재는 관광지로 활용 중이다. 철길과 간이역이 자아내는 아련한 분위기가 매력적이라 사진 찍기 좋은 명소로 손꼽히며 영화 〈건축학개론〉을 비롯한 여러 영화, 드라마의 배경이 되기도 했다. 아이유의 앨범 재킷, BTS 화보 촬영지로도 알려져 있다.

가성비 좋은 미술관
양평군립미술관

📍 경기도 양평군 양평읍 문화복지길 2   🕙 10:00~18:00
❌ 월요일   💰 어른 1,000원, 청소년 700원, 어린이 500원

군에서 운영하는 미술관으로 입장료가 저렴하고 전시 질이 좋아 호평을 얻고 있다. 시즌별로 다채로운 기획 전시와 연계된 체험 프로그램을 운영해 알찬 시간을 선사한다. 찾는 시기에 따라 다른 전시를 즐길 수 있어 늘 새롭다.

인생 사진 포인트 가득
더그림

📍 경기도 양평군 옥천면 사나사길 175
🕙 평일 10:00, 주말 09:30 개장, 폐장 시간은 시기별로 변동
❌ 수요일   💰 중학생 이상 8,000원, 30개월~초등학생 6,000원(입장료에 음료 1잔 포함)

자연과 정원이 아름답게 조화를 이루는 힐링 공간으로, 여러 방송에 등장하면서 유명해졌다. 야외 정원, 온실식물체험관, 클래식 포토 존 쉼터 등 실내외에 인생 사진 남길 만한 포인트가 많다.

우리나라에서 가장 오래된 은행나무가 있는
용문산관광단지

📍 경기도 양평군 용문면 용문산로 656

높이 1,157m의 용문산에 조성된 관광단지로 신라시대 고찰인 용문사, 천연기념물인 용문사 은행나무, 지역사와 친환경 농업에 대해 전시하는 양평친환경농업박물관을 비롯해 야영장, 잔디광장, 토속음식마을 등을 갖췄다. 매표소에서 용문사까지 천천히 걸으면 30분 정도 소요되며, 봄에는 봄꽃, 여름에는 녹음, 가을에는 단풍을 즐길 수 있다. 용문산관광단지의 백미는 뭐니 뭐니 해도 수령 약 1,100세로 추정되는 용문사 은행나무. 우리나라에서 가장 오래되고 가장 키가 큰 은행나무로 샛노랗게 단풍이 물들 때 신비함이 절정에 달한다.

➕TIP
1970~1980년대를 재현한 복고 체험 테마 공간 추억의 청춘뮤지엄도 들러볼 만하다.

숲에서 편안하게 쉬어 가는 시간
쉬자파크

📍 경기도 양평군 양평읍 쉬자파크길 193 🕘 3~10월 09:00~18:00, 11~2월 09:00~17:00 ₩ 3~10월 어른 2,000원, 초·중·고등학생 1,000원 / 11~2월 어른 1,000원, 초·중·고등학생 500원

용문산 자락에 자리한 숲 공원으로 숲길, 정원, 습지, 숲속 놀이터 등을 갖춰 하루 나들이 삼아 들르기 좋고 숙박 시설이 있어 하룻밤 머물러도 좋다. 매표소에서 관찰 덱, 치유전망대, 치유센터 등을 거쳐 한 바퀴 도는 탐방 코스는 1시간 정도 소요된다.

개성 넘치는 카페가 곳곳에
용문산로 디저트카페거리

📍 경기도 양평군 용문면 용문산로 일원

용문산으로 가는 길목에서 다양한 디저트 카페를 만날 수 있다. 스페셜티 커피와 화덕 피자로 유명한 제로제, 계곡 뷰와 스콘이 매력적인 리틀포레, 유기농 밀과 천연 발효를 고집하는 용문산빵공장 등 개성을 살린 카페가 많다.

북한강 따라 카페 & 맛집 투어
북한강로 디저트카페거리

📍 경기도 양평군 서종면 문호리 북한강로 일원

북한강을 따라 서종에서 두물머리로 가는 길에 이름난 카페가 늘어서 있다. 가장 대표적인 곳은 테라로사 서종점. 강릉에서 시작해 전국구 커피 맛집으로 입소문 난 테라로사를 비롯해 음식점, 쇼핑 스폿 등이 모여 있어 다양하게 구경하기 좋다. 그 밖에도 한옥 베이커리 카페로 유명한 하우스베이커리, 북한강이 한눈에 들어오는 수수카페, 다양한 차와 단팥죽, 호박죽을 맛볼 수 있는 명선다원 등도 놓치면 아쉽다.

> **+TIP**
> 양평 대표 맛집으로 꼽히는 문호리팥죽과 문호리쌀국수도 이 거리에서 만나볼 수 있다.

남양주

남양주에 갔다면 꼭 들러야 할
정약용유적지

📍 경기도 남양주시 조안면 다산로747번길 11
🕘 09:00~18:00 ❌ 월요일 ₩ 무료입장

남양주는 유네스코 세계기념인물로 선정된 다산 정약용이 태어나고 생을 마감한 장소다. 이런 역사적 의미를 지닌 정약용유적지에는 생가와 묘소를 비롯해 기념관, 문화관, 실학박물관 등이 있다. 생가인 여유당은 1920년대 대홍수로 유실되어 1986년 복원한 것으로, 검소한 그의 삶을 잘 보여준다. 겉만 휙 살펴보고 나오지 말고 오디오 가이드를 활용해 알차게 돌아보자. 누구나 무료로 이용 가능한 오디오 가이드는 정약용의 6대 후손인 정해인 배우의 목소리 재능 기부로 제작돼 특별하다.

> **TIP**
> 《경세유표》, 《흠흠심서》, 배다리, 거중기 등 정약용의 업적을 보여주는 야외 전시물도 놓치지 말 것.

팔당호 옆 평온한 생태 공원
다산생태공원

📍 경기도 남양주시 조안면 다산로 767

정약용유적지에서 강가로 이동하면 생태, 역사, 문화가 어우러진 다산생태공원이 나온다. 팔당호를 옆에 끼고 여유롭게 산책하기 좋은 코스로, 여름에는 연꽃, 가을에는 억새가 멋진 볼거리를 선사한다.

시간이 멈춘 간이역에서 추억 여행
능내역 폐역

📍 경기도 남양주시 조안면 다산로 566-5

더 이상 기차가 다니지 않는 폐역이 추억의 관광지로 변신했다. 간이역의 운치를 느끼며 사진을 찍고 철길을 따라 잠시 걸어도 좋다. 자전거 대여소와 간이 음식점도 있어 반나절 나들이 코스로 완벽하다.

동방 제일의 전망이라 칭송받아온
수종사

📍 경기도 남양주시 조안면 북한강로433번길 186

두물머리가 시원하게 내다보이는 수려한 전망을 자랑하는 수종사는 조선 세조, 정약용 등 역사적 인물들과 인연이 깊다. 세조가 하룻밤 묵어 갈 때 토굴 속 바위틈에서 떨어지는 물방울이 마치 종소리처럼 은은하게 퍼졌다 해서 수종사라는 이름을 내렸다고 전한다. 또 정약용이 초의선사와 아름다운 풍광을 즐기며 차를 마신 장소라는 이야기도 전해진다. 이런 차문화 역사를 바탕으로 지금도 경내에서 삼정헌이라는 다실을 운영하며, 방문객에게 무료로 차를 대접한다. 세조가 심었다는 수백 년 된 은행나무가 있어 가을에 찾으면 더욱 특별하다.

> **⊕ TIP**
> 수종사 입구 무료 주차장까지 올라가는 길이 좁고 구불구불한 편이라 운전에 주의해야 한다.

자전거 타도 산책해도 좋은 수변 공원
물의정원

📍 경기도 남양주시 조안면 북한강로 398

북한강을 따라 조성한 수변 공원으로 북한강 자전거 길이 있어 자전거 타기에도 산책하기에도 좋다. 자전거 대여소에서 1인용부터 가족용까지 다양한 자전거를 빌려 탈 수 있다. 아름다운 강 풍경을 프레임에 담을 수 있는 액자 포토 존도 놓치지 말 것.

피아노 화장실과 어우러진 인공 폭포
피아노폭포

📍 경기도 남양주시 화도읍 폭포로 562

하수처리 시설로 모인 물을 정화해 강이나 하천으로 돌려보내는 과정을 보여주는 92m 높이의 인공 폭포다. 폭포 앞에는 그랜드피아노 모양의 화장실이 어우러져 이색적이며, 화장실 건물 2층에는 전망대가 있다.

인천 · 강화

인천과 강화는 그야말로 모든 걸 갖추었다.
바다와 함께하는 자연 풍광, 선사시대부터 근현대까지 이어지는 풍성한 역사 이야기,
마천루가 늘어선 세련된 도시, 논밭이 펼쳐지는 농촌 풍경, 생태계의 보고인 갯벌까지.
그뿐이랴. 인스파이어나 파라다이스시티 같은 초현대적인 대규모 리조트도 만날 수 있다.
인천에서 연륙교를 건너 강화도로, 다시 석모도나 교동도로 달리며
화려한 도시와 평온한 섬의 매력을 만끽해보자.

추천 계절 스폿

봄 — 벚꽃 아래 피크닉 **인천대공원**

여름 — 내 맘대로 골라 가는 **인천 섬 여행**

가을 — 사부작사부작 단풍 여행 **전등사**

겨울 — 실내에서 따뜻한 겨울 여행 **인스파이어 & 파라다이스시티**

버킷 리스트

강화도에서 인천 개항장 일대까지 근현대사 역사 여행

쫄면, 짜장면, 냉면 등 인천 누들 투어

인천 개항장, 교동도 대룡시장, 강화도 조양방직 등 레트로 여행

'섬 여행 도장 깨기' 도전

추천 코스

모든 여행 테마를 만족시키는
당일치기 코스

인천 1

① **개항장거리**
매력 넘치는
타임슬립 여행지

② **차이나타운**
지하철 타고 중국으로~

③ **송월동 동화마을**
거리 전체가 포토 존

④ **월미도**
레트로 감성 유원지

인천 2

① **송도센트럴파크**
인공 수로와 고층 빌딩의
이국적인 조합

② **인스파이어
엔터테인먼트 리조트**
신비의 고래가
유영하는 곳

③ **을왕리해수욕장**
시시각각 변하는
바다 풍경

강화도

① **연미정**
숨은 풍경 & 분위기 맛집

② **소창체험관**
고려시대 한복
입어볼까?

③ **동광직물 생활문화센터**
직물 공장의
의미 있는 변신

④ **조양방직**
방직 공장에서
복합 문화 예술 카페로!

⑤ **광성보**
드라마 〈미스터 션샤인〉을
떠올리며

인천

한국에서 만나는 중국
인천 차이나타운

📍 인천광역시 중구 차이나타운로26번길 12-17

1883년 인천항이 개항되고 1884년 이 일대에 청나라 조계지가 설치된 게 차이나타운의 시초다. 중국풍 건축물이 늘어서 이국적인 분위기를 자아내는데, 짜장면, 만두, 공갈빵, 월병 등을 파는 가게가 즐비하다. 국가등록유산으로 지정된 옛 공화춘 건물에 들어선 짜장면박물관, 중국 문화를 느끼고 체험하는 한중문화관, 국내 최초 화교 전시관인 인천화교전시관 등 차이나타운 역사와 문화를 살펴볼 수 있는 공간도 함께 둘러보면 의미 있다.

+TIP
차이나타운 중심부에 황제의 계단이 있다. 이 계단을 따라 올라가면 시원한 전망이 펼쳐지는 자유공원이 나온다. 차이나타운에서 맛있는 음식을 즐긴 후 소화할 겸 방문하면 좋을 산책 코스다.

일본풍 근대건축물이 늘어선
개항장거리

📍 인천광역시 중구 신포로23번길 89

과거 일본인들이 거주했던 일본 조계지로, 일본식 건축물이 많이 남아 있다. 옛 건축물을 활용한 대불호텔전시관, 인천개항박물관, 인천개항장근대건축전시관 등을 만나볼 수 있다.

거리 자체가 거대한 박물관
인천아트플랫폼

📍 인천광역시 중구 제물량로 218번길 3

개항 이후 건립된 근대건축물이 잘 보존된 구역에 기존 건축물을 리모델링해 창작 스튜디오, 전시장, 공연장 등을 갖춘 인천아트플랫폼을 조성했다. 거리 자체가 하나의 박물관으로, 건축물을 구경하고 전시나 행사도 즐길 수 있다.

동화 같은 세상이 펼쳐지는 동네
송월동 동화마을

📍 인천광역시 중구 자유공원서로 45번길, 51번길

차이나타운 중심 거리인 차이나타운로를 따라 걷다 보면 아기자기한 동화 벽화가 그려진 송월동 동화마을에 이른다. 누구에게나 친숙한 동화 속 장면이 곳곳에 펼쳐져 모두를 동심의 세계로 초대한다. 어디에서 사진을 찍든 인생 사진을 얻을 수 있다.

닭강정부터 공갈빵까지, 주전부리 천국
신포국제시장

📍 인천광역시 중구 우현로49번길 11-5

닭강정, 쫄면, 만두, 공갈빵, 오징어 튀김 등 유명한 먹거리가 많아 전국에서 관광객이 찾는 명소다. 신포국제시장 최고 명물인 신포닭강정, 오징어 튀김으로 유명한 치킨꼬꼬, 40년 전통을 자랑하는 산동공갈빵은 필수 방문 코스다.

레트로 감성 묻어나는 한국 대표 유원지
월미도

📍 인천광역시 중구 월미문화로 36

근대 역사의 주무대였고 현대에는 한국을 대표하는 유원지로 자리매김했다. 뒤로는 월미산, 앞으로는 바다가 펼쳐지는 공간에 각종 놀이 시설과 식음 시설이 들어서 있다. 월미도유람선, 월미공원, 월미문화관, 월미전망대, 한국이민사박물관 등 가볼 만한 곳이 많은데, 월미도 명물인 월미놀이공원도 빼놓을 수 없다. 월미도 곳곳을 알차게 돌아보고 싶다면 월미도 내 4개 역을 순환식으로 운행하는 관광 모노레일 바다열차를 활용하는 것도 방법이다.

> ➕ **TIP**
> 월미도선착장에서 영종도 구읍뱃터를 오가는 선박을 이용할 수 있다. 차량 선적 가능.

옛 인천시장 관사에서 모두를 위한 복합 문화 공간으로
인천시민애집

📍 인천광역시 중구 신포로39번길 74
🕘 09:30~17:30(12:00~13:00 점심시간) ❌ 월요일
ⓦ 무료입장

옛 인천시장 관사로 사용하다 인천시청이 이전해 공간이 비게 되자 인천역사자료관으로 활용했고 2021년 복합 문화 공간으로 재정비해 일반에 개방했다. 근현대사의 매력이 고스란히 남아 있는 공간을 크게 1883 모던하우스, 제물포정원, 역사전망대로 재구성했다.

감성 여행자를 위한
배다리헌책방골목

📍 인천광역시 동구 금곡로 18-10

한때 전국 3대 헌책방거리로 불릴 만큼 번성했으나 지금은 아벨서점, 집현전, 한미서점, 삼성서림 등 몇몇 책방만 남아 명맥을 유지하고 있다. 레트로한 감성을 즐기려는 여행자들이 찾는 곳으로 드라마 〈도깨비〉에 등장한 바 있다.

도심 속 자연 휴식처
인천대공원

📍 인천광역시 남동구 무네미로 236 🕘 05:00~23:00(동절기는 22:00까지) / 시설별로 차이 있음 ⓦ 무료입장

도심 속 자연 녹지 공원으로 시민들의 휴식처인 동시에 대표 관광 명소다. 넓은 호수를 중심으로 산책로와 잔디밭 등이 펼쳐져 편안하게 쉬기 좋다. 동시에 수목원, 습지원, 캠핑장, 목재문화체험장, 환경미래관 같은 시설을 갖춰 다채로운 재미를 선사한다. 반려동물이 마음껏 뛰놀 수 있는 놀이터, 귀여운 동물 친구들이 사는 어린이동물원도 있어 반려동물이나 아이와 찾기에도 적합하다. 솔향 숲, 메타세쿼이아숲길, 명상터 등으로 구성된 치유숲은 도심 속에서 산림 치유 프로그램을 체험할 수 있어 특별하다.

인천항에서 만나는 신개념 복합 문화 예술 공간
상상플랫폼

📍 인천광역시 중구 월미로 33

2024년 7월 공식 개관한 따끈따끈한 '신상' 관광지. 일반인 출입이 불가하던 인천 내항 8부두에 방치되어 있던 폐곡물 창고를 신개념 복합 문화 예술 공간으로 탈바꿈시켰다. 바다와 마주한 상상플랫폼 건축물 앞에 서면 이곳이 1978년 건립된 아시아 최대 규모 곡물 창고였다는 명성에 고개를 끄덕이게 된다. 내부에는 전시관 뮤지엄엘, 오션뷰 베이커리 카페 스토리지 인천 등이 있고 야외에는 개항 포토 존과 스마트 음악 벤치 등을 갖춘 광장이 조성되어 있다. 인천역, 월미바다열차 월미바다역, 차이나타운과 인접해 접근성이 좋다.

맛도 양도 흡족한
화평동냉면거리

📍 인천광역시 동구 송화로2번길 2

냉면 가게가 모여 있는 거리로 세숫대야처럼 커다란 그릇에 푸짐하게 냉면을 준다 해서 세숫대야냉면거리라고도 불린다. 푸짐한 양으로 사랑받는 곳으로 원조 할머니냉면과 일미화평냉면이 특히 유명하다. 여름철에만 맛볼 수 있는 일미화평냉면의 수박냉면도 별미.

추억의 극장 여행
애관극장 & 미림극장

📍 인천광역시 중구 개항로 63-2(애관극장) / 동구 화도진로 31(미림극장)

우리나라 근현대 역사에서 중심적인 역할을 한 인천에는 한국 극장의 시초라 할 수 있는 애관극장이 건재한다. 약 130년 역사를 자랑하는 애관극장과 함께 1957년 설립된 미림극장도 만나볼 수 있다. 남다른 분위기를 자랑하는 단관 극장에서 영화 한 편 감상하며 인천 여행의 색다른 재미를 챙겨보자.

도심에서 만나는 갯벌과 습지
소래습지생태공원

📍 인천광역시 남동구 소래로154번길 77

도심에서 갯벌과 습지를 관찰할 수 있는 생태 공원. 너른 갯벌과 습지를 중심으로 소래습지생태전시관, 탐방로, 조류 관찰대 등이 조성되어 있다. 습지 생명과 갯벌 환경을 소개하는 소래습지생태전시관을 먼저 들르면 습지 탐방에 도움이 된다. 폐염전을 활용한 염전 학습장과 피로를 풀기 좋은 해수족욕장 등 즐길 거리가 풍성하다. 염전과 갯벌, 풍차 등이 어우러져 사진 찍기 좋은 곳으로도 유명하다.

> **+TIP**
> 1 시기별로 습지 탐방, 갯벌 관찰, 철새 관찰 등 다양한 생태 체험 프로그램을 진행하는데 5~6월에 진행하는 염전 체험이 인기가 높다. 체험은 무료이며 사전 예약 필수.
> 2 따뜻한 해수를 제공하는 족욕장 역시 무료 이용 가능하며 동절기에는 운영하지 않는다.

싱싱한 대하, 꽃게 먹으러~
소래포구

📍 인천광역시 남동구 소래로154번길 77

대하와 꽃게로 유명한 인천 대표 어시장 중 하나로 나들이 삼아 찾는 여행객이 많다. 전통어시장, 종합어시장, 젓갈상가 등 둘러볼 곳이 다양하다. 소래포구의 역사를 생생하게 체험할 수 있는 소래역사관도 꼭 들러볼 것.

'리틀 제주'라 불리는
예단포 둘레길

📍 인천광역시 중구 예단포1로 2-10

영종도 속 숨은 명소로 제주 감성 산책로라는 입소문을 타면서 찾는 사람이 늘고 있다. 아담한 예단포 선착장에서 시작하는 둘레길을 따라 걷는 내내 바다와 섬이 빚어내는 그림 같은 풍광이 펼쳐진다. 완만하고 짧은 코스라 누구나 가볍게 도전 가능하다.

이국적인 분위기, 풍성한 즐길 거리
송도센트럴파크

📍 인천광역시 연수구 컨벤시아대로 160

송도국제도시 중심에 위치하며 국내 최초로 바닷물을 끌어와 만든 해수 공원이라는 점이 특별하다. 인공 수로와 녹지, 고층 빌딩이 어우러진 풍경이 상당히 이국적이다. 공원은 선셋정원, 초지원, 산책정원, 테라스정원 등으로 이뤄지며 다양한 즐길 거리를 제공한다. 물 위에서 패밀리보트, 문보트 등 독특한 형태의 보트를 탈 수 있고 꽃사슴정원에서 사슴도 볼 수 있다. 그 밖에도 송도한옥마을, 인천도시역사관, 트라이보울, 국립세계문자박물관 등 굵직굵직한 볼거리가 많아 온종일 놀기 좋다.

> ➕ TIP
> 센트럴파크를 한눈에 담아보고 싶다면 G타워 33층에 있는 IFEZ 홍보관에 올라볼 것. 이곳에서 바라보는 낮 풍경과 밤 풍경이 모두 근사하다.

바다와 경관 폭포를 즐기며 달리는
영종씨사이드 레일바이크

📍 인천광역시 중구 구읍로 75 🕐 3~11월 09:00~18:00, 12~2월 09:00~17:00 ₩ 2인승 기준 25,000원

영종도 해안을 따라 이어지는 왕복 5.6km 코스의 레일바이크. 달리는 내내 바다를 눈에 담을 수 있는데 인천대교, 월미도 등도 내다보인다. 시원하게 물이 떨어지는 경관 폭포를 지나는 구간이 매력적이다.

일몰과 조개구이를 즐기기 좋은
을왕리해수욕장

📍 인천광역시 중구 용유서로302번길 16-15

서해안 대표 해변 중 하나로 넓은 백사장과 울창한 송림이 매력적이다. 간조와 만조에 따라 풍경이 사뭇 달라지니 원하는 분위기를 즐기려면 물때를 확인하고 방문하면 좋다. 일몰 명소라는 명성에 걸맞게 해 질 녘 풍경이 압권이다.

단연코, 인천 최고 '핫플'

인스파이어 엔터테인먼트 리조트

📍 인천광역시 중구 공항문화로 127

단순한 숙박 시설을 넘어 다채로운 시설과 콘텐츠를 제공하는 초대형 복합 리조트로 관광 명소로 인기몰이 중이다. 1,275개 객실의 5성급 호텔에 더해 유리 돔 형태 실내 워터파크, 국내 최초 공연 전용 아레나, 대규모 야외 엔터테인먼트 공원 등을 갖췄다. 무엇보다 LED로 초현실적인 장면을 구현한 몰입형 디지털 엔터테인먼트 거리, 오로라가 압권이다. 낮과 밤의 신비한 숲 풍경이 연출되는데, 30분 간격으로 바다로 변신하며 고래가 등장하는 영상 쇼가 펼쳐져 눈길을 사로잡는다. 그 밖에도 디지털 LED 패널로 이뤄진 키네틱 샹들리에인 로툰다, 쇼핑·다이닝 공간에 빛, 시간, 우주 등의 아트워크를 더한 인스파이어 원더 등 볼거리가 상당하다.

┤ ➕ TIP ├
사진 포인트가 넘쳐나니 단단히 준비하고 갈 것!

스파, 테마파크, 예술 작품 등 고급진 즐길 거리 가득

파라다이스시티

📍 인천광역시 중구 영종해안남로321번길 186

이곳 역시 숙박 시설에 엔터테인먼트 콘텐츠를 더해 관광 명소로 사랑받는다. 유럽 감성과 한국 특유의 찜질방 문화를 접목한 유명 스파 시설인 씨메르를 비롯해 환상적인 분위기의 가족형 실내 테마파크 원더박스, 럭셔리 풀 파티로 유명한 클럽 크로마, 레스토랑과 카페, 편집숍이 어우러진 쇼핑 아케이드 등을 운영한다. 또 실내외 곳곳에 국내외 유명 작가들의 작품을 설치해 미술관을 관람하는 듯한 재미도 맛볼 수 있다.

┤ ➕ TIP ├
홈페이지의 아트맵을 통해 작품의 위치와 관련 내용을 확인할 수 있다. 일부 작품에는 박서준 배우의 목소리가 담긴 오디오 가이드 서비스를 제공한다.

해수욕과 갯벌 체험에 모두 완벽한
동막해변

📍 인천광역시 강화군 화도면 해안남로 1481

사시사철 여행객의 발길이 끊이지 않는 강화 대표 해변. 갯벌과 백사장, 솔숲이 어우러져 천혜의 자연환경을 자랑한다. 물이 찼을 때는 백사장에서 쉬며 해수욕을, 썰물 때는 갯벌 체험을 즐길 수 있으니 물때를 확인하고 방문하자.

강화 특산물 쇼핑 명소
강화풍물시장

📍 인천광역시 강화군 강화읍 중앙로 17-9

순무, 속노란고구마, 새우젓, 화문석 등 강화 특산물을 한자리에서 구경하고 구매할 수 있는 쇼핑 명소. 2층에는 밴댕이, 쑥찐빵, 칼국수 등 각종 먹거리를 선보이는 식당가가 있다. 밴댕이회, 무침, 구이를 한 번에 즐기는 밴댕이 정식이 대표 메뉴다.

> **TIP**
> 장이 서는 날(2·7일) 방문하면 살 거리가 더욱 풍성하다.

우리나라 최초 한옥 성당
대한성공회 강화성당

📍 인천광역시 강화군 강화읍 관청길27번길 10
🕙 10:00~18:00 ₩ 무료입장

서양식 교회 건축 공간 구성을 따르되 구조와 외관은 한국 전통 건축양식으로 이뤄진 독특한 성당이다. 1900년대에 궁궐 도편수 주도 아래 축성됐으며 외삼문, 내삼문, 동종 등 한국식 요소가 서양 성당과 조화를 이루며 특별한 매력을 발산한다.

강화도령 철종이 살았던
용흥궁

📍 인천광역시 강화군 강화읍 동문안길21번길 16-1
🕙 09:00~18:00 ₩ 무료입장

철종이 왕위에 오르기 전에 거처했던 곳이다. 철종이 살 때의 집이 아니고 강화유수 정기세가 철종이 왕위에 오른 후 새로 집을 짓고 용흥궁이라 이름 붙인 것. 창덕궁의 연경당, 낙선재처럼 살림집 형식으로 지어 소박한 분위기다.

강화도 숨은 전망 명소이자 사진 맛집
연미정
📍 인천광역시 강화군 강화읍 해안북로 442

군사 시설인 월곶돈대 꼭대기에 들어선 연미정은 자연과 풍류를 즐기고 학문을 쌓던 정자다. 정묘호란 때 강화조약을 체결한 장소로도 알려져 있다. 사방이 탁 트여 환상적인 전망을 제공한다.

고려 옷 입어보고 소창 바느질도 하고
소창체험관
📍 인천광역시 강화군 강화읍 남문안길20번길 8
🕙 10:00~18:00(12:00~13:00 이용 불가) ❌ 월요일
ⓦ 무료입장(체험비 별도)

1930년대 지은 한옥과 염색 공장이던 옛 평화직물을 리모델링해 강화 특산품인 소창을 소개하는 체험관으로 활용 중이다. 고려 한복이 포함된 한복 체험, 소창 스탬프 체험, 소창 바느질 체험 등을 진행하며 전화 예약 필수.

옛 직물 공장의 흔적을 담은
동광직물 생활문화센터
📍 인천광역시 강화군 강화읍 남문안길 35
🕙 10:00~18:00(12:00~13:00 이용 불가) ❌ 월요일
ⓦ 무료입장

원도심에 방치되었던 옛 동광직물 공장을 재생한 복합 문화 공간으로 전시실, 직조 체험실, 북 카페 등을 갖췄다. 옛 직물 공장 모습을 재현한 전시실에서는 소창 만드는 과정을 살펴볼 수 있어 인상적이다.

잘나가던 방직공장에서 잘나가는 카페로 변신
조양방직
📍 인천광역시 강화군 강화읍 향나무길5번길 12
🕙 11:00~20:00(주말은 21:00까지)

1960~1970년대 직물 산업이 번성했던 강화의 역사를 보여주는 또 하나의 공간. 강화 최초의 인견 공장이었던 조양방직은 카페로 변신했다. 옛 공장의 기본 틀을 최대한 유지하고 이름도 그대로 유지한 카페는 과거와 현재를 잇는 역할을 한다.

아픈 역사적 상처와 평화로운 풍경의 아이러니
광성보

📍 인천광역시 강화군 불은면 해안동로466번길 27
🕘 09:00~18:00   ₩ 어른 1,500원, 7~18세 1,100원

강화해협을 지키던 중요한 요새 중 하나로 신미양요 때 가장 치열한 격전지이기도 했다. 당시 열세한 병력으로 용감히 맞섰던 조선군은 거의 순국했는데, 드라마 〈미스터 션샤인〉 1화의 전투 장면이 바로 광성보 전투를 나타낸 것. 치열했던 과거와는 상반되게 오늘날에는 평화로운 분위기가 감돈다. 역사를 되새기며 천천히 산책하기 좋은 코스로, 강화8경에 속한 명소답게 전망이 수려하다.

전쟁박물관이 있어 더욱 특별한
갑곶돈대

📍 인천광역시 강화군 강화읍 해안동로1366번길 18
🕘 09:00~18:00   ❌ 돈대 연중무휴, 전쟁박물관 월요일
₩ 어른 1,200원, 7~18세 900원

조선시대에 강화도 해안에 쌓은 돈대 중 하나로 강화8경에 속한다. 강화전쟁박물관에서 우리 역사에서 강화도의 군사적 역할과 돈대의 의미에 대해 배울 수 있다. 이곳에 먼저 들러 기본 지식을 쌓은 후 강화도 내 여러 진보와 돈대를 돌아보면 알차다.

포탄 자국이 남은 소나무가 전하는 역사
초지진

📍 인천광역시 강화군 길상면 해안동로 58   🕘 09:00~18:00
₩ 무료입장

1870년대 미국, 일본의 침략에 맞서 싸웠던 현장으로 민족 시련의 역사를 겪어낸 곳이다. 여러 차례 벌어진 전투로 거의 모든 시설이 파괴됐고 1970년대 초지돈대를 복원했다. 돈대 옆 소나무에 당시의 포탄 자국이 남아 있다.

아름다운 자연과 귀한 문화유산을 두루 품은
전등사

📍 인천광역시 강화군 길상면 전등사로 37-41

강화도 벚꽃, 단풍 명소인 전등사는 주변 자연환경이 수려한 데다 문화유산이 많아 여러모로 둘러볼 가치가 있다. 대웅전, 약사전, 철종 등 보물로 지정된 국가유산이 여럿 있으니 눈여겨보자.

유네스코 세계유산 탐방
강화 고인돌유적

📍 인천광역시 강화군 하점면 강화대로 994-12

고창, 화순 고인돌유적과 함께 선사시대 문화 교류를 연구하는 데 중요한 유산으로 인정받아 유네스코 세계유산에 등재됐다. 유적지 옆 강화자연사박물관과 강화역사박물관을 먼저 관람한 후 고인돌을 탐방하면 유익하다.

아이들과 가기 좋은 과학 놀이터
옥토끼우주센터

📍 인천광역시 강화군 불은면 강화동로 403 ⏰ 평일 10:00~17:30, 주말 09:30~19:00 💰 13세 이상 16,000원, 36개월~12세 17,000원, 24~35개월 9,000원

우주, 공룡, 로봇, 과학 체험을 한데서 즐기는 과학 문화 콘텐츠 공간이라 아이들과 방문하기 좋다. 항공 우주를 배우고 체험하는 우주과학박물관과 공룡의숲, 로봇공원, 사계절 썰매장 등으로 이뤄진 야외 테마 공원을 이용할 수 있다.

루지와 케이블카를 동시에
강화씨사이드리조트

📍 인천광역시 강화군 길상면 장흥로 217 ⏰ 평일 10:00~18:00, 주말·공휴일 09:00~18:00 / 시기별로 변동 💰 루지+케이블카 1회권 기준 19,000원

루지, 케이블카, 회전 전망대를 갖춘 액티비티 체험 시설. 케이블카만 이용하는 코스 또는 케이블카를 타고 올라가 루지로 내려오는 코스를 선택할 수 있다. 이곳의 루지는 총 2코스, 연장 1.8km짜리 긴 코스라 다이내믹하다.

힐링이 필요하다면
석모도

강화도 서쪽 바다 건너에 위치한 석모도는 원래는 배를 타고 가야 하는 섬이었으나 2017년 석모대교가 개통하면서 차로 쉽게 다다를 수 있게 됐다. 바다가 에워싼 섬에는 절, 자연휴양림, 해변 등 이름난 볼거리가 많아 하루 나들이 삼아 다녀오기 좋다.

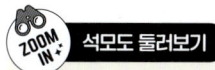
석모도 둘러보기

BTS도 다녀간
보문사
📍 인천광역시 강화군 삼산면 삼산남로828번길 44

우리나라 3대 해수관음 성지로 꼽히는 사찰로 바다와 갯벌이 내다보이는 전망이 일품이다. 몇 년 전 BTS가 방문해 앨범 흥행을 기원하는 기와불사를 남긴 곳이기도 하다.

여행 중 잠시 피로를 풀고 싶을 때
석모도미네랄스파
📍 인천광역시 강화군 삼산면 삼산남로 865-17

미네랄 성분이 포함된 물에 몸을 담그고 피로를 풀기 좋은 곳. 바다가 내다보이는 노천탕이 유명한데, 현재는 사정상 실내탕만 운영 중이니 방문 전 확인하자.

갯벌 체험하고 피크닉도 즐기고
민머루해변
📍 인천광역시 강화군 삼산면 어류정길212번길 7-12

아담한 해변이지만 썰물 때면 드넓은 갯벌이 모습을 드러낸다. 갯벌 체험이나 해변 피크닉을 즐기기 좋은 곳으로 일몰 명소이기도 하다.

작은 섬에서 만나는 특별한 생태 공간
석모도수목원
📍 인천광역시 강화군 삼산면 삼산북로449번길 161

석모도가 기후온난화에 대비해 북방한계성 식물과 해양성 식물 연구에 적합한 곳으로 인정받으면서 수목원이 조성됐다. 계곡과 숲이 어우러진 공간에서 자연과 교감하며 쉴 수 있다.

이색 레트로 감성 여행지
교동도

아담한 섬이지만 풍성한 역사적 이야기를 품었다. 예부터 교통 요충지로 역할을 해왔고 연산군, 광해군 등이 유배되었던 장소이자 한국전쟁 때는 황해도 주민들이 대거 피란했던 곳이기도 하다. 민간인출입통제구역에 해당하나 신분증을 제시하면 누구나 자유롭게 출입 가능하다. 대룡시장, 화개정원 같은 명소가 뜨면서 인기 여행지로 사랑받고 있다. 강화도와 교동대교로 연결돼 접근성이 좋다.

ZOOM IN · 교동도 둘러보기

이색 주전부리 가득한 옛날 시장
대룡시장
📍 인천광역시 강화군 교동면 교동남로 35

교동도를 '핫플'로 만든 주인공. 한국전쟁 때 황해도 연백에서 피란 왔다가 고향으로 돌아가지 못한 실향민들이 고향의 연백시장을 본떠 조성한 시장이다. 골목을 따라 오래된 상점들이 늘어선 풍경이 정겹다. 옛날 시장을 구경하듯 돌아보기 좋은데 주전부리도 다양해 먹는 재미는 덤이다. 다양한 주전부리 중 강아지떡이라 불리는 이북식 떡이 특히 유명하다.

교동도 여행의 시작점
교동제비집
📍 인천광역시 강화군 교동면 교동남로 20-1

교동도 여행 시작점으로 삼기 좋다. 관광안내소, 카페, 전망대 등의 시설을 갖추었고 지역 농산물도 판매한다. 대룡시장과 인접해 들르기 편하다.

교동도 대표 명소
화개정원
📍 인천광역시 강화군 교동면 교동동로471번길 6-62

교동도에서 가장 높은 산인 화개산 일대에 조성한 관광지로 5색 테마 정원과 전망대, 모노레일을 즐길 수 있다. 모노레일을 타고 상부 전망대에 오르면 바다와 함께 북녘땅까지 내다보인다.

홀로 잠시 묵상하기 좋은
교동순례자의교회
📍 인천광역시 강화군 교동면 대룡안길29번길 21

제주에 이어 교동도에 문을 연 순례자의교회는 '세상에서 가장 작은 교회'를 표방하는 교회 취지에 걸맞게 아주 아담하다. 종교를 떠나 잠시 들러 조용히 묵상하는 시간을 가져보자.

인천을 여행하는 또 하나의 방법
섬 여행

인천의 바다에는 168개에 달하는 크고 작은 섬이 자리한다. 강화도와 영종도 같은 대규모 섬부터 소무의도, 굴업도, 대이작도, 승봉도 등의 작은 섬까지 가볼 만한 곳이 많다. 각자 개성과 매력으로 무장한 인천 섬들을 '도장 깨기' 하듯 하나하나 방문해보자.

 인천 섬 둘러보기

색다른 매력의 3개 섬을 함께 돌아보는
신시모도
📍 인천광역시 옹진군 북도면 신도리

신도, 시도, 모도 등 3개의 섬은 연도교로 이어져 함께 여행할 수 있다. 아름다운 해변과 조각공원 등의 볼거리가 있으며 자전거 여행지로 인기다.

신비의 모래섬을 만날 수 있는
대이작도
📍 인천광역시 옹진군 자월면 이작리

백패킹, 트레킹 명소로 무엇보다 신비의 섬으로 불리는 풀등이 백미다. 풀등은 썰물 때만 모습을 드러내기 때문에 방문 전 물때를 확인해야 한다.

기암괴석 감상하며 가볍게 섬 한 바퀴
승봉도
📍 인천광역시 옹진군 자월면 승봉리

규모가 크지 않아 가볍게 한 바퀴 돌아보기 좋다. 트레킹 코스가 어렵지 않고 해송림, 해변, 기암괴석 등 볼거리도 다양해 누구나 도전해볼 만하다.

접근성 좋고 다양한 섬 여행 재미를 선사하는
선재도
📍 인천광역시 옹진군 영흥면 선재리

대부도와 영흥도 사이에 자리한 아름다운 섬으로 두 섬과 다리로 연결돼 편하게 여행하기 좋다. 선재도 옆에는 썰물 때 모랫길이 열리는 측도도 있어 다양한 섬 여행의 재미를 선사한다.

파주·고양

파주와 고양은 수도권에서 대중교통으로 가기 쉬워 심리적 거리감이 덜한 여행지다. 서삼릉, 서오릉 같은 왕릉부터 일산호수공원, 파주출판도시, 헤이리예술마을 등 테마 공간까지, 번잡한 도심에서 잠시 벗어나 여유롭게 돌아보기 좋은 명소가 많다. 몇몇 여행지를 엮어 하루 코스로, 아니면 한두 곳 정도만 반나절 코스로, 편안하게 나들이 계획을 세워보자.

추천 계절 스폿

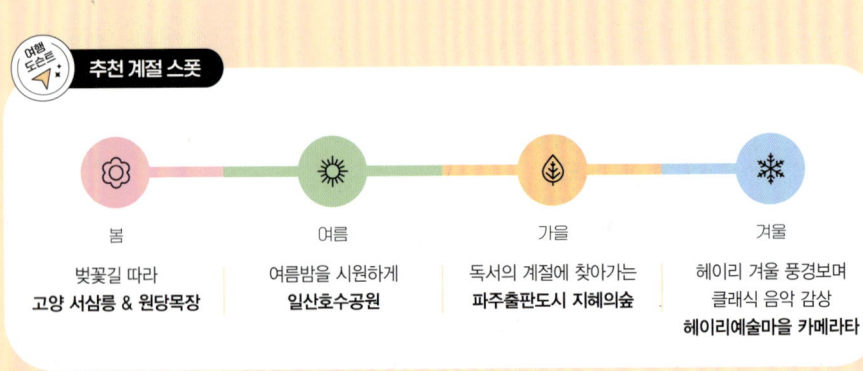

봄	여름	가을	겨울
벚꽃길 따라 **고양 서삼릉 & 원당목장**	여름밤을 시원하게 **일산호수공원**	독서의 계절에 찾아가는 **파주출판도시 지혜의숲**	헤이리 겨울 풍경보며 클래식 음악 감상 **헤이리예술마을 카메라타**

버킷 리스트

파주출판도시에서 북 카페 투어

서삼릉, 서오릉, 혜음원지로 시간 여행

헤이리예술마을 & 파주출판도시로 떠나는 건축 기행

추천 코스

가벼운 마음으로 떠나기 좋은
당일치기 코스

파주

 ❶ **임진각관광지**
때로는 진지하게
때로는 평온하게

 ❷ **헤이리예술마을**
마을 산책이 곧 여행

 ❸ **파주출판도시**
진심으로 책이
읽고 싶어지는 공간

고양

 ❶ **서오릉**
오래된 능 사이를
거닐다.

 ❷ **원당목장**
도심에서 만나는 초원

 ❸ **서삼릉**
고요하고 평화로운 시간

고양 & 파주

 ❶ **서오릉**
시간을 거슬러 걷는
이색 산책 코스

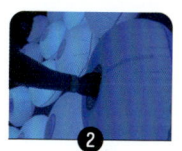 ❷ **현대모터스튜디오 고양**
자동차 마니아들의 천국

 ❸ **파주출판도시**
책을 읽고 건축물을
탐방하다.

 ❸ **임진각관광지**
다양한 재미를 맛보는
평화 안보 여행지

파주

다양한 즐길 거리 갖춘 평화 안보 관광지
임진각관광지

📍 경기도 파주시 문산읍 임진각로 164

한국전쟁과 분단의 아픔을 간직한 공간으로 평화의 종, 망배단, 자유의다리 등 의미 깊은 볼거리가 가득하다. 민통선 구간을 오가는 곤돌라도 운항해 특별함을 더한다. 곤돌라를 타고 이동하면 임진강 일대가 내다보이는 전망대와 옛 주한 미군 시설을 개조해 만든 갤러리 그리브스 등을 이용할 수 있다. 그 밖에도 평화누리공원, DMZ생생누리, 테마파크, 음식점, 카페 등 다양한 시설을 갖춰 평화 안보 관광뿐 아니라 편안한 휴식을 즐기기에도 제격이다.

| ✚ TIP |
| 곤돌라를 이용하려면 신분증을 지참해야 한다. |

전망 좋은 평화 안보 관광지
오두산통일전망대

📍 경기도 파주시 탄현면 필승로 369　🕐 10:00~17:00
❌ 월요일　ⓦ 무료입장

개성 송악산까지 내다보이는 전망대를 갖춘 시설로 분단과 통일 관련 다양한 전시와 체험을 즐길 수 있다. 탁 트인 전망을 감상할 수 있는 라운지 공간도 갖추었다. 진입로에 벚꽃 터널이 이어지는 벚꽃 명소이기도 하다.

국립민속박물관 개방형 수장고
국립민속박물관 파주

📍 경기도 파주시 탄현면 헤이리로 30　🕐 10:00~18:00
❌ 월요일　ⓦ 무료입장

국립민속박물관이 소장한 유물과 자료를 보관 및 활용하기 위한 개방형 수장고. 관람객이 내부까지 들어갈 수 있는 '열린 수장고'와 창을 통해 안을 볼 수 있는 '보이는 수장고'로 이뤄진다. 미취학 어린이를 위한 어린이 체험실도 운영한다.

건축물 투어, 산책, 문화 예술 체험 등을 두루 즐기는
헤이리예술마을

📍 경기도 파주시 탄현면 헤이리마을길 70-21

다양한 장르의 문화 예술인이 모여 살며 서로 교류하고 활발한 활동을 펼치는 경기도 최초 문화 지구다. 기존 자연환경을 최대한 원형대로 보존한 상태에서 국내외 유명 건축가들이 건물을 지어 공간 전체가 건축 박물관 같은 느낌을 준다. 자연 생태와 3층 이하의 건축물이 조화를 이뤄 산책하기 좋고 문화 예술 공간과 상업 공간이 어우러져 다채로운 볼거리와 즐길 거리를 제공한다.

➕ TIP

수많은 공간 중 어디를 가야 할지 고민된다면 4번 게이트 앞 공식 매표소에서 탐방을 시작하자. 헤이리 여러 공간에 대한 정보를 한눈에 살펴보고 입장권도 구매할 수 있다.

 헤이리예술마을 둘러보기

헤이리에 갔다면 꼭 들러야 할
한길북하우스 & 한길책박물관
📍 경기도 파주시 탄현면 헤이리마을길 59-6

인문학 출판으로 유명한 한길사에서 운영하는 서점과 박물관이다. 북 카페와 서점으로 구성된 북하우스와 책을 주제로 한 다양한 전시가 진행되는 책박물관을 함께 관람해 보자.

LP 음반으로 클래식 음악 감상
황인용뮤직스페이스 카메라타
📍 경기도 파주시 탄현면 헤이리마을길 83

편안한 공간에서 고품질 스피커를 통해 흘러나오는 클래식 음악을 감상하기 좋은 공간이다. 1만여 장의 LP 음반을 소장하고 있으며 다양한 공연도 진행한다.

건축물부터 눈길을 끄는 미술관
아트센터 화이트블럭
📍 경기도 파주시 탄현면 헤이리마을길 72

이름처럼 화이트 색감이 돋보이는 공간으로 1층은 갤러리 카페, 2층과 3층은 전시관으로 운영한다. 개방감 있는 갤러리 카페에서 헤이리 풍경을 감상하고 다양한 전시도 즐길 수 있다.

자연과 책, 건축이 조화를 이루는 이색 여행지
파주출판도시
📍 경기도 파주시 회동길 145

우리나라 대표 출판사가 모여 있는 단지로 자연 생태를 살린 지형에 개성 넘치는 건축물이 들어서 이국적인 풍경을 자아낸다. 건축물을 구경하며 돌아다니는 것만으로도 여행의 재미를 충분히 충족시키는데, 곳곳에 책과 관련한 다양한 문화 공간과 상업 시설이 어우러져 더 큰 즐거움을 선사한다.

 파주출판도시 둘러보기

파주출판도시 랜드마크
지혜의숲
📍 경기도 파주시 회동길 145

학자, 지식인, 연구소, 출판사, 박물관, 미술관에서 기증한 책을 한데 모아놓은 공간으로 누구나 자유롭게 책을 읽으며 휴식을 취할 수 있다. 책이 전시된 공간 자체가 매력적이라 파주출판도시를 찾는 누구나 꼭 들르는 명소다.

활판 인쇄를 체험하는 특별한 시간
활판인쇄박물관
📍 경기도 파주시 회동길 145

활자와 활판인쇄를 배우고 체험하는 특별한 공간으로, 지혜의숲과 같은 건물에 위치해 함께 관람하기 좋다. 수동 활판기를 비롯해 다양한 인쇄 및 제책 장비 시연과 체험을 즐길 수 있어 이색적이다.

단번에 눈을 사로잡는 아름다운 건축물
미메시스 아트뮤지엄
📍 경기도 파주시 문발로 253

세계적인 건축가 알바루 시자가 설계한 하얀색 건축물이 보는 이를 압도한다. 전시관, 카페, 북앤아트숍을 갖춰 편하게 들러볼 만하다.

수도권 인기 나들이 명소
마장호수 출렁다리

📍 경기도 파주시 광탄면 기산로 313　⏰ 출렁다리 기준 3~10월 09:00~18:00, 11~2월 09:00~17:00　₩ 무료입장

풍광 좋은 마장호수에 출렁다리가 문을 열면서 수도권 나들이 명소로 인기몰이 중이다. 호수를 가로지르는 길이 220m, 폭 1.5m 규모의 출렁다리는 바닥이 유리로 된 구간도 있어 스릴감을 더한다. 출렁다리 외에도 3.6km 길이 둘레길을 걷거나 카누, 카약, 수상 자전거 같은 수상 레저도 즐길 수 있다. 둘레길을 걷다 만나는 전망대 카페를 비롯해 호수 주변에 전망 좋은 카페가 여럿 들어서 있다.

드라마, CF, 화보 촬영지로 인기
벽초지수목원

📍 경기도 파주시 부흥로 242　⏰ 09:00~18:00 기준으로 월별로 달라지므로 방문 전 확인 요망　₩ 어른 10,500원, 청소년 8,500원, 36개월~초등학생 7,500원

동양과 서양의 정원이 아름답게 조화를 이루며 계절별로 갖가지 꽃이 피어나 사계절 색다른 분위기를 연출한다. 각기 다른 매력의 공간이 공존해 각종 드라마와 CF를 촬영한 바 있으며, BTS 정국의 화보 촬영지로도 유명하다.

아이들과 가기 좋은
퍼스트가든

📍 경기도 파주시 탑삭골길 260　⏰ 10:00~22:00　₩ 평일 기준 중학생 이상 10,000원, 36개월 이상~초등학생 9,000원 / 주말 요금 상이

토스카나광장, 버터플라이가든, 벚나무길, 허브가든 등 예쁜 테마 공간이 어우러져 여유롭게 머물며 사진 찍기 좋다. 아이들을 위한 놀이 시설과 동물 먹이주기 체험장이 있어 가족 여행지로도 제격이다.

무료입장이라 더 좋은
율곡수목원

📍 경기도 파주시 장승배기로 392　🕘 09:00~17:00
💰 무료입장

식물 유전자원 보전, 증식, 전시를 위해 조성한 공간을 시민들에게 휴식처로 공개하고 있다. 사계정원, 침엽수원, 암석원 등의 전시원을 비롯해 아이들을 위한 유아숲체험원을 운영한다. 입장료가 없어 가볍게 산책 삼아 들르기 좋다.

고려시대 국립 호텔이 있었던
혜음원지

📍 경기도 파주시 광탄면 혜음로 430-31　🕘 09:00~18:00
❌ 월요일　💰 무료입장

고려시대에 국가가 설립한 숙박 시설이 있었던 터로 알려져 있다. 20여 년 동안의 발굴 조사와 정비 공사를 마친 후 일반에 공개하고 있으며 전시실, 영상실, 전망대 등을 갖춘 방문자센터와 함께 관람하면 더욱 알차다.

고양

규모가 큰 조선시대 왕가의 무덤
서오릉

📍 경기도 고양시 덕양구 서오릉로 334-32
🕘 07:00~18:00 / 시기별로 달라지니 방문 전 확인 요망
❌ 월요일　💰 25~64세 1,000원

서쪽에 있는 5기의 능을 의미하며 구리 동구릉에 이어 두 번째로 규모가 큰 조선왕실 왕릉군이다. 세조의 첫째 아들인 의경세자의 의묘(경릉)가 처음 조성되었고 이후 예종의 창릉이 첫 왕릉으로 세워졌다. 이후 순창원, 익릉, 명릉, 홍릉이 차례로 들어섰다. 현재는 1970년대에 옮겨진 영빈 이씨의 수경원과 우리에게 장희빈으로 익숙한 옥산부대빈 장씨의 대빈묘도 위치한다. 너른 대지에 여러 능과 원, 묘가 늘어서 산책하듯 천천히 돌아보면 좋다.

┤●TIP├
서오릉을 알차게 돌아보고 싶다면 입구의 역사문화관을 먼저 관람하거나 하루에 세 차례 정도 진행하는 정규 해설 프로그램을 활용하자.

왕릉과 태실, 왕자·왕녀묘가 모여 있는
서삼릉

📍 경기도 고양시 덕양구 서삼릉길 233-126
🕐 09:00~18:00 / 시기별로 달라지니 방문 전 확인 요망
❌ 월요일 ₩ 25~64세 1,000원

중종의 두 번째 왕비 장경왕후의 희릉, 인종과 인성왕후의 효릉, 철종과 철인황후의 예릉 등 총 3기의 능이 위치한다. 그 밖에도 소현세자의 소경원, 의소세손의 의령원 등을 비롯해 태실과 여러 왕자, 왕녀묘가 이곳에 자리한다.

산책, 피크닉 즐기기 좋은 도심 속 목장
원당목장

📍 경기도 고양시 덕양구 서삼릉길 233-112 🕐 3~10월 09:00~17:00, 11~2월 09:00~16:00 ₩ 무료입장

한국마사회에서 운영하는 목장으로 무료로 입장 가능하고 서삼릉과 인접해 수도권 주말 나들이 명소로 사랑받는다. 너른 초원 위를 노니는 말들을 바라보며 가벼운 산책이나 피크닉을 즐기기 좋다.

드라마에 단골로 등장하는
일산호수공원

📍 경기도 고양시 일산동구 호수로 595

대표적인 도심 속 호수공원으로 수많은 드라마에 등장한 바 있다. 장미원, 전통정원, 작은동물원, 자연학습원 등 다양한 테마 공간으로 이뤄졌으며, 월파정이라는 정자가 있는 달맞이섬과 봄날 열리는 고양국제꽃박람회가 놓치지 말아야 할 포인트다.

이색 체험형 자동차 테마파크
현대모터스튜디오 고양

📍 경기도 고양시 일산서구 킨텍스로 217-6 🕐 09:00~20:00
₩ 어른 10,000원, 청소년 7,000원, 36개월~초등학생 5,000원

자동차 탄생 과정을 보여주고 현대자동차 차량을 전시하는 체험형 자동차 테마파크. 전시된 자동차를 직접 타볼 수 있고, 자동차 제조 공정을 생생하게 체험하는 프로그램도 진행한다. 자동차 관련 다양한 프로그램을 진행해 자동차광들을 설레게 한다.

PART 3

충청도

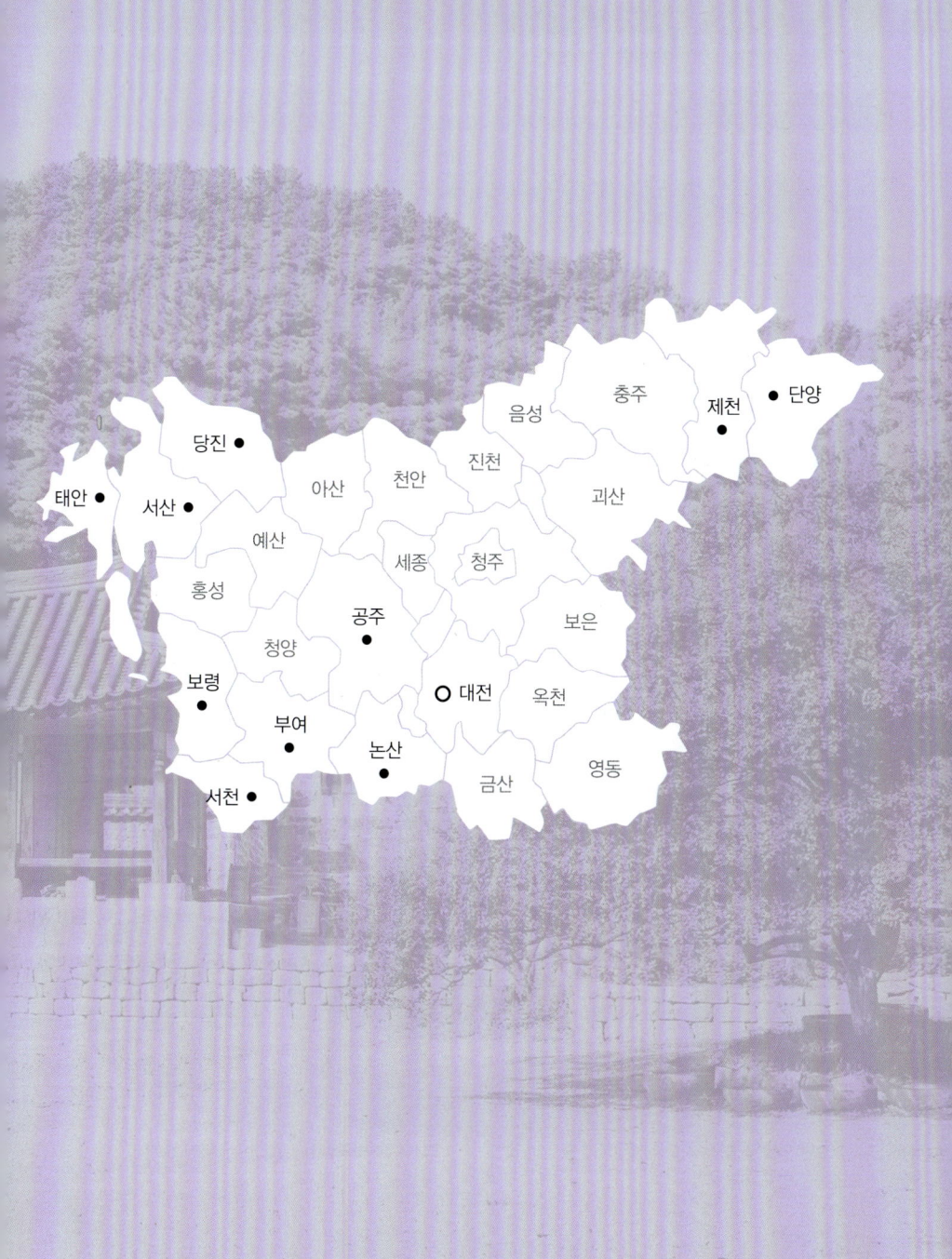

대전·논산

'노잼' 도시에서 '유잼' 도시로 거듭나고 있는 대전과 선샤인랜드, 강경 근대역사문화거리 같은 레트로 여행지로 주목받고 있는 논산을 따로 또 같이 즐기는 여행 코스. 교통 요충지인 대전은 기차를 타고 훌쩍 다녀오기 좋고 논산은 자동차 여행을 추천한다. 차로 움직인다면 두 도시를 엮어 1박 2일 여행을 계획해도 좋다.

 추천 계절 스폿

 봄
고즈넉하게 매화 꽃놀이
종학당

 여름
물놀이하고
인생 사진도 찍고
상소동산림욕장

 가을
신비로운 가을 풍경
온빛자연휴양림

 겨울
따뜻한 온천욕 즐기기
유성온천

 버킷 리스트

선샤인랜드에서
모던 의상 입고
드라마 주인공 되어보기

'빵잼도시' 대전에서
야무지게 빵지 순례

강경근대
역사문화거리에서
근대로 시간 여행

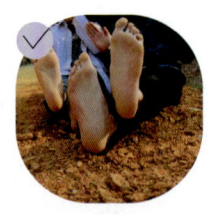
계족산 황톳길에서
어싱 즐기기

추천 코스

색다른 시공간을 오가는
당일치기 코스

대전

① 원도심 — 맛있는 동네 여행
② 소제동 — 감성 덧댄 옛 풍경
③ 대동하늘공원 — 시원한 전망 포인트

논산

① 선샤인랜드 — '합시다, 러브!'
② 돈암서원 — 세계유산의 위엄
③ 연산문화창고 — 재미난 이야기가 가득!
④ 온빛자연휴양림 — 계절마다 빛나는 풍경

화보 같은 풍경이 이어지는
1박 2일 코스

Day 1

① 만인산자연휴양림 — 호떡 맛집, 산책 맛집
② 상소동산림욕장 — 한국 맞아?
③ 연산역 — 아이들이 좋아하는 곳
④ 연산문화창고 — 옛 창고의 알찬 변신

Day 2

① 돈암서원 — 정갈한 서원을 거닐다.
② 탑정호 출렁다리 — 바다 위를 걷는 기분
③ 선샤인랜드 — 드라마 팬이라면 꼭 가자!

대전

100년 전 철도 관사촌이 오늘의 '핫플'로
소제동

📍 대전광역시 동구 철갑2길 2 일원

대전역 뒤편 소제동 골목에는 오래된 주택들이 늘어서 있다. 조금 독특한 모양새의 건물들은 1920년대 대전역에서 일하던 일본인을 위해 지은 관사다. 건물이 노후되면서 쇠퇴하던 동네에 예쁜 카페와 음식점이 하나둘 들어서면서 지금은 대전 대표 핫 플레이스로 자리매김했다. 일본 온천마을 분위기의 온천집, 대나무가 매력적인 풍류소제, 여관을 개조한 소제화실 등 저마다 개성을 살린 공간이 가득하다. 100년의 세월 속을 걷는 특별한 기분을 느껴볼 수 있는 이색 여행지.

감성적인 대전 전망, 야경 포인트
대동하늘공원

📍 대전광역시 동구 동대전로110번길 182

한국전쟁 이후 피란민들이 모여 살던 오래된 달동네를 벽화마을로 꾸몄는데, 무엇보다 전망대가 있는 하늘공원이 최고 인기 포인트. 이곳에 오르면 대전 도심을 시원하게 조망할 수 있는데, 해 질 녘과 야경이 특히 일품이다.

호떡 먹으러 자연 휴양림 갈 사람 모여라~
만인산자연휴양림

📍 대전광역시 동구 산내로 106

물 좋고 숲 좋은 자연휴양림은 많다. 그런데 맛있는 호떡집까지 갖춘 휴양림은 드물다. 만인산자연휴양림은 수려한 자연환경과 더불어 봉이호떡이라는 대전 명물 호떡집이 있어 특별하다. 호떡이 목적이든, 산책이 목적이든, 아무렴 어떤가. 호떡도 먹고 산책도 하니 그야말로 일거양득!

"해외여행 다녀왔니?"라는 질문이 따라붙는 SNS 사진 맛집
상소동산림욕장

📍 대전광역시 동구 산내로 714

전국 각지에 수많은 산림욕장이 있지만 그중 SNS 사진 맛집으로 독보적 인기를 누리고 있다. 수많은 돌탑이 조성된 공원이 포인트로 이국적인 분위기를 자아내 '한국의 앙코르와트'라는 애칭을 얻었다. 상소동산림욕장 돌탑을 이야기할 때 빠지지 않는 이가 있으니, 바로 이덕상 할아버지다. 2003년 시민을 대상으로 산림욕장에 돌탑 쌓기 캠페인을 진행한다는 소식을 접한 할아버지가 조형미가 돋보이는 돌탑 17기를 쌓았고, 이후 이국적인 사진 맛집으로 SNS 상에서 입소문을 타게 된 것. 그렇다고 돌탑이 전부는 아니다. 여름에는 물놀이장, 겨울에는 얼음동산을 운영해 또 다른 재미를 선사한다.

> ➕ TIP
> 산림욕장 앞에 널찍한 오토 캠핑장이 있다.

내륙 도시가 품은 수변 명소
대청호

📍 대전광역시 동구 천개동로 34

대전과 충북 청주, 옥천, 보은에 걸쳐 자리한 대규모 인공 호수로, 식수 및 생활용수 등으로 활용되는 동시에 시민들의 휴식처 역할을 한다. 수변을 따라 공원, 산책로, 캠핑장 등 편의 시설과 함께 대청호오백리길이라는 걷기 길이 조성되어 있다. 전체 21구간으로 이뤄지며 그중 1~5구간과 21구간 일부가 대전을 지난다. 자연 풍광을 감상하며 걷기 좋은 4구간이 가장 유명한 코스로 꼽힌다. 특히 명상정원이 백미로, 많은 영화, 드라마에도 등장한 바 있다. 대청호 일대는 주변 풍경이 아름답고 전망 좋은 카페가 많아 드라이브 코스, 나들이 코스로도 사랑받는다.

> ➕ TIP
> 4구간에 있는 대청호오백리길탐방지원센터를 먼저 방문하면 대청호와 오백리길에 대한 자세한 안내를 받을 수 있다.

도심 속 자연 휴식처
한밭수목원

📍 대전광역시 서구 둔산대로 169

도심 속 인공 수목원으로는 전국 최대 규모를 자랑한다. 정부대전청사와 엑스포과학공원 사이에 자리하며 주변에 명소가 많아 접근성이 뛰어나다. 단풍나무, 야생화, 무궁화 등 테마별 정원을 조성해 산책을 즐기고 사진 찍기 좋다.

➕ TIP 자전거를 대여해 돌아볼 수 있다.

현대사의 비극 속에서 예술혼을 불태운 거장
이응노미술관

📍 대전광역시 서구 둔산대로 157 🕐 3~10월 10:00~19:00, 11~2월 10:00~18:00 ❌ 월요일 💰 상설전 25세 이상 500원, 7~24세 300원(기획전은 요금 변동)

동서양 예술을 아우르는 화풍으로 유명했던 이응노 화백의 삶과 예술 활동을 살펴볼 수 있는 미술관이다. 프랑스 건축가 로랑 보두앵이 디자인한 건축물이 작품과 편안하게 조화를 이룬다. 한밭수목원 바로 옆이라 함께 코스에 넣어도 좋다.

문화·예술·과학 콘텐츠를 더한 신개념 백화점
신세계 아트 & 사이언스

📍 대전광역시 유성구 엑스포로 1

엑스포과학공원 부지에 들어선 백화점으로 지역적 특색을 살려 '아트'와 '사이언스'라는 테마를 더했다. 일반 백화점처럼 쇼핑·식음 공간만 갖춘 게 아니라 다양한 테마 공간을 조성해 관광지로서도 부족함이 없다. 대전 시내를 한눈에 조망할 수 있는 42층 엑스포타워 전망대, 카이스트와 함께 만든 과학 놀이터인 넥스페리움을 비롯해 아쿠아리움, 대전홍보관, 옥상 정원, 갤러리 & 아트 테라스 등 가볼 만한 곳이 많다. 대전 맛집부터 전국 각지 맛집까지 모아놓은 다이닝 시설도 자랑거리다.

과학을 재미있게 배우고 체험하는 국내 대표 시설
국립중앙과학관

📍 대전광역시 유성구 대덕대로 481   🕐 09:30~17:30
❌ 월요일   🆓 무료입장(일부 시설 유료)

국내 대표 과학관으로 자연사부터 과학기술, 천체, 미래기술, 생물 탐구 등 과학 분야별 전문 전시관을 운영한다. 꿈아띠체험관, 창의나래관, 어린이과학관 등 연령대에 맞춘 과학 체험 공간도 두루 갖췄다.

＋TIP
규모가 크고 볼거리도 워낙 많으므로 방문 전 어떤 곳 위주로 방문할지 미리 계획을 세우자.

온천 하고 이팝나무 꽃 구경까지~
유성온천지구

📍 대전광역시 유성구 계룡로123번길 52

규모와 역사 면에서 국내 최고 중 하나로 손꼽히는 온천 지구로 질 좋은 온천수로도 유명하다. 일반 온천 시설 외 무료 족욕 체험장을 이용할 수 있으며 일대에 맛집과 카페도 많다. 이팝나무 개화 시기에 찾으면 꽃 구경이 덤이다.

'어싱' 명소
계족산 황톳길

📍 대전광역시 대덕구 장동 산59

맨발 걷기 붐이 일기 전부터 일찌감치 맨발로 걷는 황톳길을 조성했다. 계족산 장동산림욕장에서 시작해 총 14.5km 구간에 황토를 깔고 맨발 걷기 전용 길로 운영한다. 산림욕과 어싱을 함께 즐길 수 있는 건강한 여행 코스다.

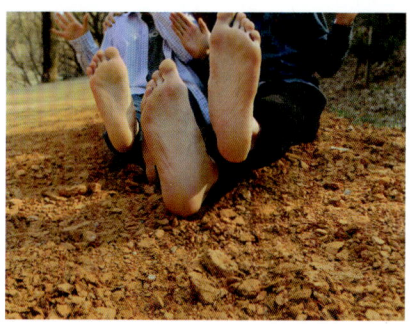

메타세쿼이아와 스카이웨이가 어우러지는
장태산자연휴양림

📍 대전광역시 서구 장안로 461

각종 수종이 짙은 숲을 이루는 가운데 메타세쿼이아가 특별함을 더한다. 숲길을 걸으며 힐링을 즐기는 동시에 스카이웨이와 스카이타워까지 체험할 수 있어 특색 있다. 휴양림 내 숙박 시설을 갖춰 숲캉스를 즐기기에도 제격이다.

대전 원도심 꿀맛 테마 여행

1 빵지 순례

3 노포 맛집 순례

2 면지 순례

| 추천스폿 **1** 성심당 | 콜드버터베이크샵

대전 여행 시 꼭 리스트에 올리는 성심당. 1956년 대전역 앞 작은 찐빵집으로 시작해 자타공인 대전의 명물로 자리매김한 성심당 본점을 원도심에서 만나볼 수 있다. 대전 다른 곳에도 매장이 있지만 진가를 맛보려면 역시 본점을 찾아야 한다. 소금빵 맛집 콜드버터베이크샵도 성심당 본점에서 멀지 않아 함께 들르기 좋다.

| 추천스폿 **2** 김화칼국수 | 미소본가스마일칼국수 | 공주얼큰이칼국수쭈꾸미 | 신도칼국수 | 소나무집

대전에서 빵만큼 유명한 게 바로 칼국수. 오죽하면 칼국수의 도시라고도 불린다. 칼국수 가게만 수백 곳에 달하며 멸치 국물, 들깨, 바지락, 얼큰이, 해물, 사골 육수, 어죽, 팥 등 종류도 셀 수 없다. 원도심에 일일이 열거하기 힘들 정도로 내공 있는 칼국수 맛집이 가득하다.

| 추천스폿 **3** 진로집 | 사리원면옥 | 타향골 | 형제집

지역 맛집을 찾을 땐 도청이나 시청 근처를 찾아가라는 암묵적인 공식이 있다. 그러니 대전 중구 원도심 일대에 내로라하는 노포 맛집이 많은 건 당연지사. 3대 두부두루치기 명물인 진로집, 전국구로 이름난 사리원면옥 본점, 한우 맛집인 타향골, 연탄 불고기가 별미인 형제집 등 저장해둬야 할 집이 수두룩하다.

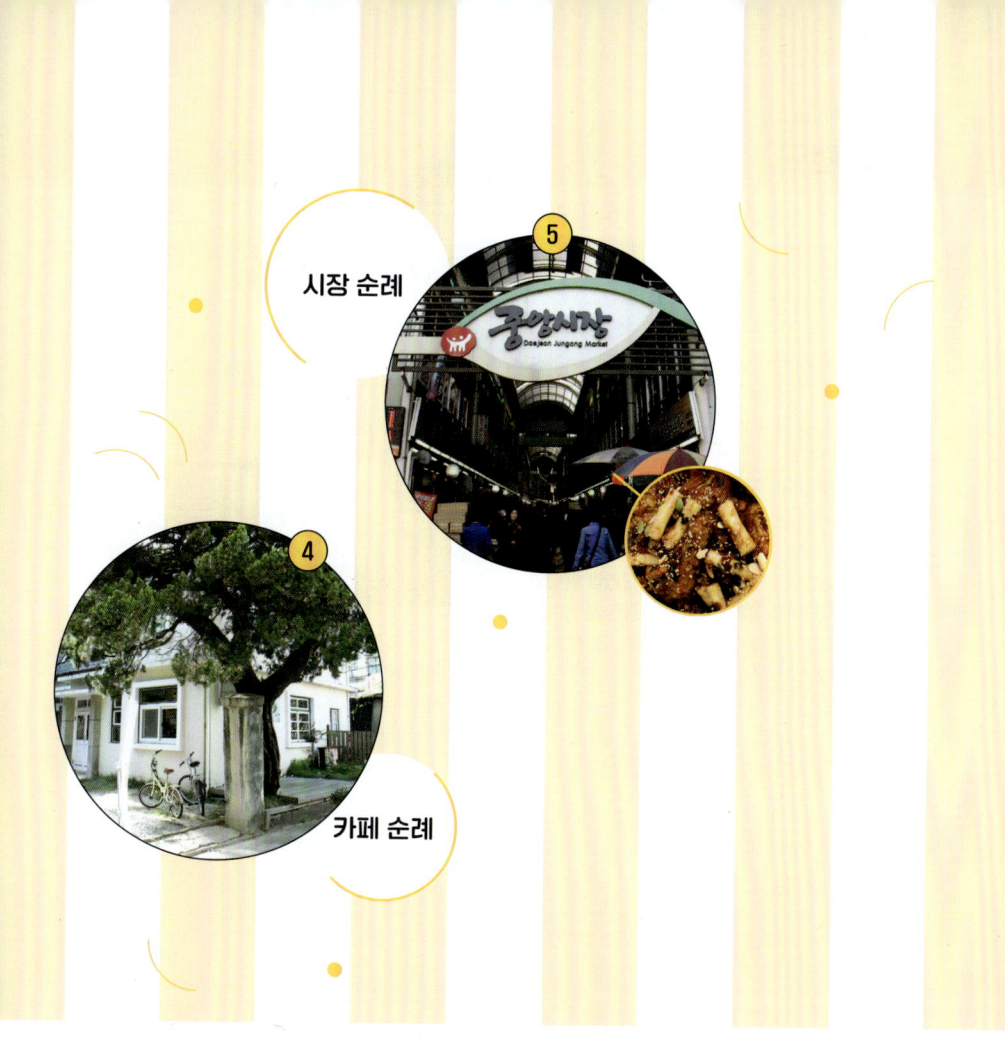

시장 순례

카페 순례

| 추천
스폿 ④ 안도르 | 알로하녹 | 확장성

오래된 건물이 많은 원도심에는 그만큼 뉴트로 감성을 살린 카페도 많다. 대표적인 몇 곳을 뽑아보자면 지금의 대전시장에 해당하는 대전부윤의 관사를 개조한 안도르, 한옥을 리모델링해 조성한 알로하녹, LP와 레트로 소품으로 꾸민 확장성 등이 있다.

| 추천
스폿 ⑤ 스모프치킨 | 수연분식 | 에이스분식

대전 중앙시장은 100여 년의 역사를 간직한 중부권 최대 전통시장으로 중앙종합시장, 신중앙시장, 중앙상가시장 등 여러 단위 시장이 모여 거대한 종합 시장을 이룬다. 규모가 큰 만큼 거의 모든 걸 물건과 함께 다양한 먹거리를 판다. 보통 5~10월 금·토요일에는 야시장이 열려 즐길 거리, 먹거리가 더욱 풍성해진다.

논산

〈미스터 션샤인〉 팬이라면 방문 필수
선샤인랜드

📍 충남 논산시 연무읍 봉황로 102 🕐 10:00~18:00(시설별로 조금씩 차이 있음) ❌ 수요일 💰 선샤인스튜디오 기준 어른 10,000원, 청소년 8,000원, 36개월~초등학생 6,000원

선샤인스튜디오, 1950스튜디오, 밀리터리체험관 등으로 이뤄진 복합 문화 공간으로 인기 드라마 〈미스터 션샤인〉 촬영지인 선샤인스튜디오가 핵심이다. 1900년대 초반 개화기 한성을 재현한 선샤인스튜디오에는 글로리호텔, 불란셔제빵소, 동매집 등 드라마에서 본 장소들이 그대로 남아 있어 감흥이 새롭다. 외관만 구경하는 게 아니라 내부까지 관람 가능한 곳이 많아 더욱 흥미롭다. 〈미스터 션샤인〉 사진전, 배우들이 입었던 의상 전시 등 이 드라마 팬이었다면 집중할 만한 볼거리가 많다. 양품점에서는 실제 의상 대여도 해 한복이나 개화기 의상을 입고 화보 같은 사진을 남길 수 있다.

┤ⓘTIP├
1950년대 중반을 배경으로 꾸민 1950스튜디오는 선샤인스튜디오와 별도의 공간으로 이곳만 관람할 경우 무료로 이용할 수 있다.

바다 같은 호수 위를 걷는 기분
탑정호 출렁다리

📍 충남 논산시 가야곡면 종연리 155 🕐 09:00~18:00(하절기에는 20:00, 동절기에는 17:00까지) 💰 무료입장

대청호에 이어 충남에서 두 번째로 큰 호수로 알려진 탑정호에 600m 길이의 출렁다리가 놓여 물 위를 걷는 기분을 제대로 만끽할 수 있다. 수변 덱, 공원 등을 조성해 산책 코스로도 매력적이다.

┤ⓘTIP├
4~11월에는 음악분수가 볼거리를 더한다.

우리나라에서 가장 큰 석불을 품은
관촉사

📍 충남 논산시 관촉로1번길 25

국내 최대 규모 석불로 유명한 석조미륵보살입상(국보)이 있는 사찰이다. 흔히 은진미륵이라고도 불리는 불상은 높이가 18m에 이르며 체구에 비해 얼굴이 크고, 머리에는 원통 모양의 긴 관을 쓰고 있는 등 생김새가 독특하다. 석불 앞에 놓인 석등도 보물로 지정된 국가유산이니 놓치지 말고 살펴보자.

유네스코 세계유산에 등재된 한국의 서원
돈암서원

📍 충남 논산시 연산면 임3길 26-14

조선 중기 정치가이자 예학 사상가인 사계 김장생을 기리며 세운 서원으로 현종 때 사액서원이 되었다. 흥선대원군의 서원 철폐령에도 살아남아 '한국의 서원'이라는 이름으로 유네스코 세계유산에 등재됐다. 유생들이 모여 강학하던 양성당을 중심으로 동재, 서재, 전사청, 숭례사 등이 배치된 서원의 모습이 단아하다. 입덕문 인근의 눈길을 끄는 대형 건축물은 강당인 응도당이다. 서원 옛터에 있던 것을 1971년 옮겨 왔으며, 규모와 건축양식 면에서 가치를 인정받아 보물로 지정되었다.

> ⊕ TIP
> 여름에는 배롱나무, 가을에는 코스모스 등 계절별 꽃 구경도 놓치지 말자.

배롱나무와 장독대가 어우러진 한 폭의 한국화
명재고택

📍 충남 논산시 노성면 노성산성길 50
🕐 하절기 10:00~17:00, 동절기 10:00~16:00　Ⓦ 무료입장

조선 중기 유학자 명재 윤증이 살았던 고택으로 수많은 장독대와 고고한 배롱나무가 어우러진 풍치가 아름다워 많은 사진작가가 찾는 인기 출사지 중 하나다. 고택에 도착하면 가장 먼저 마주하는 건 인공 연못을 갖춘 마당. 이렇다 할 담이나 문 없이 외부와 마당이 자연스레 이어져 누구나 부담 없이 들어설 수 있다. 마당 뒤 높은 기단 위에 세운 앞면 4칸, 옆면 2칸짜리 사랑채가 풍경에 방점을 찍는다. 사랑채 옆 살짝 뒤쪽으로 'ㅡ' 자형 중문간채와 'ㄷ' 자형 안채가 자리하는데, 생활공간이라 함부로 들어가서는 안 된다. 장독대와 그 뒤쪽으로 이어지는 산책로를 걷는 것만으로도 만족스러우니 실망할 필요는 없다. 내부 공간이 궁금하다면 한옥 스테이를 이용하는 것도 방법이다.

아는 사람만 아는 숨은 힐링 명소
종학당

📍 충남 논산시 노성면 종학길 39-6

파평 윤씨 문중 자녀들이 합숙 교육을 받던 교육의 장으로 여행자들에게는 멋진 풍광을 즐기기 좋은 명당이다. 봄에는 매화 향이 번지고 여름에는 배롱나무꽃과 연꽃이 동시에 피어올라 황홀한 순간을 연출한다.

기차 타지 않아도 들러야 할
연산역

📍 충남 논산시 연산면 선비로275번길 31-2

호남선이 지나는 간이역으로 폐열차를 개조한 철도문화체험관이 있어 기차를 타지 않더라도 들를 만하다. 체험관 안팎에 아이들을 위한 공간이 다양해 아이 동반 여행지로 제격이다. 역 앞에는 현존하는 급수탑 중 가장 오래됐다는 탑이 서 있다.

시골 동네에서 찾아낸 예상 밖 재미
연산문화창고

📍 충남 논산시 연산면 선비로231번길 28

연산역 인근 폐곡물 창고를 지역 활성화를 위한 문화·예술 플랫폼으로 변신시켰다. 여러 개의 건물을 각각 담쟁이예술학교, 커뮤니티 홀, 다목적 홀, 카페 등으로 활용한다. 카페 앞에 작은 풀장이 있어 여름철 아이들의 놀이터가 되어준다.

〈그해 우리는〉 속 그곳
온빛자연휴양림

📍 충남 논산시 벌곡면 황룡재로 480-113

인적 드문 조용한 휴양림이었던 이곳은 드라마 〈그해 우리는〉 촬영지로 이름을 알리기 시작했다. 초록빛 가득한 메타세쿼이아숲길과 저수지와 어우러진 이국적인 건축물이 포인트로, 사계절 다른 느낌의 풍경이 아름답다.

살아 숨 쉬는 근대 박물관
강경근대역사문화거리

논산 강경읍은 조선시대부터 일제강점기까지 크게 번성했던 곳으로 근대문화유산으로 지정된 건축물이 대거 남아 레트로한 분위기를 뽐낸다. 근대문화유산이 곳곳에 위치해 마치 지붕 없는 박물관을 돌아보는 듯한 기분이다.

 강경근대역사문화거리 둘러보기

개화기로 여행 온 기분
강경구락부
📍 충남 논산시 강경읍 계백로167번길 46-11

근대 건축물로 구성된 복합 문화 공간으로 개화기 분위기의 호텔과 카페 등이 광장을 중심으로 어우러져 드라마 세트장 같은 분위기를 자아낸다.

근대기 강경을 상징하던 건물
강경역사관
📍 충남 논산시 강경읍 계백로167번길 50

1913년 지었으며 구 한일은행 강경 지점이라는 이름으로 국가등록문화유산에 지정되었다. 여러 은행을 거쳐 개인 소유 젓갈 창고로 사용되던 것을 시에서 매입해 현재는 강경역사관으로 운영 중이다.

강경 상권 번성기를 보여주는 건물
강경역사문화안내소
📍 충남 논산시 강경읍 계백로167번길 50

1925년 건축된 구 강경노동조합(국가등록문화유산) 건물로 원래 2층 규모였으나 현재는 1층만 남아 있다. 당시 번성했던 상권을 대변하는 공간으로 현재는 강경 여행 길라잡이 역할을 하고 있다.

한약방으로 지은 2층짜리 한식 건물
구 연수당 건재 약방
📍 충남 논산시 강경읍 옥녀봉로24번길 14

1923년 건축된 2층짜리 한식 목조건물로 당시에는 남일당 한약방이었다. 1920년대 촬영된 강경시장 전경 사진 속 건축물 중 유일하게 남아 있는 건물로 국가등록문화유산에 지정되었다.

국내 유일 개신교 한옥 교회
구 강경성결교회 예배당
📍 충남 논산시 강경읍 옥녀봉로73번길 8

현존하는 유일한 개신교 한옥 교회로서 가치를 지닌다. 초기 기독교 한옥 교회 건축양식을 엿볼 수 있는 귀한 자료로 국가등록문화유산이다.

제천·단양

제천과 단양은 고속도로와 국도가 잘 연결되어 있으며
버스로도 이동하기 쉬워 함께 여행하기 좋은 지역이다.
제천과 단양을 연결하는 남한강을 따라 옥순봉 출렁다리,
수양개빛터널, 만천하스카이워크 등 풍광 여행을 즐겨도 좋고
한방과 마늘로 유명한 두 도시에서 특별한 맛 여행을 계획해도 좋겠다.

추천 계절 스폿

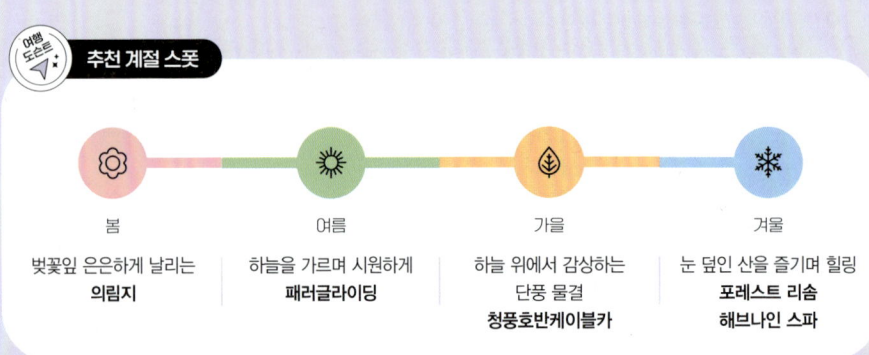

봄
벚꽃잎 은은하게 날리는
의림지

여름
하늘을 가르며 시원하게
패러글라이딩

가을
하늘 위에서 감상하는
단풍 물결
청풍호반케이블카

겨울
눈 덮인 산을 즐기며 힐링
포레스트 리솜
해브나인 스파

버킷 리스트

가스트로 투어와 함께
제천 찐 먹방 여행

의림지, 도담삼봉,
사인암 등 한 폭의
한국화 같은 명승지 탐방

케이블카, 스카이워크,
패러글라이딩 등
액티비티 즐기기

의림지, 수양개빛터널로
떠나는 야경 여행

추천 코스

잔잔하면서도 감동적인 풍광 따라
당일치기 코스

제천

① 청풍호반케이블카
이토록 그림 같은
호수 풍경

② 청풍문화재단지
제천의 귀한 문화유산이
한자리에

③ 내토·동문·중앙시장
'빨간 오뎅'은
꼭 먹어야지!

④ 의림지
마음이 편안해지는 풍경

단양

① 도담삼봉
단양 하면 제일 먼저
떠오르는 풍경

② 다누리아쿠아리움
아이와 가면 좋은
실내 여행지

③ 단양구경시장
마늘을 만나 더 맛있어진
주전부리 가득

④ 카페산
패러글라이딩 도전
혹은 구경

제천 & 단양

① 청풍호반케이블카
하늘에서 바라보는 산과
호수의 어울림

② 옥순봉 출렁다리
물 위를 걸으며
비경 감상

③ 만천하스카이워크
천하를 누리는 기분으로

④ 수양개빛터널
터널이 복합 멀티미디어
공간으로 변신

제천

한 폭의 한국화를 눈에 담고 하늘을 달리다
청풍호반케이블카

📍 충북 제천시 청풍면 문화재길 166　🕘 09:30~18:30　💰 일반 캐빈 기준 중학생 이상 18,000원, 36개월~13세 14,000원

제천 청풍면 물태리와 비봉산 정상을 연결하는 2.3km 케이블카를 타고 산과 호수가 어우러지는 그림 같은 풍경을 만끽하는 최고의 전망 여행 코스. 산 정상에는 전망대와 포토 존, 전망 카페 등이 조성되어 여유롭게 머물기 좋고 약초숲길이라는 숲속 산책로를 가볍게 걸어볼 수도 있다. 약초숲길에는 햇빛 방향에 따라 계속 다른 빛깔을 연출해 인생 사진 포인트로 꼽히는 파빌리온도 숨어 있다. 하부 정거장에는 초고화질 영상과 사운드가 압도적인 장관을 연출하는 시네마360, 착시를 통해 재미난 사진을 남길 수 있는 환상미술관 등의 즐길 거리가 있다.

┌─ ✚ TIP ─
│ 비봉산 정상까지 모노레일을 타고 이동하는 방법도 있다. 케이블카와 모노레일 탑승장은 차로 약 10분 정도 거리에 위치한다.
└─

역사적인 명소이자 제천 최고의 관광 명소
의림지

📍 충북 제천시 의림지로 33

우리나라 대표 고대 수리 시설로 주변에 제방 숲이 아름답게 어우러져 명승에 지정되었다. 수려한 풍광을 자랑하는 이곳은 역사적인 명승을 넘어 힐링 휴식처 역할도 한다. 저수지 둘레나 소나무숲을 따라 산책하는 중간중간 인공 폭포나 용추폭포 같은 볼거리도 등장한다. 그뿐만 아니라 레트로풍 테마파크인 의림지파크랜드, 의림지를 배우는 의림지역사박물관, 독특한 콘셉트의 누워라공원도 함께 즐길 수 있다. 일대에 카페와 맛집도 많아 한나절 여행 코스로 부족함이 없다.

┌─ ✚ TIP ─
│ 의림지는 야간에 방문하면 또 다른 운치를 맛볼 수 있다. 야간 경관 조명이 은은한 매력을 발산하고 인공 폭포에서는 미디어 파사드가 펼쳐진다.
└─

청풍호 옆 예스러운 풍경
청풍문화재단지

📍 충북 제천시 청풍면 청풍호로 2048
🕒 3~10월 09:00~18:00, 11~2월 09:00~17:00
💰 어른 3,000원, 청소년 2,000원, 어린이 1,000원

충주댐 건설로 청풍면 일대 여러 문화유산이 수몰 될 위기에 처하자 해당 문화유산을 원형대로 이전, 복원해 청풍호(충주호) 주변에 청풍문화재단지를 조성했다. 수몰역사관, 유물전시관을 비롯해 역사적인 건축물이 대거 들어서 야외 박물관 같은 분위기를 연출한다. 주요 문화유산이 많은데, 조선시대 대표 누각 중 하나로 꼽히는 한벽루(보물)가 백미다. 군데 군데 청풍호를 눈에 담고 쉬어 갈 공간이 있으며 맨 꼭대기에 있는 망월정이 최고 전망 포인트다.

소원 빌며 동네 한 바퀴
교동민화마을

📍 충북 제천시 용두천로20길 18

제천향교가 위치한 교동은 담장 가득 민화가 그려져 있어 이색적이다. 다른 지역 벽화마을과 달리 민화, 특히 합격과 출세를 상징하는 '어변성룡' 민화를 테마로 꾸며 소원을 빌기에 적합하다. 학업성취길을 비롯해 장원급제길, 출세길 등 여러 테마로 꾸몄다.

제천 명물 '빨간 오뎅' 먹으러 시장 나들이
내토·동문·중앙시장

📍 충북 제천시 용두천로11길 5

제천 중심가에 내토전통시장, 동문시장, 중앙시장이 한데 모여 있어 전통시장 투어를 즐기기 좋다. 제천 명물인 '빨간 오뎅'으로 유명한 외갓집과 내토빨간오뎅을 비롯해 우성순대, 옥전만두국 등 인기 맛집을 한자리에서 찾아볼 수 있다.

다양한 즐길 거리 완비한 알짜배기 여행지
제천한방엑스포공원

📍 충북 제천시 한방엑스포로 19   🕐 전시관 기준 하절기 09:00~17:30, 동절기 09:00~17:00   ❌ 월요일   ⓦ 무료입장

한방을 테마로 다양한 실내외 즐길 거리를 제공하는 대규모 공원. 한방생명과학관을 중심으로 국제발효박물관, 약초허브식물원, 자작나무숲, 색깔정원 등 다채로운 시설을 갖췄다. 한방생명과학관에는 아이 눈높이에 맞춘 흥미로운 체험 전시물이 많은 데다 야외에는 놀이터와 바닥분수대 등이 있어 아이와 함께 방문하기에 제격이다. 그 밖에도 아기자기한 포토 존과 한방 관련 체험 프로그램 등을 다양하게 즐길 수 있다.

> **+TIP**
> 제천한방바이오박람회가 열리는 기간에 방문하면 더 다양한 재미를 맛볼 수 있다.

BTS와 꽃으로 유명한
제천비행장(모산비행장)

📍 충북 제천시 의림대로42길 34

1950년대 비행 훈련용으로 조성되었으나 1970년대 중반 이후 제대로 활용되지 못한 채 방치되다 현재는 시민들의 휴식처로 애용되고 있다. BTS 뮤직비디오 촬영지로 처음 이름을 알렸고, 지금은 가을꽃 명소로 유명하다.

평온한 산에서 힐링하는 시간
국립제천치유의숲

📍 충북 제천시 청풍면 학현소야로 590

산세가 수려한 금수산 자락에 조성한 산림 치유 시설. 치유센터를 중심으로 자작나무숲길, 건강치유숲길, 솔내음치유숲길 등의 탐방로가 뻗어 있다. 숙박 또는 체험 프로그램을 이용할 수 있고 개별적으로 산책을 즐겨도 된다.

천주교 성지순례지이자 제천 단풍 명소
배론성지

📍 충북 제천시 봉양읍 배론성지길 296　🕐 3~9월 09:00~18:00, 10~2월 09:00~17:00　💰 무료입장

조선시대에 천주교 박해를 피해 신자들이 숨어들어 교우촌을 형성한 곳으로 한국 천주교 역사에서 중요한 의미를 지닌다. 황사영이 백서를 작성한 현장이자, 우리나라 두 번째 사제인 최양업 신부 묘와 국내 최초 신학교인 성요셉신학당이 있어 천주교 성지순례지로 유명하다. 박해받던 신자들이 숨어든 장소답게 주변이 온통 산으로 둘러싸여 고요하고 평온한 분위기를 자아내며, 자연 풍광이 수려하다. 가을철이면 사방이 단풍으로 물들어 풍경이 절정에 달한다.

> **TIP**
> 배론성지는 규모가 꽤 크므로 미리 홈페이지에서 코스를 확인하고 동선을 계획하는 것도 방법이다.

비경을 눈에 담고 물 위를 걷다
옥순봉 출렁다리

📍 충북 제천시 수산면 옥순봉로 342　🕐 3~10월 09:00~18:00, 11~2월 10:00~17:00　❌ 월요일　💰 초등학생 이상 3,000원(지역 상품권 2,000원으로 환급)

남한강 위로 솟은 봉우리 자태가 신비로워 우리나라 명승이자 제천10경 중 하나로 지정된 옥순봉을 감상할 수 있는 222m 길이의 출렁다리. 짜릿한 출렁다리와 생태 탐방로를 따라 산책하며 최고의 비경을 가슴 가득 담아보자.

제천을 맛있게 여행하는 방법
가스트로 투어

🕐 11:00 출발(약 2시간 소요)　❌ 일요일　💰 23,500원
🌐 예약 http://citytour.jecheon.go.kr

진짜 현지인들이 아끼는 맛집에 가고 싶다면 가스트로 투어를 강추한다. 전문 해설사와 함께 도보로 이동하면서 제천의 풍경을 보고 이야기를 들으며 맛을 음미하는 특별한 여행 코스. 2개 코스로 운영해 취향껏 선택 가능하며, 사전 예약 필수다.

제천에 가면 꼭 가야 할 맛집
덩실분식

📍 충북 제천시 독순로6길 5 🕐 08:30~18:00(재료 소진 시 조기 마감) ❌ 일요일(기타 휴무일 사전 확인)

1965년부터 영업해온 전국구 찹쌀떡 맛집. 분식집이라는 이름을 달고 있지만 찹쌀떡과 도넛만 판매한다. 국내산 팥과 찹쌀로 만든 찹쌀떡과 달콤한 팥소를 넣은 팥도넛, 동그란 모양의 링도넛, 세 가지 메뉴 모두 맛봐야 한다.

숲과 물이 선사하는 힐링의 시간
포레스트 리솜 해브나인 스파

📍 충북 제천시 백운면 금봉로 365 🕐 실내 스파 09:00~18:00, 야외 스파 10:00~18:00 ₩ 평일 기준 중학생 이상 55,000원, 36개월~초등학생 40,000원

푸릇한 산이 감싼 고급 스파에서 숲과 물이 전하는 온전한 힐링을 경험해보자. 사상 체질에 맞춘 스파, 물 에너지 스파, 바데 풀 등 어느 하나 놓칠 곳이 없는데, 숲과 하나가 되는 야외 인피니티 풀과 테마 스파가 최고 중 최고다.

단양

국가 명승이자 단양8경 중 으뜸
도담삼봉

📍 충북 단양군 매포읍 삼봉로 644-33

남한강이 굽이쳐 흐르는 물길에 봉우리 3개가 나란히 솟은 풍경이 기이하고 아름다워 예부터 이황, 김홍도, 김정희 등 많은 유명 인사가 이곳의 절경을 담은 시화를 남긴 바 있다. 단양8경 중 으뜸으로 꼽히는 도담삼봉 일대는 관광지로 조성해 다양한 재미를 선사한다. 유람선이나 황포돛배를 타고 물 위에서 도담삼봉을 감상하거나 관광마차를 타고 일대를 여유롭게 돌아볼 수 있다. 도담삼봉 역사를 전시하는 삼봉스토리관까지 관람하면 알차다.

> **TIP**
> 도담삼봉 인근에 단양8경에 속하는 석문이 위치한다. 자연의 신비를 느낄 수 있는 석문까지 꼭 가볼 것.

국내 최대 민물고기 전시관
다누리아쿠아리움

📍 충북 단양군 단양읍 수변로 111 🕘 09:00~18:00(여름 성수기 연장 운영) ❌ 월요일 💰 어른 10,000원, 청소년 7,000원, 어린이 6,000원

수중 터널, 대형 수조 등을 갖추고 국내외 다양한 민물고기를 전시해 환상적인 분위기를 연출한다. 물고기 만져보기, 모형 낚시 체험, 4D 체험관 같은 체험 요소를 더해 재미를 배가한다. 단양시외버스터미널 바로 옆이라 뚜벅이족도 이용하기 편하다.

짜릿한 액티비티 천국
만천하스카이워크

📍 충북 단양군 적성면 옷바위길 10 🕘 09:00~18:00(동절기 17:00까지) / 시설별로 다름 💰 어른 4,000원, 초·중·고등학생 3,000원

남한강 절벽 위에 세운 스카이워크로 25m 높이 전망대에 올라 아찔하고 짜릿하게 전경을 감상할 수 있다. 스카이워크와 함께 알파인코스터, 모노레일, 슬라이드, 짚와이어 등 다양한 액티비티 시설을 이용할 수 있다.

어두운 터널이 화려한 빛의 세계로 변신
수양개빛터널

📍 충북 단양군 적성면 수양개유적로 390 🕘 5~10월 14:00~22:00, 11~4월 14:00~21:00 ❌ 화요일 💰 16세 이상 9,000원, 4~15세 6,000원

일제강점기에 건설되어 수십 년간 방치되었던 터널을 LED 미디어 파사드로 화려하게 장식해 새로운 관광지로 재탄생시켰다. 빛을 테마로 꾸민 터널과 더불어 수많은 LED 꽃이 반짝거리는 비밀의 정원을 관람할 수 있다.

태고의 자연 속으로
고수동굴

📍 충북 단양군 단양읍 고수동굴길 8 🕘 09:00~17:00 💰 어른 11,000원, 청소년 7,000원, 4세~초등학생 5,000원

신비로운 풍경을 간직한 천연 동굴로 대표적인 국내 관광 동굴이기도 하다. 태고의 자연미를 간직한 동굴에는 세월과 자연이 독수리바위, 마리아상, 사랑바위 등 독특한 형상의 볼거리가 가득하다. 도담삼봉을 닮은 바위도 있으니 찾아볼 것.

흐르는 강물 따라
단양강 잔도

📍 충북 단양군 적성면 애곡리 산18-15

도보로 접근할 수 없던 남한강 암벽을 따라 조성된 총 1.12km 잔도길. 계절에 따라 신록, 녹음, 단풍으로 색감이 변화해 어느 때 찾느냐에 따라 분위기가 다르다. 야간 경관 조명을 설치해 밤 풍경도 운치 있다.

SNS 인생 사진 명소
이끼터널

📍 충북 단양군 적성면 애곡리 129-2

작은 도로 양쪽 벽에 자연적으로 이끼가 생겨나면서 여름이면 상부 쪽 나무와 함께 온통 초록빛으로 물들어 이끼터널이라는 이름이 붙었다. 일반 도로였던 이곳은 어느 때부터 초록 가득한 이끼 벽을 배경 삼아 인증 사진 남기려는 사람들이 모여드는 명소가 됐다.

> **+TIP**
> 차량이 다니는 도로라는 사실을 잊지 말자. 사진을 남기려면 차량 통행이 없을 때 안전하게 진행할 것.

색다른 분위기의 국내 최대 사찰
구인사

📍 충북 단양군 영춘면 구인사길 73

천태종 총본산 사찰로 소백산 골을 따라 길게 늘어선 사찰 짜임새와 현대적 건축양식이 어우러진 전각들이 상당히 인상적이다. 특히 초대형 대법당은 놓치지 말아야 할 포인트. 여느 전통 사찰과는 사뭇 다른 분위기를 맛볼 수 있는 곳으로 단풍 명소로도 유명하다.

'휴양림계의 5성급'이라 불리는
소백산자연휴양림

📍 충북 단양군 영춘면 하리방터길 180

전국 자연휴양림 중에 인기가 높은 곳이다. 청정하고 아름다운 주변 자연환경은 기본, 숙박동 시설이 고급스럽다는 평을 얻고 있기 때문이다. 공간이 널찍하고 전망이 좋은 데다 족욕탕을 갖춘 객실도 있다. 승마, 네트 어드벤처 등 다양한 체험 프로그램도 이용 가능하다.

고고하고도 묵직한 풍경화
사인암

📍 충북 단양군 대강면 사인암2길

꼿꼿하게 솟은 절벽이 병풍처럼 펼쳐지는 사인암 풍경 앞에 추사 김정희도 단원 김홍도도 칭찬을 아끼지 않았다고 전한다. 천변을 따라 산책로를 조성해 풍광을 감상하며 걷기 좋다. 언제 찾아도 눈이 즐겁지만 단풍이 물드는 가을날 운치가 최고!

마늘 넣은 이색 주전부리가 가득
단양구경시장

📍 충북 단양군 단양읍 도전5길 31

단양 중심부에 위치하고 단양 특산품인 마늘을 활용한 다채로운 주전부리가 있어 여행자들이 많이 찾는다. 마늘빵, 흑마늘닭강정, 마늘만두, 마늘순대 등 단양 마늘을 더한 맛있는 먹거리가 가득하다.

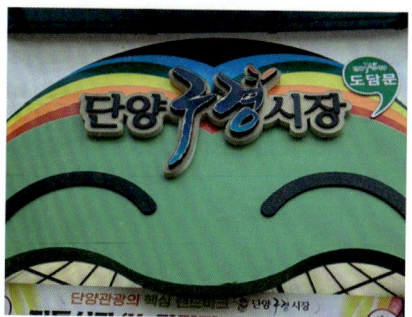

하늘에서 단양을 즐기다
패러글라이딩 체험

📍 충북 단양군 단양읍 양방산길 350(양방산활공장)

단양은 패러글라이딩의 고장으로 꼽힌다. 양방산과 두산에 활공장이 조성되어 있고 여러 전문 업체가 위치해 패러글라이딩에 대한 접근성이 좋다. 전문가와 함께하는 2인승 체험 비행 프로그램을 운영해 초보자도 체험 가능하다.

패러글라이딩 체험 가능한 전망 카페
카페산

📍 충북 단양군 가곡면 두산길 196-86
🕐 09:30~19:00(주말·공휴일 19:30까지)

해발 600m에 자리해 단양 일대 풍경이 시원하게 펼쳐진다. 옆에는 활공장이 있어 직접 패러글라이딩을 체험하거나 색색의 패러글라이더가 비행하는 모습을 감상할 수 있다. 수명을 다한 패러글라이더를 업사이클링해 만든 굿즈도 판매한다.

공주·부여

백제역사유적지구로 유네스코 세계유산에 등재된 두 도시는 같은 백제 역사를 품어서인지 결이 비슷하다.
공주와 부여 모두 백제의 수도였기 때문에 도시 곳곳에 백제의 흔적이 가득하다.
공주무령왕릉, 공산성 같은 공주 주요 유적지와 정림사지, 부소산성 같은 부여 주요 유적지가
차로 30분 이내 거리라 하나의 코스로 백제 역사 여행을 계획할 수 있다.
다채로운 먹거리도 있어 여행을 더욱 알차게 만들어준다.

추천 계절 스폿

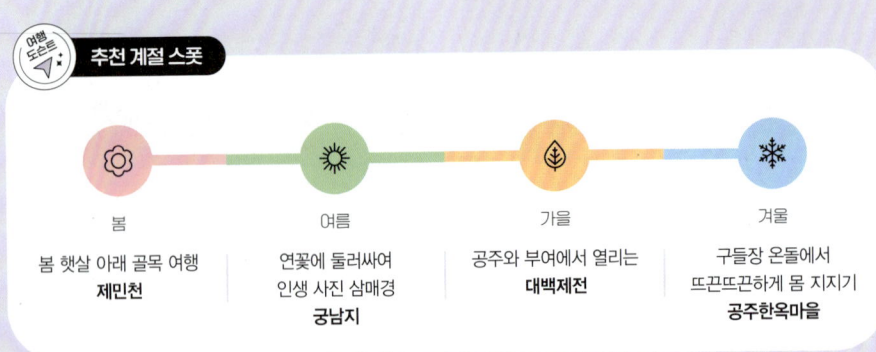

봄	여름	가을	겨울
봄 햇살 아래 골목 여행 **제민천**	연꽃에 둘러싸여 인생 사진 삼매경 **궁남지**	공주와 부여에서 열리는 **대백제전**	구들장 온돌에서 뜨끈뜨끈하게 몸 지지기 **공주한옥마을**

버킷 리스트

공주하숙마을에 1박 하며 찐 현지인처럼 공주 원도심 즐기기

밤 파이, 밤 찹쌀떡 등 공주 알밤으로 만든 각종 주전부리 먹방

부여 명물 연잎밥으로 건강한 한 끼 맛보기

공주와 부여의 유네스코 세계유산 백제역사유적지구 탐방하기

추천 코스

백제 역사와 근현대사를 따라
당일치기 코스

공주

① 국립공주박물관
백제 역사 여행 필수 방문 코스

② 무령왕릉과 왕릉원
능의 주인이 밝혀진 특별한 유적

③ 공산성
백제를 느끼며 걷는 길

④ 제민천
천변 따라 재미난 시간 여행

부여

① 부소산성
낙화암과 백마강을 만나는 길

② 정림사지 오층석탑
교과서에서 보던 백제시대 석탑

③ 국립부여박물관
백제금동대향로만 봐도 100% 만족

④ 궁남지
연꽃 피는 계절에 찬란하게 피어오르는 사적

공주 & 부여

① 공산성
백제시대에 공주를 지키던 산성

② 무령왕릉과 왕릉원
백제 왕들의 무덤이 모여 있는 고분군

③ 부소산성
백제의 마지막을 함께한 산성

④ 정림사지 오층석탑
현존하는 백제 석탑 2기 중 하나

⑤ 국립부여박물관
백제금동대향로 진품이 있는 박물관

공주

1,500여 년의 시간을 거슬러
무령왕릉과 왕릉원

- 충남 공주시 왕릉로 37
- 3~10월 09:00~18:00, 11~2월 09:00~17:00
- 어른 3,000원, 청소년 2,000원, 어린이 1,000원

백제 웅진 시기 왕릉군으로 백제역사유적지구로 유네스코 세계유산에 등재되어 있다. 고분 7기가 정비되어 있는데 1971년 5, 6호분 배수 시설 공사 과정에서 무령왕릉이 발견됐다. 무령왕릉은 도굴되지 않은 원형 상태로 발견된 덕에 무덤 주인을 알려주는 지석을 비롯해 금제 관식, 석수, 청동거울 등 국보급 국가유산이 대거 출토됐다. 연꽃무늬 벽돌을 쌓아 만든 무령왕릉 내부에 들어갈 수는 없지만 무령왕릉과 5, 6호분을 실물 크기로 재현한 전시관이 아쉬움을 달래준다.

> **TIP**
> 전시관 정기 해설 프로그램을 활용하면 관람이 더욱 유익해진다.

백제와 운명을 같이한 역사적인 장소
공산성

- 충남 공주시 웅진로 280
- 3~10월 09:00~18:00, 11~2월 09:00~17:00
- 어른 3,000원, 청소년 2,000원, 어린이 1,000원

웅진(공주)이 백제 수도였던 시절의 왕성으로 백제 때는 토성이었다가 조선시대에 석성으로 고쳐 쌓았다고 전한다. 공산성은 나당 연합군의 공격을 받은 의자왕이 피신해 항복한 곳이자, 이괄의 난 때 인조가 피란했던 곳이기도 하다.

웅진 백제를 만나다
국립공주박물관

- 충남 공주시 관광단지길 34
- 09:00~18:00
- 월요일 / 무료입장

백제 웅진시대 역사를 한눈에 살펴볼 수 있는 박물관으로 크게 웅진백제실과 충청남도역사문화실로 이뤄진다. 다채로운 관련 문화유산을 다채롭게 전시 중인데, 무엇보다 무령왕릉 석수, 지석 및 무령왕비 베개, 은팔찌, 금목걸이 등 무령왕릉에서 발굴된 유물이 눈길을 끈다.

백범 김구와 인연이 깊은
마곡사

📍 충남 공주시 사곡면 마곡사로 966

유네스코 세계유산에 등재된 '산사, 한국의 산지 승원' 중 하나로 개울을 사이에 두고 남원과 북원으로 나뉘는 구조가 독특하다. 백범 김구가 은신했던 곳으로 유명하며 대광보전, 오층석탑, 영산전, 대웅보전 등 보물로 지정된 국가유산이 많다.

숙소로도 여행지로도 OK!
공주한옥마을

📍 충남 공주시 관광단지길 12

친환경 건축양식으로 지은 한옥이 멋스럽게 어우러진 공간으로 숙박과 전통문화 체험이 가능하다. 숙박 시설은 우리나라 전통 구들장 방식으로 설계돼 매력적이다. 족욕장, 역사 체험 놀이터 등 체험 시설이 있어 숙박하지 않고도 들러볼 만하다.

자연과 미술이 조화를 이루는
연미산자연미술공원

📍 충남 공주시 우성면 연미산고개길 98

일반 공원과 달리 자연 미술을 테마로 조성해 이색적이다. 국제 자연 미술 전시 행사인 금강자연미술비엔날레에 참가한 국내외 작가들의 다양한 설치 작품이 자연 풍경과 어우러져 특별한 매력을 발산한다.

홍매화부터 국보까지 볼거리 가득
갑사

📍 충남 공주시 계룡면 갑사로 567-3

삼국시대에 창건된 역사 깊은 사찰로, 삼신불 괘불탱(국보), 대웅전(보물), 승탑(보물) 등 귀한 국가유산이 가득하다. 계곡과 어우러지는 주변 풍광이 훌륭하며 갑사 창건과 역사를 같이한다고 알려진 괴목 또한 놓치지 말아야 할 볼거리다.

온기 넘치는 공주 원도심
제민천

제민천이 졸졸 흘러가고 키 작은 건물이 옹기종기 모여 있는 공주 원도심은 따스하고 정겹다. 인구 감소로 활기를 많이 잃었다고 하지만 지금은 또 다른 온기가 일대를 감싼다. 낡고 오래된 공간을 방치하는 대신 서점, 카페, 전시관 같은 쓸모 있는 공간으로 탈바꿈시킨 것. 골목을 따라 걷다 보면 국가등록문화유산부터 분식집까지 볼거리가 어찌나 다양하고 많은지, 하룻밤 꼭 묵어 가고 싶다는 생각이 간절해진다.

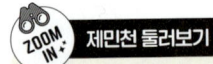
제민천 둘러보기

추억이 되어버린 공주 하숙 문화 탐험
공주하숙마을
📍 충남 공주시 당간지주길 21

한때 공주는 충청도 다른 지역에서 많은 학생이 유학을 오는 교육 도시였다. 더불어 타지 유학생을 위한 하숙집이 많았다. 당대 하숙 문화를 재현한 공주하숙마을은 게스트하우스 겸 복합 문화 공간 역할을 한다. 여행자 쉼터, 포토 존 등을 갖춰 투숙객이 아니어도 들러볼 만하다.

유관순 열사, 박목월 시인 등과 인연 있는
공주제일교회
📍 충남 공주시 제민1길 18

1931년 건립되어 충청도 감리교의 중심 역할을 했던 곳으로 교회 건축사적 가치를 인정받아 국가등록문화유산에 지정됐다. 현재 공주기독교박물관으로 운영 중이며, 교회와 관련된 인물(유관순 열사, 박목월 시인, 이상화 시인)의 이야기를 비롯해 3·1만세운동, 교회 역사 등을 전시한다.

도심 속에서 만나는 문화유산
반죽동 당간지주
📍 충남 공주시 반죽동 301-2

공주하숙마을과 공주제일교회 사이 공원 같은 녹지가 펼쳐지고 다른 시간대를 살아온 듯한 당간지주가 덩그러니 서 있다. 당간지주는 사찰 입구에 세우는 것으로 반죽동 당간지주는 대통사의 옛터임을 보여준다. 주변 볼거리 없이 홀로 남아 스쳐 지나기 쉬우나 보물로 지정된 귀한 국가유산이니 잠시 걸음을 멈추고 살펴보자.

고풍스러운 벽돌 건물
구 공주읍사무소
📍 충남 공주시 우체국길 8

고풍스러운 2층짜리 붉은 벽돌 건물이 읍사무소였다는 사실이 놀라울 따름이다. 원래는 충남금융조합연합회 회관으로 건립됐으며 1930년 무렵부터 1985년까지 꽤 오랜 세월 공주읍사무소로 사용됐다. 이후 1986년부터 1989년까지는 공주시청으로 이용되기도 했다. 국가등록문화유산에 지정됐으며 현재는 공주역사영상관으로 변신해 방문객을 맞는다.

반드시 속을 비우고 방문해야 할
공주산성시장
📍 충남 공주시 용당길 22

원도심에서 시장 구경을 빼놓으면 섭섭하다. 제민천 옆 공주산성시장은 규모가 꽤 크고 먹거리가 다양해 여행 중 들르기 좋다. 잔치국수 맛집 청양분식, 김밥 맛집 반줄김밥, 공주 알밤을 넣은 순대 맛집 광장순대, 잡채 만두 맛집 간식집 등 유명한 가게가 많다. 부자떡집의 알밤 찹쌀떡으로 완벽하게 마무리하자.

> **TIP**
> 1·6일로 끝나는 날에는 오일장이 열려 더욱 풍성하다. 5월부터 9월까지 금·토요일에 열리는 야시장도 놓칠 수 없다.

레트로 감성 분식 맛집
중동오뎅집
📍 충남 공주시 제민천3길 42

학교가 많고 학생들이 모이는 동네였으니 당연히 유명한 분식집이 있다. 대표적인 곳이 중동오뎅집. 어묵 외에 군만두, 비빔만두, 떡볶이, 쫄면, 김밥 등 각종 분식을 판다. 양이 푸짐해 '가성비' 좋고 맛도 빠지지 않는다. 옛날 분식집 분위기를 좋아한다면 무조건 방문!

한 권의 시집을 읽는 기분
나태주 골목길
📍 충남 공주시 반죽동 160-2

공주에서 오랫동안 교직 생활을 해온 나태주 시인과 그의 시를 테마로 꾸민 골목길. 제민천에서 풀꽃문학관으로 향하는 작은 골목길 벽면을 시로 가득 채웠다. 마치 한 권의 시집을 읽는 기분으로 걸어보는 낭만적인 코스.

커피 수혈이 필요할 때
카페 투어
📍 충남 공주시 제민천1길 & 제민천3길 일원

레트로 감성 가득한 동네에 카페가 빠질 리 없다. 제민천을 따라 저마다의 개성으로 무장한 괜찮은 카페가 많아 즐거운 선택의 고민에 빠진다. 독특한 건축물이 눈길을 끄는 프론트, 분위기 있는 한옥 카페 눈썹달, 브런치로 유명한 바흐, 각종 식빵이 있는 카페소울 등이 유명하다. 빵순이라면 소로빵집을 저장할 것.

부여

백제 이야기를 품은 부여 대표 명소
부소산성

- 충남 부여군 부여읍 부소로 31
- 3~10월 09:00~18:00, 11~2월 09:00~17:00
- 어른 2,000원, 청소년 1,100원, 어린이 1,000원

부여가 백제 도읍이었던 사비시대 도성으로 백마강 남쪽 부소산에 축성됐다. 평소에는 왕과 귀족이 아름다운 자연경관을 즐기던 휴식처로, 유사시에는 군사적 용도로 활용된 것으로 전한다. 산성을 따라 영일루, 반월루, 사자루, 군창터, 태자골 숲길, 고란사 등 볼거리가 이어져 역사와 자연을 두루 즐기는 산책 코스로 제격이다. 백제의 구슬픈 역사를 품은 낙화암도 이곳에서 만나볼 수 있다.

부소산성에는 정문, 구문, 후문 매표소가 있다. 후문 매표소는 백마강과 접해 구드래나루터에서 황포돛배를 타고 출입 가능하다. 이 경우 배에서 낙화암 전경을 감상할 수 있어 매력적이다. 황포돛배 승선권을 편도로 끊고 후문으로 입장해 부소산성을 돌아보고 정문으로 나오는 것도 방법이다. 정문에서 나루터 주차장까지 도보 이동 가능하다.

진귀한 백제 석탑
정림사지 오층석탑

- 충남 부여군 부여읍 정림로 83
- 3~10월 09:00~18:00, 11~2월 09:00~17:00
- 무료입장

백제 사비시대 중심 사찰이었던 정림사 터에 남은 석탑으로 세련되고 정제된 조형미가 돋보인다. 현존하는 백제시대 석탑 2기 중 하나로 국보로 지정되었다. 바로 옆 정림사지박물관과 함께 관람하면 유익하다.

백제금동대향로를 직관할 수 있는
국립부여박물관

- 충남 부여군 부여읍 금성로 5
- 09:00~18:00
- 월요일
- 무료입장

사비 천도 후 백제 역사를 살펴보기 좋은 박물관으로 상설전시관, 디지털실감영상관, 어린이박물관 등으로 구성된다. 무엇보다 백제 금속공예 최고 걸작품으로 꼽히는 백제금동대향로(국보) 진품을 전시해 방문할 가치가 있다.

백제시대 별궁 연못을 걷는 특별한 시간

궁남지

📍 충남 부여군 부여읍 궁남로 52

백제 무왕 때 만들었다고 전하는 별궁 연못으로 동쪽에는 별궁으로 추정되는 궁궐 터가 남아 있다. 《삼국사기》에 나오는 '궁궐 남쪽에 연못을 팠다'라는 기록에 따라 궁남지라 부르며 백제의 뛰어난 조경 기술을 보여주는 유적으로 평가받는다. 지금의 궁남지는 1960~1970년대에 복원 조성된 모습으로, 원래 규모는 이보다 훨씬 더 컸을 것으로 추정된다. 연못과 산책로가 잘 정비되어 있고 사계절 내내 색다른 풍경을 연출해 부여 대표 관광지로 사랑받는다. 천천히 산책을 즐기고 연못 가운데에 조성된 정자(포룡정)와 목조 다리를 배경으로 인증 사진을 남겨보자.

┤ ✚TIP ├
매해 7월경 부여서동연꽃축제가 열릴 때 방문하면 최고의 풍경과 다양한 즐길 거리를 만끽할 수 있다.

백제시대로 타임슬립

백제문화단지

📍 충남 부여군 규암면 백제문로 455
🕐 3~10월 09:00~18:00, 11~2월 09:00~17:00
💰 어른 6,000원, 청소년 4,500원, 어린이 3,000원

백제시대 왕궁, 사찰, 도읍 등을 재현해 백제 역사 문화를 이해하는 데 도움을 준다. 백제 왕궁을 재현한 사비궁을 중심으로 백제 왕실 사찰을 실물 크기로 재현한 능사, 백제 한성 시기 도읍을 재현한 위례성, 사비시대 계층별 주거 유형을 보여주는 생활문화마을, 백제사를 다룬 전문 박물관인 백제역사문화관 등이 짜임새 있게 들어서 있다. 백제 의복 체험, 만들기 체험 등 다채로운 프로그램과 월별로 진행하는 테마 이벤트가 재미를 더한다.

┤ ✚TIP ├
봄부터 가을까지 금·토·일요일에 야간 개장한다. 청사초롱을 대여해 백제문화단지를 거니는 색다른 체험을 할 수 있다. 자세한 일정과 내용은 방문 전 홈페이지에서 확인할 것.

공주·부여에서 꼭 먹어야 할 먹템!

① 밤 파이

② 알밤 찹쌀떡

③ 김피탕

추천스폿 ① 베이커리밤마을

📍 충남 공주시 백미고을길 5-9

공산성 맞은편에 자리한 빵집으로 밤을 넣은 각종 빵을 비롯해 밤양갱, 밤 초콜릿, 밤 젤라토, 밤 라테 등 온갖 밤 주전부리가 가득하다. 대표 메뉴는 결이 살아 있는 바삭한 페이스트리 속에 수제 밤 앙금과 통밤을 넣은 밤 파이. 누구도 싫어할 수 없는 조합이다.

추천스폿 ② 부자떡집

📍 충남 공주시 용당길 11

공주산성시장 내 인기 떡집으로 좋은 재료로 당일 만든 떡을 판매한다. 쫄깃한 찹쌀떡 안에 공주 밤을 통째로 넣은 알밤 찹쌀떡과 공주 밤, 대추, 호두 등 각종 견과류가 어우러진 부자떡이 가장 인기가 많다.

추천스폿 ③ 피탕김탕

📍 충남 공주시 한적2길 41-11

'김치, 피자, 탕수육' 줄임말인 김피탕은 다른 지역 사람들에게는 생소할 수 있으나 충청도 일부 지역에서는 꽤 잘 알려진 음식이다. 특히 공주 지역 대학생들이 즐겨 먹던 음식으로 지금도 공주 명물로 통한다. 김치, 피자, 탕수육의 중독성 강한 조합에 양도 푸짐해 가성비 먹거리로 인기다.

옛날 통닭

막국수 +편육

건조 숙성 한우

| 추천스폿 ④ 장원막국수

📍 충남 부여군 부여읍 나루터로62번길 20

살얼음 동동 띄운 막국수와 보드라운 편육이 메뉴의 전부다. 막국수와 편육은 각기 깊은 맛을 내는데 얇게 썬 편육을 막국수 면에 감아 함께 먹어도 별미다. 시골 외할머니 집 감성의 식당 분위기도 감칠맛을 살리는 데 한몫한다.

| 추천스폿 ⑤ 시골통닭

📍 충남 부여군 부여읍 중앙로5번길 14-9

전통 방식 그대로 닭 한 마리를 통째로 가마솥에서 튀겨내는 50여 년 내공의 통닭집이다. 기본 통닭 외에도 그 위에 파를 올려 내는 파닭, 쫄깃한 맛이 일품인 모래주머니, 보양식으로 딱 좋은 삼계탕 등을 판매한다.

| 추천스폿 ⑥ 서동한우

📍 충남 부여군 부여읍 성왕로 256

국내 최초 건조 숙성 한우 암소 숯불구이 전문점으로 현지인과 여행자들 사이에서 두루 인기가 높다. 한우 암소를 50~120일 드라이에이징해 육즙이 풍성하고 풍미가 깊다. 황동 불판과 두 번 구운 참숯만 사용한다는 점도 특징이다.

서천·보령

충남 서해안 대표 도시인 보령과 서천은 같은 해안선을 끼고 남북으로 이어진다.
서천 갯벌은 유네스코 세계유산에 등재된 한국의 갯벌에 속하고
보령 대천해수욕장은 국제적인 축제로 자리 잡은 머드축제의 현장이다.
두 지역의 바다가 세계적으로 인정받고 있는 셈.
거기에 천북 청보리밭, 우유창고, 문헌서원, 충청수영성 등 인생 사진 명소와
드라마 촬영 명소가 아기자기한 감성을 더해 요즘 여행 트렌드에 부합한다.

추천 계절 스폿

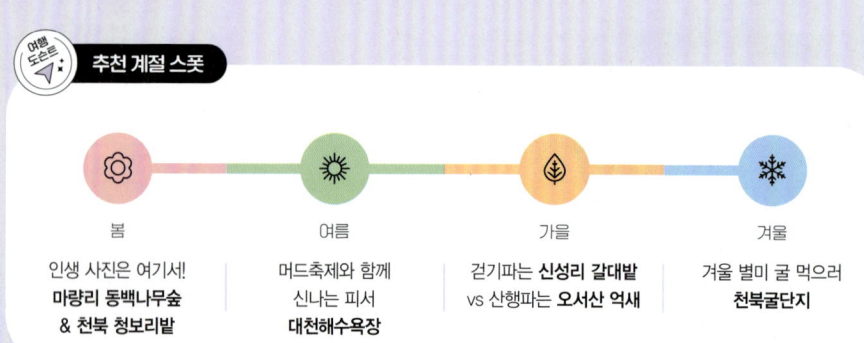

봄
인생 사진은 여기서!
**마량리 동백나무숲
& 천북 청보리밭**

여름
머드축제와 함께
신나는 피서
대천해수욕장

가을
걷기파는 **신성리 갈대밭**
vs 산행파는 **오서산 억새**

겨울
겨울 별미 굴 먹으러
천북굴단지

버킷 리스트

국립생태원~국립해양
생물자원관~선도리
갯벌체험장으로 아이와
체험 여행 코스 완성

봄에는 주꾸미,
겨울에는 굴로
서해 음미하기

문헌서원, 충청수영성,
천북 청보리밭 등
드라마 촬영지 탐방

유네스코
세계자연유산에 등재된
서천 갯벌에서
생태 체험

추천 코스

바다의 감동과 소소한 감성이 어우러지는
당일치기 코스

서천

① 문헌서원
인기 사극 드라마
단골 촬영지

② 한산모시마을
한산 모시를 재미있게
체험하는 공간

③ 국립생태원
세계 5대 기후를
한자리에서 체험

④ 장항송림산림욕장
아름다운 갯벌 옆
청명한 송림

보령

① 죽도 상화원
섬, 아름다운
정원이 되다.

② 대천해수욕장
1년 365일, 낮부터
밤까지 즐길 거리 가득

③ 충청수영성
전망 좋은 감성 역사
여행지

**④ 우유창고 or
천북 청보리밭**
어떻게 찍어도 화보가
되는 풍경

보령 & 서천

① 무창포해수욕장
신비의 바닷길을
경험하고 싶다면

② 마량리 동백나무숲
천연기념물로 지정된
동백숲

③ 선도리 갯벌체험장
유네스코 세계유산에
등재된 갯벌을 체험하다.

서천

기후 위기 시대에 더욱 의미 있는 여행지
국립생태원

📍 충남 서천군 마서면 금강로 1210
🕐 3~10월 09:30~18:00, 11~2월 09:30~17:00
❌ 월요일 ₩ 어른 5,000원, 청소년 3,000원, 어린이 2,000원

우리나라를 대표하는 생태원으로 5대 기후관을 갖춘 에코리움이 상징적이다. 열대관, 사막관, 지중해관, 온대관, 극지관으로 이뤄진 5대 기후관은 세계 각 기후대를 간접 체험할 기회를 제공한다. 사막관에서는 사막여우와 프레리독을, 극지관에서는 펭귄을 볼 수 있다. 그 밖에도 습지생태원, 사슴생태원, 암석생태원 등 야외 볼거리가 다양하다. 세계 유명 생태학자들을 주제로 한 제인구달길, 찰스다윈그랜트부부길, 소로우길도 조성되어 있다.

> **TIP**
> 1 5대 기후관을 생태해설사와 함께 둘러보는 프로그램을 상설 운영한다.
> 2 아이와 함께라면 하다람 놀이터도 들러보자.

우리 바닷속을 여행하는 시간
국립해양생물자원관

📍 충남 서천군 장항읍 장산로101번길 75
🕐 09:30~18:00(3~10월 토요일, 공휴일은 19:00까지)
❌ 월요일 ₩ 어른 3,000원, 청소년 2,000원, 어린이 1,000원

국내 유일 해양 생물 자원 전문 연구·전시·교육 기관으로 씨큐리움이라는 전시관을 운영한다. 씨큐리움은 4층에 걸친 전시 공간에 상설 전시실, 인터렉티브 미디어월, 바다극장, 어린이 체험 전시실 등을 갖췄다. 우리나라에 서식하는 해양 생물 표본 4,000여 점을 전시한 생명의 탑 조형물이 상징적이다.

숲과 바다를 오롯이 느끼는 공간
장항송림산림욕장

📍 충남 서천군 장항읍 송림리 산65 🕐 4~9월 09:30~18:00, 10~3월 09:30~17:00 ❌ 월요일 ₩ 스카이워크 입장료 6~64세 2,000원(전액 지역 상품권으로 환급)

바다와 해송림이 어우러져 수려한 경관과 청정한 기운을 자랑한다. 바다와 숲을 따라 산책하기 좋고 높이 15m, 길이 236m 스카이워크를 설치해 숲과 바다를 한눈에 조망할 수 있다. 기벌포해전이 펼쳐진 역사적인 의미를 알리는 뜻에서 스카이워크는 기벌포 전망대라고도 불린다. 8~9월 무렵 맥문동이 필 때 운치가 절정에 달한다.

소담스러운 바닷가 꽃숲
마량리 동백나무숲

📍 충남 서천군 서면 서인로235번길 103　🕘 09:00~18:00
❌ 월요일　₩ 어른 1,000원, 청소년 700원, 어린이 500원

서천 지역에서 바다를 향해 툭 튀어나온 아담한 곶 지형인 마량리의 바닷가 낮은 언덕에 동백나무숲이 형성되어 있다. 80여 그루 동백나무가 숲을 이루는데 바닷가에서 강한 바람을 받으며 자란 탓에 나무 키가 작은 편이다. 정갈한 숲에는 동백정이라는 정자가 서 있어 운치를 더한다. 천연기념물로 지정된 숲에 동백꽃이 만발할 무렵 주꾸미도 제철을 맞아 동백꽃과 주꾸미를 함께 즐길 수 있는 축제가 열린다.

> **⊕ TIP**
> 마량리 일대에 주꾸미를 파는 음식점이 많다. 그중 서산회관이 유명하다.

완벽한 바다 휴양
춘장대해수욕장

📍 충남 서천군 서면 춘장대길 20

고운 백사장, 얕은 수심, 완만한 경사 등 가족 단위로 해수욕을 즐기기에 적합한 환경을 갖추었다. 더불어 주변으로 아카시아숲과 소나무숲이 어우러져 풍경 또한 수려하다. 물이 빠지면 해루질의 재미까지 더해지는 완벽한 바다 휴양지다.

갯벌 체험에 진심이라면
선도리 갯벌체험장

📍 충남 서천군 비인면 갯벌체험로 428-13　🕘 3~11월 운영 (체험 시간은 물때에 맞춰 매일 변동)　❌ 12~2월 휴장
₩ 체험료 19세 이상 8,000원, 18세 이하 5,000원

유네스코 세계자연유산으로 선정된 서천 갯벌을 제대로 체험해볼 수 있는 곳이다. 호미, 갈구리, 장화 같은 장비도 대여해주기 때문에 별다른 준비 없이 방문했더라도 체험 가능하다. 갯벌을 가까이에서 느끼며 맛조개, 대합, 바지락 등을 캐는 재미가 쏠쏠하다.

황금빛 물결 속을 걷다
신성리 갈대밭

📍 충남 서천군 한산면 신성로 500

우리나라 4대 갈대밭 중 하나로 꼽히는 곳으로 〈킹덤〉, 〈추노〉, 〈공동경비구역 JSA〉 등 여러 드라마와 영화 촬영지로 유명하다. 봄에는 초록빛, 가을에는 황금빛 갈대의 향연이 펼쳐지며, 드넓은 갈대밭을 따라 탐방로와 포토 존이 조성되어 있다.

한산 모시를 재미있게 체험하는 공간
한산모시마을

📍 충남 서천군 한산면 충절로 1089 ⏰ 3~10월 10:00~18:00, 11~2월 10:00~17:00 🆓 무료입장

전통 한산 모시를 배우고 체험하는 공간으로 한산모시전시관, 전수교육관, 방문자센터, 모시체험장 등의 시설을 두루 갖췄다. 방문자센터에서 모시옷을 입어보고 기념사진을 찍을 수 있고 공예마을에서는 한산 모시와 관련된 다양한 체험을 즐길 수 있다.

감성 사극 드라마 단골 촬영지
문헌서원

📍 충남 서천군 기산면 서원로172번길 66 ⏰ 3~10월 09:00~18:00, 11~2월 09:00~17:00 ❌ 월요일 🆓 무료입장

고려 후기 학자인 이곡과 이색을 추모하기 위해 세운 서원으로 광해군 때 문헌이라는 현판을 받아 사액서원이 됐다. 단아하게 정돈된 서원은 드라마 〈연모〉, 〈옷소매 붉은 끝동〉, 〈구르미 그린 달빛〉 등의 배경이 되기도 했다. 한옥 호텔도 운영하니 하룻밤 묵어 가도 좋다.

싱싱한 수산물 천국
서천수산물특화시장

📍 충남 서천군 서천읍 충절로 42

이름처럼 수산물에 특화된 시장으로 서천 앞바다와 서해안에서 나는 제철 수산물을 저렴하게 구입할 수 있다. 수산물 외 농산물과 주전부리도 판매하며, 시장에서 산 수산물을 즉석에서 조리해주는 식당가도 운영한다.

머드축제로 세계적으로 알려진
대천해수욕장

📍 충남 보령시 해수욕장7길 50 일원

서해안 3대 해수욕장으로, 보령머드축제 인기에 힘입어 세계인들이 찾는 국제적인 해변으로 자리매김했다. 해변 길이가 무려 3.5km, 폭이 100m에 이를 정도로 규모가 커서 다양한 풍경과 재미를 선사한다. 해변을 따라 호텔, 음식점, 카페 등이 즐비하게 늘어서 있고 짚트랙, 스카이바이크 같은 액티비티 체험 시설도 자리한다. 곳곳에 조형물이 설치되고 밤에는 야간 경관 조명이 불을 밝혀 낮부터 밤까지 다채로운 매력을 만끽할 수 있다.

+TIP 해변 인근에 재미난 볼거리를 갖춘 보령머드테마파크가 있다.

섬 전체를 한국식 전통 정원으로 꾸민
죽도 상화원

📍 충남 보령시 남포면 남포방조제로 408-52
🕐 3월 중순 무렵~11월 말 금~일요일·공휴일 09:00~18:00
❌ 동절기 휴장 ₩ 초등학생 이상 7,000원

보령 대표 해수욕장인 대천해수욕장과 무창포해수욕장 사이에 있는 작은 섬 죽도 전체를 한국식 전통 정원으로 조성했다. 상업적인 개발을 최대한 자제하고 섬의 자연미를 그대로 보존하며 정원을 꾸민 덕에 자연 속에서 힐링하는 기분을 제대로 만끽할 수 있다. 섬 전체를 둘러싼 지붕형 회랑을 따라 거닐며 바다와 숲을 감상하고 석양정원, 한옥마을 등에서 머무르기도 한다. 자연을 호젓하게 누리는 재미를 깨닫게 하는 공간이다.

+TIP 섬에는 카페나 편의점 같은 상업 시설이 없다. 대신 산책로 내 방문객센터에서 음료와 떡을 무료로 제공한다.

역사를 배우고 풍경을 즐기는
충청수영성

📍 충남 보령시 오천면 소성리 931번지

조선 초기에 설치되어 한양으로 가는 조운선을 보호하고 왜구 침탈을 방지하는 등의 역할을 했다. 바다를 끼고 위치한 충청수영성은 군사적 목적으로만 활용된 게 아니라 주변 경관이 수려해 조선시대 묵객들도 즐겨 찾았던 것으로 전한다. 성내에 영보정이라는 정자가 자리하는데, 이곳에 올라서면 그 시절 묵객처럼 풍치를 즐길 수 있다. 국가사적으로 보호받고 있으며 드라마 〈동백꽃 필 무렵〉 촬영지로도 유명하다.

> **+TIP**
> 충청수영성은 오천항과 바로 인접해 함께 코스로 엮으면 좋다.

신비의 바닷길이 열리는
무창포해수욕장

📍 충남 보령시 웅천읍 열린바다1길 10

서해안에서 최초로 개장한 해수욕장이자 썰물 때 바닷길이 열리는 특별한 해변이다. 무창포타워, 등대 등 아기자기한 볼거리를 갖추었으며 음력 보름과 그믐을 전후해 해변에서 석대도까지 약 1.5km 길이 바닷길이 열린다.

이색 피서지를 찾는다면
냉풍욕장

📍 충남 보령시 청라면 냉풍욕장길 190
🕘 7~8월 09:00~18:00 ₩ 무료입장

여름철 피서를 목적으로 보령을 방문했다면 폐광을 활용한 냉풍욕장을 찾아가보자. 지하 깊은 탄광 갱도에서 나오는 찬 바람 덕에 여름에도 시원한 기운이 가득해 피서를 즐기기에 제격이다. 폐광 지역의 차가운 지하수를 활용한 족욕장도 함께 운영한다.

우유를 테마로 한 복합 공간
우유창고

📍 충남 보령시 천북면 홍보로 573　🕐 11:00~19:00

유기농 우유로 만드는 다양한 제품을 선보이는 동시에 유제품을 활용한 각종 체험도 진행한다. 목장 견학 및 아이스크림 만들기, 유기농 버터 만들기, 스트링 치즈 만들기 등 어른, 아이 모두 즐길 만한 체험으로 구성되며 곳곳에 사진 찍기 좋은 포인트도 많다.

인생 사진 건지러 고고~
천북 청보리밭

📍 충남 보령시 천북면 하만리 176-6　₩ 8,000원(음료 포함)
📷 greenbarlyfield

푸르른 청보리가 가득한 풍경 하나로 명소가 됐다. 폐목장이 청보리밭으로 변신한 이곳은 드라마 〈그해 우리는〉에 등장하면서 관심을 모았고 이내 SNS 사진 명소로 이름을 알렸다. 입장료를 내면 언덕 위 창고를 개조한 카페에서 음료를 제공한다.

겨울철 별미 여행
천북굴단지

📍 충남 보령시 천북면 홍보로 1061-40 일원

보령9미 중 1미를 담당하는 천북 굴은 조수 간만 차가 큰 생장 환경 덕에 맛과 영양이 좋다. 굴이 유명한 동네답게 자연산 굴 전문점이 밀집한 굴단지가 형성되어 있다. 겨울이면 제철 굴을 맛보려는 여행객이 모여들고 굴축제도 열린다.

서해의 등대라 불리는 억새 명소
오서산

📍 충남 보령시 청라면 오서산길 524

서해안 일대에서 가장 높은 산으로 예부터 뱃사람들이 항로를 확인하는 기준점 중 하나로 활용해 서해의 등대라고도 불렸다. 그리 높지는 않지만 산 정상에서 서해안 일대를 막힘 없이 내다볼 수 있고 가을 억새 명소로 알려져 명산으로 꼽힌다.

태안·서산·당진

서해를 끼고 나란히 들어선 태안, 서산, 당진은 모두 감성적인 바다 풍경을 품은 여행지라는 공통점이 있지만, 저마다 다른 매력으로 여행자를 매혹한다. 태안은 다양한 모습의 해변과 수목원, 서산은 각종 사찰을 비롯한 문화유산과 먹거리, 당진은 이국적인 풍경의 성지와 레트로한 정취가 매력적이다. 세 지역이 서로 붙어 있고 도로 연결성이 좋아 여행 코스로 엮기 편하다.

추천 계절 스폿

봄
청벚꽃부터 겹벚꽃까지 벚꽃의 향연
개심사

여름
해수욕과 서핑을 동시에
만리포

가을
살 오른 대하 먹으러
안면도 백사장항

겨울
겨울 철새 탐조 명소
천수만 서산버드랜드

버킷 리스트

신두리 해안사구, 파도리 해식동굴, 삽교호놀이동산 등 인생 사진 찍기 여행

신평양조장, 순성브루어리에서 지역 명주 음미하기

천리포수목원, 팜카밀레, 청산수목원 등에서 계절별 꽃 구경

만리포, 몽산포, 꽃지에서 갯벌 체험

색다른 매력의 서해 세 도시
당일치기 코스

태안

① 신두리 해안사구
바다 옆에서 만나는 사막 풍경

② 천리포수목원
한국 최초 사립 수목원

③ 만리포
서해에서 즐기는 캘리포니아 감성

서산

① 해미읍성
조선시대 3대 읍성 중 하나

② 간월암
밀물 때는 섬, 썰물 때는 육지가 되는 사찰

③ 서산버드랜드
철새 도래지 천수만의 이야기를 담은 생태 관광지

당진

① 신리성지
천주교 신자가 아니어도 눈에 담고 싶은 풍경

② 아미미술관
폐교를 재생한 생태 예술 공간

③ 삽교호
레트로풍 놀이공원, 해상 공원 등 이색 풍경 가득

태안

바다와 숲이 아름답게 어우러지는 비밀의 정원
천리포수목원

📍 충남 태안군 소원면 천리포1길 187 🕐 3~10월 09:00~18:00, 11~2월 09:00~17:00(일부 시즌 연장 운영)
💰 어른 11,000, 중·고등학생 8,000원, 36개월~초등학생 6,000원(4~5월 입장료 변동)

미국계 귀화 한국인인 설립자 민병갈이 수십 년 동안 가꿔낸 국내 최초 민간 수목원으로 유명하다. 설립자가 평생 전 재산을 투자해 일군 수목원에는 목련, 동백나무, 호랑가시나무, 무궁화, 단풍나무 등 200여 수종이 자연미를 뽐내며 자라고 있다. 수종마다 분류군도 다양해 같은 나무의 다른 아름다움을 음미할 수 있다. 목련 한 종만 보더라도 900여 분류군이 있어 봄이면 어디서도 볼 수 없는 황홀한 목련 쇼가 펼쳐진다. 겨울에는 동백나무 꽃과 호랑가시나무 열매가 붉은빛을 뽐내며 화려한 볼거리를 연출한다. 원추리원, 사구원, 비비추원, 모란원 등 주제별로 색다른 풍경이 펼쳐지고 바다, 숲, 연못을 따라 각기 다른 분위기의 산책로가 이어진다.

> **▶ TIP**
> 매표소 앞에 꼭 가봐야 할 곳과 금주의 아름다운 식물을 소개하는 코너가 있다. 내용을 훑어보면 수목원을 더욱 알차게 즐길 수 있다.

꽃 구경 맛집, 사진 맛집
팜카밀레

📍 충남 태안군 남면 우운길 56-19 🕐 봄·가을 09:00~18:00, 여름 09:00~19:00, 겨울 09:00~17:00 ❌ 11~3월 화요일
💰 중학생 이상 9,000원, 8~13세 5,000원, 3~7세 4,000원(수국 시즌, 동절기 요금 변동)

각종 허브와 이국적인 조형물이 어우러져 인생 사진 찍기 좋은 명소로 알려져 있다. '어린왕자'를 테마로 한 어린왕자정원, 중세 유럽 분위기로 꾸민 로맨틱 가든, 케이크를 잘라놓은 모양으로 조경한 케이크가든, 생태 연못을 활용한 워터가든 등 사진을 부르는 공간이 다양하다. 여기에 라벤더가든, 수국가든, 핑크뮬리가든 등이 계절별로 아름다움을 더한다.

> **▶ TIP**
> 1 팜카밀레 안에는 허브차와 아로마 족욕을 즐기는 공간이 있다. 음료나 족욕을 함께 이용할 수 있는 패키지권 구매 시 비용을 조금이나마 절약할 수 있다.
> 2 팜카밀레 입구에 태안 인기 베이커리 카페인 몽산포제빵소가 있어 함께 코스에 넣기 좋다.

서해안의 캘리포니아 '만리포니아'
만리포

서해안 3대 해수욕장 중 하나로 꼽히며 서해안을 대표하는 서핑 명소로도 유명하다. 고운 모래로 이뤄진 너른 해변이 펼쳐지고 사계절 서퍼들이 파도를 가르는 이국적인 풍경 덕에 '만리포니아'라는 별명을 얻었다. 규모와 명성에 걸맞게 해변 즐길 거리 외에 박물관, 전망타워, 탐방로 등 다양하고 카페와 음식점 등의 편의 시설도 잘 갖춰져 있다.

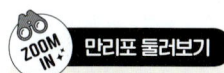
만리포 둘러보기

무료로 즐기는 베스트 전망 포인트
만리포전망타워
📍 충남 태안군 소원면 가락골길 14-10

해변 남쪽에 자리한 높이 37.5m 전망타워로 만리포해변 최고의 전망 포인트로 꼽힌다. 엘리베이터를 타고 13층 전망대에 올라가면 해변 일대를 360도 파노라마 뷰로 감상할 수 있다. 야간에는 경관 조명이 들어와 해변의 야경을 빛내는 역할을 한다.

깨끗한 바다의 소중함을 깨닫는 시간
유류피해극복기념관
📍 충남 태안군 소원면 천리포1길 120

많은 이의 기억에서 지워졌지만 2007년 태안 앞바다에 대형 기름 유출 사고가 발생했다. 바다를 새까맣게 뒤덮은 기름을 걷어내고 지금의 깨끗한 모습을 되찾기까지 수많은 사람들의 노력과 수고가 있었다. 당시 기억을 잊지 않고 해양 환경의 중요성을 늘 되새기자는 의미를 담아 2017년 유류피해극복기념관을 세웠다. 큰 피해를 입었던 만리포해변 앞에 세운 기념관에서 눈앞에 펼쳐진 이 아름다운 바다의 소중함을 깨닫는 시간을 가져보자.

만리포의 숨은 힐링 산책 코스
물닭섬 탐방로
📍 충청남도 태안군 소원면 의항리 1121

해변 북쪽 끝에는 숨은 힐링 명소인 물닭섬 탐방로가 있다. 아름다운 만리포 바다와 울창한 송림을 동시에 즐길 수 있는 산책 코스로, 바다와 맞닿은 해안 보도교가 매력적이다.

바다 옆에 펼쳐진 사막 풍경
신두리 해안사구

📍 충남 태안군 원북면 신두해변길 201-54 일원

해안가에 길이 약 3.4km, 폭 0.5~1.3km에 이르는 모래언덕이 형성되어 마치 사막 같은 경관을 연출하는 이색 여행지다. 국내 최대 규모 해안사구로 천연기념물로 지정되었으며 인생 사진 명소로 유명하다.

TIP 해안사구 입구 사구센터를 먼저 방문하면 사구를 이해하는 데 도움이 된다.

동굴 인생 사진 명소
파도리해수욕장(해식동굴)

📍 충남 태안군 소원면 모항파도로 490-85

몇 년 전부터 '동굴숏' 사진 명소로 인기를 끌고 있는 포토 존이다. 태안반도에서 바다로 돌출된 파도리 지역은 파랑의 영향을 강하게 받아 독특한 지형 경관이 다양하게 나타난다. 그 결과물인 해식동굴 중 하나가 SNS상에서 인생 사진 명소로 유명해졌다.

TIP 만조에는 접근이 어려우니 방문 전 물때를 꼭 확인할 것.

모든 장면이 화보가 되는
청산수목원

📍 충남 태안군 남면 연꽃길 70 🕘 09:00(6~10월 08:00) 개장, 일몰 1시간 전 입장 마감 ₩ 어른 8,000원, 초·중·고등학생 5,000원, 3~7세 4,000원(꽃 시즌별 입장료 변동)

홍가시나무원, 팜파스원, 연원 등 저마다의 색채를 확실하게 보여주는 테마 정원들이 남다른 재미를 선사한다. 밀레, 모네, 고흐 등 유명 작가들을 모티브로 꾸민 포인트가 돋보이는데, 특히 밀레 작품 속 등장 인물을 조각상으로 재현해낸 밀레 정원이 흥미롭다.

해수욕+갯벌+캠핑, 완벽한 3박자
몽산포해수욕장

📍 충남 태안군 남면 몽산포길 54

깨끗한 백사장이 드넓게 펼쳐져 여름철 해수욕장, 갯벌 체험장으로 인기다. 대규모 오토 캠핑장까지 갖춰 캠핑과 해수욕, 해루질을 동시에 만끽할 수 있다. 백사장이 반짝거리는 낮 풍경만큼 오렌지빛 낙조가 함께하는 해 질 녘 경치도 일품이다.

TIP 아이와 함께라면 인근 체험학습관도 들르자.

'인피니티 스튜디오'가 황홀한 사진을 완성하는
꽃지해수욕장

📍 충남 태안군 안면읍 꽃지해안로 310

안면도에서 가장 큰 해수욕장으로 앞바다에 서 있는 할미·할아비바위가 명물이다. 한 쌍의 바위는 태안 8경에 속하는 비경으로 전국구 낙조 명소로 손꼽힌다. 간조 때는 걸어서 바위까지 가볼 수 있다.

> **TIP**
> 해변 앞에 할미·할아비바위와 서해를 배경으로 멋진 사진을 남길 수 있는 인피니티 스튜디오가 있다.

새우 먹고 독특한 다리도 구경하고
백사장항

📍 충남 태안군 안면읍 백사장1길 122

전국 최대 자연산 대하 집산지로 해마다 대하축제가 열린다. 싱싱한 수산물을 판매하는 음식점이 밀집해 식사할 겸 들르기 좋다. 대하 튀김도 별미. 바다를 가로지르는 250m 길이 해상 인도교 '대하랑꽃게랑 다리'가 재미를 더하는데, 다리를 통해 건너편 아담한 드르니항까지 오갈 수 있다.

서산

원형이 잘 보존된 조선시대 읍성
해미읍성

📍 충남 서산시 해미면 남문2로 143   ⏰ 3~10월 05:00~21:00, 11~2월 06:00~19:00   ₩ 무료입장

1417년부터 1421년에 걸쳐 충청병마절도사의 병영성으로 축성됐으며, 병마절도사영이 1652년 청주로 이설되기 전까지 230여 년간 군사권을 행사하던 곳이다. 이 기간 중 충무공 이순신이 군관으로 부임해 10개월 정도 근무하기도 했다. 낙안읍성, 고창읍성과 함께 조선시대 3대 읍성으로 꼽히며, 원형이 가장 잘 보존된 성으로 평가받고 있다. 동헌, 객사, 내아, 청허정 등의 시설이 있고 천주교 박해의 아픈 역사를 간직한 회화나무도 주요 볼거리 중 하나다.

> **TIP**
> 연날리기, 국궁 등 유료 체험 프로그램과 무료 전통 놀이 체험 존을 운영한다.

물길이 열려야 갈 수 있는 작은 암자
간월암

📍 충남 서산시 부석면 간월도1길 119-29
🌐 http://ganwolam.kr

바닷가 작은 섬에 들어선 암자로 밀물 때는 온전한 섬이지만 썰물 때면 길이 열려 걸어서 들어갈 수 있다. 태조 이성계의 왕사였던 무학대사가 창건한 사찰로 암자 마당에는 이성계가 짚고 다니던 지팡이라는 수령 250년짜리 나무가 있다.

┤⊕TIP ├
간월암 홈페이지에서 물때를 확인하고 방문하자.

황홀한 벚꽃의 향연
개심사

📍 충남 서산시 운산면 개심사로 321-86

백제 의자왕 때 지었다고 전하는 천년 고찰로 대웅전, 목조아미타여래좌상, 오방오제위도 및 사직사자도 등 보물로 지정된 국가유산만도 여럿이다. 역사·문화적 가치만큼 개심사를 빛내는 건 바로 벚꽃. 봄이면 겹벚꽃, 왕벚꽃, 청벚꽃이 피어 상춘객의 발길이 끊이지 않는다.

선상 어시장이 있는 서해안 미항
삼길포항

📍 충남 서산시 대산읍 삼길포1로 71 일원

서산 북단에 자리한 미항으로 맛있는 해산물과 아름다운 해안 풍경을 두루 즐길 수 있는 여행지다. 바다 위에 떠 있는 배 위에서 갓 잡은 생선을 바로 구입할 수 있는 선상 어시장이 명물이다. 포토 존으로 유명한 빨간 등대나 여름에 열리는 우럭축제도 놓칠 수 없는 재미다.

철새들의 보금자리 천수만의 생태 관광지
서산버드랜드

📍 충남 서산시 부석면 천수만로 655-73
⏰ 3~10월 10:00~18:00, 11~2월 10:00~17:00
💰 어른 3,000원, 청소년 2,000원, 초등학생 이하 무료

세계적인 철새 도래지인 천수만에서 만나는 생태 관광지. 천수만을 찾는 각종 철새와 관련된 다양한 자료를 전시하는 한편 철새 탐조 투어 같은 체험 프로그램을 진행한다. 생태해설사와 함께하는 갯벌 체험도 흥미진진하다.

서산 특산품과 별미가 한자리에
서산동부전통시장

📍 충남 서산시 시장3길 7-2

6쪽마늘, 달래, 감태, 갯벌 낙지 등 서산을 대표하는 농수산물을 한자리에서 모두 만나볼 수 있다. 서산의 육지와 바다에서 나는 온갖 식재료를 구경하는 동시에 다양한 맛집에서 서산 별미를 맛보자.

┤ ✚TIP ├
옛날식 호떡이 유명하니 꼭 맛보자.

일출, 일몰, 월출을 모두 볼 수 있는
왜목마을

📍 충남 당진시 석문면 왜목길 55

일출과 일몰, 월출까지 모두 감상할 수 있는 특별한 장소. 아름다운 해변이 펼쳐지며 물이 빠지면 갯벌이 드러나 다양한 재미를 선사한다. 최근에는 왜목선착장 인근 해식동굴이 동굴 포토 존으로 인기몰이 중이니 인생 사진을 남겨보자.

바다, 호수에 레트로 놀이동산까지
삽교호

📍 충남 당진시 신평면 삽교천3길 79

바다와 인공호가 어우러지는 특별한 자연환경에 다채로운 즐길 거리가 더해진 당진 대표 관광 명소다. 동양 최초 군함 테마 공원인 함상공원, 바다를 조망하며 쉬어 가는 바다공원, 생태습지와 자전거길을 품은 호수공원 등 다양한 휴식 공간이 조성되어 있다. 이와 더불어 삽교호 풍경을 완성하는 것은 삽교호놀이동산. 대관람차, 바이킹, 회전목마 같은 놀이기구를 갖춘 레트로풍 놀이공원은 드라마 〈선재 업고 튀어〉에 등장해 눈길을 끌었다. 레트로한 분위기 덕분에 인증 사진 맛집으로도 통하는데, 특히 대관람차가 베스트 포토 존이다. 대관람차와 논을 배경으로 인증 사진 남기는 것도 잊지 말자.

┤ ✚TIP ├
논 뷰 대관람차 인증 사진 포인트를 찾으려면 삽교호 수산물특화시장 인근(삽교천2길 11-8)으로 가면 된다.

국내 대표 성지순례지
솔뫼성지

📍 충남 당진시 우강면 솔뫼로 132

우리나라 최초 사제인 김대건 신부 생가와 기념관이 있어 국내 주요 성지순례지로 꼽힌다. 김대건 신부의 증조할아버지부터 4대에 걸친 순교자가 살았던 곳으로 전하며, 생가는 2004년 복원됐다. '소나무가 우거진 산'이라는 뜻의 지명처럼 생가 주변에 여전히 소나무가 많아 청정한 기운이 가득하다. 유적지 옆으로 천주교 복합 예술 공간 '기억과 희망' 대성전이 자리하는데, 스테인드글라스의 성스러운 분위기가 인상적이다.

┤ⓘTIP├
성지 내 당진 로컬 푸드 직매장이 있어 구경할 만하다.

바라보는 것만으로도 평온해지는 풍경
신리성지

📍 충남 당진시 합덕읍 평야6로 135

솔뫼성지와 버그내순례길로 연결되는 주요 성지순례지로 드넓은 들판과 어우러지는 평온한 풍광으로 유명하다. 내포교회 초창기 공소가 있었던 곳이자 제5대 조선교구장 다블뤼 주교가 순교하기 전까지 20여 년간 거처했던 곳이기도 하다.

사진 명소로도 유명한 역사적인 건축물
합덕성당

📍 충남 당진시 합덕읍 합덕성당2길 22

충청도를 대표하는 오래된 성당 중 하나로, 100여 년 역사를 간직한 건축물로도 유명하다. 1929년 페랭 신부가 지은 성당은 벽돌과 목재를 이용한 독특한 건축양식과 정면에 있는 종탑이 쌍탑이라는 점이 특징이다.

미술과 자연의 예술적 만남
아미미술관

📍 충남 당진시 순성면 남부로 753-4 🕙 10:00~18:00(임시 휴관일은 사전 공지) ₩ 어른 7,000원, 24개월~고등학생 5,000원

폐교를 개조해 미술과 자연이 함께하는 생태 미술관을 탄생시켰다. 옛날 학교 건물을 활용한 실내 미술 전시만이 아니라 야외 자연도 훌륭한 작품이 된다. 곳곳에 이색 포인트가 많아 사진 찍기 좋은 미술관으로 이름나 있다.

당진만의 술을 빚는 로컬 양조장
순성브루어리

📍 충남 당진시 순성면 매실로 394

수제 맥주, 매실 막걸리, 당진 소주를 빚는 로컬 양조장으로, BTS 지민이 선물 받아 화제가 된 아미주가 이곳에서 생산된다. 펍을 함께 운영해 현장에서 다양한 술을 맛볼 수 있으며, 야외에서 바비큐도 즐길 수 있다.

3대를 잇는 귀한 양조장
신평양조장

📍 충남 당진시 신평면 신평로 813

1933년부터 지금까지 3대째 술을 빚는 흔치 않은 양조장이다. 이 역사만으로도 귀하다. 당진에서 나는 쌀만 이용하고 연잎을 가미해 전통 방식으로 술을 만든다. 이곳에서 빚는 술을 구입해 맛보는 것 외에 양조장 견학, 체험 프로그램에도 참여할 수 있다.

매력 포인트 가득한 감성 목장
아그로랜드

📍 충남 예산군 고덕면 상몽2길 231 🕙 3~10월 10:00~18:30, 11~2월 10:00~17:00 ₩ 어른 10,000원, 3~18세 7,000원

가축과 계절별 꽃이 어우러지는 자연 친화적 목장 놀이터. 각종 낙농 체험에 더불어 계절에 따라 청보리, 수레국화, 코스모스, 호밀 등을 감상할 수 있다. 목장에서 생산한 우유로 다양한 먹거리를 생산하는 카페 우유 농가도 필수 방문 코스.

PART 4

전라도

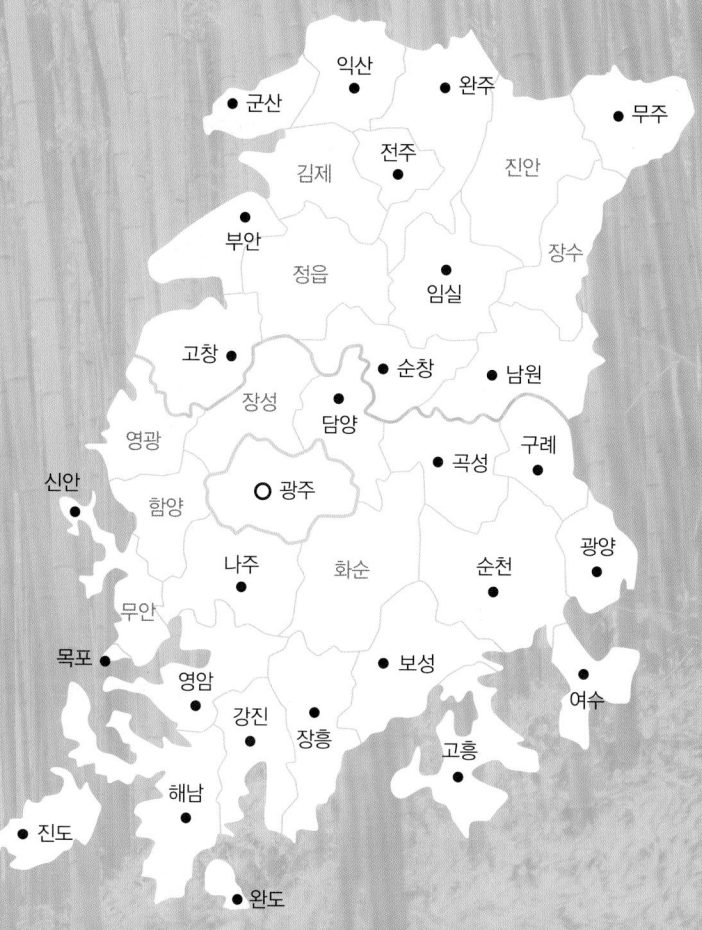

전주 · 완주 · 익산 · 무주

전주, 완주, 익산, 무주는 각각 독특한 매력으로 여행자들의 마음을 사로잡는다.
특히 전주와 완주는 생활권을 공유하고 있어 2개 지역을 묶어 여행하기 좋다.
백제 유적지와 현대 문화가 공존하는 익산과
전주에서 이동하기 편하며 사계절 내내 아름다운 풍경을 자랑하는 무주까지,
전북의 심장부를 탐험하며 각 지역의 고유한 이야기를 만나보자.

추천 계절 스폿

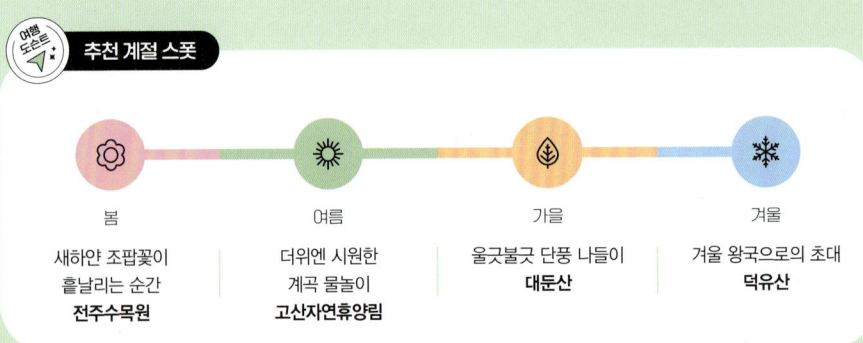

봄
새하얀 조팝꽃이 흩날리는 순간
전주수목원

여름
더위엔 시원한 계곡 물놀이
고산자연휴양림

가을
울긋불긋 단풍 나들이
대둔산

겨울
겨울 왕국으로의 초대
덕유산

버킷 리스트

완주에서 BTS 스탬프 투어 완주하기

전주한옥마을에서 한복 입고 스냅사진 찍기

익산 교도소 세트장에서 죄수복 입고 설정 컷 찍기

각양각색 매력이 가득한
당일치기 코스

전주

전주수목원
자연 속에서 힐링

전주한옥마을
한복 입고
한옥골목 산책

전주 남부시장 야시장
밤의 먹거리 축제 즐기기

완주

삼례문화촌
쌀 창고의 대변신

비비정 예술열차
만경강 뷰를 만끽하는
열차 타기

오성한옥마을
아스라한 산 중턱
한옥마을 여행

대둔산 케이블카
아찔한 절경에
감탄이 절로

익산

미륵사지
백제의 위엄을 보여주는
유네스코 세계유산

국립익산박물관
백제의 불교문화가
살아 숨 쉬는 곳

아가페 정원
아낌없이 주는 정원

고스락
장이 익어가는 마을

무주

덕유산 곤돌라
사계절 언제나 아름다워!

태권도원
우리 고유의 태권도를
만나다.

반디랜드
반딧불이가 궁금해?

전주

한복 입고 사뿐사뿐
전주한옥마을

📍 전북 전주시 완산구 기린대로 99

전주한옥마을은 풍남동 일대 700여 채의 한옥이 군락을 이룬 국내 최대의 한옥촌이자 한국을 대표하는 관광지 중 하나다. 외국인들도 많이 찾는 여행지로 한옥 골목마다 카페와 먹거리, 체험 시설 등 다양한 즐길 거리가 가득하며 한옥 숙박 체험도 가능하다. 한옥마을을 제대로 즐기려면 골목 구석구석을 돌아다녀야 한다. 먼저 관광안내소에 들러 지도와 관심 거리에 맞춰 주요 장소를 추천받고 스탬프 투어에도 참가해보자.

> **TIP**
>
> 특별한 여행길에 한복 차림은 선택이 아닌 필수다. 한복 대여점에서 가방과 장신구까지 빌려주며 복장에 맞게 머리도 매만져준다. 한옥 골목 어디서 찍어도 그대로 화보가 된다.
>
> **한옥마을 여행 추천 코스**
> 자만 벽화마을 ▶ 경기전 ▶ 전동성당 ▶ 전주 남부시장 야시장

ZOOM IN · 전주한옥마을 둘러보기

왕의 초상화를 만나는 곳
경기전 & 어진박물관

📍 전북 전주시 완산구 태조로 44   ⏰ 09:00~19:00
💰 어른 3,000원, 청소년 2,000원, 어린이 1,000원

조선이 건국되면서 태종이 태조 어진을 모시기 위해 지은 건물이다. 원래 어용전, 태조 진전 등으로 불렸으나 세종 때 경기전이라 이름 붙였다. 정유재란 때 소실된 것을 광해군이 중건했다. 영화 〈역린〉, 〈창궐〉, 〈광해, 왕이 된 남자〉 등을 이곳에서 촬영했다. 경기전 어진박물관에는 왕의 초상화인 어진의 역사를 배울 수 있다. 태조를 비롯해 영조, 정조 등 여러 임금의 어진을 전시하며 재밌는 체험 시설도 운영한다.

한옥마을이 내 품에 있다
오목대

📍 전북 전주시 완산구 기린대로 55

한옥마을 전경을 한눈에 담을 수 있는 전망 좋은 곳. 태조 이성계가 황산에서 왜구를 토벌하고 돌아오는 길에 승전을 자축하는 연회를 연 역사적인 장소이기도 하다. 조선왕조 개국 후 정자를 짓고 오목대라 칭했다.

한옥마을 속 레트로 여행지
전주난장

📍 전북 전주시 완산구 은행로 13   ⏰ 09:30~19:00   💰 1인 7,500원

전주한옥마을의 색다른 명소다. 25년간 수집한 근대 소품을 70여 개의 테마 존으로 나누어놓아 시간 여행하는 기분을 느낄 수 있다. 옛 학교와 만화방, 고고장, 극장 등 다양한 추억 속으로 빠져들게 된다.

한옥마을과 로마네스크
전동성당

📍 전북 전주시 완산구 태조로 51

1914년에 건축된 서양식 근대건축물로 웅장한 로마네스크 양식이 돋보인다. 붉은 벽돌과 화강석 기단, 입체감이 살아 있는 종탑이 건축미를 더한다. 우리나라 천주교 첫 순교자가 나온 곳이라는 역사적 의미도 깊다.

알록달록한 골목
자만 벽화마을

📍 전북 전주시 완산구 교동 50-158

전주한옥마을 건너편에 조성된 벽화마을로 구불구불한 산책길을 따라 벽화를 감상하며 전망 좋은 카페에서 쉬어 갈 수 있다. 둘러보는 데 30분 정도 걸리며, 오목대 뒤편 육교를 건너면 바로 벽화마을로 이어진다.

청춘의 맛이 불타오른다
전주 남부시장 야시장

📍 전북 전주시 완산구 풍남문1길 19-3

풍남문 건너편에 자리한 남부시장 야시장은 매주 금·토요일 저녁에 문을 연다. 시장 골목을 따라 십수 개의 점포가 늘어서 있으며, 아케이드 시설을 갖춰 비가 와도 문제없다. 오동통한 새우 요리와 스테이크, 불족발 등 트렌디한 요리가 군침 돌게 한다.

예술이 일상
팔복예술공장

📍 전북 전주시 덕진구 구렛들1길 46 🕙 10:00~17:30 ❌ 월요일

1990년대 초반까지 카세트테이프를 생산하던 공장에서 전주의 문화 예술 플랫폼으로 거듭나고 있다. 예술가들을 위한 창작 스튜디오와 전시장, 유아 예술 놀이터, 그림책 도서관 등 다양한 체험 시설이 들어서 있다.

세상의 모든 여행 책
다가여행자도서관

📍 전북 전주시 완산구 전라감영2길 28

여행자를 위한 설레는 도서관. 북 카페 같은 아담한 규모지만 여행에 관련한 책으로 서가가 빼곡하게 채워져 있다. 누구나 부담 없이 들러 책을 읽을 수 있다. 여행 마니아라면 꼭 한번 들러야 하는 곳.

인생 한 컷 찍는 곳
전주수목원

📍 전북 전주시 덕진구 번영로 462-45 🕙 09:00~18:00
❌ 월요일, 설날·추석 당일

한국도로공사에서 도로를 내면서 보존 가치가 있는 수목들을 옮겨와 심은 것이 전주 수목원의 시작이다. 약 30만㎡의 부지가 오목조목 잘 꾸며져 있어 제대로 둘러보려면 1~2시간도 모자란다.

> **TIP**
> 수생식물원 풍경 쉼터에서 격자무늬 틀 안에 인물을 넣고 찍으면 근사한 인생 사진이 완성된다.

도심 속 휴식 공간
덕진공원

📍 전북 전주시 덕진구 권삼득로 390-1

전주 시내에 위치한 인공 호수로 수변 공원과 한옥 건물로 지은 연화정 도서관이 유명하다. 연꽃이 피는 시기에 가장 아름다우며 다리에 설치한 야간 조명을 받은 야경도 무척 멋지다.

> **＋TIP**
> 호숫가 산책 후 도서관에 들러 자신만의 여유로운 시간을 가져보자.

벚꽃 피는 날 만나요
전주동물원

📍 전북 전주시 덕진구 소리로 68　⏰ 09:00~18:00
₩ 어른 3,000원, 청소년 2,000원, 어린이 1,000원

전주에서 소문난 벚꽃 명소다. 봄철에 방문하면 가장 좋다. 동물원 규모도 전국에서 다섯 손가락에 들 정도로 큰 데다 사육 시설을 깔끔하게 관리해 관람하는 데 불편함이 없다.

대한왕실 황손의 집
승광재

📍 전북 전주시 완산구 최명희길 12-6

대한제국 고종황제와 명성황후의 직계 손자인 이석이 2004년부터 거주한 공간이다. 단정한 전통 한옥으로 숙박 체험이 가능하다.

한옥마을 뷰가 으뜸
라한 호텔 전주

📍 전북 전주시 완산구 기린대로 85

한옥마을 초입에 세워진 세련된 4성급 호텔. 객실에서 바라보는, 한옥이 옹기종기 맞대고 있는 전망이 일품이다. 한옥 뷰 루프톱 수영장과 라이프스타일 북 스토어 등 부대시설도 만족스럽다.

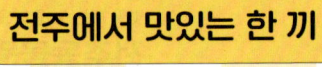

전주에서 맛있는 한 끼

가맥

전주 한정식

콩나물 국밥

추천 스폿 ① 양반가

📍 전북 전주시 완산구 최명희길 30-2

전주 식도락의 정점은 역시 한정식이다. 예부터 전국 물자가 모이는 풍요로운 고장이라 일찌감치 음식 문화가 발달했기 때문. 온갖 산해진미를 한 상 차림으로 맛볼 수 있다. 기왕이면 한옥에서 운치 있는 식사를 하는 건 어떨까.

추천 스폿 ② 전주왱이콩나물국밥 현대옥 | 삼백집

📍 전북 전주시 완산구 동문길 88(전주왱이콩나물국밥) | 오목대길 66(현대옥) | 전주객사2길 22(현대옥)

전주에서 한 끼는 콩나물국밥이 국룰이다. 곁들이는 수란은 콩나물 국밥 몇 스푼에 김 가루를 섞어 식전 음식처럼 먹는다.

추천 스폿 ③ 전일갑오

📍 전북 전주시 완산구 현무2길 16

전주의 독특한 술 문화로 작은 동네 슈퍼에서 간단한 안주에 병맥주를 파는 가게+맥주의 조합에서 시작됐다. 원조 격인 전일갑오는 연탄불에 직접 구워주는 황태포와 마성의 소스로 여전히 사랑받는다.

| 추천스폿 ④ 교동육전

📍 전북 전주시 완산구 태조로 25

한옥마을에 널리 퍼지는 고소한 냄새의 진원지는 바로 육전이다. 얇게 썬 고기에 달걀물을 입혀 한두 번 뒤집으면 끝! 갓 만든 육전이 입에서 사르르 녹는다. 여기에 채 썬 파와 양파 소스를 찍으면 느끼함이 싹 가신다.

| 추천스폿 ⑤ 교동 고로케

📍 전북 전주시 완산구 경기전길 126

한옥마을 여행길에 가볍게 먹을 수 있는 한 끼, 비빔밥 고로케를 추천한다. 고로케만 먹어도 포만감이 가득한데 바삭한 튀김옷 안에 맛있는 비빔밥이 꽉 들어차 있다. 의외의 맛 조합에 입안이 행복해진다.

| 추천스폿 ⑥ PNB 풍년제과 본점

📍 전북 전주시 완산구 팔달로 141

초코파이라고 다 같은 초코파이가 아니다. 우리밀로 만드는 풍년제과의 초코파이는 부드러운 크림과 호두, 상큼한 딸기잼의 조합이 특별한 맛을 낸다. 촉촉한 초코빵에는 이 집만의 비결이 담겨 있다. 선물용으로도 제격이다.

완주의 핫플

오성한옥마을

📍 전북 완주군 소양면 대흥리

> **TIP**
> 마을이 언덕 지형이라 가장 높은 곳에 있는 아원부터 관람하면 편하다.

높은 산에 둘러싸인 천혜의 자연에 전통 한옥 20여 채가 모여 있는 고즈넉한 한옥마을이다. BTS가 뮤직비디오와 화보집을 촬영한 장소로 알려지면서 금세 핫한 명소로 등극했다. 마을을 찬찬히 둘러보며 한옥에 꾸민 카페와 갤러리, 독립 서점 등 취향 저격 여행지를 찾아가보자.

ZOOM IN 오성한옥마을 둘러보기

오롯한 나와의 조우
아원
📍 전북 완주군 소양면 송광수만로 516-7 🕐 11:00~17:00 💰 1인 10,000원

250년 된 고택에 갤러리와 스테이를 결합한 복합 문화 공간. 이이남 작가의 미디어 아트를 선보이며 완전한 몰입을 경험하는 'Time Drop' 체험이 독보적이다. 어둡고 밀폐된 공간에 있는 것이 힘들다면 권하지 않는다.

아침 햇살이 반겨주는
소양고택
📍 전북 완주군 소양면 송광수만로 472-23

고창과 무안에서 180여 년 된 고택 3채를 옮겨 와 그대로 복원한 한옥 문화 체험관이다. 아침에 눈을 뜨면 아름다운 차경이 반겨주는 객실이 여러 개 마련되어 있다.

이토록 완벽한 휴식
두베카페
📍 전북 완주군 소양면 송광수만로 472-23 🕐 10:00~18:30

전통과 현대적인 분위기가 조화를 이룬 건물에 종남산이 보이는 근사한 뷰, 그윽한 커피 향까지 어느 것 하나 흠잡을 데 없는 완벽한 휴식 공간이다.

방문 예약은 필수
플리커 책방
📍 전북 완주군 소양면 송광수만로 500

완주의 첫 번째 독립 서점. 정다운 한옥 서점에서 나만의 책을 찾아보자. 반드시 예약해야 하며, 네이버 예약을 이용하면 된다.

갤러리, 그리고 카페
오스갤러리
📍 전북 완주군 소양면 오도길 24 🕐 09:30~19:00

오성제 저수지 바로 앞에 자리한 갤러리 카페. 미술 작품도 감상하고 저수지 뷰도 즐기며 여유롭게 시간을 보낼 수 있다.

옛 창고의 우아한 변신
삼례문화촌

📍 전북 완주군 삼례읍 삼례역로 81-13 🕐 10:00~18:00
❌ 월요일, 설날·추석 당일

1920년대 호남평야에서 수탈한 쌀을 보관하던 창고가 미술과 공연, 문화 체험을 위한 장소로 변신했다. 세월의 때가 묻은 콘크리트 외벽과 육중한 철문이 과거와 현대가 공존하는 독특한 분위기를 풍긴다.

시골집의 따뜻한 밥상
비비정 농가 레스토랑

📍 전북 완주군 삼례읍 비비정길 26
🕐 11:30~15:00 ❌ 월요일

비비정 마을 어르신들이 정성껏 만들어주는 시골밥상으로 소문난 곳이다. 지역 농산물을 이용한 조미료 없는 건강식을 추구한다. 흑임자죽과 각종 반찬을 곁들이는 불고기주물럭 세트가 별미다.

열차에 오르면 신세계가 활짝
비비정 예술 열차

📍 전북 완주군 삼례읍 비비정길 73-21

만경강을 가로지른 폐철로에 열차 콘셉트로 꾸민 복합 문화 시설이다. 열차 내에 레스토랑과 아트 숍, 카페가 들어섰으며, 옆 통로를 통해 철길이 이어진 끝자락까지 걸어가볼 수 있다.

> **TIP**
> 바로 옆에 자리한 비비정에서 바라보는 만경강과 철교 풍경도 놓치면 아쉽다.

술 어디까지 마셔봤니?
대한민국술테마박물관

📍 전북 완주군 구이면 덕천전원길 232-58
🕐 10:00~18:00 💰 어른 2,000원, 청소년 1,000원, 어린이 500원 ❌ 월요일, 1월 1일, 설날·추석 당일

우리 술에 대한 이야기가 술술 흘러나오는 규모가 제법 큰 박물관이다. 우리나라 술의 역사와 문화는 물론 세계의 유명한 술 등 볼거리가 다양하다. 광고 포스터를 통해 본 술 광고 변천사도 재미있다.

절경 앞에서 다리가 후들후들
대둔산 케이블카

📍 전북 완주군 운주면 대둔산공원길 55   🕘 09:00~18:00
💰 어른 16,000원, 어린이 12,500원(왕복 기준)

호남의 소금강이라 일컬어지는 대둔산을 케이블카를 타고 올라보자. 케이블카는 최대 50명까지 탑승 가능하며 좌석이 몇 개뿐이라 대부분 서서 타고 가야 한다. 6분 남짓한 짧은 시간이어서 큰 불편은 없다. 케이블카에서 내리면 계단을 올라가게 되는데 무척 가파르기 때문에 조심해야 한다. 보통 출렁다리까지 다녀오는 데 10분 정도면 도착한다. 삼선다리까지는 20분, 정상까지는 45분이 소요된다. 절벽 사이에 걸쳐진 대둔산 출렁다리는 길이 50m로 짧은 편이지만 꽤 아찔하다. 대신 다리 건너편에 있는 전망대에서 바라보는 풍경이 멋져 다리를 건너온 보람을 느끼게 한다.

> **TIP**
> 삼선다리는 경사가 무려 51도에 달하기 때문에 고소공포증이 있거나 담력이 약한 사람은 금물이다. 다리 뒤편에 탐방로를 이용해도 전망대에 닿을 수 있다.

자연이 가꾼 산속 정원
대아수목원

📍 전북 완주군 동상면 대아수목로 94-34   🕘 11~2월 09:00~17:00, 3~10월 09:00~18:00   ✖ 1월 1일, 설날·추석 당일
💰 무료입장

인간의 간섭 없이 자연 스스로 가꾼 건강하고 다양한 생태계가 보전되어 있다. 전국 최대 규모의 금낭화 자생 군락지이기도 하다. 풍경이 좋은 뜰과 장미원이 가장 많이 찾는 관람 구역이다.

완주의 인기 피서지
고산자연휴양림

📍 전북 완주군 고산면 고산휴양림로 246   🕘 09:00~18:00
💰 어른 2,000원, 청소년 1,500원, 어린이 1,000원

계곡을 막아 만든 물놀이장이 있어 여름철 가족 나들이나 피서지로 인기가 높다. 휴양림에 무궁화 동산과 전시관, 세계의 정원, 무궁화 화계가 어우러진 대규모 식물원을 자랑한다.

한지 공예가 이렇게 재밌어?
대승한지마을

📍 전북 완주군 소양면 보검길 18　🕘 09:00~18:00　❌ 월요일

과거 전국 최고의 한지 생산지로 전통 한지를 직접 만들어보거나 한지 고무신, 연필꽃이, 한지 등과 손거울 등 다양한 공예 체험 프로그램을 운영한다.

＋TIP
완주에서 숙박할 예정이라면 한옥에서 묵어보자. 가족과 단체가 머물기 좋은 한옥 숙소가 있다.

건강한 휴가는 바로 이곳에서
안덕 건강힐링 체험마을

📍 전북 완주군 구이면 장파길 72

황토와 한약재를 섞어 만든 전통 한증막과 옛 금광에서 즐기는 냉탕욕이 입소문 난 곳. 한의원과 연계한 침과 쑥뜸 치료 코스도 운영한다.

＋TIP
황토를 시공한 펜션에서 휴식하며 건강한 시간을 보내는 건 어떨까.

너른 벌판에 남은 왕궁터
왕궁리 유적

📍 전북 익산시 왕궁면 궁성로 666

백제 최대 규모의 유적지로 꼽히는 곳. 백제 후기 왕궁의 모습을 유추할 수 있어 고고학적 의미가 크다. 지금은 터만 남아 있다. 백제왕궁박물관을 먼저 관람하면 웅장한 왕궁이 들어서 있을 때의 모습이 상상된다.

춘포 커피 한잔이요
카페 춘포

📍 전북 익산시 춘포면 춘포4길 60-1　🕘 10:30~18:00

과거 일본인 농장이던 장소를 젊은 감각을 덧입혀 카페로 만들었다. 돌담과 돌기둥, 우물 등 옛 모습과 어우러진 카페 건물이 정겹게 느껴진다. 여기선 춘포 커피를 마셔봐야 한다. 커피에 마을에서 생산한 쌀로 만든 시럽과 크림, 크런치를 듬뿍 얹어준다.

세계적인 문화의 보고
미륵사지

📍 전북 익산시 금마면 기양리 32-7

현재 남아 있는 백제시대 절터 가운데 가장 큰 규모로, 미륵사지 석탑은 국보이자 유네스코 세계문화유산에 등재되어 있다. 백제 무왕 시기에 건립된 것으로 추정되는 거대한 석탑과 당간지주가 관람객들을 과거의 시간으로 데려간다.

백제 불교문화를 만나다
국립익산박물관

📍 전북 익산시 금마면 미륵사지로 362 🕘 09:00~18:00
❌ 월요일, 1월 1일, 설날·추석 당일

미륵사지에서 발굴된 수많은 유물과 익산 지역에 퍼져 있는 백제 문화를 한눈에 보는 여행지다. 최근 새롭게 밝혀진 백제 불교문화의 발자취를 엿볼 수 있다.

도정공장은 지금 전시 중
춘포도정공장

📍 전북 익산시 춘포면 춘포4길 66-6 🕘 11:00~18:00
❌ 월요일 💰 어른 10,000원, 학생 7,000원, 예술인 5,000원

금세라도 무너져 내려앉을 것 같은 허름한 공장을 근사한 미술관으로 바꿔놓은 안목이 놀랍다. 1914년에 건립된 도정공장 건물도 거대한 예술품처럼 느껴진다.

장이 익어가는 농원
고스락

📍 전북 익산시 함열읍 익산대로 1424-14 🕘 10:00~18:00

국내산 원료를 사용한 전통장과 발효 식초를 생산하는 유기농 농원이다. 넓은 정원 마당에 늘어선 4,000여 개의 장독이 장관을 이룬다. 식당과 카페도 운영하는데, 정갈한 한 상 차림이 입맛을 돋운다. 카페에서는 장류 제품도 판매한다.

서동을 만나러 가볼까
백제왕궁박물관

📍 전북 익산시 왕궁면 궁성로 666 🕘 09:00~18:00
❌ 월요일, 1월 1일

최신 영상 기법과 체험을 통해 백제 왕국의 이야기를 쉽고 재밌게 설명해준다. 서동이라 불린 백제 30대 무왕을 테마로 디지털 기술로 재현한 왕궁의 모습과 VR 체험이 인상적이다.

어디서도 본 적 없는
나바위성당

📍 전북 익산시 망성면 나바위1길 146

한국 최초의 사제인 김대건 신부가 제주에 표착한 후 육지에 처음 발을 디딘 장소에 세운 성당이다. 서구식 고딕 양식과 전통 한옥, 중국 스타일이 섞인 성당 건물은 어디서도 본 적 없는 독특한 분위기를 풍긴다.

아낌없이 주는 사랑
아가페정원

📍 전북 익산시 황등면 율촌길 9 ❌ 월요일

고(故) 서정수 신부가 가꾼 자연친화적 수목 정원으로 메타세쿼이아, 공작단풍, 향나무 등 운치 있는 숲길과 꽃밭을 거닐며 쉼을 얻기에 제격이다. 혼자만의 휴식과 사색이 필요할 때 들러보자.

보석이라고 다 같은 보석이 아니지
보석박물관

📍 전북 익산시 왕궁면 호반로 8 🕘 10:00~18:00 ❌ 월요일, 1월 1일 💰 어른 3,000원, 청소년 2,000원, 어린이 1,000원

보석에 관한 모든 것을 전시한 공간. 원석을 발굴하고 가공해 실생활에 쓰이기까지 과정과 장신구뿐 아니라 의료와 과학 등에도 보석이 다양하게 활용되고 있음을 알려준다.

온실 산책과 힐링 족욕
왕궁포레스트

📍 전북 익산시 왕궁면 호반로 71 🕐 10:00~19:00
❌ 월요일 ₩ 어른 5,000원, 청소년 4,000원, 어린이 3,000원

아담한 실내 수목원. 잘 가꾼 조경수와 아기자기하게 꾸민 소품들이 잘 어우러져 동화 마을 같은 느낌이다.

> **+TIP**
> 쌀쌀한 날씨엔 허브차를 곁들인 따끈한 힐링 족욕이 제격이다.

여기, 진짜 교도소예요?
익산 교도소 세트장

📍 전북 익산시 성당면 함낭로 207 🕐 09:00~18:00
❌ 월요일 ₩ 무료입장

폐교된 부지에 세운 교도소 세트장이다. 영화 〈홀리데이〉, 〈7번 방의 선물〉, 〈내부자들〉 등 200여 편의 영상물이 촬영되었다. 높게 둘러쳐진 담장과 굵은 철창 건물이 진짜 교도소 같은 분위기다. 죄수복을 입고 철창 감옥에서 재미난 사진을 찍어보자.

그 여름, 그 숲길
달빛소리수목원

📍 전북 익산시 춘포면 천서길 149 🕐 10:30~19:00
❌ 월요일 ₩ 어른 3,000원, 어린이 2,000원

어릴 적 뒷동산에서 놀던 추억을 떠올리게 하는 아담한 수목원이다. 봄이면 철쭉과 조팝꽃이 환상적인 하모니를 이룬다. 황순원 소나기라 불리는 우람한 느티나무 고목도 놓쳐선 안 될 관람 포인트다.

가장 오래된 간이역
춘포역

📍 전북 익산시 춘포면 춘포1길 17-1

1914년에 건립된 국내에서 가장 오래된 역사적 건물이다. 원래 대장역이라 불렸지만 1996년 춘포역으로 이름을 바꾸었다. 2011년 전라선 복선화로 폐역이 되면서 철길은 걷어내고 역사만 남겼다. 내부에는 레트로 여행지 분위기로 꾸몄다.

무주

전국 최고 눈꽃 여행지
덕유산 곤돌라

📍 전북 무주군 설천면 만선로 185 🕙 10:00~16:00
💰 어른 22,000원, 어린이 17,000원(왕복 기준)

전국에서 유명한 눈꽃 여행지 중 하나. 해발 1,614m 산 정상에 펼쳐진 눈꽃은 겨울 여행의 낭만을 불러 일으키기 충분하다. 곤돌라는 설천봉(1,522m)까지 논스톱으로 올라가며 정상인 향적봉까지는 걸어서 20분 정도 걸린다.

청량한 계곡길 따라
무주 구천동 어사길

📍 전북 무주군 설천면 구천동1로 167(구천동 주차장)

어사 박문수가 걸었던 길을 역사적 고증을 통해 복원한 명품 숲길이다. 옛길을 고스란히 이어 자연 훼손을 최소화했으며 계곡을 바로 옆에 두고 걷는 길이라 숲이 주는 청량감과 맑은 기운이 끊임없이 솟아 나온다. 아이들도 어렵지 않게 걸을 수 있어 가족 여행객들도 많이 찾는다.

태권도 한 번 배워볼까
태권도원

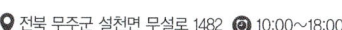

📍 전북 무주군 설천면 무설로 1482 🕙 10:00~18:00
❌ 월요일, 1월 1일, 설날·추석 전날 및 당일 💰 어른 4,000원, 청소년·어린이 3,000원

태권도의 역사와 발전 과정, 세계화를 위한 노력 등 흥미로운 전시가 눈길을 끈다. 미리 시간 맞춰 가면 절도 있는 태권도 시범 공연도 볼 수 있다. 모노레일을 타고 전망대도 올라보자.

반딧불이는 처음이지?
반디랜드

📍 전북 무주군 설천면 무설로 1324 🕙 09:00~18:00
❌ 월요일, 설날·추석 당일 💰 어른 5,000원, 청소년 4,000원, 어린이 3,000원

무주의 상징인 반딧불이를 테마로 한 체험 학습 교육 공간. 아이와 여행이라면 적극 추천한다. 곤충박물관과 천문과학관등 골고루 갖춰 볼거리와 체험거리가 많다.

군산 · 부안 · 고창

군산, 부안, 고창은 서해안을 따라 펼쳐진 보물 같은 도시들이다.
군산에서는 근대 역사 속 시간 탐험과 섬 여행을 떠나보자.
아름다운 자연경관을 품은 부안과 유네스코 세계문화유산으로 지정된
고인돌 유적이 있는 고창도 뜻밖의 감동을 준다.
3개 지역은 서해안 고속도로를 따라 이동할 수 있어 함께 묶어 여행하기 좋다.

추천 계절 스폿

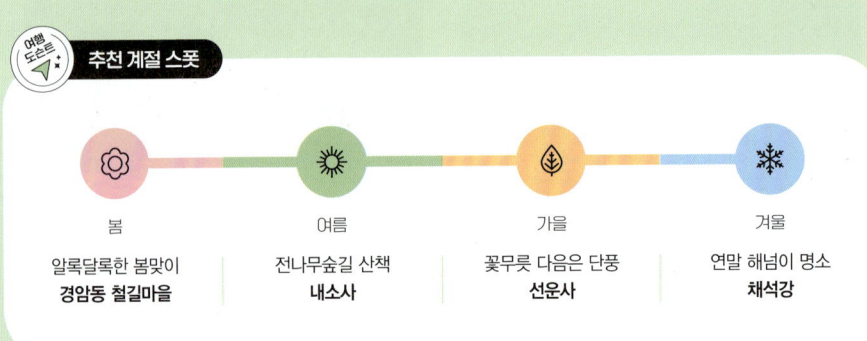

봄	여름	가을	겨울
알록달록한 봄맞이	전나무숲길 산책	꽃무릇 다음은 단풍	연말 해넘이 명소
경암동 철길마을	**내소사**	**선운사**	**채석강**

버킷 리스트

다다미방에서 커피 한잔,
적산 가옥에서 하룻밤 보내기

채석강에서
인생 사진 찍기

내소사에서
템플 스테이 체험

서해안 도시의 매력을 담아낸
당일치기 코스

군산

①
경암동 철길마을
동화 같은 철길 산책

②
군산 시간여행마을
자박자박 도보 시간 탐험

③
초원사진관
영화의 장면 속으로

④
이성당
군산 빵지 순례 성지

부안

①
채석강
오묘한 해안 절벽

②
내소사
고즈넉한
사찰 산책

③
곰소항
젓갈로만 한 상 차림

④
슬지제빵소
부안의 '핫플' 명소

고창

①
고인돌박물관
선사시대로
떠나보자.

②
**고창 보리나라
학원농장**
끝없는 보리밭 걷기

③
상하농원
목가적인 농장에서
쉬어볼까.

④
구시포해수욕장
하루를 마무리하는
일몰

군산

근대 거리로 떠나는 시간 여행
군산 시간여행마을

📍 전북 군산시 내항1길 8(관광안내소)

군산은 과거와 현재가 공존하는 완벽한 타임머신 여행지다. 국내에서도 근대 문화유산이 가장 많이 남아 있으며 군산항을 중심으로 근대건축물이 옹기종기 모여 있다. 근대 거리로 떠나는 시간 여행은 군산 원도심이 주 무대다. 호남관세박물관 또는 군산근대역사박물관에서 출발해 모든 코스가 도보로 이동 가능한 거리여서 여행하기도 편하다. 같은 공간에서 현재의 시간대를 통과해가다 보면 과거의 이미지들이 겹쳐 보인다.

> **+TIP**
> 근대문화역사 거리 여행 추천 코스
> 군산근대역사박물관 ▶ 장미갤러리 ▶ 군산근대미술관 ▶ 미즈커피 ▶ 여미랑

 시간여행마을 둘러보기

서양 고전주의 3대 건축물
호남관세박물관
📍 전북 군산시 해망로 244-7   🕙 10:00~17:00   ❌ 첫째·셋째 주 월요일, 1월 1일

1908년에 건립된 서양 고전주의 3대 건축물 중 하나이다. 본래 여러 건물이 있었지만 현재는 본관 건물만 남아 있다.

근대 거리 탐방의 중심
군산근대역사박물관
📍 전북 군산시 해망로 240   🕙 09:00~21:00   ❌ 첫째·셋째 주 월요일, 1월 1일
💰 어른 2,000원, 청소년 1,000원, 어린이 500원

군산 근대 역사 문화 탐방의 중심이 되는 곳. 군산의 근대 문화유산을 한자리에 모아놓은 데다 과거를 생생하게 재현한 전시와 체험이 시간 여행 기분을 제대로 누리게 한다.

쌀을 수탈하던 그곳
장미갤러리
📍 전북 군산시 해망로 232   🕙 09:00~18:00   ❌ 월요일, 1월 1일

일제강점기에 건립된 건물 중 하나로 2013년 보수한 후 갤러리로 재탄생했다. 군산항이 쌀 수탈의 거점이 되었던 역사를 되새겨 장미(藏米)란 이름을 붙였다. 한자로 수탈한 쌀을 보관하던 곳간을 뜻한다.

금고로 옮겨 온 뤼순 감옥
군산근대미술관
- 전북 군산시 해망로 230
- 09:00~21:00
- 첫째·셋째 주 월요일, 1월 1일
- 어른 500원, 청소년 300원, 어린이 200원

일본 제18은행이었던 근대건축물이다. 현재는 미술관으로 운영하며 실제 은행 금고였던 공간을 안중근 의사 기념관으로 꾸며놓았다.

시간을 되돌려볼까
군산근대건축관
- 전북 군산시 해망로 214
- 09:00~21:00
- 첫째·셋째 주 월요일, 1월 1일
- 어른 500원, 청소년 300원, 어린이 200원

옛 조선은행 군산 지점이었던 곳. 채만식의 소설 〈탁류〉에도 등장하는 장소로 군산 근대사를 대표하는 건물 가운데 하나다.

적산 가옥을 둘러보는
신흥동 일본식 가옥
- 전북 군산시 구영1길 17
- 10:00~18:00
- 첫째·셋째 주 월요일, 1월 1일

일본 부유층이 거주하던 지역에 남은 적산 가옥 중 하나다. 포목상이던 일본인 히로쓰 가족이 살던 곳으로 2층 건물에 일본식 야외 정원이 도드라진다.

평화로 가는 길
동국사
- 전북 군산시 동국사길 16

국내 유일한 일본식 사찰이다. 대웅전은 에도시대 건축양식을 본떠 지었으며, 일본에서 건축 자재를 들여와 사용했다. 경내에는 평화의 소녀상이 있다.

다다미에서 커피 한잔
미즈커피
- 전북 군산시 해망로 232
- 10:00~21:00

일본식 건물을 개조해 만든 카페. 2층 다다미 공간이 이채롭다. 일본인이 운영하던 무역 회사 미즈상사에서 이름을 따왔다.

하룻밤의 시간 여행
여미랑
- 전북 군산시 구영6길 13

적산 가옥 형태를 그대로 살려 특색 있는 숙소로 꾸몄다. 연못 정원을 중심으로 여러 채의 객실을 갖추었으며 시간 여행 테마에 잘 어울리는 장소다. 기본적으로 다다미 객실이기 때문에 겨울에는 다소 춥게 느껴질 수 있다.

검정 교복 입고 찰칵
경암동 철길마을

📍 전북 군산시 경촌4길 14

페이퍼 코리아 공장과 군산역을 연결한 총 길이 2.5km 철길 주변에 형성된 마을이다. 지금은 폐선이 되어 기차가 다니지 않지만 일제강점기에 신문 용지를 나르기 위해 철로가 개설되었다고 한다. 철길 옆에 다닥다닥 붙어 있던 집들은 대부분 소품 숍이나 카페, 교복 대여점 등 상점으로 바뀌면서 관광객들이 찾는 여행지로 탈바꿈했다. 철길 마을 입구에 옛 기차 모형과 역사가 설치되어 있으며, 어린 시절을 떠올리게 하는 조형물들이 미소 짓게 한다. 철길도 무지개색으로 알록달록하게 꾸며 사진 명소로 손색이 없다.

> **TIP**
> 좀 더 재밌는 사진을 찍으려면 옛 교복을 입고 누벼보자. 검정 고무신에 책가방까지 갖추면 더욱 완벽해진다. 흑백사진 모드는 옵션이다.

그 영화, 그 사진관
초원사진관

📍 전북 군산시 구영2길 12-1

한석규와 심은하가 남녀 주인공을 맡은 영화 〈8월의 크리스마스〉를 촬영한 곳이다. 당시 차고이던 곳을 촬영 세트장으로 제작했으며 이후 철거되었다가 군산시에서 사진관으로 복원했다. 영화의 분위기를 그대로 느낄 수 있는 로맨틱한 장소다.

테디와 시공간 여행
테디베어뮤지엄

📍 전북 군산시 구영7길 37   🕐 10:00~19:00
💰 어른 12,000원, 청소년 11,000원, 어린이 10,000원

근대문화유산 도시의 이미지를 살려 1970년대 건립된 한일교회 건물을 활용했다. 사라진 테순이를 찾아 테디와 친구들이 전 세계 도시로 시공간 여행을 떠난다는 스토리로 전시를 구성했다.

군산의 최고 섬 명소
선유도

📍 전북 군산시 옥도면 선유도리

선유도는 그림 같은 풍경과 맑은 바다로 유명한 아름다운 섬이다. 예로부터 선유8경으로 불리는 여덟 가지 명소가 있으며 해수욕장과 갯벌 체험, 짚라인 등 다양한 액티비티를 즐길 수 있다. 시원한 바닷바람과 절경을 즐기는 유람선도 추천한다.

바다 위에 흩뿌려진 보석
고군산군도

📍 전북 군산시 옥도면 고군산군도 일대

선유도, 무녀도, 신시도 등 약 63개의 크고 작은 섬으로 이루어진 섬들의 집합이다. 맑은 바다와 다채로운 경관을 비롯해 다양한 해양 스포츠와 트레킹 코스로 많은 사람들이 찾는다. 섬 사이를 연결한 도로를 드라이브하거나 자전거를 타고 섬을 탐방할 수 있다.

여기 빵은 먹고 가야지
이성당

📍 전북 군산시 중앙로 177

우리나라에서 가장 오래된 빵집. 단팥빵과 야채빵으로 유명하며 단정하면서도 정겨운 분위기가 특징이다. 군산을 방문하는 여행객들이 꼭 들러야 할 명소로, 빵을 맛보는 즐거움 이상의 추억거리를 선물한다. 전화로 예약하면 원하는 날 찾아갈 수 있으며 최고 10개 이상 구매해야 한다. 픽업 하루 전에는 예약해야 한다. 방문하고자 하는 날이 주말일 경우에는 미리 예약하는 게 안전하다. 택배 주문도 가능하다.

> ** TIP**
> 이성당 본관이 옛날 빵집 분위기라면, 신관은 감각적인 베이커리 카페 분위기다. 2층에 카페가 있으며, 오전 8시부터 한정 판매하는 모닝 세트가 인기다. 단, 단팥빵과 야채빵은 본관에서만 판매한다.

부안

그리움을 담은 저녁노을
변산반도 채석강 & 적벽강

📍 전북 부안군 변산면 격포리

채석강은 격포해수욕장에서 격포항 닭이봉에 이르는 약 1.5km에 걸쳐 형성된 절벽 구간을 일컫는다. 서해안 3대 낙조로 꼽히는 일몰과 함께 겹겹이 층을 이룬 독특한 경관이 일품인 명소다. 수만 권의 책을 쌓아놓은 듯 보이는 절벽층은 상상도 못할 세월을 담고 있다.
인스타 감성의 사진 포인트인 해식동굴은 격포항에서 더 가깝다. 방파제 입구에 해식동굴로 내려가는 계단이 있는데, 바위가 미끄러우니 슬리퍼나 구두 차림은 조심해야 한다. 밀물 시간에 맞춰 가야 해식동굴이 있는 안쪽까지 건너갈 수 있으며, 일몰 무렵에 가장 아름답다.

| TIP |
채석강에서 백잣장 북쪽으로 올라가면 붉은 암벽이 인상적인 적벽강이 있다. 오랜 침식작용과 풍화작용이 빚은 기암괴석이 시간을 과거로 되돌리는 듯하다. 관광객들로 번잡한 채석강과는 또 다른 호젓함을 즐길 수 있다.

신기한 누에 체험
부안누에타운

📍 전북 부안군 변산면 참뽕로 434-20 🕘 09:00~18:00
❌ 월요일, 1월 1일, 설날·추석 당일
₩ 어른 3,000원, 청소년·어린이 1,500원

부안의 특산품인 누에와 뽕나무를 테마로 한 전시체험관이다. 민속 양잠 기구와 희귀 곤충, 사계절 관찰이 가능한 누에 사육실을 관람할 수 있다. 오디와 뽕, 누에를 이용한 체험 활동에도 참여해보자.

드라마 속으로 들어가볼까
부안영상테마파크

📍 전북 부안군 변산면 격포리 309-64

드라마 〈불멸의 이순신〉, 〈이산〉 등을 촬영한 세트장으로 역사 고증을 거쳐 옛 궁궐과 건물을 재현해놓았으며 저잣거리, 성곽 등 둘러볼 만한 거리가 많다. 촬영 의상을 입고 기념 사진을 찍거나 민화, 도자기 만들기 등을 체험하는 등 즐길 거리도 풍부하다.

야자수 우거진 사찰에서 템플 스테이
내소사

📍 전북 부안군 진서면 내소사로 243

부안에 있는 내소사는 휴식형과 체험형 템플 스테이를 운영한다. 체험형의 경우 부안 마실길과 능가산길 트레킹, 단청 배우기, 만다라 명상 등 특별한 프로그램을 포함한다. 가족이 휴식형을 신청하는 경우 1실을 제공한다.

고려 청자의 또 다른 고향
부안청자박물관

📍 전북 부안군 보안면 청자로 1493　🕙 10:00~18:00
❌ 월요일, 1월 1일, 설날·추석 당일
💰 어른 3,000원, 청소년 2,000원, 어린이 1,000원

고려 중기 청자 생산의 요지였지만 세간에는 잘 알려지지 않은 부안 도자기의 역사를 만나는 곳이다. 청자 역사실, 명품실, 체험실 등으로 나뉘며 4D 영상도 감상할 수 있다.

> **TIP**
> 문화관광해설사나 오디오 가이드를 이용하면 고려청자를 더욱 깊이 이해할 수 있다.

젓갈 백반 맛보세요
곰소항

📍 전북 부안군 진서면 곰소리

내소사에서 멀지 않은 곳에 자리한다. 조각보처럼 이어진 많은 염전을 볼 수 있는데 인근에서 잡은 싱싱한 어패류를 재료로 각종 젓갈을 생산한다.

> **TIP**
> 곰소항 주변에 젓갈 백반을 내놓는 음식점이 많다. 10여 가지가 넘는 다양한 젓갈을 차려내며 한 번쯤 맛볼 만하다.

찐빵과 커피의 조합은 못참지
슬지제빵소

📍 전북 부안군 진서면 청자로 1076　🕙 10:00~19:00

곰소 염전 맞은편에는 부안 '핫플'인 슬지제빵소가 있다. 우리 농산물을 사용해 만든 찐빵과 흑당소금 커피가 시그너처 메뉴로 세련된 분위기의 카페를 함께 운영한다. 한적한 시골 마을 정경과 꽤 잘 어울리는 휴식처다.

고창

여기, 고창 맞나요?
상하농원

- 전북 고창군 상하면 상하농원길 11-23
- 09:30~21:00
- 어른 9,000원, 어린이 6,000원

넓은 양 떼 목장을 비롯해 동물 농장과 체험 및 공방, 카페, 식당, 글램핑장까지 고루 갖춘 이국적인 여행지이다. 동물 사육 시설도 깨끗하게 관리해 기분 좋게 둘러볼 수 있다. 로컬 푸드로 만든 건강한 식단과 여러 체험도 마련되어 있어 가족 나들이 코스로 추천한다.

옛 성에 남은 맹종죽림
고창읍성

- 전북 고창군 고창읍 읍내리 125-9
- 05:00~22:00
- 어른 3,000원, 청소년 2,000원, 어린이 1,000원

1453년 조선 단종 때 쌓은 석성이다. 성벽 안쪽에 울창한 소나무숲과 산책로가 정비되어 있다. 성곽 둘레는 도는 데 약 30분이 소요되는데, 성황사를 지나면 나오는 맹종죽림이 하이라이트다.

> **TIP**
> 맞은편에 신재효 고택과 고창판소리박물관이 있어 잠시 들러봐도 좋다.

꽃 무릇과 단풍의 성지
선운사

- 전북 고창군 아산면 선운사로 250

천년 고찰 선운사는 특히 가을에 다녀오길 추천한다. 9월 중순부터 꽃무릇이 지천이며 11월에는 단풍이 물들기 때문이다. 선운천을 따라 녹음이 우거진 숲길이 발걸음을 가볍게 한다.

> **TIP**
> 주차장에서 사찰까지 1km 남짓해 꽃구경만 하려면 선운산생태숲만 다녀와도 만족스럽다.

서해 바다의 해넘이
동호 & 구시포해수욕장

- 전북 고창군 상하면 자룡리(구시포해변)

서해 바다의 낙조를 감상하는 최고의 장소다. 동호해수욕장은 수백 년 된 소나무숲이 해변을 둘러 자라고 있다. 솔숲 그늘에 앉아 황홀한 일몰에 빠져보자. 구시포해수욕장은 바닷물이 빠지면 십리 모래 갯벌이 펼쳐진다. 고즈넉한 석양빛에 하루의 피로가 가시는 곳이다.

가도가도 끝없는 보리밭
고창 보리나라 학원농장

📍 전북 고창군 학원농장길 154

봄에는 푸른 청보리 물결이 넘실거리고 여름에는 해바라기, 가을에는 새하얀 메밀꽃밭이 펼쳐지는 환상적인 농장이다. 약 330,578m²(10만 평)이 넘는 부지여서 다 돌아보기는 힘들다. 꽃밭 사이에 난 오솔길만 걸어도 기분이 근사해진다.

> **TIP**
> 그늘이 없어 한여름에 모자나 양산은 필수 아이템이다.

책 좋아하는 사람 모여라
책마을해리

📍 전북 고창군 해리면 월봉성산길 88
🕐 10:00~18:00(금·토·일·월요일, 공휴일 오픈)

시골 폐교를 도서관과 책 테마 여행지로 탈바꿈시킨 곳이다. 책 숲 시간 숲, 버들눈 도서관, 책 마을 책 감옥 등 온통 책으로 둘러싸인 공간에서 읽다가 지치는 경험을 해보는 건 어떨까. 야외에는 아이들이 뛰어놀 수 있는 꿀밤나루 트리 하우스가 있다.

세계 문화유산에 등재된
고인돌 유적
& 고인돌박물관

📍 전북 고창군 고창읍 고인돌공원길 74 🕐 09:00~18:00
💰 어른 3,000원, 청소년 2,000원, 어린이 1,000원
❌ 월요일, 1월 1일

국내에서 가장 큰 군집을 이룬 고인돌 유적의 발자취를 따라가다 보면 한반도에 새겨진 오래된 과거와 마주하게 된다. 영국의 스톤헨지 같은 세계 거석문화를 비교한 전시와 선사시대 마을을 재현한 야외 조형물도 흥미를 끈다.

탐방 열차 타고 고고
운곡 람사르습지 자연생태공원

📍 전북 고창군 운곡서원길 362

운곡 저수지를 중심으로 여러 개의 탐방 코스가 조성되어 있다. 고인돌 유적지와 용계리 친환경 주차장 두 곳에 탐방안내소가 있으며 폐경작지에서 자연 스스로 본래의 습지로 복원한 놀라운 생태계를 만날 수 있다.

> **TIP**
> 걷기 힘들 때엔 용계리 탐방안내소에서 운곡습지생태공원까지 탐방열차를 이용하면 편하다.

남원·구례·순창·임실

남원, 구례, 순창, 임실에는 풍부한 자연과 독특한 지역 문화를 체험하는 여행지가 많다.
《춘향전》의 고장인 남원은 전통문화와 현재가 어우러진 여행 테마를 제안한다.
남원에서 남쪽으로는 구례, 서쪽으로는 순창, 북쪽에는 임실이 있어 함께 여행하기 좋다.
봄에는 산수유마을이 있는 구례로, 여름에는 아찔한 출렁다리가 있는 순창을 추천한다.
가을엔 치즈가 익어가는 임실로 발걸음을 옮겨보는 것도 좋다.

추천 계절 스폿

봄	여름	가을	겨울
샛노란 봄맞이	순창의 초록빛에 풍덩	사랑에 빠지기 좋은 계절	한겨울에도 파릇파릇한
구례산수유마을	**강천산군립공원**	**남원 광한루원**	**지리산허브밸리**

버킷 리스트

- 광한루의 야경에 빠져보기
- 순창의 아찔한 출렁다리 코스 완주하기
- 임실치즈 내 손으로 만들어보기

당일치기 코스
네 곳의 도시, 네 가지 매력

남원

① 남원 광한루원
달나라에 가볼까?

② 춘향테마파크
어화둥둥, 내 사랑아

③ 남원시립김병종미술관
예술 감성 지수 업!

④ 수지미술관
폐교가 미술관으로 변신

구례

① 한국압화박물관
꽃 예술을 감상하자.

② 쌍산재
전통 한옥 체험하기

③ 화엄사
지리산 깊은 곳
역사 깊은 사찰

순창

① 강천산군립공원
푸른 산이 부르는 곳

② 강천힐링스파
내 몸을 편안하게

③ 순창발효테마파크
발효 음식에 대한 모든 것

임실

① 임실치즈테마파크
즐거운 치즈 만들기

② 옥정호 출렁다리
너른 호수 건너기

③ 붕어섬
호수에 뜬 예쁜 정원

남원

지상에 내려앉은 달의 궁전
남원 광한루원

📍 전북 남원시 요천로 1447　⏰ 08:00~21:00(18:00 이후 무료 개방)　💰 어른 4,000원, 청소년 2,000원, 어린이 1,500원, 주차 요금 2,000원

남도 제일의 누각으로 꼽히는 광한루는 달나라 궁전을 뜻하는데, 그만큼 광한루의 절경이 빼어났음을 알려준다. 광한루는 한 사람의 힘으로 만든 게 아니다. 남원에 유배 온 황희가 작은 누각을 지은 것을 시작으로 장의국이 호수를 꾸미고 그곳에 정철이 섬을 만들었다. 안타깝게도 정유재란 때 모두 불탔으나 다행히 옛 모습대로 복원했다. 광한루를 배경으로 쓰인 성춘향과 이몽룡의 애절한 사랑 이야기에도 귀를 기울여보자. 춘향 사당과 고전을 모아놓은 전시관도 빼놓지 말자.

┤ＴＩＰ├
광한루는 낮과 밤 모두 가봐야 매력을 제대로 맛볼 수 있다. 조명 빛에 둘러싸인 광한루는 땅에 내려앉은 달나라 궁전처럼 신비하고 아름답다.

어느 계절에 가도 꽃천지
지리산허브밸리

📍 전북 남원시 운봉읍 용산리 265-4　⏰ 09:00~18:00　❌ 월요일　💰 어른 4,000원, 청소년 2,000원, 어린이 1,500원

지리산 바래봉 자락에 펼쳐진 비밀의 화원 같은 곳이다. 해발 600m 고지에 뿌려놓은 보석처럼 빛나는 지리산허브밸리는 맑은 공기와 싱그러운 자연이 하모니를 이룬다. 넓은 대지에 허브 온실과 정원, 열대식물원, 자생식물압화관 등 다양한 테마 공간을 꾸며놓았으며 암석원과 조각공원, 전망대까지 다양한 관람 시설을 갖춰놓았다. 유리 온실로 조성된 열대식물원은 어느 계절에 가도 늘 푸릇하다. 청량감 넘치는 야자나무와 향기를 풍기는 허브, 꽃밭 가운데 만들어놓은 포토 존이 자꾸만 걸음을 멈추게 한다. 자생식물압화관도 그냥 지나칠 수 없다. 400여 점의 식물 표본이 마치 예술품처럼 진열되어 있다. 워낙 넓기도 하지만 구석구석 관람하려면 넉넉히 2~3시간은 잡아야 한다.

┤ＴＩＰ├
숲속 어드벤처 놀이 공간인 스카이 트레일에서 모험심을 테스트해보는 건 어떨까. 외줄 건너기 같은 아찔한 구조물과 짚라인을 체험해보자.

어화 둥둥, 내 사랑아!
춘향테마파크

📍 전북 남원시 양림길 14-9 🕐 09:00~22:00
💰 어른 3,000원, 청소년 2,500원, 어린이 2,000원

광한루원에서 멀지 않은 춘향 테마파크는 춘향과 이몽룡의 애절한 러브 스토리를 테마로 꾸민 스토리형 야외 정원이다. 곳곳에 소설 속 주요 사건들을 조형물로 재현해 한 바퀴 돌고 나면 책 한 권을 다 떼게 된다. 남원 향토 박물관과 심수관 도예전시관도 있어 쉬엄쉬엄 함께 둘러보기 좋다. 특히 심수관 도예전시관은 꼭 한번 가보기를 권한다.

심수관요는 세계적인 도자기 명가로 정유재란 때 일본으로 끌려간 심당길이 시조다. 그의 후손들은 약 400년에 걸쳐 가업을 이어가며 지금까지도 한국 성씨를 고집한다. 심수관요의 역사와 남원에 기증한 작품들을 감상하다 보면 가슴이 뭉클해진다. 무엇보다 도공들의 혼이 담긴 아름답고 우아한 도자기가 가장 마음에 남는다.

이렇게 멋진 미술관
남원시립김병종미술관

📍 전북 남원시 함파우길 65-14 🕐 10:00~18:00
❌ 월요일, 1월 1일, 설날·추석 당일

울창한 숲에 둘러싸인 미술관은 외관부터 멋진 예술품을 보는 듯하다. 남원 출신 김병종 작가의 컬렉션을 기반으로 지역 작가들의 작품들을 전시한다. 약 2,000권의 도서가 비치된 북 카페도 매력적인 장소다.

우리 학교는 지금 미술관
수지미술관

📍 전북 남원시 수지면 물머리로 525 🕐 10:00~18:00
❌ 월요일 💰 어른 3,000원, 청소년·어린이 2,000원, 유아(3~7세) 1,000원

폐교된 수지남초등학교를 박상호 화백이 미술관으로 재구성한 공간이다. 온통 흰 벽면이 작품을 더욱 도드라지게 만들며 관람 후 쉼터에서 차를 마시며 여유을 즐기도록 했다.

구례

샛노란 봄 여행지
구례산수유마을

📍 전남 구례군 산동면 상위마을 일대

봄철 최고의 꽃구경 명소. 매년 3월경 산수유꽃이 만개하면 마을 전체가 노란 물결로 뒤덮인다. 산수유축제도 열리는데, 다양한 공연과 프로그램을 즐길 수 있다. 지리산이 품은 넉넉한 자연 속에서 여유로운 시간을 보내는 최적의 장소다.

윤스테이 촬영지
쌍산재

📍 전남 구례군 마산면 장수길 3-2

고즈넉이 한옥의 아름다움을 만끽하는 명소로 〈윤스테이〉 촬영지로도 유명하다. 오래된 고택을 옛 모습 그대로 보존하고 있으며 잘 가꾼 앞뜰과 뒤편 대나무숲이 어우러진 운치 있는 분위기가 마음을 오래도록 머물게 한다.

신라 시대부터 내려온 사찰
화엄사

📍 전남 구례군 마산면 화엄사로 539

신라시대에 창건된 유서 깊은 불교 사찰이다. 특히 봄철 벚꽃과 가을철 단풍이 유명하며 사찰 내에 여러 국보와 보물이 자리한다. 템플 스테이도 운영하는데 인기가 좋기 때문에 한 달 전에 예약하는 것이 좋다.

꽃의 새로운 탄생
한국압화박물관

📍 전남 구례군 동산1길 29 🕙 10:00~17:00 ❌ 월요일
💰 어른 2,000원, 청소년·어린이 1,000원

꽃을 눌러서 만든 예술 작품인 압화를 전시하는 곳이다. 자연의 아름다움을 예술로 승화시킨 색다른 경험을 할 수 있다. 압화 만들기 체험 프로그램도 마련되어 있다.

순창

산 좋고 물 좋은 자연 쉼터
강천산군립공원

📍 전북 순창군 강천산길 95   🕐 07:00~18:00
💰 어른 5,000원, 초·중·고등학생 4,000원

산세가 수려하고 폭포와 계곡, 바위가 아름답기로 유명해 국내 최초로 군립 공원으로 지정되었다. 등반 코스가 여럿이지만 병풍폭포부터 강천사와 현수교, 구장군폭포까지 이어진 맨발 산책 코스가 많이 이용된다. 첫 번째 포인트는 수직 절벽 위에서 가느다란 물줄기가 떨어지는 병풍폭포다. 야외 족욕탕이 마련되어 있어 쉬어 가는 이들이 많다. 독특한 거시 바위와 메타세쿼이아숲길, 강천사를 지나면 강천사 구름다리로 이어진다. 계곡 사이에 놓인 짧은 출렁다리지만 꽤 인상적인 순간을 남긴다. 구장군폭포까지 다녀오는 데 2시간 넘게 소요된다.

> **⊕ TIP**
> 병풍폭포를 바라보며 야외 족욕을 즐겨보자. 손수건이나 작은 수건을 준비해 가면 요긴하다. 입장료를 내면 순창지역화폐(2,000원)를 준다.

피로엔 역시 스파
강천힐링스파

📍 전북 순창군 팔덕면 광덕로 681   🕐 09:00~18:00
❌ 월요일, 설날·추석 당일   💰 어른 12,000원, 어린이 10,000원

강천산에 다녀온 뒤 피로를 푸는 장소로 그만이다. 건강을 위한 온천 치유 누리실, 실내외 스파 풀장, 테라피, 야외 풀이 깔끔하게 정비되어 있다.

심장을 부여잡고 걷는 다리
채계산 출렁다리

📍 전북 순창군 적성면 괴정리 산30

채계산에 오르면 심장 쫄깃해지는 아찔한 순간을 경험하게 된다. 24번 국도를 사이에 두고 산등성이에 걸쳐진 채계산 출렁다리는 무주탑 현수교로 다리 너머 굽이진 섬진강과 황금 들녘이 펼쳐진다.

맛있는 매운맛
순창발효테마파크 & 발효소스토굴

📍 전북 순창군 순창읍 장류로 55 🕐 10:00~18:00
❌ 월요일

순창 하면 역시 '고추장'이다. 기왓장 집이 즐비한 고추장 마을 앞에 순창발효테마파크가 자리한다. 잔디마당을 중심으로 미생물 뮤지엄과 푸드사이언스관, 전통누룩체험관 등 다양한 전시관과 놀이 시설을 갖추었다. 아이들 눈높이에 맞춘 전시지만 발효에 관한 유용한 상식이 많아 누구나 재밌게 관람할 수 있다. 세계 각국의 소스를 만나보는 발효소스토굴도 요리를 즐겨 한다면 흥미를 가질 만하다. 전통장을 만드는 과정도 자세하게 설명하며 실제 발효되고 있는 옹기도 관람할 수 있다.

➕TIP
순창의 매운맛, 고추장 아이스크림에 도전해보자. 맛보다는 색다른 경험이 된다. 푸드사이언스관에 딸린 카페에서 판매한다. 여러 시설물을 관람한다면 통합 이용권을 구매하는 것이 좀 더 저렴하다. 시설별로 요금이 다르다.

암벽을 타고 짜릿한 걸음
용궐산 하늘길

📍 전북 순창군 동계면 장군목길 540 ₩ 4,000원

거대한 암벽과 기암괴석이 이어진 용궐산 등반 코스 중 수직 암벽에 설치된 잔도를 따라 가는 길이다. 암벽에서 내려다보는 경관은 탄성이 절로 나올 만큼 웅장하고 수려하다. 1km 남짓해 짧고 굵은 트레킹을 경험할 수 있다.

➕TIP
입장료를 내면 순창지역화폐(2,000원)를 준다.

바위 안에 쏘옥
요강바위

📍 전북 순창군 동계면 어치리 814

바위 가운데 신기하게도 요강처럼 안이 푹 파여 있다. 한국전쟁 때는 마을 주민이 이곳에 숨었다고도 한다. 비가 많이 내리지 않았을 때 찾아야 요강바위 가까이 건너갈 수 있다. 용궐산 하늘길을 지나가기 때문에 한 코스로 묶으면 알찬 일정이 된다.

임실

내가 만든 치즈가 최고
임실치즈테마파크

📍 전북 임실군 성수면 도인2길 50 🕘 09:00~18:00
❌ 월요일, 1월 1일, 설날·추석 당일

임실치즈를 테마로 꾸민 체험형 관광지다. 150,000㎡ (약 45,375평)에 이르는 넓은 부지에 임실치즈 역사문화관과 체험관, 레스토랑, 테마관 등이 들어서 있으며 장미 정원과 중앙 정원 등 보고 즐길 거리가 많다. 유럽풍 건물과 치즈를 본뜬 홍보탑, 푸른 잔디밭과 분수에서는 동화 속 나라에 온 듯 사진 찍기에도 좋다.

> **◆ TIP**
> 치즈 만들기 체험은 적극 추천하는 코스다. 쭉쭉 찢어지는 스트링 치즈를 직접 만들어보고 쌀 피자도 시식해보자. 현장 접수도 가능하지만 일찍 마감될 수 있으니 인터넷으로 예약하고 가면 편하다.

호수 가운데 뜬 정원
옥정호 출렁다리 & 붕어섬

📍 전북 임실군 운암면 입석리 413-1 🕘 09:00~18:00
❌ 월요일 ₩ 어른 3,000원, 초·중·고등학생 1,000원

호수를 가로지르는 출렁다리를 건너면 섬 전체가 꽃 정원인 붕어섬에 들어선다. 계절별로 다채로운 꽃이 피어나고 연못과 잔디밭, 쉼터가 잘 꾸며져 있다.

> **◆ TIP**
> 주말은 주차하기가 어려우므로 가급적 평일 방문을 추천한다.

광주·담양·곡성·나주

광주는 전남의 중심 도시이자 서울에서 KTX로 2시간 이내로 닿는 광역시다.
종합 터미널인 유스퀘어에서는 인근 도시를 대중교통으로 촘촘히 연결하며
전남 주요 관광지 순환버스인 '남도한바퀴'도 이곳에서 출발한다.
자동차 여행이라면 담양과 곡성, 나주를 연계해 당일치기나 1박 2일 코스를 짜도 좋다.
광주에서 30~40분 이내면 닿는 거리여서 가볍게 다녀올 수 있다.

추천 계절 스폿

- **봄** 장미꽃 향기 날리는 **섬진강기차마을**
- **여름** 나무 그늘 아래서 호로록 국수 한 그릇 **담양 국수거리**
- **가을** 단풍이 환상적인 **무등산 지산유원지 & 담양 메타세쿼이아길**
- **겨울** 눈이 펑펑 내리는 날의 **죽녹원**

버킷 리스트

- 양림동에서 하루 머물기
- 눈 오는 날 죽녹원 산책 나서기
- 증기기관차 타고 옛 추억 소환하기

추천 코스

걸음마다 푸른 기운이 가득한
당일치기 코스

담양

① 죽녹원
푸른 대나무숲 거닐기

② 딜라이트 담양
담양을 담은 미디어 아트

③ 메타세쿼이아길
끝없는 숲의 향연

④ 메타 프로방스
담양 속 프랑스 여행

느리게 걸으며 힐링하는
1박 2일 코스

Day 1

① 금성관
곰탕 한 그릇 후루룩

② 나주 빛가람 치유의 숲
자연이 선물한 치유 시간

③ 양림동 근대역사문화마을
펭귄이 사는 이상한 동네

④ 1913송정역시장
양손 무겁게 시장 쇼핑

Day 2

① 소쇄원
선비 정신이 담긴 정원

② 삼지내마을
느릿느릿 달팽이 산책

③ 섬진강 기차마을
칙칙폭폭,
기차가 달리는 마을

광주

타임머신 타고 근대로
양림동 근대역사문화마을

📍 광주광역시 남구 양림동

양림동은 오래된 서양식 건축물과 전통 한옥이 조화를 이루는 100년 전 역사가 살아 숨 쉬는 마을이다. 여기에 힙한 카페와 맛집, 빵집, 공방 등이 어우러진 오감 만족 여행지다.

TIP

근대역사문화마을 여행 추천 코스
펭귄마을 ▶ 이장우 가옥 ▶ 한희원미술관 ▶ 카페 1890 ▶ 오웬기념각 ▶ 호랑가시나무언덕 게스트하우스(1박) ▶ 우일선 선교사 사택 ▶ 이이남 스튜디오 ▶ 이강하미술관

ZOOM IN 근대역사문화마을 둘러보기

펭귄마을엔 펭귄이 없다?!
펭귄마을
📍 광주광역시 남구 천변좌로446번길 7

이름도 재미있는 펭귄마을에는 잡다한 볼거리가 가득하다. 양림 커뮤니티센터 옆 골목길은 1970~1980년대로 이어지는 비밀 통로다. 버려야 할 잡동사니가 멋진 전시물로 등장하는 발상의 전환이 즐거운 곳. 어른을 위한 추억의 놀이터이자 아이들에게는 신기하고 재미난 전시 공간이다.

희생과 헌신의 증표
오웬기념각
📍 광주광역시 남구 백서로70번길 6

양림동의 상징적인 서양식 근대건축물. 외관은 회색 벽돌을 쌓아 올렸으며, 내부는 목조로 이루어져 독특한 아름다움을 자아낸다. 1914년에 순교한 의사이자 선교사였던 클레멘트 C. 오웬을 기념해 건립했다. 오웬은 광주에 기독교를 처음 전파한 인물로 선교 기간이 끝난 후에도 돌아가지 않고 헌신하는 삶을 살다 양림동에 묻혔다.

가장 오래된 서양식 건물
우일선 선교사 사택
📍 광주광역시 남구 양림동

1905년에 건립된 광주에서 가장 오래된 서양식 건축물이다. 미국에서 온 우일선(Wilson) 선교사는 1908년 제중원(현 기독병원) 원장으로 어려운 이들을 위해 의술을 펼쳤던 인물이다. 드라마 〈이두나〉 촬영 장소로 알려졌다.

양림동에서 한옥 산책
이장우 가옥
📍 광주광역시 남구 양림동

아늑하고 운치 있는 은은한 멋이 흐르는 고택. 근대화 시기에 건립된 한옥 건축물로 정갈한 기와집과 잘 가꾼 정원이 고즈넉한 멋을 풍긴다.

선교사 사택에서 하룻밤
호랑가시나무언덕 게스트하우스
📍 광주광역시 남구 제중로47번길 18

과거 뉴수마 선교사 사택으로 썼던 오래된 서양식 건축물을 게스트하우스로 운영한다. 건물 앞에 자라난 우람한 호랑가시나무가 눈길을 끈다. 객실은 단출하면서 아늑한 분위기를 풍긴다. 샤워실과 부엌, 거실 등은 공용 공간이다.

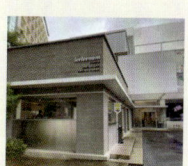

미디어 아트에 빠진 커피
이이남 스튜디오
📍 광주광역시 남구 제중로47번길 10 🕐 11:00~21:00

미디어 아트로 유명한 이이남 작가의 작품들을 감상하는 갤러리 겸 카페. 1층 미디어 아트 뮤지엄에서 작가의 다양한 작품을 전시한다. 2층은 북 카페 콘셉트이며 자유롭게 음료를 즐기며 관람할 수 있다.

작고 아담한 한옥 미술관
한희원미술관
📍 광주광역시 남구 양촌길 27-6 🕐 10:00~18:00 ❌ 월요일 ₩ 무료입장

양림동이 고향인 한희원 화가의 작품을 전시한 한옥 미술관이다. 아담한 전시관이지만 화가의 그림이 마음에 긴 여운을 남긴다.

무등산 화가를 만나다
이강하미술관
📍 광주광역시 남구 3·1만세운동길 6 🕐 10:00~18:00 ❌ 월요일 ₩ 무료입장

옛 양림동 주민센터에 꾸민 소박한 미술관이다. 이강하 작가는 2008년 세상을 떠나기 전까지 자신만의 독창적인 작품 활동을 펼쳤으며, 광주민주화운동을 겪으며 느낀 감정과 남도의 아름다운 풍경을 화폭에 많이 남겼다.

10년 후엔 모두 어떤 모습일까
10년 후 그라운드·카페1890
📍 광주광역시 남구 양촌길 1

고풍스러운 건물 안에 들어선 카페 겸 여행자 라운지다. 1층은 카페 1890이고 2층은 스튜디오 미디어 룸으로 꾸몄다. 카페 한쪽에는 지역 생산자들이 만든 각종 굿즈가 진열되어 있으며 구입도 가능하다.

아시아 문화를 담은 거대한 그릇
국립아시아문화전당(ACC)

📍 광주광역시 동구 문화전당로 38 🕐 10:00~18:00
❌ 월요일 Ⓦ 무료입장

아시아 문화 교류와 콘텐츠 창작, 전시, 공연이 한 곳에서 이뤄지는 복합 문화 단지다. 수준 높은 전시를 무료로 관람할 수 있으며, 도슨트 전시 해설 프로그램도 운영한다. ACC를 구석구석 둘러보는 해설사 투어 프로그램(온라인 예약이나 현장 신청)도 참여해볼 만하다.

광주·전남 역사가 쏙쏙
국립광주박물관

📍 광주광역시 북구 하서로 110 🕐 10:00~18:00 ❌ 1월 1일, 설날·추석 당일, 4·11월 첫째 주 월요일 Ⓦ 무료입장

광주와 전남 지역의 역사 문화를 배우는 장소다. 선사시대부터 삼국시대, 조선시대에 이르기까지 역사가 일목요연하게 정리되어 있다. 신안 앞바다에서 발견된 수많은 도자기도 전시한다. 최근 어린이박물관을 새롭게 단장해 가족 나들이 장소로 더할 나위 없다.

잊어선 안 될 역사적 발자취
518민주화운동기록관

📍 광주광역시 동구 금남로 221 🕐 09:00~18:00
❌ 월요일, 1월 1일, 설날·추석 당일

5·18민주화운동 기록물 유네스코 세계기록유산에 등재되어 있다는 사실을 아시는지. 5·18민주화운동기록관은 세계인이 주목한 민주화 운동의 역사와 의미를 되새기고 미래 후손들에게 교훈을 남기기 위한 취지로 설립되었다.

시인의 마음이 되어
시인 문병란의 집

📍 광주광역시 동구 밤실로4번안길 16 🕐 10:00~18:00
❌ 월요일 Ⓦ 무료입장

'직녀에게', '희망가' 등을 지은 저항 시인이자 민족 시인인 고 문병란 시인이 1980년부터 2015년 별세하기까지 거주했던 자택을 개·보수한 공간이다. 여러 작품과 유품이 전시되어 있으며 시인이 실제 사용했던 안방과 서재가 고스란히 재현되어 있다.

시장에 놀러 갈래?
1913송정역시장

📍 광주광역시 광산구 송정로8번길 13

110년이 넘는 역사를 품고 있지만 청년 상인들이 들어오면서 힙한 멋을 더했다. 방앗간과 기름집 등 옛 점포와 펍, 소품 숍 등 젊은 감각에 맞춘 가게들이 어우러져 색다른 시장 풍경을 이룬다. 상점마다 간판이나 벽면에 숨은 이야기가 적혀 있어 구경하는 재미도 쏠쏠하다. 밤에는 야시장도 열린다.

➕TIP
KTX 송정역과 가까워 오고 갈 때 들리기 좋다.

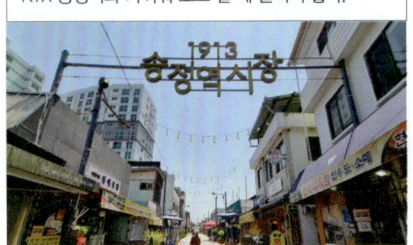

화려한 빛의 쇼에 '풍덩'
광주 사직공원 전망타워

📍 광주광역시 남구 사직길 49

원래 사직단이 있던 장소로 지금은 4층 높이 전망대가 서 있다. 우주 비행선처럼 생긴 건물이 독특하다. 외부에 엘리베이터가 있어 전망대까지 쉽게 오를 수 있으며 낮보다는 밤에 가기를 추천한다. 레이저 빔이 연출하는 화려한 빛의 쇼를 만끽하며 불빛이 가득한 도시 야경을 한눈에 담을 수 있다. 전망대 내부에 갤러리 카페가 있어 쉬어 가기도 좋다.

경치 한번 좋구나!
무등산 지산유원지

📍 광주광역시 동구 지호로164번길 14-10 🕐 10:00~18:00
💰 리프트 어른 10,000원, 어린이 8,000원 / 모노레일 어른 8,000원, 어린이 7,000원(왕복 기준)

무등산 경치를 가장 쉽고 편하게 감상하는 방법. 리프트나 모노레일을 타고 오르면 된다. 리프트 경우 15분 정도 소요되며 무등산의 사계가 발아래 펼쳐진다. 단풍이 든 가을이 가장 아름답다. 모노레일을 이용하면 무등산 전망대까지 오른다.

산과 예술의 특별한 만남
의재미술관

📍 광주광역시 동구 증심사길 155 🕐 09:30~17:30
❌ 월요일, 설날·추석 당일 💰 어른 2,000원, 청소년 1,000원

무등산 자락에 서 있는, 자연과 어우러진 아름다운 미술관이다. 남종문인화의 대가인 의재 허백련 선생과 지역 예술가들의 작품을 감상할 수 있으며, 의재 선생이 손수 가꾼 차밭에서 따 온 춘설차도 맛볼 수 있다. 등산로를 따라 20분 정도 걸어 올라가야 한다.

담양

사계절 푸른 대나무 숲길
죽녹원

- 전남 담양군 담양읍 죽녹원로 119
- 하절기 09:00~19:00, 동절기 09:00~18:00
- 어른 3,000원, 청소년 1,500원, 초등학생 1,000원

담양의 대표적인 관광 명소로 사계절 언제 방문해도 푸른 대나무숲을 거닐 수 있다. 넓은 대숲 안에 운수대통길, 추억의 샛길, 사색의 길 등 여러 테마를 입힌 탐방로가 조성되어 있으며, 곳곳에 족욕 카페와 전시관, 정자와 쉼터 등 즐길 거리도 많다. 죽녹원은 원래 오랫동안 방치되어 있던 대나무밭을 담양군에서 2003년 관광지로 조성한 곳이다. 대숲 안쪽에 폭포도 있어 여름철 시원하게 즐길 수 있다.

| ⊕ TIP |
눈이 펑펑 내린 날 죽녹원을 찾으면 여름과는 또 다른 감흥을 느낄 수 있다. 흰 눈과 푸른 대나무숲이 비현실적인 분위기마저 풍긴다.

대숲에서 호젓한 산책
대나무골 테마공원

- 전남 담양군 금성면 비내동길 148
- 09:00~18:00
- 어른 2,000원, 학생 1,500원, 어린이 1,000원

대나무를 테마로 한 또 다른 명소. 죽녹원보다 한적하고 여유롭게 대나무숲을 산책하며 죽림욕을 만끽할 수 있다. 키 큰 대나무가 우거진 숲길은 오묘한 분위기를 자아낸다. 댓잎 사이로 은은하게 비치는 햇살과 바람 소리가 마음을 편안하게 만든다.

대나무 공예품의 모든 것
한국대나무박물관

- 전남 담양군 담양읍 죽향문화로 35
- 09:00~18:00
- 어른 2,000원, 청소년 1,000원, 어린이 700원

대나무에 대해 자세히 알아볼 수 있으며, 과거부터 현재에 이르기까지 다양한 대나무 공예품을 감상할 수 있다. 죽제품 제작 과정을 밀랍 인형으로 재현한 전시도 흥미롭다. 전 세계 각국에서 이용하는 대나무 제품들도 한자리에 모아놓았다.

여름에도, 가을에도 아름다워라
담양 메타세쿼이아길

📍 전남 담양군 담양읍 학동리 633   🕘 09:00~18:00
💰 어른 2,000원, 청소년 1,000원, 어린이 700원

담양을 상징하는 랜드마크. 전국에서 가장 아름다운 메타세쿼이아길로 꼽힌다. 하늘 높이 뻗은 나무들이 울창한 가로수 터널을 이루며 중간에 작은 호수와 쉼터도 있다. 원래 국도였던 길을 산책길로 만든 것으로 전체 길이가 약 2km에 이른다. 초록빛을 품은 여름도 좋지만 단풍이 붉게 물든 가을 정경도 무척 황홀하다.

> **TIP**
> 매표소는 두 곳으로 길 양 끝에 있으며 주차 시설도 넉넉하다. 제2매표소에서 출발해 끝까지 걸어간 뒤 메타 프로방스에서 점심을 먹고 느긋하게 산책을 즐기며 되돌아오는 코스를 추천한다. 왕복 약 1시간 소요된다.

여기, 프랑스인가요?
메타 프로방스

📍 전남 담양군 담양읍 깊은실길 2-17

프랑스 휴양도시인 프로방스를 본뜬 거리. 중앙 광장에 설치된 이국적인 조각상 분수를 비롯해 카페와 베이커리, 공방, 소품 숍을 기웃거리는 재미가 쏠쏠하다.

> **TIP**
> 메타세쿼이아길 건너편에 위치해 한 코스로 묶기 좋다. 상점마다 문 여는 시간이 다르니 사전 확인은 필수다.

막걸리 대신 예술에 취하다
해동문화예술촌

📍 전남 담양군 담양읍 지침1길 6   🕘 10:00~18:00
❌ 월요일, 공휴일

막걸리가 익어가던 옛 양조장에 꾸민 복합 문화 공간으로 아담한 막걸리박물관과 전시관이 들어서 있다. 현대적인 감각을 입힌 건물도 감성을 불러일으킨다. 한옥 툇마루에 만든 북 카페는 여행길에 잠시 쉬기 좋은 곳이다.

오래된 나무들이 꾸는 꿈
관방제림

📍 전남 담양군 담양읍 객사7길 37

담양 시내를 가로지르는 관방천에 쌓은 제방으로 전체 길이 중 약 2km 구간에 우람한 나무들이 자라고 있다. 수령 약 300~400년에 달하는 아름드리 고목들이 운치 있는 풍경을 연출하며, 인근에 죽녹원과 담양 국수거리가 있어 관광객들이 많이 찾는다. 관방제림은 낮과 밤에 서로 다른 매력을 풍긴다. 둑방 길을 따라 야간 조명이 밝혀지면 신비로운 밤의 야행이 시작된다. 마치 영화의 한 장면 같은 분위기 있는 시간을 가질 수 있다.

> **TIP**
> 밤 산책의 마무리는 포토 타임! 죽녹원 인근에는 초승달 조형물 포토 존이 설치되어 있다.

곤충 소녀, 소년 모여라
담양곤충박물관

📍 전남 담양군 담양읍 담양88로 428 🕙 10:00~18:00
💰 어른 7,500원, 어린이 15,000원

수많은 곤충과 파충류를 가까이에서 관찰할 수 있다. 고슴도치나 장수풍뎅이를 손으로 만져보거나 앵무새에게 먹이를 주는 체험 프로그램도 운영한다. 도전 의식을 심어주는 실내 모험 시설과 자연 놀이터가 있다.

커피 한 잔에 예술 한 스푼
대담미술관

📍 전남 담양군 담양읍 언골길 5-4 🕙 10:00~18:00
💰 무료입장

담양 대표 사립 미술관으로 국수거리 맞은편 관방천을 건너면 쉽게 찾을 수 있다. 1층은 미술관 겸 카페이며 2층은 팝업 아트 스토어, 3층은 루프톱으로 구성되어 있다. 전시관 규모는 아담하지만 뷰 좋은 창가 자리에 앉아 쉬다 보면 시간이 금세 흘러간다.

디지털 아트로 보는 담양
딜라이트 담양

📍 전남 담양군 월산면 화방송정길 21-14 🕙 10:00~19:00
💰 어른 17,000원, 청소년 13,000원, 어린이 10,000원

담양이 품은 자연을 실감형 미디어 아트로 재현한 공간이다. '달', '담양 이야기', '빛의 호수' 등 각각의 테마에 맞춰 디지털 영상과 음악이 어우러진 근사한 공간이 펼쳐진다. 이곳저곳 둘러보다 보면 꿈속처럼 환상적인 시간에 빠져들게 된다. 자신이 그린 그림을 스크린에 전시하는 체험도 있다.

> **+TIP**
> 티켓 구매 시 당일 죽녹원 입장권을 보여주면 할인해준다.

양곡 창고에 덧입힌 문화의 향기
담빛예술창고

📍 전남 담양군 담양읍 객사7길 77 🕙 10:00~18:00
❌ 월요일 💰 무료입장

옛 양곡 창고에 만든 복합 문화 공간으로 넓은 부지에 전시관과 문예 카페가 있다. 주로 지역 예술가들의 전시회를 개최하며 신관 건물은 체험 공간과 역사박물관으로 꾸며놓았다.

> **+TIP**
> 주말에 방문하면 국내 유일한 대나무 파이프오르간 연주를 관람할 수 있다. 공연 시간 체크는 필수.

자연이나 벗 삼아보세
소쇄원

📍 전남 담양군 가사문학면 소쇄원길 17 🕙 09:00~18:00
💰 어른 2,000원, 청소년 1,000원, 어린이 700원

대나무가 빼곡하게 자라난 길 너머에 조선시대 산수화를 현실에 펼쳐놓은 듯한 풍경이 보인다. 소쇄원은 양산보가 스승인 조광조가 죽음을 당하자 출세의 뜻을 버리고 내려와 자연과 더불어 살았던 곳이다. 소쇄원은 '맑고 깨끗하다'는 뜻을 담고 있는데, 이곳이 딱 그렇다.

느릿하게 흘러가는 시간
삼지내마을

📍 전남 담양군 창평면 돌담길 9-22

담양 창평면에 위치한 삼지내마을은 아시아에서 가장 처음으로 슬로시티 인증을 받은 곳이다. 황톳빛 담장을 따라 졸졸 흐르는 도랑이 정겹고 고풍스러운 한옥과 옛 우물, 누각 등이 볼거리를 더한다. 볕 좋은 날에 느릿한 걸음으로 산책에 나서보자.
골목에 숨은 한옥 카페에서 차 한 모금 음미하기를 권한다. 한옥 건물이 인상적인 창평면사무소에도 들러보자. 해설사를 요청하면 삼지내마을에 얽힌 흥미로운 이야기를 접할 수 있다.

'성산별곡'을 아시나요
한국가사문학관

📍 전남 담양군 담양읍 가사문학로 877
🕘 09:00~19:00(시기별로 다름) ₩ 무료입장

정철의 '성산별곡', '사미인곡' 같은 가사 문학을 소개하는 공간이다. 가사 문학 자료를 비롯해 정철의 《송강집》 및 친필 유묵 등 귀한 유물이 전시되어 있다. 주변에 소쇄원과 식영정, 송강정, 면앙정 등 시심에 영향을 끼친 주요한 장소가 자리한다.

나는 누구, 여긴 어디?
추억의 골목

📍 전남 담양군 금성면 금성산성길 282-6 🕘 09:00~18:00
₩ 어른 10,000원, 어린이 8,000원

없는 것 없이 다 모아놓은 만물상 같은 곳. 다양한 주제와 테마로 엮은 전시관들이 향수를 불러일으킨다. 디스코 음악이 나오는 홀에서 춤도 출 수 있다. 쫀득이 같은 옛날 과자를 맛보고 교복을 빌려 입어보자.

시원한 그늘 아래 국수 한 사발
담양 국수거리

📍 전남 담양군 담양읍 객사리

담양을 대표하는 음식거리로 둑방을 따라 국숫집이 늘어서 있다. 진하게 우린 멸치 국물에 양념간장을 넣어 먹는 멸치국수와 매콤새콤한 비빔국수가 주메뉴다. 이곳에서만 맛볼 수 있는 약계란을 추가하면 든든한 한 끼가 된다.

국밥 한 그릇에 입안이 행복
창평 국밥거리

📍 전남 담양군 창평면

담양에는 국수거리 말고도 유명한 음식거리가 하나 더 있다. 바로 창평 국밥거리다. 거리 전체가 국밥집으로 가득한데 어디를 가나 깊고 진한 국물 맛이 일품이다. 순댓국밥과 선지국밥, 콩나물국밥, 내장국밥 등 국밥 종류도 다양해 골라 먹는 맛이 있다.

내 몸에 약이 되는 음식
슬로시티 약초밥상

📍 전남 담양군 창평면 돌담길 102
₩ 어른 10,000원, 어린이 5,000원

슬로시티 콘셉트에 부합하는 독특한 음식점. 주인장이 직접 산과 들녘을 다니면서 캔 약초로 수십여 가지 장아찌를 만들었다. 뷔페식으로 덜어 먹으면 되며 비빔밥을 만들어 먹어도 좋다. 약초 천연 된장국을 함께 내온다. 식사 후 설거지는 셀프다.

마음을 내려놓는 집
하심당

📍 전남 담양군 창평면 화양길 79-14

홍주송가의 400년 종택인 고택에서 운치 있는 하룻밤을 경험해보자. 150년이 훌쩍 넘는 한옥은 추운 겨울에도 뜨끈한 아랫목에서 아늑한 밤을 보낼 수 있다. 고택 예약은 전화로만 가능하다.

TIP
남도 전통주로 선정된 고급 약주인 당주가 직접 빚는 석탄주 시음을 요청해보자.

곡성

장미꽃 만발한 추억의 기차역
섬진강기차마을

📍 전남 곡성군 오곡면 기차마을로 232　🕐 09:00~18:00
💰 어른 5,000원, 어린이 4,500원

오래된 곡성역사와 폐선된 전라선 부지에 조성한 기차 테마파크다. 1960년대를 고스란히 옮겨놓은 옛 기차역에 들어서면 실제 운행했던 증기기관차와 객차가 늘어서 있어 잊고 있던 추억을 불러일으킨다. 기차마을을 순환하는 미니 기차와 기차마을 레일바이크에 올라 신나게 페달을 밟아도 좋다. 단지 안에는 국내 최고의 장미 공원이 조성되어 있다. 독일, 프랑스 등 세계 각지에서 수집한 1,000여 종의 장미가 여름과 가을 내내 만발하고 5~6월에는 세계장미축제도 열린다. 대관람차와 회전목마가 손짓하는 드림랜드와 요술랜드, 동물농장, 로즈카카오 체험관 등 즐길 거리가 다양해 온종일 머물러도 지루하지 않다.

┤ TIP ├
증기기관차나 기차마을 레일바이크를 탑승하려면 먼저 티켓을 구매한 후 둘러보는 것을 추천한다.

추억을 소환하는 열차
증기기관차

📍 전남 곡성군 오곡면 기차마을로 232
🕐 09:30~16:00(기차마을 출발 기준)　💰 4,000~9,000원

역사의 뒤안길로 사라져버린 증기기관차. 칙칙폭폭 소리와 함께 새하얀 증기를 내뿜는 옛 열차에 올라 달걀을 까 먹고 사이다를 마시던 추억 속으로 달려보자. 기차마을에서 가정역까지 운행하며 15분 정차한 후 되돌아간다. 편도 소요 시간은 30분이다.

┤ TIP ├
인터넷에서 미리 좌석을 구매할 수 있다. 성수기 주말, 휴일에는 예약을 추천한다.

강변 따라, 철길 따라
섬진강 레일바이크

📍 전남 곡성군 오곡면 섬진강로 1465
🕐 10:00~17:00, 매시 정각(12:00 제외)　💰 20,000~30,000원

섬진강변을 따라 힘차게 페달을 밟으며 달려보자. 증기기관차가 정차하는 가정역을 출발해 봉조 반환점에서 되돌아오며 약 3.6km 거리다. 산과 강을 나란히 하며 달리는 기분이 그만이다. 왕복 30~40분 소요된다.

┤ TIP ├
시간을 잘 맞추면 증기기관차와 한 코스로 짤 수 있다.

도인들이 숲처럼 모여든 곳
도림사

📍 전남 곡성군 곡성읍 도림로 175

도림사 계곡을 따라 올라간 곳에 신라시대 원효대사가 지었다고 전해지는 아담한 사찰이 있다. 사명대사와 서산대사, 도선국사 등 도인들이 숲처럼 많이 모여 들었다고 해서 도림사란 이름이 붙었으며, 동명의 계곡은 피서지로 유명하다.

뽕뽕 다리에 앉아 '물멍'
침실습지

📍 전남 곡성군 오곡면 오지3길 5

섬진강 줄기와 이어진 규모 큰 습지로 국가보호습지로 지정되어 있다. 수달과 삵, 남생이, 흰꼬리수리 등 멸종 위기 야생 동물을 포함해 670여 종의 생물이 살고 있다. 쉴 새 없이 흐르는 강물 위 뽕뽕 다리에 앉아 '물멍'을 즐겨보자.

나주

여행도 식후경
금성관 & 나주목문화관

📍 전남 나주시 금성관길

남도에 세워진 객사 중 규모가 가장 크며 웅장하다. 조선 성종 때 나주목사인 이유인이 건립했다고 전해진다. 금성관 맞은편에 있는 나주목문화관 전시를 먼저 둘러보면 더 흥미롭다.

> **TIP**
> 일대가 나주곰탕거리여서 늘 사람들로 북적댄다. 이곳에서 곰탕 한 그릇은 필수다.

나무를 배경으로 멋진 사진을
나주 빛가람 치유의 숲 (산림자원연구소)

📍 전남 나주시 산포면 다도로 7 🕐 09:00~17:00

곧게 뻗은 메타세쿼이아숲길이 포토 스폿으로 소문난 곳이다. 사계절 다른 느낌의 사진을 얻을 수 있다. 쭉쭉 뻗은 대나무 숲과 둥그스름한 향나무 길도 저마다 독특한 매력을 뽐내며 멋진 배경이 되어준다. 무장애 덱이 설치되어 있어 걷기도 편하다.

목포 · 신안 · 진도 · 영암

목포는 근대 역사와 문화를 간직한 도시이자 박물관이 많은 배움의 도시이기도 하다.
목포에서 다리로 이어진 신안은 다도해 지역으로, 특히 퍼플섬과 증도가 유명하다.
명량해상케이블카와 운림산방 등 자연과 역사가 어우러진 진도도 빼놓으면 섭섭하다.
목포에서 진도로 향하는 길에 영암을 살짝 걸쳐 가는 것도 추천한다.
월출산 아래 독특한 테마의 관광지들이 여행을 더욱 풍성하게 만들어준다.

추천 계절 스폿

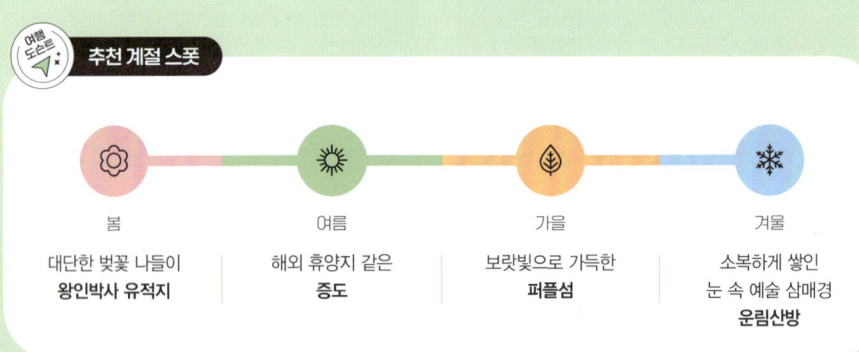

봄 — 대단한 벚꽃 나들이 **왕인박사 유적지**
여름 — 해외 휴양지 같은 **증도**
가을 — 보랏빛으로 가득한 **퍼플섬**
겨울 — 소복하게 쌓인 눈 속 예술 삼매경 **운림산방**

버킷 리스트

휴양섬 증도에서 휴가 보내기

춤추는 바다 분수 이벤트 신청하기

목포해상케이블카 타고 바다 건너기

 추천 코스

색다른 목포를 맛보는
당일치기 코스

목포

① 목포해상케이블카
바다를 건너는 짜릿한 시간

② 고하도 해상덱
바다를 걸어볼까

③ 목포근대역사관
목포 근대 역사 배움터

④ 유달산 조각공원
유달산에 핀 예술

목포에서 영암 찍고, 진도까지
1박 2일 코스

Day 1

① 목포해양유물전시관
보물선을 찾아서

② 목포자연사박물관
지구 박사가 되어볼까?

③ 춤추는 바다 분수
밤바다를 밝히는 멋진 공연

④ 갓바위
목포 야경 명소

Day 2

① 왕인박사 유적지
일본 왕실의 스승을 만나러 가는 길

② 진도타워
진도를 오르다

③ 명량해상케이블카
울돌목이 내려다보이는 아찔한 전망

④ 운림산방
조선시대 전통 화실

목포

보물섬 신안선을 찾아라
목포해양유물전시관

📍 전남 목포시 남농로 136 🕙 09:00~18:00 ✖ 월요일
💰 무료입장

우리나라를 대표하는 해양 역사 박물관이자 아시아 최대의 수중 고고학 박물관이다. 전시관에서 보이는 목포 앞바다는 서해에서 영산강으로 이어지는 바닷길로 실내에서도 훤히 보인다. 4개 전시실로 나눠 열리는 상설전에는 수중 발굴 난파선 4척과 7,700여 점에 이르는 유물을 전시하며, 미디어 아트와 최신 영상 기법을 활용한 전시를 선보인다. 수중발굴실은 바닷속에 잠겨 있는 문화재를 탐사하고 발굴하는 과정을 자세하게 보여주며, 실감 영상을 통해 간접체험해 보는 코너도 마련해놓았다. 아시아 해양교류실은 보물섬이라 불리는 신안선과 원형이 고스란히 남은 수많은 유물을 마치 예술 작품처럼 전시해놓았다. 꼼꼼히 관람하면 1시간은 훌쩍 넘는다.

> **+TIP**
> 목포 해양 유물 전시관이 있는 갓바위 문화지구에는 자연사박물관과 생활도자박물관, 목포문학관이 모두 모여 있다. 관심 분야에 맞춰 두셋씩 묶어 코스를 짜기 좋다.

자동차에 도자기가 쓰인다고?
목포생활도자박물관

📍 전남 목포시 남농로 117 🕙 09:00~18:00 ✖ 월요일
💰 어른 3,000원, 청소년 2,000원, 어린이 1,000원, 유치원생 500원

도자기 제작 과정과 찻잔과 식기, 가구, 자동차에 이르는 다양한 산업 분야에 쓰이는 도자기를 보여준다. 전통 가마 실물 모형을 통해 도자기를 어떻게 쌓는지, 온도는 어떻게 맞추는지 알려주며 세면기와 수세식 변기 같은 위생용 건축 자재와 자동차 부품으로 활용되는 산업용 세라믹스도 볼 수 있다.

목포를 대표하는 4명의 문인
목포문학관

📍 전남 목포시 남농로 105 🕙 09:00~18:00 ✖ 월요일
💰 어른 2,000원, 청소년 1,500원, 어린이 1,000원

박화성·김우진·차범석·김현 선생의 생애와 작품 세계를 조명한 4인 복합 문학관으로 각각 다른 문학에 대한 관점과 작품을 살펴볼 수 있다. '사의 찬미'로 유명한 극작가 김우진의 친필 원고도 전시하며 김현 선생이 남긴 어록과 생전 영상은 삶에 대한 진지한 사색에 잠기게 한다.

46억 년 지구의 역사를 한눈에
목포자연사박물관

📍 전남 목포시 남농로 135   🕘 09:00~18:00   ❌ 월요일
💰 어른 3,000원, 청소년 2,000원, 어린이 1,000원, 유치원생 500원

목포자연사박물관은 배움의 즐거움을 선사한다. 거대한 공룡 화석이 전시된 중앙홀은 지구의 탄생과 공룡 멸망 등을 미디어 파사드로 생생하게 보여준다. 세계에서 귀하다는 프레노케라톱스와 콘토렙터 화석이 전시되어 있으며 여러 가지 광석과 화석도 눈길을 끈다. 특히 신안군 압해대교에서 발견된 8,000만 년 전 공룡알 화석은 최고의 관심거리다.
곤충과 동식물 표본, 작은 물고기를 전시한 육상·수중 생명관도 둘러볼 만하며 생태 터치풀과 4D 입체 영화관 등을 돌아보면 시간이 금세 흘러간다. 거대한 메가로돈 이빨 앞에서 기념 사진도 찍어보자. 농훈 김성훈 총장 부부의 소장품을 전시한 기증품 전시실도 볼만한데, 다양한 어패류를 예쁜 보석처럼 진열해 반짝반짝 빛난다.

아이들에게 인기 만점
목포어린이 바다 과학관

📍 전남 목포시 삼학로92번길 98   🕘 09:00~18:00
❌ 월요일   💰 어른 3,000원, 청소년 2,000원, 초등학생 1,000원, 유치원생 500원

아이들과 목포 여행을 한다면 꼭 가봐야 할 코스다. 바다 생태계를 재현한 디지털 수족관이 흥미를 끌며, 깊은 바다와 중간 바다, 얕은 바다로 나뉘어 형성된 생태계를 소개한다. 특수효과와 입체감을 끌어 올린 4D 영상관도 놓쳐선 안 될 코너다.

토종 생물 자원을 알아보는
국립호남권생물자원관

📍 전남 목포시 고하도안길 99   🕘 09:30~17:30   ❌ 월요일
💰 어른 2,000원, 청소년·어린이 1,000원

섬과 연안 지역을 대상으로 다양한 생물 자원을 연구하고 전시한 공간이다. 상설전시실에는 서해안 및 남해안의 섬 생태를 알아보며 이러한 자원을 연구하는 공간을 재현해놓았다. 우리 고유의 생태계와 외부에서 유입된 외래종 교란 생물에 대해서도 배울 수 있다.

산과 바다를 두루 누비는
목포해상케이블카

📍 전남 목포시 해양대학로 240(북항 승강장)
🕐 09:00~21:00 💰 일반 왕복 어른 24,000원, 어린이 18,000원 / 크리스털 왕복 어른 29,000원, 어린이 23,000원

목포 시내와 유달산, 고하도를 잇는 해상케이블카로 바다를 건너는 스릴감을 누릴 수 있다. 총 길이 3.23km인 탑승 거리는 산과 바다를 두루 맛보는 즐거움을 준다. 왕복 40분 정도 걸린다. 유달산 상부에서 고하도로 향하는 지주 타워 높이만도 155m에 이를 정도로 목포의 새로운 랜드마크로 알려져 있다. 북항 승강장과 고하도 승강장에서 편도 또는 왕복 탑승하며, 유달산 승강장에서도 내릴 수 있다. 단, 유달산 승강장은 고하도에도 북항 방면일 경우엔 하차가 불가하다. 북항에서 탑승해 유달산 승강장에서 내려 등산길을 둘러본 후 다시 승차해 고하도에서 하차하는 코스를 추천한다.

> ➕ TIP
> 고하도에서는 전망대와 해상덱, 산책로를 다녀올 수 있다. 왕복한다면 일몰 무렵에 고하도에서 북항 방면으로 향하면 바다에서 보는 일몰과 도시 야경까지 두루 즐길 수 있다.

판옥선을 쌓아 올린 전망대
고하도 전망대

📍 전남 목포시 고하도안길 234

고하도에 우뚝 선 전망대 건물은 이순신 장군이 이끌던 판옥선 모형을 격자 형태로 쌓아 올린 듯한 모습이다. 명량대첩 후 남은 배들을 수습하고 전열을 가다듬었던 곳이 고하도이기 때문이다. 전망대에 오르면 고요한 목포 바다를 담을 수 있으며, 여러 전시도 관람할 수 있다.

목포 바다를 걷는 길
고하도 해상덱

📍 전남 목포시 고하도

목포대교와 앞바다를 감상하며 산책하는 해상 덱이다. 걷는 내내 시원한 바닷바람을 맞으며 한가로운 시간을 보낼 수 있다. 특히 일몰 시간대에 방문하면 더욱 아름답다. 목포해상케이블카를 타고 온 뒤 덱을 걷고 다시 돌아가는 코스를 추천한다.

밤바다를 수놓는 물의 축제
평화광장 & 춤추는 바다 분수

📍 전남 목포시 미항로 115

원래 공유수면이던 지역을 매립해 만든 공원으로 바다에 인접해 전망이 좋고 조형물, 산책로, 쉼터 등을 조성해 많은 사람들이 찾는다. 공원 주변으로 숙소와 음식점, 각종 편의 시설이 모여 있으며, 자전거나 퀵보드 등 가벼운 레저 스포츠를 즐기기도 좋다. 밤이 깊어지면 오히려 사람들이 더 많아지는데, 춤추는 바다 분수가 가동되기 때문이다. 바다 가운데 분수처럼 터져 나오는 물줄기가 멋진 쇼를 보여준다. 음악에 맞춰 하늘거리는 물줄기는 우아한 발레리나처럼 곡선을 그리고, 때론 비트에 맞춰 역동적인 춤을 춘다. 워터 스크린을 이용한 영상과 레이저와 분수를 이용한 멀티미디어 쇼도 이어진다.

> **TIP**
> 춤추는 바다 분수를 관람하려면 사전에 공연 여부를 확인하고 가는 것이 좋다.

목포에서 으뜸가는 명물
갓바위

📍 전남 목포시 용해동 산86-24 🕕 06:00~23:00

화산재가 쌓여 생성된 암석과 퇴적암이 오랜 시간 풍화작용을 거치며 빚어진 자연의 작품이다. 갓을 쓴 사람의 형상과 닮아 갓바위라 부르지만 각도에 따라 형태가 달리 보인다.

국내 최초의 목화 재배지
고하도 목화체험장

📍 전남 목포시 고하도길 8 🕘 09:00~18:00 ₩ 무료입장

고하도 목화밭은 여러 종류의 목화 가운데 육지면을 재배한 것이다. 목화문화관에서는 세계 각국의 목화 이야기를 들려주며 목화의 다양한 쓰임새와 전통 도구를 전시한다. 곁에 자리한 온실에서는 솜털처럼 하얀 목화솜이 달린 모습을 직접 볼 수 있다.

목포의 근대로 시간 여행
목포근대역사관

📍 전남 목포시 영산로29번길 6(1관), 번화로 18(2관)
🕘 09:00~17:30 ❌ 월요일
💰 어른 2,000원, 청소년 1,000원, 어린이 500원

목포근대역사관은 1관과 2관으로 나뉘어 있다. 목포에서 가장 오래된 건축물인 1관은 1900년에 건립된 일본영사관이었다. 일제강점기의 역사가 오목조목하게 전시되어 있다. 드라마 〈호텔 델루나〉 촬영지로 포토 존도 마련되어 있다. 건물 뒤편에 조선인을 강제 동원해 만든 방공호가 있으며, 당시 노역 현장을 실물 모형으로 재현해놓았다. 목포근대역사관 2관은 걸어서 3~4분이면 도착한다. 동양척식주식회사 목포 지점으로 건물 외관이 잘 보존되어 있다. 수많은 독립운동가의 이야기와 근대화 시기의 목포를 들여볼 수 있다.

➕ TIP
한 곳을 매표하면 목포근대역사관 1관과 2관 모두 관람 가능하니 꼭 함께 둘러보자.

가까운 과거로 떠나는 여행
연희네 슈퍼
& 서산동 시화골목길

📍 전남 목포시 보리마당로 14

영화 〈1987〉을 본 사람이라면 작고 허름한 슈퍼를 기억할 것이다. 단출한 슈퍼 앞에 놓인 평상에 앉아 기념사진을 찍고 난 후엔 골목길 여행을 떠나보자. 좁은 계단길 벽면에 시가 가득 적혀 있다. 영화의 한 장면 같은 과거로 떠나는 레트로 여행지다.

자연과 어우러진 예술
유달산 조각공원

📍 전남 목포시 죽교동 121-32

목포 시가지가 내려다보이는 유달산 기슭에 조성된 우리나라 최초의 야외 조각공원이다. 은행나무 벚나무 등 잘 가꾼 조경수와 어우러진 조각품이 일상에 쉼표 같은 힐링을 선사하며 저마다 개성을 뽐낸다. 한국조각연구회 회원들이 제작한 104점의 작품을 만날 수 있다.

목포 밤 산책은 여기
유달산 노적봉예술공원 & 미술관

📍 전남 목포시 유달로 116 🕘 09:00~18:00 ❌ 월요일

노적봉은 이순신이 적을 속이기 위해 군량미를 높이 쌓아놓은 것처럼 위장한 봉우리다. 주변을 공원처럼 가꿔 볼거리가 많고 밤에는 조명을 밝혀 더욱 운치 있다. 인근에 자리한 미술관도 가보기를 추천한다. 매번 교체되는 수준 높은 전시를 무료로 관람할 수 있다.

세상의 모든 모자 모여라
목포모자아트갤러리

📍 전남 목포시 해안로229번길 20-2 🕘 09:00~18:00
❌ 월요일, 1월 1일 ₩ 어른 2,000원, 청소년 1,000원

세계 각국의 모자에 대한 역사와 이야기를 들어보는 재밌는 공간이다. 중절모, 깃털 모자, 터번 등 다양한 모자를 쓰고 사진도 찍어보자. 직접 그린 모자를 아바타에 씌워보는 라이브 스케치와 모자에 자수를 놓는 체험도 흥미롭다.

> **TIP**
> 포토 스튜디오에서 모자를 쓰고 셀프 촬영 후 무료로 인화할 수 있다.

목포 별미 여기 다 있네
목포미식문화갤러리 해관 1897

📍 전남 목포시 해안로 179

옛 목포세관 창고를 재단장한 복합 문화 공간으로 넓고 쾌적한 공간에서 식사하며 쉬어갈 수 있다. 민어솥밥, 불고기솥밥, 영양솥밥을 선보이며 카페 메뉴도 다양하다.

> **TIP**
> 식사 후에는 옆 건물로 옮겨 목포 세관의 역사를 살펴보자. 1897은 목포세관이 첫 업무를 시작한 해다.

우리나라 최초의 노벨상 수상
김대중 노벨평화상기념관

📍 전남 목포시 삼학로92번길 68 🕘 09:00~18:00 ❌ 월요일

우리나라 최초로 노벨 평화상을 받은 김대중 전 대통령을 기념하기 위해 건립되었다. 삼학도에 자리한 기념관에는 2000년 한반도와 아시아 민주주의 인권 신장, 남북한 화해 협력 및 세계 평화를 위해 헌신한 과정이 기록되어 있으며, 관련 기념물이 전시되어 있다.

신안

휴양지처럼 쉬었다가는
증도

📍 전남 신안군 증도면

증도는 일찌감치 세계 슬로시티로 지정되어 지금도 그 가치를 지켜가고 있다. 햇볕에 반짝이는 넓은 염전밭을 비롯해 여유와 느림의 미학이 묻어나는 풍경이 곳곳에 숨어 있다. 바다와 바람, 태양과 함께 천천히, 시간의 흐름에 따라 만들어내는 천일염은 단순한 소금 이상의 의미가 있다. 느릿하지만 자연과 더불어 살아가는 슬로시티의 철학이 고스란히 담겨 있기 때문이다.

우전해수욕장 모래사장에 꽂힌 야자수 잎 파라솔은 마치 동남아 휴양지 같은 느낌을 물씬 풍긴다. 바닷물 또한 맑고 수심도 완만해 아이들과 해수욕을 즐기기 좋다. 수평선에 걸린 섬들은 그림같이 아름답고, 해변 뒤편에 이어진 해송숲은 한낮의 더위를 피하게 해주는 자연 휴식처가 된다. 갯벌의 탄생 과정과 갯벌에 사는 생물을 배우는 신안갯벌박물관도 들러볼 만하다. 증도는 당일치기로 다녀오기엔 아쉬운 곳이다. 섬 속 파라다이스 같은 엘도라도 리조트는 도시 일탈을 꿈꾸는 여행자에게 안성맞춤인 숙소다.

> ⊕ TIP
>
> **증도 여행 추천 코스**
>
> 소금박물관 ▶ 태평 염전 & 염생식물원 ▶ 소금밭 전망대 ▶ 해양힐링센터 ▶ 신안갯벌박물관 ▶ 짱뚱어다리 ▶ 우전해수욕장

증도 둘러보기

오묘한 소금의 세계
소금박물관
📍 전남 신안군 증도면 지도증도로 1058 🕘 09:00~18:00
💰 어른 3,000원, 초·중·고등학생 1,500원

석조 소금 창고를 이용해 만든 박물관이다. 작고 아담하지만 소금에 관해 잘 몰랐던 재미난 이야기를 들려준다. 소금이 어떻게 만들어지는지 디오라마 전시를 통해 자세히 알아볼 수 있으며, 소금의 종류와 효능도 일목요연하게 정리해놓았다.

내가 직접 만드는 소금
태평 염전 & 태평염생식물원
📍 전남 신안군 증도면 지도증도로 1083-4, 증동리 1930(태평염생식물원)

소금 박물관 뒤편에 국내 최대 단일 염전인 태평염전이 펼쳐져 있다. 직접 소금을 채취해보는 체험 프로그램은 아이, 어른 할 것 없이 누구에게나 인기다. 염전 인근에 조성된 염생식물원에서 소금밭 습지에서 자라는 염생식물도 관찰해보자.

소금으로 건강해지자
해양힐링센터
📍 전남 신안군 증도면 지도증도로 1053-11

소금을 이용해 몸과 마음을 치유하는 공간이다. 천장부터 바닥까지 온통 소금으로 이뤄진 힐링 룸을 비롯해 천일염 온열 찜질과 족욕, 미네랄 미용 체험관 등 다양한 웰니스 체험 프로그램을 운영한다.

갯벌은 살아 있다
짱뚱어다리
📍 전남 신안군 증도면 증동리

증도 갯벌은 유네스코 생물권보전지역갯벌습지보호지역으로 지정된 귀중한 자연 자원이다. 보호 관리 지역이기 때문에 갯벌 안에 들어갈 수는 없지만 짱뚱어다리를 건너면서 자세히 관찰할 수 있다. 멀리서 보기엔 고요하지만 가까이 들여다보면 생명의 활기가 넘쳐흐른다.

모래밭에 누워 한가로운 한때를
우전해수욕장
📍 전남 신안군 증도면 우전리

고운 모래가 깔린 우전해수욕장은 이국적인 정취와 평화로운 분위기가 흐르는 곳이다. 아스라이 보이는 섬들과 백사장에 서 있는 파라솔이 휴양지 느낌이 물씬 난다.

신비한 갯벌의 생태
신안갯벌박물관
📍 전남 신안군 증도면 지도증도로 1766-4 🕘 09:00~16:30 ❌ 월요일

증도에 있는 갯벌 생태 교육 공간으로 갯벌의 탄생 과정과 국내 갯벌 현황, 갯벌에 사는 생물과 생태계에 대해 배울 수 있다.

보랏빛 향기가 퍼져나가는
퍼플섬

📍 전남 신안군 안좌면 소곡리 780-4(퍼플섬 마을 공동 주차장)
💰 어른 5,000원, 청소년 3,000원, 어린이 1,000원

신안군은 무려 1,004개의 섬을 품고 있는 다도해다. 이 가운데 퍼플섬이라 불리는 반월도와 박지도는 유엔세계관광기구가 선정한 세계 최우수 관광마을이자 한국의 100대 관광지 등 수많은 타이틀을 달고 있는 스타 섬이다. 3개 섬을 이은 다리부터 집과 건물, 보도교까지 온통 보랏빛이라 퍼플섬이라 불린다.

퍼플섬의 시작은 평생을 섬에서 살아온 한 할머니의 소원에서 비롯되었다. '두 발로 걸어 육지로 나오고 싶다'는 소망을 실현하기 위해 2007년에 목교를 완성했으며 섬에 피는 보라색 꽃에 착안해 주민들이 합심해 섬을 보라색으로 꾸민 것이다. 가을에 보랏빛 아스타 국화가 만개하면 섬은 보랏빛 세상으로 변한다.

▶ TIP
보라색 옷이나 보라색 신발, 우산, 모자를 착용하면 퍼플섬 입장이 무료다. 패션도 뽐내고 여행 경비도 아끼는 일석이조 방법!

🔍 ZOOM IN 퍼플섬 둘러보기

아이 퍼플 유
어린왕자 포토 존
'I PURPLE YOU'라 쓰인 조형물과 어린왕자 포토 존은 때론 긴 줄이 이어질 정도로 인기다. BTS의 뷔가 만든 신조어인 보라해(아이퍼플유)는 무지개의 마지막 빛깔인 보라색처럼 상대방을 끝까지 믿고 함께 사랑하자는 의미다. 퍼플교 근처에 있다.

보랏빛 다리를 건너요
퍼플교
반월도와 박지도, 두리마을 사이에 보랏빛으로 칠한 퍼플교가 이어져 있다. 2개의 목교를 합치면 총 1.5km 남짓 된다. 바닷물이 찰랑거릴 때나 갯벌이 드러나 있을 때나 가도 가도 끝이 없는 다리를 걷다 보면 보랏빛 세상에 푹 빠져버린 듯한 느낌이다. 다리 중간에 조성된 쉼터들이 마치 고급 리조트 라운지 같은 근사한 분위기다.

퍼플섬과 미디어 아트
퍼플 박스
📍 전남 신안군 안좌면 소곡두리길 296 🕐 09:00~18:00 💰 5,000원
퍼플섬이 바라보이는 장소에 있는 미디어 아트 전시관이다. 바다와 섬을 사랑한 화가 5명의 작품을 화려한 색채와 영상으로 재현했다. 신안 앞바다에 난파된 해저 유물의 이야기도 몰입형 미디어 아트로 만날 수 있다.

진도

수묵화 같은 풍경에 빠지는
운림산방

- 전남 진도군 의신면 운림산방로 315
- 하절기 09:00~18:00, 동절기 09:00~17:00
- 어른 2,000원, 청소년 1,000원, 어린이 800원

진도 여행에서 빼놓을 수 없는 첫째가는 명소. 조선 후기 남종화의 대가인 소치 허련이 말년에 머물렀던 거처이자 화실이다. 운림산방은 푸른 산이 병풍처럼 둘러쳐져 있고 너른 앞마당에 아담한 연못을 둔 그림 같은 풍경이다. 수많은 봉우리에 안개가 피어올라 구름숲을 이룬다 해서 운림산방이란 이름이 붙었다. 누구나 이곳에선 시인이 되고 화가의 마음이 된다. 봄이면 꽃이 만발하고 여름이면 푸르름이 가득한 데다 가을 단풍과 겨울 눈꽃까지, 어느 계절에 찾아도 그만의 아름다움을 펼쳐낸다.

TIP
운림산방에서 이어진 도보 거리에 소치 일가 5대 미술관과 남도전통미술관이 있다. 미술관까지 빠짐없이 관람해보자. 운림산방에서 피어난 전통 수묵화의 흐름과 변화를 한 눈에 파악할 수 있다.

ZOOM IN 운림산방 둘러보기

세계 미술사에 길이 남을
소치 허련 미술관 & 소치 일가 5대 미술관

운림산방을 세운 소치 허련 선생과 5대에 걸친 화맥을 집대성해놓은 미술관이다. 1관은 허련 선생의 작품을 전시하며 2관은 허형과 허건, 허림 등 2대부터 5대까지 직계 후손의 그림이 세대별로 전시되어 있어 비교하며 감상하는 재미가 있다.

TIP
전시실 맞은편에 터치형 미디어 아트관이 있어 또 다른 즐거움을 준다.

예향의 고장을 그리다
남도전통미술관

진도 지역 화가의 작품과 전통 남화를 전시하며 2023 전남국제수묵비엔날레가 열린 장소 중 한 곳이다. 수준 높은 동양 산수화와 수묵화, 시서화 등을 감상하며 사색의 시간을 가져보자.

진도 랜드마크에 오르다
진도타워

📍 전남 진도군 군내면 만금길 112-41　🕘 09:00~18:00
💰 1,000원

진도대교가 내려다보이는 망금산 정상에 있는 진도군의 랜드마크다. 이순신 장군이 대승을 거둔 울돌목과 해남 우수영이 한눈에 잡힌다. 명량대첩 승전관과 가상 체험관도 들러보아야 한다. 역사적 장소인 울돌목 바다에 명량대첩 전투를 재현한 영상이 실사인 듯 생동감 넘친다.

울돌목 바다를 건너는
명량해상케이블카

📍 전남 진도군 군내면 만금길 112-31(진도스테이션), 해남군 문내면 관광레저로 12-20(해남스테이션)　🕘 09:30~18:30
💰 어른 왕복 어른 13,000원, 어린이 11,000원 / 크리스털 왕복 어른 17,000원, 어린이 15,000원

명량대첩이 벌어진 역사적 장소인 울돌목해협. 바다를 사이에 두고 진도와 해남을 오가게 된다. 울돌목을 건너가는 동안 회오리치는 파도와 소용돌이가 당시 치열했던 전투를 떠올리게 하며 묵직한 감동의 시간이 이어진다.

세상에서 가장 아름다운 석양
진도 세방낙조

📍 전남 진도군 지산면 가학리 산27-3

우리나라에서 가장 아름다운 일몰 명소로 주저 없이 꼽는 곳. 다도해를 품은 진도 앞바다에 내려앉는 해넘이에 마음이 설렌다. 잠두도, 솔섬, 고섬, 주지도 등 수많은 섬 사이로 붉은빛이 사그라들면 하늘은 점차 오렌지에서 자줏빛, 보랏빛으로 물들어간다.

진도 여행 최고의 숙소
쏠비치 진도 리조트

📍 전남 진도군 의신면 송군길 30-40

이국적인 정취로 진도 여행 붐을 일으켰던 주인공이다. 동남아 휴양지에라도 온 듯 아스라하게 펼쳐진 인피니티 풀이 압권. 스파와 사우나, 플레이 존 등 다양한 부대시설과 다이닝, 카페를 갖췄으며, 어디든 포토 스폿이 되는 경관을 품고 있다.

영암

일본 태자를 가르친 백제 학자
왕인박사 유적지 & 구림마을

📍 전남 영암군 군서면 왕인로 440 🕘 09:00~18:00
💰 어른 1,000원, 청소년 800원, 어린이 500원

왕인박사는 백제시대 일본 천황의 초청을 받고 건너가 학문과 문물을 전파한 인물이다. 왕인박사 사당과 유허비, 전시관 등 유적지가 조성되어 있다.

TIP 구림마을과 더불어 봄철엔 벚꽃 나들이 인파로 붐빈다.

한국 바둑의 역사를 만나다
조훈현 바둑기념관

📍 전남 영암군 영암읍 기찬랜드로 42

조훈현 바둑기념관은 그가 쌓아온 업적과 한국 바둑의 역사를 담은 공간이다. 기념관은 총 5개 테마로 나뉘며 조훈현 9단이 걸어온 길을 가감 없이 보여준다. 기원을 본뜬 디지털 체험관, 조훈현 9단과 마주하고 바둑을 두는 포토 존이 흥미를 끈다.

지금은 트로트 전성시대
한국트로트가요센터

📍 전남 영암군 영암읍 기찬랜드로 19-10 🕘 10:00~18:00
❌ 월요일 💰 어른 6,000원, 청소년 4,000원, 어린이 2,000원

일제강점기부터 이어져온 우리 전통 가요인 한국 트로트의 역사가 시대별로 전시되어 있으며 노래도 부를 수 있다.

TIP 안내 데스크에 요청하면 원하는 노래 악보를 프린트 해준다.

마음을 비우면 들리는 소리
가야금산조테마공원

📍 전남 영암군 영암읍 기찬랜드로 19-10

악성 김창조 선생의 예술혼을 담은 공간이다. 산조는 악기를 이용한 독주곡으로 김창조 선생이 가야금 산조를 창시했다고 알려져 있다. 가야금산조의 매혹적인 가락에 빠져보자.

장흥·강진·완도·해남

전남 서남부 해안을 따라 이어진 장흥, 강진, 완도, 해남은
각각의 매력적인 관광지가 포진해 있다.
장흥에는 편백숲 우드랜드와 정남진 토요시장이 대표적이며
이웃한 강진은 가우도와 녹차밭이 유명하다. 강진에서 연도교를 건너면 완도로,
한 바퀴 돈 후 해남 땅끝마을까지 다채로운 여행 테마를 즐길 수 있다.

추천 계절 스폿

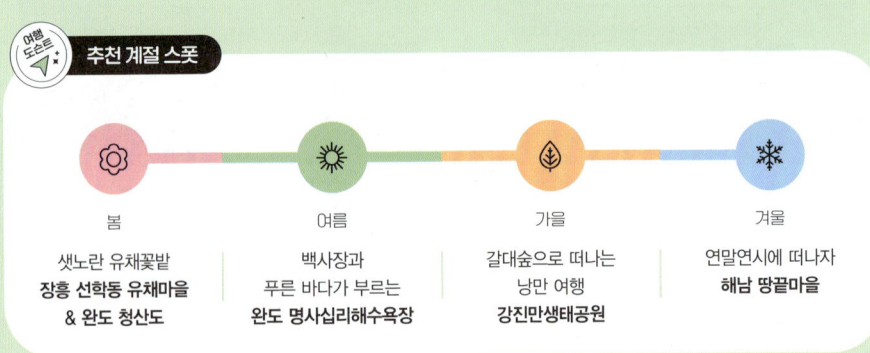

봄
샛노란 유채꽃밭
**장흥 선학동 유채마을
& 완도 청산도**

여름
백사장과
푸른 바다가 부르는
완도 명사십리해수욕장

가을
갈대숲으로 떠나는
낭만 여행
강진만생태공원

겨울
연말연시에 떠나자
해남 땅끝마을

버킷 리스트

✓ 청태전 또는 백운옥판차의
향에 취해보기

✓ 가우도 출렁다리, 모노레일,
짚라인 모두 즐기기

✓ 청산도 슬로길
완주하기

추천 코스

다채로운 지역의 매력을 담은
당일치기 코스

장흥

① **정남진 편백숲 우드랜드**
편백나무 향이 솔솔

② **다예원**
그윽한 청태전 한 모금 마셔보자.

③ **정남진 전망대**
시야가 탁 트인 전망이 으뜸

④ **하늘빛수목정원**
하늘 아래 수목원 거닐기

강진

① **가우도**
섬에서 신나게 놀기

② **이한영차문화원**
백운옥판차 체험하기

③ **설록다원 강진**
월출산 아래 녹차밭

④ **백운동 원림**
정약용도 감탄한 그곳

완도

① **청해포구 촬영장**
현실감 넘치는 촬영장

② **완도수목원**
감미로운 수목원 나들이

③ **청해진 유적지 장도**
장보고를 찾아서

④ **완도해양치유센터**
이토록 특별한 치유

해남

① **두륜산 케이블카**
눈꽃 절경이 예술

② **대흥사**
마음을 차분하게

③ **도솔암**
절벽에 세워진 암자

④ **해남 땅끝마을**
한반도 땅끝을 가다

장흥

온 가족 다 함께 숲으로 떠나요

정남진 편백숲 우드랜드

📍 전남 장흥군 장흥읍 우드랜드길 180　🕘 09:00~18:00
💰 어른 3,000원, 청소년 2,000원, 어린이 1,000원

정남진 편백숲 우드랜드는 억불산 자락 아래 꾸민 휴양림으로, 수령 40년 이상 된 편백나무가 자란다. 삼림욕을 즐기는 숲길뿐 아니라 조각공원과 세계건축공원, 난대림 자생식물원 등 볼거리가 풍성하다. 목재문화체험관에서 편백 톱밥 포푸리나 나무 목걸이 만들기 체험도 운영하며 편백나무와 황토를 이용한 친환경 숙소에서 고즈넉한 하룻밤을 보내기 좋다.
편백나무숲을 지나 억불산 정상까지 4km 남짓한 목재 덱을 따라 올라가면 장흥 시내가 내려다보이는 전망을 즐길 수 있다. 억불산을 왕복하는 데는 3시간 정도 소요. 소금 마사지방, 해독방, 소금 동굴 등을 갖춘 편백 소금집에서 솔트 디톡스 체험도 가능하다.

장흥 야생차의 기원

보림사

📍 전남 장흥군 유치면 보림사로 224

천년 고찰인 보림사는 860년 경 신라 헌안왕 시대에 창건됐다고 알려진다. 절 뒤에 비자나무와 야생 차나무가 숲을 이룬 청태전 티로드가 이어진다. 보림사의 야생 차밭은 청태전의 기원이 되는 곳으로 지금도 이곳에서 찻잎을 수확해 청태전을 만든다.

천년 숨결이 깃든 청태전

다예원

📍 전남 장흥군 안양면 기산길 21
🕘 10:00~20:00(저녁 시간은 예약제 운영)

청태전을 맛볼 수 있는 찻집이다. 엽전 모양의 청태전은 녹차를 쪄서 말린 발효차로 우리나라 고유의 차로 알려져 있다. 직접 청태전을 만들어보는 체험도 운영하는데, 1년 후 택배로 받을 수 있다.

시계가 멈춘 시간, 9시 30분
해동사

📍 전남 장흥군 장동면 만수길 25-121

안중근 의사를 모신 사당이다. 원래 만수사 옆 1칸짜리 건물이었지만 순국 90주년에 현재의 3칸짜리 건물로 옮겨졌다. 사당 안에는 안중근 의사의 영정과 함께 9시 30분에 멈춰 있는 시계가 걸려 있다. 러시아 하얼빈 역에서 이토 히로부미를 저격한 시간이다.

격동의 역사적 장소
장흥동학농민혁명기념관

📍 전남 장흥군 장흥읍 읍성로 2   🕘 09:00~18:00   ❌ 월요일

석대들은 정읍 황토현과 공주 우금치, 장성 황룡과 함께 동학혁명 농민군의 4대 전적지로 꼽힌다. 그곳에 건립된 장흥 동학혁명기념관은 당시 치열했던 전투와 여러 인물에 대한 이야기를 보여준다.

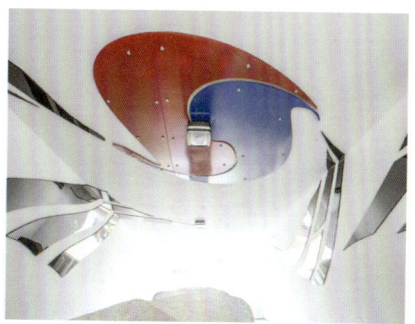

의외로 시간이 훌쩍 지나가는
방촌유물전시관

📍 전남 장흥군 관산읍 장흥대로 1645   🕘 09:00~17:00
❌ 월요일   Ⓦ 무료입장

장흥 위씨의 집성촌이자 고려 말 도읍지였던 방촌마을의 역사와 유물을 보존하고 관리하기 위해 세운 전시관이다. 방촌마을 고지도를 비롯해 실제 사용했던 민속 공예품을 전시하며 호남 실학의 대가인 위백규 선생의 사상을 자세히 풀어놓았다. 의외로 볼만한 전시가 많다.

토요일엔 역시 토요시장
정남진장흥토요시장

📍 전남 장흥군 토요시장1길 53

장흥 여행에서 빼놓을 수 없는 곳. 토요일마다 열리는 토요시장에는 먹고 즐기고 사는 재미가 가득하다. 각설이 타령이나 노래자랑 등 흥이 넘치는 공연 무대가 끊이지 않고 노천에는 직접 키운 채소와 나물이 즐비하다. 장흥 특산품인 키조개와 표고버섯도 저렴하게 판매하며, 시장 주변에 장흥삼합과 곰탕 등을 판매하는 음식점도 많다.

서울에서 정남쪽을 향해
정남진 전망대

📍 전남 장흥군 정남진해안로 242-58　🕘 09:00~20:00
❌ 월요일　₩ 어른 2,000원, 청소년 1,500원, 어린이 1,000원

한반도에서 정남쪽 방향에 있는 전망대로 층마다 다른 콘셉트로 꾸며져 있다. 태양과 황포 돛대, 파도를 형상화한 10층 높이 전망층에선 완도와 소록도, 거금도 등이 가깝게 보인다. 올라갈 땐 엘리베이터를 타고, 내려올 땐 계단을 이용해보자.

봄엔 유채, 가을엔 메밀로 물드네
선학동 유채마을

📍 전남 장흥군 회진면 회진리 201

득량만 바다가 내려다보이는 언덕에 봄이면 노랗게 유채꽃 물결이 넘실거린다. 이청준 작가의 《선학동 나그네》의 배경지이며, 꽃이 피는 시기엔 관광객들이 많이 찾는다. 가을에는 하얀 메밀꽃이 멋진 사진을 만들어준다.

물길이 열리는 작은 섬
소등섬

📍 전남 장흥군 용산면 상발리 산225

남포마을 앞에 떠 있는 작은 바위섬이며 하루에 두 번 물길이 열릴 때 들어갈 수 있다. 마을에서 섬까지는 5분 정도면 닿는다. 먼 바다로 고기잡이를 나간 가족이 무사히 돌아오도록 호롱불을 켜놓고 기다렸다는 데서 소등섬이란 이름이 붙었다. 일출 명소로 유명하다.

가을엔 분홍분홍해
탐진강 향기숲공원

📍 전남 장흥군 장흥읍 행원리 1159-6

탐진강변에 조성된 공원으로 가을 핑크뮬리 명소로 꼽힌다. 강변을 따라 잔디밭과 나무를 잘 가꾸어놓았으며, 듬성듬성 심은 댑싸리도 사진 스폿이 되어준다.

> ◆ TIP
> 공원 주변 주차장이 넓지 않아 정남진물과학관에 주차하고 수변 덱을 따라 가면 편하다.

장흥에서 꼭 먹어봐야 할 세 가지

1. 장흥삼합
2. 굴 구이
3. 키조개 정식

| 추천 스폿 ① 정남진장흥토요시장 |

📍 전남 장흥군 토요시장길 53

빼놓을 수 없는 장흥 대표 먹거리. 고소한 한우와 달콤한 키조개, 향긋한 버섯이 어우러진 풍미가 기가 막히다. 먼저 한우부터 굽고 키조개와 버섯은 살짝만 구워 쌈을 싸야 제대로 즐길 수 있다. 보통 정육 식당 형태로 고기와 키조개, 버섯을 구입한 후 상차림비를 내고 먹는다.

| 추천 스폿 ② 경화네 굴 구이 |

📍 전남 장흥군 관산읍 정남진해안로 1089

겨울에는 오동통하게 살이 오른 굴 구이를 먹으러 나서야 한다. 남포마을 앞바다에서 채취한 자연산 굴을 즉석에서 구워 먹는데 먹어도 먹어도 물리지 않는다. 여기에 굴전과 굴떡국, 굴라면까지 더하면 굴 잔치가 따로 없다

| 추천 스폿 ③ 장흥 갯마을 |

📍 전남 장흥군 안양면 수문용곡로 141

장흥은 매년 키조개 축제를 개최할 만큼 전국적으로 유명한 키조개 생산지다. 수문해수욕장이 있는 키조개마을에서는 키조개 회무침, 키조개 탕 등을 코스로 내놓는 정식 메뉴가 인기다. 바지락 회 정식도 추천한다.

정남쪽, 바로 그 수목원
정남진수목원

📍 전남 장흥군 대덕읍 신흥1길 3-98 🕘 09:00~18:00
💰 무료입장

천관산 아래 자리한 정남진수목원은 1년 내내 푸른 빛이 감도는 공간이다. 총 약 214,876m² 부지에 약 2,000여 종의 식물이 자라고 오래된 황칠나무가 가장 많이 식재되어 있기도 하다. 수국길과 온실, 너른 잔디마당, 카페 등에서 일상 속 쉼을 가져보자.

하늘 아래 위치한 공간
하늘빛수목정원

📍 전남 장흥군 용산면 장흥대로 2746 🕘 09:00~18:00
💰 어른 5,000원, 청소년 4,000원, 유치원생 3,000원

장흥읍에서 멀지 않은 곳에 잘 가꿔놓은 수목원이다. 철마다 다른 꽃들과 편백나무 군락지가 펼쳐진 수목 정원에서 해먹에 누워 낮잠을 즐기고 자박자박 산책을 즐기다 보면 세상 시름이 모두 잊힌다. 생태 폭포 옆에 글램핑장이 있어 하룻밤 묵어 가도 좋다.

강진

월출산이 감싸안은 녹차밭
설록다원 강진

📍 전남 강진군 성전면 월남리 1209-1

월출산 남쪽 기슭에 펼쳐진 녹차밭 풍경에 가슴이 탁 트인다. 1980년대에 조성된 다원은 병풍처럼 둘러쳐진 산과 어우러져 보기 드문 비경을 자랑한다. 녹차밭 관람은 무료이나 어린잎이 다치지 않게 조심해서 다니기를 권한다.

백운옥판차와 사랑에 빠지다
이한영차문화원

📍 전남 강진군 성전면 백운로 107 🕘 10:00~18:00 ❌ 월요일

우리나라 최초의 차 브랜드 백운옥판차를 만든 이한영 선생과 백운옥판차의 역사와 제조 과정을 접할 수 있으며 차도 마실 수 있다. 곁들인 다식도 깔끔하다. 차를 직접 만들어보거나 다도를 배워보는 체험 프로그램도 추천한다.

액티비티 신나게 즐기기
가우도

📍 전남 강진군 도암면 가우도길

강진에 속한 8개 섬 가운데 유일한 유인도이며 2개의 도보 다리로 이어져 있다. 아기자기한 섬 분위기를 만끽하며 해안 트레킹에 나서거나 여러 액티비티를 즐기기 좋다. 가우도를 온전히 만끽하려면 저두리 쪽 청자다리 이용을 추천한다. 해안 트레킹 후 모노레일과 짚트랙을 이용해 섬 밖으로 나올 수 있다. 섬을 한 바퀴 둘러보는 데는 1~2시간 걸린다.

가우도 추천 액티비티

하늘을 날아, 바다를 건너
강진 짚트랙
📍 전남 강진군 도암면 가우도길 49-9 　🕘 09:00~18:00
💰 어른 25,000원, 고등학생 이하 17,000원

하늘을 날 듯 바다를 건너 내려오는 스릴 만점 레저 스포츠. 청자다리 건너편에 도착하기 때문에 섬을 먼저 둘러본 뒤 이용하면 편하다.

급경사도 문제없지
모노레일
📍 전남 강진군 도암면 가우도길 2-87 　🕘 09:00~18:00
💰 어른 2,000원, 청소년 1,000원, 어린이 1,000원

가우도에서 가장 높은 청자타워까지 산길 트레킹이 힘들다면 모노레일을 이용해보자. 고도가 조금씩 높아질수록 시야는 점점 더 넓어진다.

가우도 바다가 내 품에
제트보트
📍 가우도 내 가우나루 앞 　🕘 09:00~18:00

물살을 가르는 짜릿함이 온몸으로 전해지는 신나는 해양 레포츠. 섬 밖에서 바라보는 가우도 풍경도 멋지고 바다에서 만나는 어선도 반갑다.

네 가지를 바르게 하라
사의재

📍 전남 강진군 강진읍 사의재길 27

조선 후기의 실학자 다산 정약용이 강진에 유배 왔을 때 처음 묵었던 장소다. 주막집 골방을 거처로 삼고 '생각과 용모, 언어, 행동' 네 가지를 바로하자는 뜻에서 사의재라 명했다. 복원한 옛 주막과 저잣거리를 거닐고 한옥체험관에서 지내는 동안 시간 여행을 즐길 수 있다.

유배지에서 학문을 세우다
다산초당

📍 전남 강진군 도암면 만덕리

정약용이 강진에서 유배 생활을 하는 동안 후학을 양성하며 《목민심서》와 《경세유표》, 《흠흠신서》 등 600여 권에 달하는 실학서를 집필한 공간이다. 원래 초가집이었으나 노후되어 무너진 것은 1957년 목조 기와집으로 중건했다. 연못가에 자라는 동백나무가 운치를 더한다.

다산초당 가기 전 방문하세요
다산박물관

📍 전남 강진군 도암면 다산로 766-20 🕘 09:00~18:00
❌ 월요일 💰 어른 2,000원, 청소년 1,000원, 어린이 500원

다산초당에 오르기 전 박물관을 먼저 방문하면 더욱 뜻깊은 여행이 된다. 실학자 정약용 선생의 생애와 업적을 전시하며, 여러 유물을 관람할 수 있다. 수원 화성이나 거중기를 만들어보는 체험 프로그램도 흥미롭다.

정약용도 반한 풍경
백운동 원림

📍 전남 강진군 월하안운길 100-63

조선 중기에 처사 이담로가 만든 이곳은 자연과 조화를 이루는 아름다운 공간이다. 담양 소쇄원, 완도 보길도의 세연정과 함께 호남 3대 정원으로 손꼽히며, 전통적인 원형이 그대로 보존되어 있다. 백운동의 풍광에 반한 정약용이 제자들과 함께 만든 《백운첩》이 유명하다.

해학 속에 담긴 풍속
한국민화뮤지엄

📍 전남 강진군 대구면 청자촌길 61-5　🕘 09:30~18:00
❌ 월요일　₩ 어른 6,000원, 학생 5,000원, 유치원생 4,000원

민화에 대한 모든 것이 담겨 있는 곳. 소장 작품만 4,500여 점이다. 그중 250점은 순환 전시하며 전문 해설가의 입담 좋은 이야기도 곁들인다. 해학적인 그림 속 민초들의 삶과 생활 풍속이 엿보이며 화려하고 자유롭게 표현된 작품이 자꾸만 눈길을 끈다.

청자의 고장에서 물레 빚기
고려청자박물관

📍 전남 강진군 대구면 청자촌길 33　🕘 09:00~18:00
❌ 월요일　₩ 어른 2,000원, 청소년 1,500원, 어린이 1,000원

강진은 고려시대를 풍미했던 청자의 고장이다. 국내 현존하는 청자요지 50%가량이 강진에 분포되어 있다. 그 중심에 고려청자박물관이 있다. 상감청자 제작 기법과 과정을 미니어처로 보여주며, 시대별로 대표적인 유물을 전시한다. 아이들과는 이웃해 있는 디지털 박물관을 추천한다.

봄철 철쭉꽃 명소로 이름난
남미륵사

📍 전남 강진군 군동면 풍동1길 24-13

세계 불교 미륵대종 총본산으로 36m에 달하는 황동 아미타불상을 모시고 있으며, 일주문에서 경내까지 오백나한상이 자리한다. 아름답게 꾸민 전각들과 꽃나무들이 주위를 감싸 멋진 경관을 이루는데 특히 철쭉이 만발한 봄철이면 상춘객들의 발길이 끊이지 않는다.

갈대숲을 헤치며 달려보자
강진만생태공원

📍 전남 강진군 강진읍 생태공원길 47

탐진강과 강진만이 만나는 길목에 너른 습지가 형성되어 있다. 갈대숲을 가로질러 놓인 생태 탐방로를 따라 걷기도 하고 자전거 페달을 신나게 밟아가며 달려보기도 하자. 철마다 날아오는 큰고니와 노랑부리저어새, 큰기러기 등이 생동감 있는 생태계를 보여준다.

완도

화창한 봄날, 슬로시티 나들이
청산도

📍 전남 완도군 청산면

2007년 아시아에서 처음으로 슬로시티로 지정된 청산도는 마을 구석구석에서 '느리게 사는 삶'에 대한 철학이 배어 나온다. 청산도에서는 슬로길을 따라 걷기를 추천한다. 또는 전기 자전거를 이용해도 좋다. 완도에서 청산도까지는 배로 약 1시간 걸린다.

| ⊕ TIP

청산도 슬로길 추천 코스
슬로길은 총 길이가 42.195km로 11개 코스, 17개 길로 구성되어 있다. 도청항을 시작으로 1코스당 1~2시간 정도 소요된다. 하루에 3~4개 정도 코스를 묶어 다녀오면 알맞다. 화창한 봄날엔 1코스와 5코스, 7코스를 추천한다.

ZOOM IN _ 청산도 추천 슬로길

샛노란 봄날의 서정
1코스_ <서편제>, <봄의 왈츠> 촬영지
영화 <서편제>와 드라마 <봄의 왈츠> 촬영지로 유명한 장소다. 봄날 굽이굽이 노랗게 물결치는 꽃밭을 따라 내려오는 길목이 아름답다.

센 언니들 여기 다 모여봐
5코스_ 범바위
길을 걷다 보면 언덕 높은 곳에 호랑이 모습을 한 커다란 바위를 보게 된다. 풍수지리학적 관점에서 센 기운이 모여 있다는 범바위다. 바람이 불 때는 바위틈에서 호랑이의 포효 소리 같은 깊은 울림이 퍼지기도 한다.

정갈하고 단단한 돌담길
7코스_ 상서돌담마을
문화재로 지정된 돌담길이 유명한 마을이다. 골목마다 크고 작은 돌을 차곡차곡 쌓아 올린 담장이 이어진다. 오래된 덩굴이 담장을 뒤덮은 풍경도 정겹고, 돌담 틈 나무 창틀 너머로 보이는 축사의 흔적도 흥미롭다. 마을 뒤편 매봉산에 오르면 맑은 날에는 제주도와 거문도가 훤히 보인다.

바다의 왕 장보고를 만나다
장보고기념관

📍 전남 완도군 완도읍 청해진로 1455   🕘 09:00~18:00
❌ 월요일   ₩ 어른 2,000원, 청소년 1,500원, 어린이 1,000원

신라시대 바다를 호령했던 장보고 장군을 만나는 곳. 어린 시절부터 해적 소탕과 청해진 설치까지 전 생애를 두루 살필 수 있다. 미디어 아트를 통해 해상 루트를 개척하는 과정을 실감 나게 경험할 수 있으며 장보고 무역선도 전시되어 있다.

과거의 영광을 새긴 섬
청해진 유적지 장도

📍 전남 완도군 완도읍 장좌리 787

장보고가 활약한 시기에 청해진을 설치했던 장소이며 본도와 장도를 연결한 목교를 건너면 자유롭게 출입할 수 있다. 장도에는 당시 외성과 내성이 있었다고 전해지며 토기와 기와 등 여러 유물들이 발굴되었다.

TIP 장보고기념관에서 멀지 않으니 한 코스로 짜보자.

이곳은 언제나 초록빛
완도수목원

📍 전남 완도군 군외면 초평1길 156   🕘 09:00~18:00
₩ 어른 2,000원, 청소년 1,500원, 어린이 1,000원

전국에서 유일한 난대림 수목원이며 상록활엽수로는 세계 최고의 집단 자생지다. 산림 전시관과 열대·아열대 온실, 수생식물원 등이 자리하며 고요한 가운데 삼림욕을 즐기기 적합하다. 2011년 아름다운 숲 전국대회에서 아름다운 공존상을 수상했다.

바다가 품은 치유의 힘
완도해양치유센터

📍 전남 완도군 명사십리61번길 94   🕘 10:00~18:00

해풍과 해수, 모래, 소금 같은 해양 자원을 활용해 치유를 경험하는 특별한 공간이다. 머드 테라피와 해수 미스트, 해조류 거품 테라피 등 독특하고 다채로운 치유 프로그램을 운영한다. 기본과 프리미엄 프로그램에 따라 요금이 다르다.

TIP 완도버스터미널에서 해양치유센터행 순환버스를 운행한다.

모노레일 타고 업업!
완도타워

📍 전남 완도군 완도읍 장보고대로 330 🕐 09:00~22:00
💰 어른 2,000원, 청소년 1,500원, 어린이 1,000원

다도해일출공원 언덕에 서 있는 완도타워는 아름다운 다도해와 완도를 파노라마 경관으로 감상하는 장소다. 전망층 전체가 유리로 마감되어 360도 탁 트인 풍경을 만날 수 있다.

> **+ TIP**
> 완도연안여객터미널 맞은편에서 모노레일을 타고 완도타워 앞 중앙광장까지 오를 수 있다.

수많은 작품의 영상 촬영지
청해포구 촬영장

📍 전남 완도군 완도읍 대신리 1089-3 🕐 08:00~19:00
💰 어른 5,000원, 청소년 3,000원, 어린이 2,000원

드라마 〈해신〉을 비롯해 〈대조영〉, 〈주몽〉, 영화 〈명량〉 등 수많은 작품이 이곳을 배경으로 촬영되었다. 바다와 인접한 야외 촬영장은 과거를 훌쩍 뛰어넘은 듯한 풍경의 연속이다. 영상 속 장면을 하나씩 떠올리며 관람하는 재미가 쏠쏠하다.

해조류, 얼마나 알고 있니?
해조류센터

📍 전남 완도군 완도읍 해변공원로 84 🕐 09:00~18:00
❌ 월요일, 설날·추석 당일

해조류에 대한 모든 것이 담겨 있는 이색 전시관. 우리가 알고 있는 것 외에 얼마나 다양한 해조류가 살아가고 있는지와 해조류의 효능, 활용 분야, 가치에 대해서도 새롭게 알 수 있다. 바닷속 해조류 숲을 신비롭게 꾸민 터널과 해저 탐험도 볼만하다.

끝없는 백사장, 푸른 물결
명사십리해수욕장

📍 전남 완도군 신지면 명사십리길 85-105

국내 최초로 블루 플래그 인증을 받은, 남해안에서 최고로 꼽히는 해수욕장이다. 블루 플래그는 깨끗하고 친환경적인 해변에 부여되는 국제 기준이다. 일직선으로 뻗은 길이 3.8km에 달하는 은빛 모래사장은 끝이 없고 잔잔한 파도가 끊임없이 밀려오는 환상적인 해변이다.

해남

땅끝에서 맞는 일몰과 일출
해남 땅끝마을

📍 전남 해남군 송지면 땅끝마을길 60-28

한반도 땅끝에서 일몰과 일출을 모두 맞는 기분이 각별하다. 최남단 좌표에 서 있는 땅끝탑에서 해넘이를 바라보는 동안 마음속 수많은 감정이 교차한다. 해넘이 후엔 해맞이가 기다린다. 이른 새벽 해가 떨어진 반대편 바다에서 떠오르는 일출 풍경도 감동적이다.

땅끝에서 만나는 특별한 눈꽃
두륜산 케이블카

📍 전남 해남군 삼산면 대흥사길 88-45   🕐 09:00~18:00
💰 어른 13,000원, 어린이 10,000원

사계절 모두 경이롭지만 눈 덮인 겨울이 백미다. 고계봉 전망대까지 오르는 동안 산 전체가 눈꽃으로 뒤덮인 장관에 감탄이 끊이지 않는다. 약 5~10분 정도 소요된다.

절벽 위에 세운 기도 도량
도솔암

📍 전남 해남군 송지면 마봉리 산87-1

미황사의 열두 암자 중 한 곳이며 도솔봉 절벽 기슭에 세워졌다. 화엄조사인 의상대사가 창건한 천년의 기도 도량으로 알려져 있다. 깎아지른 듯한 절벽 사이로 내려다보이는 전망이 절경. 드라마 〈추노〉 촬영지로도 유명하다.

호국 불교의 성지
대흥사

📍 전남 해남군 삼산면 대흥사길 400

두륜산에 자리한 대흥사는 향로봉, 고계봉, 도솔봉, 연화봉 등 수많은 봉우리들이 든든히 받치고 있는 호국 불교의 성지다. 일반 사찰과 달리 경내에 유교 형식의 사당인 표충사가 있으며 서산대사와 사명당 유정, 뇌묵당 처영스님의 진영을 봉안하고 있다.

순천 · 광양 · 보성

정원의 도시 순천은 순천만국가정원과 순천만 습지로 유명하다.
순천을 중심에 두고 동, 서에 각각 광양과 보성이 자리한다.
동쪽에 있는 광양은 홍쌍리 청매실농원과 윤동주 유고 보존 정병욱 가옥이 대표적이며,
서쪽 보성은 대한다원과 율포해수욕장 등 녹차와 바다 경관이 어우러진 여행지가 인기 있다.
이 지역들은 서로 인접해 함께 여행하기 좋아 더욱 풍성한 시간을 만들 수 있다.

추천 계절 스폿

봄
봄바람 타고 온 매화 꽃비
홍쌍리 청매실농원

여름
싱그러움이 넘치는
순천만국가정원

가을
갈대 군락 사이를 걷는
순천만 습지

겨울
겨울 산사에서
따뜻한 차 한 잔
송광사 & 선암사

버킷 리스트

온종일 순천만국가정원과
습지에서 보내기

낙안읍성에서
하룻밤 머물기

녹차밭, 녹차 아이스크림,
녹차 해수탕 등
하루 종일 녹차에 빠져보기

추천 코스

저마다 다른 즐거움이 한가득
당일치기 코스

순천

① 순천만국가정원
하루 종일 정원 산책

② 순천만 습지
자연 생태 탐방에
나서볼까?

③ 순천드라마촬영장
여기가 거기?!
드라마 속 장소 찾기

④ 송광사
〈헤어질 결심〉 촬영지

광양

① 광양매화마을
매화 향기가 가득

**② 윤동주 유고 보존
정병욱 가옥**
'서시'가 있던 바로 그곳

③ 배알도 섬 정원
섬 속 작은 정원

④ 광양와인동굴
동굴 속 와인 테마파크

보성

① 득량역 추억의 거리
레트로 감성 간이역

② 강골마을
황톳빛 돌담길 따라
옛 시간 여행

③ 대한다원
초록빛 녹차밭의
초록빛 감성

④ 율포해수녹차센터
녹차 해수탕이 있는
해수욕장

순천의 대표 힐링 여행지

순천만국가정원

📍 전남 순천시 국가정원1호길 47
🕘 09:00~21:00 ✕ 마지막 주 월요일
₩ 어른 10,000원, 청소년 7,000원, 어린이 5,000원

우리나라 제1호 국가정원으로 순천만국제정원박람회가 개최되는 장소다. 총 면적이 약 926,000m² (280,115평)에 달하며 여러 가지 테마의 정원과 시설물이 들어서 있다. 세계 각국의 정원을 재현한 공간과 순천의 역사와 문화를 담은 전통 정원, 생태 정원 등 다양한 형태의 정원을 만날 수 있다. 사계절 모두 다른 풍경과 매력으로 여러 번 방문해도 만족스러운 여행지다.

> **TIP**
> 한 번에 전체를 둘러보기 보다는 그 계절에 가장 아름다운 구역을 중심으로 산책하듯 여유롭게 관람하는 것이 좋다. 무인궤도 열차인 스카이 큐브를 이용하면 순천만 습지까지 편하게 이동할 수 있다. 통합 관람권을 구매하면 훨씬 저렴하다. 정원 내에서 숙박 가능한 가든스테이 쉴랑게도 눈여겨보자.

순천만 습지

S자 곡선이 아름다워라

📍 전남 순천시 순천만길 513-25 🕐 08:00~17:00
💰 어른 10,000원, 청소년 7,000원, 어린이 5,000원

2006년에 람사르협약에 등록된 국제적인 보호 습지이다. 탐방로를 갖춘 갈대 군락이 드넓게 펼쳐져 있으며 S자 형태를 이룬 수로가 아름다운 경관을 자랑한다. 다양한 생물들이 서식해 생태학적 가치도 뛰어나다. 특히 일몰 포인트인 용산전망대에서 순천만의 서정적인 풍경이 한눈에 내려다보인다. 입구에서 전망대까지 거리가 30분 이상 소요되기 때문에 일몰의 절정을 만끽하고 싶다면 부지런히 걸어야 한다. 습지 주변에 자연 생태관과 천문대, 문학관 등 볼거리가 많아 시간을 넉넉히 할애하기를 권한다.

◆ TIP
생태 체험선은 물길을 따라 동천 하구 내륙 습지를 탐방하거나 수로를 따라 철새와 갯벌 저서 동물을 관찰하게 된다.

오천 그린광장 & 풍덕경관공원

순천만국제정원박람회 맛보기 코스

📍 전남 순천시 오천동 702-1

순천만국제정원박람회 개막식과 폐막식, 불꽃쇼가 열린 장소로 무료로 개방한다. 아스팔트 도로이던 곳을 잔디밭과 물 위 정원 등으로 꾸며 피크닉과 산책 코스로 인기가 높다. 조명을 밝힌 야경도 볼만하며 너른 꽃밭인 풍덕경관공원과 한 코스로 짜면 좋다.

순천드라마촬영장

오늘의 주인공은 나야, 나!

📍 전남 순천시 비례골길 24 🕐 09:00~18:00
💰 어른 3,000원, 청소년 2,000원, 어린이 1,000원

2006년 방영된 드라마 〈사랑과 야망〉 야외 세트장으로 조성된 곳이다. 1960년대 순천 거리와 1970년대 봉천동 달동네, 1980년대 서울 변두리 풍경을 그대로 재현했다. 〈제빵왕 김탁구〉, 〈자이언트〉, 〈늑대소년〉 등을 이곳에서 촬영했다. 옛 교복 체험은 필수! 그늘이 별로 없어 여름엔 모자와 양산을 준비하면 좋다.

조선시대로 타임 슬립
낙안읍성

📍 전남 순천시 낙안면 충민길 30 🕘 09:00~18:00
💰 어른 4,000원, 청소년 2,500원, 어린이 1,500원

낙안읍성은 옛 성곽을 사이에 두고 현대와 과거가 넘나드는 살아 숨 쉬는 민속촌이다. 조선 초기 왜구의 침입에 맞서 흙으로 쌓은 성을 약 300년 후 임경업 장군이 석성으로 중수했으며, 조선시대에 건립된 읍성 가운데 원형을 가장 잘 보여준다. 지금 모습은 1983년 사적 제302호로 지정된 후 성곽을 비롯해 안쪽 초가집과 기와 건물을 복원한 것이다. 동헌과 내아, 옥사, 객사 등 관사는 물론 빨래터와 연자방앗간, 공방, 난전 음식점 등 둘러볼 만한 곳이 많다.

+TIP
성곽에 올라 읍성을 한 바퀴 둘러보는 것도 빼놓지 말아야 한다. 읍성 안에 옛 초가집에서 묵을 수 있는 민박도 있으니 특별한 경험을 해보고 싶다면 하룻밤 천천히 머물다 가자.

우리 옛 전통을 지키다
뿌리깊은나무박물관

📍 전남 순천시 낙안면 평촌3길 45 🕘 09:00~18:00
❌ 월요일 💰 어른 1,000원, 청소년 800원, 어린이 500원

〈뿌리깊은나무〉 발행인 고(故) 한창기 선생이 수집한 유물과 잡지를 전시한 공간이다. 청자, 백자와 함께 역사적인 가치가 높은 '정순왕후국장반차도'가 눈길을 끈다.

순천에 가면 건너야 하는
동천 출렁다리

📍 전남 순천시 풍덕동

순천시의 새로운 명소인 동천 출렁다리는 낮에도 볼만하지만 밤에 가면 빛나는 야경을 감상하며 색다른 밤 산책을 즐길 수 있다. 동천에 가로질러 놓은 출렁다리는 길이 184m, 폭 1.5m이며, 흔들림이 살짝 느껴지기도 하지만 누구나 무난히 건널 수 있다.

민족의 혼이 살아 숨 쉬는
호남호국기념관

📍 전남 순천시 원연향길 17   🕘 09:30~18:00   ❌ 월요일
💰 무료입장

한국전쟁 당시 나라를 위해 목숨을 바친 호국영웅들의 고귀한 희생과 이야기를 담은 곳이다. 일반 전시실 외에 파노라마 영상관, VR 체험관을 통해 전쟁의 아픔과 평화의 소중함을 생생하게 느낄 수 있다. 아이들은 물론 전쟁을 겪지 않은 이들에게도 뜻깊은 배움터다.

19금 수석, 보셨나요?
순천세계수석·정원박물관

📍 전남 순천시 상사면 오실길 117-5   🕘 10:00~18:00
💰 어른 12,000원, 청소년·어린이 7,000원

넓은 부지에 수석 전시관과 성 예술 특별전시관, 공룡 테마 공원 등 여러 테마로 꾸민 독특한 박물관이다. 박병선 관장이 50여 년간 모아온 수천 점의 수석을 전시하며, 성인만 관람 가능한 19금 수석도 있다. 꽃나무와 호수, 폭포로 이뤄진 야외 공원도 가볼 만하다.

승보사찰로 손꼽히는
송광사

📍 전남 순천시 송광면 송광사안길 100

법보사찰 합천 해인사, 불보사찰 양산 통도사와 함께 한국 불교의 삼보사찰 중 하나인 승보사찰로 손꼽힌다. 신라시대 혜린 선사가 길상사라는 이름으로 창건했다고 알려졌으며 보조국사 지눌이 꽂은 지팡이가 자라 나무가 되었다는 쌍향수가 유명하다.

한국 불교 태고종의 총본산
선암사

📍 전남 순천시 승주읍 선암사길 450

순천의 대표적인 사찰 가운데 하나로 한국 불교 태고종의 총본산이다. 2018년에 유네스코 세계문화유산에 등재되었으며 아름다운 자연경관과 더불어 오랜 역사와 문화를 느낄 수 있다.

순천 최고의 일몰 명소
와온해변

📍 전남 순천시 해룡면 와온길 133

여수와 고흥반도, 순천만에 인접한 와온해변은 일몰 명소로 이름난 곳이다. 갯벌을 물들이는 황홀한 석양을 만날 수 있으며 포토 존 역할을 하는 조형물과 함께 사진을 찍어도 멋지다. 해변을 따라 카페와 식당이 늘어서 있으며, 와온해변공원과 소공원 등 둘러볼 만한 곳이 많다.

차 한 잔에 시름을 덜고
순천전통야생차체험관

📍 전남 순천시 승주읍 선암사길 450-1 ⏰ 09:00~18:00
❌ 월요일 💰 다례 체험 1인 3,000원, 2인 5,000원 / 한옥 체험 50,000원

선암사 가는 길목에 위치한 체험 공간으로 전통 야생차를 맛볼 수 있다. 직접 차를 만들어보는 체험이나 차 명상 등 다양한 프로그램이 있다.

> **+TIP**
> 한옥 시설에서 하룻밤 묵을 수도 있으니 선암사와 한 코스로 묶어 1박 2일로 다녀오는 것도 추천한다.

지속 가능한 한옥
유익한 상점

📍 전남 순천시 역전길 77

과거와 현재를 잇는 한옥에서 사회적, 환경적 가치를 표방하며 지속 가능한 제품을 소개하는 로컬 편집숍이다. 유익한옥은 1941년 등기된 ㄷ 자형 일본식 목조주택으로, 순천역 철도공무원 故 양재랜 씨가 소유했던 건물이다. 낡고 오래되었지만 원형을 잘 유지하고 있으며, 2018년 유익한상점이 입점한 후 재정비를 시작했다. 2023년 복합 문화 공간 '유익한 옥'으로 리브랜딩했다.
유익컴퍼니는 유익한옥을 기반으로 로컬 프로젝트와 지속 가능한 라이프스타일을 제안하고 있다. 순천역 인근 90년 된 한옥을 재생해 여행자와 주민이 콘텐츠를 경험할 수 있는 오프라인 공간을 통해 다양한 친환경 프로젝트를 기획하고 있다.

광양

봄눈처럼 내리는 꽃비
광양매화마을 & 홍쌍리 청매실농원

📍 전남 광양시 다압면 지막1길 55

국내에서 손꼽히는 매화 명소다. 봄이면 흐드러지게 핀 매화꽃이 마을을 뒤덮는데, 그 중심에 청매실농원이 있다. 홍쌍리 여사가 일군 매실 농원에 대한 이야기가 마음을 울린다. 또 매실이 담겨 있는 수많은 옹기와 정겨운 시골집, 연분홍빛 홍매와 새하얀 백매가 어우러진 풍경이 동화처럼 아름답다.

> **⊕ TIP**
> 광양매화축제가 열리는 시기에는 사람들이 붐벼 주차하기조차 힘들다. 가급적 축제를 피해 가는 것이 좋다.

섬진강 끝자락 마침표 같은 섬
배알도 섬 정원

📍 전남 광양시 태인동 산1

섬진강과 남해가 만나는 지역에 위치한 작은 섬이다. 자연 지형을 그대로 살려 꾸민 섬은 물 위에 뜬 정원 같다. 섬을 둘러보는 데는 30분이면 충분하지만 머물렀던 시간이 기억에 오래 남는 운치 있는 섬이다. 섬 양쪽을 이은 2개의 도보교를 건너면 쉽게 닿는다.

'서시'가 빛을 보게 된 숨은 이유
윤동주 유고 보존 정병욱 가옥

📍 전남 광양시 진월면 망덕길 249

이 집이 아니었으면 '서시'는 빛을 보지 못했을 것이다. 윤동주 시인이 일제의 감시를 피해 《하늘과 바람과 별과 시》 원고를 친구인 정병욱에게 부탁해 그가 자신의 집 마룻바닥에 숨겨놓아 보존할 수 있었다.

> **⊕ TIP**
> 상주 해설사에게 더욱 생생한 이야기를 들을 수 있다.

전시도, 건물도 모두 예술이네
전남도립미술관

📍 전남 광양시 광양읍 순광로 660 🕐 10:00~18:00
❌ 월요일 ₩ 어른 1,000원, 청소년·어린이 700원

옛 광양역이 있던 자리에 있으며 유리 피라미드 같은 외관이 독특하다. 전남 지역 예술가들의 작품을 상설 전시하며 시기별로 수준 높은 기획 전시를 개최한다. 어린이 아틀리에서는 다양한 체험 프로그램을 운영하며 아트 숍을 겸한 카페도 마련되어 있다.

➕TIP
미술관에서 광양 불고기 특화거리가 차로 약 4분 거리이다. 예술적 감성을 듬뿍 얻은 후에 출출한 배를 채우러 나서보자. 식사 시간에는 골목에 주차하기가 어려우니 걸어가는 것이 나을 수 있다. 도보로 약 15분 걸린다.

이렇게 멋진 창고 보셨나요
광양예술창고

📍 전남 광양시 광양읍 순광로 664 🕐 10:00~18:00
❌ 월요일

전남도립미술관 맞은편에 있는 복합 문화 공간으로 폐창고를 개·보수했다. 미디어 A동에서는 광양의 명소를 미디어 아트 형태로 소개하며, 광양 출신 고(故) 이경모 보도 사진작가의 디지털 아카이브를 조성해놓았다. 소교동 B동은 카페 겸 문화 쉼터다.

기차 터널에 퍼지는 와인 향기
광양와인동굴

📍 전남 광양시 광양읍 강정길 33 🕐 09:30~18:30
₩ 어른 7,000원, 청소년·어린이 5,000원

1913년부터 1987년까지 광양제철로 가는 화물 운송용 터널을 활용해 만들었다. 동굴 내부는 와인을 보관하기 좋은 온도와 습도를 유지하고 있으며, 와인 시음이나 구매도 가능하다. 와인의 역사와 문화 전시 관람과 여러 체험 프로그램도 운영한다.

언덕을 굽이쳐 흐르는 녹차밭
대한다원

📍 전남 보성군 보성읍 녹차로 763-43 🕐 하절기 09:00~18:00, 동절기 09:00~17:00 💰 어른 4,000원, 청소년 3,000원

보성을 대표하는 다원이다. 산기슭을 따라 파릇파릇 돋아난 녹차 잎을 바라보기만 해도 싱그러운 기운이 넘친다. 녹차밭이 넓기 때문에 관람 시간을 넉넉히 잡는 것이 좋다. 언덕 너머에는 울창한 편백나무숲과 작은 계곡도 숨어 있다. 이곳에서 맛보는 녹차 아이스크림이 별미다.

> **TIP**
> 대한다원에서 멀지 않은 곳에 있는 보성 차밭 전망대도 들러봄직하다. 도로와 인접해 찾아가기도 쉽다. 언덕 아래로 넓게 펼쳐진 초록빛 녹차밭을 보면 가슴이 탁 트인다. 바로 옆에 찻집이 있어 차 한잔과 함께 머물다 가기 좋다.

우리 차를 배워보자
한국차박물관

📍 전남 보성군 보성읍 녹차로 775 🕐 10:00~17:00 ❌ 월요일 💰 어른 1,000원, 청소년 700원, 어린이 500원

우리나라 차의 역사와 유래, 종류에 따라 다른 효능 등을 배울 수 있다. 차를 만드는 과정을 전시 패널과 디오라마를 통해 이해하기 쉽게 자세히 설명한다. 세계의 다른 차 문화도 비교해볼 수 있다. 다도 체험 프로그램도 운영한다.

차 한잔 마시며 여유 즐기기
봇재

📍 전남 보성군 보성읍 녹차로 750 🕐 09:00~18:00

보성의 랜드마크로 꼽히는 복합 문화 공간이다. 1층엔 보성 역사 문화관과 에코파빌리언이 자리하며, 2층에는 특산품 판매장과 카페테리아 그린다향이 있다. 그린다향에서는 보성 녹차로 만든 다양한 먹거리를 제공하는데 때때로 차 덖기 체험도 진행한다.

그리움이 머무는 장소
득량역 추억의 거리

📍 전남 보성군 득량면 역전길 28

1930년경 개통된 득량역은 일제 수탈의 역사와 해방 이후 시골 학생들의 통학 열차가 서던 정겨운 추억이 깃들어 있다. 지금은 한적한 간이역이지만 철길 주변에 예쁜 꽃길을 가꾸고 옛 물품을 전시해 한 번쯤 돌아볼 만하다. 역 주변은 과거의 향수를 불러일으키는 추억의 거리가 조성되어 있다.

고즈넉한 황톳빛 돌담길
강골마을

📍 전남 보성군 득량면 강골길 32-17

광주 이씨가 모여 살던 집성촌으로 전통 한옥들이 보존되어 있다. 그중 이금재 가옥과 이용욱 가옥, 이식래 가옥은 중요민속자료로 지정되어 있다. 돌담길을 걷다 보면 옛 정취가 고스란히 남아 있는, 드라마 〈옷소매 붉은 끝동〉의 촬영지 열화정에 닿는다.

공룡이 지금도 살았다면
비봉공룡테마파크

📍 전남 보성군 득량면 공룡로 822-51
🕐 10:00~18:00(8월은 19:00까지) ❌ 월요일
💰 어른 6,000원, 청소년 5,000원, 어린이 4,000원

득량면 비봉리에는 공룡의 흔적을 찾아볼 수 있으며, 공룡테마파크도 들어서 있다. 거대한 티라노사우루스 모형을 비롯해 공룡알 부화 체험, 화석 발굴 체험 등 다양한 프로그램을 운영한다.

녹차 향 가득한 해수욕
율포해수녹차센터

📍 전남 보성군 회천면 우암길 21

득량만 바다가 펼쳐진 율포해수욕장에는 지하 120m에서 끌어올린 암반 해수에 보성 녹차를 우려낸 해수탕이 유명하다. 진한 해수 녹차탕에 몸을 담그면 하루의 피로가 금세 가신다. 녹차탕 외에도 테라피 체험, 아쿠아토닉풀, 노천탕 등 다양한 즐길 거리가 있다.

역사에 한 획을 그은 소설
태백산맥문학관

📍 전남 보성군 벌교읍 홍암로 89-19
🕐 하절기 09:00~18:00, 동절기 09:00~17:00 ❌ 월요일
💰 어른 2,000원, 청소년 1,500원, 어린이 1,000원

조정래 작가의 소설 《태백산맥》을 테마로 만든 문학관이다. 어른 키를 훌쩍 넘는 16,500매에 달하는 친필 원고와 작가가 수년간 직접 취재하고 조사한 수많은 자료를 전시한다. 원고지 한 장, 한 장 손으로 써 내려간 작가의 노고에 존경심이 느껴진다. 독자들이 문학관에 기증한 필사본과 여러 사연을 담은 노트도 볼만하다.

> **⊕ TIP**
> 길 건너편에 소설에서 현 부자네로 나왔던 집의 모델이 된 한옥집이 있어 함께 관람하기 좋다. 소설에 나온 소화의집도 재현되어 있으며, 이곳을 출발점 삼아 문학 기행 코스를 짤 수 있다.

소설의 무대에서 잠들다
보성여관

📍 전남 보성군 벌교읍 태백산맥길 19 🕐 10:00~17:00
💰 어른 1,000원, 청소년 800원, 어린이 500원

소설 《태백산맥》에서 '남도여관'으로 등장하며 임만수와 대원들이 숙소로 사용했던 곳. 실제도 여관이었던 곳으로 2004년 등록문화재 제132호로 지정되었으며 2012년 옛 모습을 복원했다. 벌교와 보성여관의 역사를 담은 전시장과 찻집, 숙박 시설을 비롯해 일본 다다미방도 재현했다.

숲에서 즐기는 모험 어드벤처
제암산자연휴양림 짚라인

📍 전남 보성군 웅치면 대산길 330 💰 입장료 어른 1,000원, 청소년 600원, 어린이 400원 / 짚라인(청소년 이상) 10,000원

잘 가꾼 휴양림에 다양한 체험 시설이 있다. 짚라인은 300m 넘는 거리를 왕복으로 운영하며 저수지 위를 가로질러 날아간다. 그물다리를 건너고 공에 매달려 건너가는 에코어드벤처 시설도 도전 정신과 모험심을 길러준다.

여수 · 고흥

여수와 고흥은 풍부한 관광 자원과 수많은 섬을 품고 있는 매력적인 여행지다.
몇 년 전 여수와 고흥 간 10여 개의 섬을 잇는 바닷길인 섬섬백리길이
개통되면서 연계 여행이 가능한 새로운 관광 명소로 떠오르고 있다.
특히 여수는 풍부한 볼거리와 즐길 거리는 물론 숙소 등 편의 시설을 잘 갖추었다.
여수와 고흥의 특별한 매력을 탐험하며 잊지 못할 추억을 만들어보자.

추천 계절 스폿

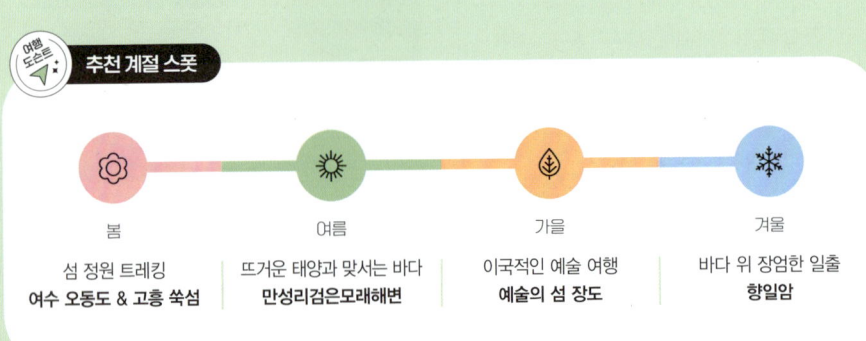

봄	여름	가을	겨울
섬 정원 트레킹	뜨거운 태양과 맞서는 바다	이국적인 예술 여행	바다 위 장엄한 일출
여수 오동도 & 고흥 쑥섬	**만성리검은모래해변**	**예술의 섬 장도**	**향일암**

버킷 리스트

취향 저격 섬에서
하루 보내기

내 맘대로 만끽하는
여수 밤바다

이순신 광장 주전부리
골라 맛보기

추천 코스

여수에서 행복해지는
당일치기 코스

① 여수세계박람회장
여수 여행의 아지트

② 오동도
사계절 푸른 동백섬

③ 여수 해상케이블카
산과 바다를 건너

④ 낭만포차 또는 선상 크루즈
낭만적인 여수의 밤

섬섬백리길 따라 여수에서 고흥까지
1박 2일 코스

Day 1

① 고소동 벽화마을
벽화가 예술인 거리

② 예술의 섬 장도
바다를 걸어 도심 속 작은 섬으로

③ 낭도
낭만이 있는 섬

Day 2

① 우주발사 전망대
우주선에 올라탄 듯

② 능가사
평화로움이 넘치는 사찰

③ 나로우주센터 우주과학관
우주 과학의 모든 것

여수

끝없이 펼쳐지는 바다와 공연
여수세계박람회장

📍 전남 여수시 박람회길 1 🕐 10:00~18:00 ❌ 월요일

KTX 여수엑스포역과 여수엑스포항 종착지인 여수세계박람회장은 명실상부한 여수 관광의 중심지다. 바다를 품은 넓은 박람회장 부지 안팎으로 가볼 만한 곳이 수두룩하며, 고급 호텔 리조트들이 줄지어 있다. 이곳을 아지트 삼아 여수 여행을 계획해보자.

+TIP

여수세계박람회장 여행 추천 코스
여수 아쿠아플라넷 ▶ 여수 아르떼뮤지엄 또는 아이뮤지엄 ▶ 스카이 타워 전망대 ▶ 빅오쇼(저녁)

ZOOM IN 여수세계박람회장 둘러보기

벨루가와 바이칼 물범 보셨나요?
여수 아쿠아플라넷
📍 전남 여수시 오동도로 61-11 🕐 09:30~19:00
💰 어른 36,400원, 청소년 33,400원, 어린이 31,400원

2012년 여수세계박람회를 기념해 만든 수족관이다. 바다거북을 비롯해 다양한 해양 생물을 관람할 수 있으며, 벨루가와 바이칼물범 등 희귀 동물도 만날 수 있다.

몽환적인 여수를 만나다
여수 아르떼뮤지엄
📍 전남 여수시 박람회길 1 🕐 10:00~20:00
💰 어른 17,000원, 청소년 13,000원, 어린이 10,000원

'오션'을 테마로 만든 몰입형 미디어 아트 전시관이다. 여수의 바다와 자연 경관을 비현실적인 공간에 담아놓았다.

찬란한 빛과 물, 불의 만남
빅오쇼
📍 전남 여수시 박람회길 1 🕐 14:00~18:30 ❌ 월·화요일

세계 최대 규모의 워터 스크린에서 펼치는 대규모 공연. 빛과 물과 불, 소리가 주인공이 되어 이채로운 무대를 선사한다. 화려한 조명과 레이저, 불꽃 등이 어우러진 경이로운 장면을 연출한다.

시멘트 창고에서 전망대로
스카이 타워 전망대
📍 전남 여수시 박람회길 1 🕐 10:00~22:00
💰 어른 2,000원, 중·고등학생·노인 1,500원, 어린이 1,000원

높이 55m의 시멘트 저장 창고에 조성한 독특한 전망대다. 주말이면 여수엑스포역에 열차가 도착하는 시간에 맞춰 파이프오르간 연주도 들려준다. 전망층 카페에서 푸른 바다와 박람회장, 시가지까지 두루 내려다보인다. 투명한 유리 바닥 위에도 서보자.

동백꽃 필 무렵
오동도

📍 전남 여수시 오동도로

여수세계박람회장에서 방파제 길로 이어진 작은 섬 오동도는 아름드리 동백나무가 울창한 숲을 이룬 국내에서 가장 큰 동백나무 군락지다. 섬 전체가 동백나무로 뒤덮여 '동백섬'이란 별칭이 붙었다. 이른 봄 동백꽃이 만개하면 섬은 온통 붉은 물결로 출렁인다. 이 순간에 사로잡히면 매년 봄마다 오동도로 발걸음이 향하게 된다.

봄이 아니어도 오동도에는 늘 싱그러운 기운이 가득하다. 해안으로 몇 발자국 내려서면 이내 넘실거리는 물결이 가슴에 안긴다. 섬 한가운데 선 등대와 동백꽃차를 맛보는 야외 찻집도 꼭 들러봐야 한다.

➕ TIP
오동도를 즐기는 세 가지 방법

1 동백열차 타고 느릿느릿 여유롭게

2 유람선·모터보트 타고 섬 한 바퀴

3 자전거 타고 방파제 길을 씽씽

전망이 환상적
자산공원 전망대

📍 전남 여수시 자산공원길 90

여수에서 가장 오래된 공원. 일출정에서 바라보는 전망이 일품이다. 오동도, 남해도와 한려해상국립공원이 파노라마로 펼쳐지며, 전망대 위쪽에 해상케이블카 승차장이 자리한다. 오동도 공영 주차장 건물에 있는 엘리베이터를 이용하면 쉽게 오를 수 있다.

여수 밤바다 낭만 누리기
여수 해상케이블카

📍 전남 여수시 돌산읍 돌산로 3600-1 🕘 09:30~21:30
💰 일반 어른 17,000원, 어린이 12,000원 / 크리스털 어른 24,000원, 어린이 19,000원(왕복 기준)

여수에서 빼놓을 수 없는 대표 관광 명소. 특히 연인들의 데이트 코스로 빠지지 않는다. 돌산공원과 오동도 인근 자산공원 사이를 오가는 케이블카는 산과 바다를 넘나들며 낭만적인 여수 여행을 선사한다. 오전부터 늦은 밤까지 운행하기 때문에 밤바다를 만끽하기에도 적격이다. 바닥이 투명한 크리스털 캐빈에 도전해도 좋고, 밤에 탄다면 일반 캐빈도 충분하다. 캐빈마다 블루투스 스피커가 설치되어 미리 노래를 준비해 가면 더욱 분위기 있는 시간을 만들 수 있다. 편도 약 7~8분 소요된다.

┤ ⊕ TIP ├
왕복으로 이용할 경우 해 질 무렵 자산공원에서 탑승하면 돌산대교를 물들이는 노을을 감상할 수 있으며, 돌아올 때는 화려한 야경이 펼쳐진다.

노을 보고, 야경 보고
돌산공원

📍 전남 여수시 돌산읍 우두리 산355-1

돌산대교가 내려다보이는 언덕에 자리한다. 산책로와 쉼터 등이 잘 갖춰져 있으며 여수 앞바다와 더불어 돌산대교와 장군도, 시가지가 어우러진 풍경이 볼만하다. 특히 여수에서 손꼽히는 노을, 야경 맛집으로 해 질 녘에 가보기를 추천한다.

불꽃이 펑펑 터지는 여수의 밤
선상 크루즈

📞 1533-6256(미남크루즈), 0507-1357-2128(이사부크루즈), 010-7522-7555(여수오션크루즈)

여수의 밤을 로맨틱하게 보내는 방법으로 선상 크루즈가 있다. 돌산대교 유람선 선착장을 출발해 장군도, 거북선대교를 지나 오동도까지 약 1시간 30분간 유람하며 주말이나 공휴일에는 선상 불꽃놀이가 펼쳐진다.

마이다스 손에 올라
예술랜드

📍 전남 여수시 돌산읍 무술목길 142-1 🕘 09:00~18:00
💰 어른 15,000원, 어린이 10,000원

사방이 바다로 둘러싸인 언덕에 조성된 전망 좋은 조각공원이다. 익스트림 놀이기구 스윙과 오션 스카이워크, 짚라인도 즐길 수 있다.

돌돔이 이렇게 생겼어?
전라남도해양수산과학관

📍 전남 여수시 돌산읍 돌산로 2876 🕘 09:00~18:00
💰 어른 3,000원, 청소년 2,000원

여수 앞바다에 서식하는 물고기와 100여 종의 다양한 어종을 전시하고 있다. 2층은 해양 수산과 수산과학에 대해 알아보는 공간이다. 별관에서는 아기 상어와 각종 바다 생물을 가까이에서 관찰할 수 있다.

일출이 아니어도 멋진
향일암

📍 전남 여수시 돌산읍 향일암로 60

깎아지른 듯한 해안가 산 중턱에 있는 사찰로 국내 4대 해수관음 성지로 꼽힌다. 무너져 내린 거대한 바위 틈바구니를 지나면 대웅전, 해수관음전, 삼성각 등 전각이 차례로 나온다. 사찰에서 바라보는 전망이 일품이며 새해 해돋이 명소로 유명하다.

여수 하늘을 날아 올라
여수 국가대표 패러글라이딩

📍 전남 여수시 망양로 225 💰 120,000원~170,000원

여수의 산과 바다를 하늘에서 내려다보는 짜릿함을 만끽하는 시간. 조종사와 함께 패러글라이딩에 탑승해 하늘을 나는 동안 만성리해수욕장과 여수세계박람회장, 스카이 타워가 발아래 펼쳐진다. 전·현직 선수 출신 강사들이 직접 체험을 진행한다.

이런 곳이라면 날마다 산책
이순신공원

📍 전남 여수시 신월로 168-1

웅천지구에 조성된 공원으로 여수 시내와 바다를 한눈에 조망하는 근사한 전망을 품고 있다. 약 36만 m^2(약 108,900평) 면적에 화목원과 미로원, 습지원, 항일독립운동 기념탑 등 다양한 시설이 들어서 있다.

> **TIP**
> 웅천지구에 숙박한다면 아침저녁 산책 코스로 더할 나위 없다.

천사가 살고 있다는
고소동 벽화마을

📍 전남 여수시 고소동 268

진남관부터 종포해양공원에 이르는 고소동 일대에 조성된 벽화마을이다. 언덕에 위치해 전망이 좋은데다 골목마다 숨어 있는 그림을 찾아가는 재미가 있다. 마을에서 가장 높은 곳인 오포대와 지역 예술인들의 작품을 전시한 달빛갤러리를 중심으로 둘러보기 좋다.

여수의 밤을 책임지는
여수 낭만포차

📍 전남 여수시 하멜로 102 거북선대교 아래 🕐 18:00~01:00

거북선대교 아래 조성된 포장마차 거리다. 하멜 등대와 더불어 주변 야경을 감상하기 좋고 여름에는 버스킹 공연도 열려 관광객이 많이 찾는다. 주메뉴는 돌문어해물삼합, 서대회, 낙지 요리 등이며, 어느 포차나 맛과 가격은 대동소이하다.

네덜란드에서 여수까지
하멜전시관

📍 전남 여수시 하멜로 96 🕐 09:00~18:00

조선시대에 제주도에 표착한 네덜란드인 하멜 일행이 여수에 머물렀던 동안의 흔적을 기록한 전시관이다. 하멜 등대와 낭만 포차 거리가 바로 옆에 있어 한 코스로 묶기 좋다.

'여수 밤바다'의 그곳
만성리검은모래해변

📍 전남 여수시 만흥동

1930년대에 개장한 여수의 대표적인 해수욕장으로 검은 모래찜질이 유명하다. 해변 끝 쪽의 몽돌로 이뤄져 있다. 해안도로를 따라 식당이 즐비하게 늘어섰으며, 바다에 커다란 선박들이 떠 있는 풍경이 이색적이다.

바다를 따라 달리자
여수 해양 레일바이크

📍 전남 여수시 망양로 187 🕘 09:00~18:00
💰 2인승 26,000원, 3인승 31,000원, 4인승 36,000원

바닷가 언덕을 따라 달리며 전 구간이 해안 철길로 달리는 내내 탁 트인 바다 풍경이 눈에 담긴다. 왕복 약 3.5km 거리로 LED 조명이 불을 밝힌 터널 구간을 지나면 수동으로 레일바이크를 회전시켜준다.

> **◆ TIP**
> 약간 경사진 길이라 갈 때보다 돌아오는 길이 더 힘들다.

어린왕자와 친구 할까
녹테마레

📍 전남 여수시 만성로 294 🕘 10:00~19:00 💰 어른 20,000원, 청소년 17,000원, 어린이 15,000원, 미취학 아동 11,000원

여수 지역의 특색과 《어린왕자》를 테마로 구성한 미디어 아트 전시관이다. 여수의 사계절이나 밤바다를 몽환적인 빛으로 표현한 전시가 돋보이며 어린왕자를 스토리텔링한 영상도 인상적이다.

나만 알고 싶은 비밀의 해변
모사금해수욕장

📍 전남 여수시 오천동

현지인들도 알음알음 찾는 숨은 명소로 아름다운 물빛과 고운 모래밭을 품고 있다. 해변 끝에 거대한 바위 절벽과 해안 덱이 설치되어 있으며, 바다에 잠긴 기암들이 독특한 풍광을 이룬다. 아담한 해변 뒤편에 카페 몇 곳이 늘어서 있다.

온종일 지루하지 않아요
여수 유월드 루지 테마파크

📍 전남 여수시 소라면 안심산길 155 🕐 10:00~19:00
₩ 시설별로 다름

무동력 체험 레포츠인 루지와 다이노밸리, 테디베어 뮤지엄, 실내 키즈파크 등 여러 놀 거리를 한 공간에 모아놓은 복합 테마파크다. 핸들과 브레이크를 이용하는 루지는 운전이 어렵지 않아 누구나 쉽게 즐길 수 있다. 약 1.3km 코스로 터널과 곡선 및 스카이로드 구간을 거쳐 내려오는 데 4분가량 걸린다. 루지는 아이들도 탑승 가능하지만 키가 85~130cm 이하인 경우 부모가 동승해야 한다.

다이노 밸리는 공룡을 테마로 한 놀이공원이다. 미니드롭, 바이킹, 범퍼카 등 놀이기구가 있으며 곳곳에 거대한 공룡 조형물을 설치해 몰입도를 높여준다. 테디베어 뮤지엄도 가볼 만하다. 사람 크기로 제작한 테디베어 인형과 사진도 찍을 수 있다. 이외에도 BB탄, 레이저 서바이벌 게임 등 가족이나 커플 단위로 즐길 수 있는 체험이 많다.

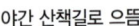

TIP 루지 탑승은 기본이 2회지만 스릴감을 좋아한다면 3회 이상 이용권을 추천한다. 다양한 체험을 하고 싶다면 콤보 티켓을 이용하는 것이 훨씬 저렴하다.

바닷길이 열리면 들어가는
예술의 섬 장도

📍 전남 여수시 웅천동

웅천친수공원 맞은편에 있는 작은 섬으로 하루 두 번 물 밖으로 드러나는 진섬다리를 걸어 들어간다. 낮은 구릉지 형태여서 걷는 데 부담이 없고 전시관과 전망대, 다도해 정원 등 볼거리가 여럿 있다. 섬에서 바라보는 웅천지구 풍경이 이국적이다.

야간 산책길로 으뜸
소호동동다리

📍 전남 여수시 소호동 498-1

소호동 회센터에서 요트마리나까지 이어진 해안 덱으로 주변에 식당도 많아 저녁 식사 후 밤 산책을 나서기 좋다. 바다 너머로 보이는 도시의 야경과 시시각각 변하는 조명 빛이 여수 밤바다의 정취를 물씬 느끼게 한다.

해안 절벽을 따라 자박자박
금오도

📍 전남 여수시 남면 심장리

금오도 비렁길은 여수를 대표하는 섬 트레킹 코스다. 해안가를 따라 깎아지른 듯한 절벽길이 이어지며 총 18.5km에 이르는 탐방로가 개설되어 있다.
탐방 코스는 총 5개로 1코스는 함구미에서 신선대를 거쳐 두포 마을까지 5km 구간이다. 이어진 2코스는 굴등 전망대, 촛대바위를 거쳐 직포마을까지 간다. 바다를 향해 난 전망대에서 시원한 바람을 맞으며 쉬어 가면 된다.
관광객이 가장 많이 찾는 3코스는 갈바람통 전망대와 매봉 전망대를 지나 학동마을까지 3.5km를 걷게 된다. 우거진 산길과 탁 트인 바다를 번갈아 감상하며 아찔한 출렁다리를 건너면 학동이다. 4코스 또한 망망대해를 조망하는 수려한 경관이 펼쳐지며, 마지막 5코스에서는 바닷가 마을이 내려다보이는 정겨운 풍경을 눈에 담고 내려올 수 있다. 전체 코스를 하루에 다 돌기보다 하루나 이틀에 걸쳐 섬을 찬찬히 둘러보기를 권한다.

> **TIP**
> 금오도는 카페리를 운항해 차량을 갖고 입도할 수 있다.

섬에서 낭만을 꿈꾸세요
낭도

📍 전남 여수시 화정면 낭도리

낭도대교를 건너면 언제든 섬에 쉽게 닿는다. 섬 둘레길 중 낭도중학교에서 신선대와 천선대를 지나 산타바오거리까지 이어지는 1코스가 가장 아름답다. 마을 안길에 꾸민 낭도갯벌미술길도 관람하는 재미가 쏠쏠하다. 100년 전통의 도가식당 낭도젖샘 막걸리는 꼭 먹어봐야 한다.

정말 공룡이 살았을까?
사도

📍 전남 여수시 화정면

낭도 맞은편에 있는 사도는 신비한 공룡의 섬으로 불린다. 섬 도처에 공룡 발자국 화석과 물결무늬 화석인 연흔이 널려 있다. 온갖 기암괴석을 모아놓은 듯한 시루섬도 걸어 다녀올 수 있다. 등록문화재인 마을 안 돌담 골목길을 걷는 맛도 일품이다. 배 시간이 빠듯하다면 사도에서 하룻밤 묵는 것도 추천한다.

자연이 한 땀 한 땀 빚어낸
거문도·백도

📍 전남 여수시 삼산면 거문리

다도해해상국립공원인 거문도와 백도는 바다에 솟은 기암괴석이 만든 자연의 걸작품이다. 여수에서도 멀리 떨어져 있는 거문도는 남해안 최초로 불을 밝힌 섬이다. 일찍이 뱃길을 통해 선진 문물과 문화 교류를 활발히 진행했던 덕분에 19세기 말 섬에는 전깃불과 전화가 들어왔고 1905년에는 근대 학교인 낙영 학교가 설립되었다.

거문도 여행에서 필수 코스는 백도 유람선이다. 40분 정도 유람선을 타고 나가면 바다 위에 신기하게 솟아난 바위 군락을 만나게 된다. 백도는 영화 〈밀수〉에서 해녀들이 물질을 해 밀수품을 건져 오는 포인트로 등장하기도 했다. 실제 눈앞에서 보는 기암괴석들이 웅장하고 신비로워 보인다. 마치 바다에 높은 성벽을 둘러친 것처럼 느껴지기도 한다.

고흥

우주로 향한 큰 꿈
나로우주센터 우주과학관

📍 전남 고흥군 봉래면 하반로 490　🕐 10:00~17:30
❌ 월요일　🏷 어른 3,000원, 청소년·어린이 1,500원

나로도 안쪽에 나로우주센터 우주과학관이 있다. 누리호 발사 당시 사용된 엔진 모형을 전시하며 로켓, 인공위성, 우주복, 화성 탐사 로봇 등 우주에 관한 모든 것을 담고 있다. 돔영상관에서는 우주를 간접 체험하는 프로그램이 진행되며 야외에 실물 크기의 나로호와 과학 로켓 모형들이 전시되어 있다.

바다에 가꾼 꽃 정원
쑥섬

📍 전남 고흥군 봉래면 나로도항길 120-7

나로도에서 배로 1~2분이면 닿는 가까운 섬이다. 한 부부가 정성껏 가꿔온 전라남도 1호 민간정원이 유명하다. 마치 바다가 감춘 비밀 정원 같다. 바다와 사계절 피고 지는 꽃들 사이를 걷노라면 꿈결인 듯 황홀한 기분이 된다.

우주선에서 내려다보다
우주발사 전망대

📍 전남 고흥군 영남면 남열리 산76-1   🕘 09:00~18:00
❌ 월요일   ₩ 어른 2,000원, 청소년 1,500원, 어린이 1,000원

이름에 걸맞게 건물 외관이 우주발사센터를 닮았다. 실제 나로호가 발사된 나로우주센터와는 바다를 가로질러 약 15km 떨어져 있다. 턴테이블이 설치된 7층 전망대에서는 해맞이 명소인 남열해수욕장이 파노라마로 펼쳐진다.

작지만 포근한 사찰
능가사

📍 전남 고흥군 점암면 팔봉길 21

작고 아담한 절이지만 자연 속에서 깊은 평화를 느낄 수 있는 명소다. 신라시대에 창건된 이래 오랜 역사와 전통을 간직하고 있으며 봄철 벚꽃과 가을철 단풍이 유명하다. 고풍스러운 건축물과 소박한 정원, 울창한 숲이 조화를 이룬다.

고흥의 해양 휴양지
녹동 바다정원

📍 전남 고흥군 도양읍 봉암리 3953

인공 섬과 조형물들이 조화를 이루어 만든 바다 쉼터로 특별한 분위기를 자아낸다. 여행 중 잠시 편안한 휴식을 즐기기에 최적의 장소다. 바다를 가까이에서 감상하며 경치를 만끽할 수 있다.

아픈 역사를 승화시킨
소록도

📍 전남 고흥군 도양읍 소록리 1

일제강점기부터 현재까지 한센병 환자들의 고통과 치유의 역사를 간직한 곳이다. 지금은 많은 사람들이 방문해 그들의 희생과 아픔을 공감하고 기리는 명소로 자리매김했다. 이들이 가꾼 아름다운 자연과 함께 역사적 의미를 되새겨보자.

PART 5

경상도

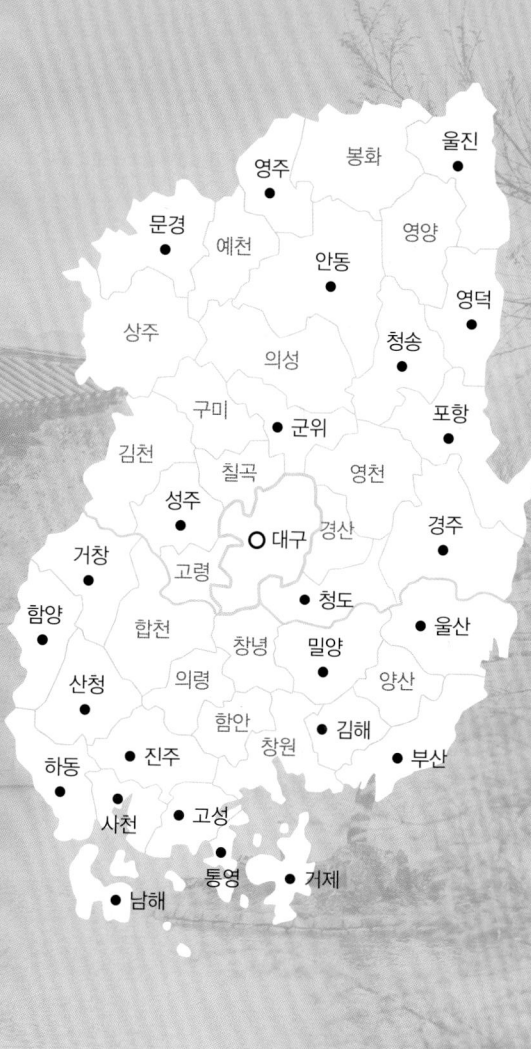

경주·포항·울산

경주, 포항, 울산은 역사와 자연, 도시의 매력을 동시에 느낄 수 있는 여행지다.
경주에서는 신라의 천년 고도와 아름다운 문화유산을 만날 수 있으며,
포항은 호미곶 일출과 구룡포 일본인 가옥 거리 등 이국적인 풍경이 가득하다.
울산은 장생포 고래문화마을과 태화강 국가정원에서 특별한 휴식을 경험할 수 있다.
경주를 사이에 두고 북쪽으로 포항, 남쪽으로 울산이 자리해 여행 코스를 짜기도 편리하다.

추천 계절 스폿

봄	여름	가을	겨울
벚꽃 휘날리는 날의 자전거 라이딩 **경주 보문호**	연둣빛으로 물든 고분군 산책 **경주 대릉원**	자! 떠나자! 돌고래 만나러 **장생포 고래바다여행선**	일출 후에 즐기는 먹방 투어 **포항 구룡포**

버킷 리스트

한밤에 동궁과 월지 산책하기

호미곶 상생의 손에 태양 넣어서 사진 찍기

포항 스페이스 워크 끝까지 도전하기

추천 코스

경주 핵심 여행지 완전 정복
1박 2일 코스

Day 1

① 국립경주박물관
천년의 시간 속으로

② 첨성대
별을 보는 장소일까?

③ 대릉원
거대한 고분에서

④ 황리단길
경주를 핫하게 즐기자

Day 2

① 경주엑스포대공원
재미난 역사 테마파크

② 불국사
옛 수학여행의 추억

③ 석굴암
신비로운 석굴

바다의 도시 맛보기
당일치기 코스

포항

① 호미곶 해맞이광장
내 손안에 해 있다!

② 구룡포 일본인 가옥 거리
〈동백꽃 필 무렵〉의 그곳

③ 스페이스 워크
빙글빙글 고공 계단

울산

① 울주 간절곶
해가 가장 먼저 뜨는 곳

② 장생포 고래문화마을
고래의 역사를 만나다

③ 태화강 국가정원
대나무숲 산책과 힐링

경주

경주 여행의 필수 코스
국립경주박물관

📍 경북 경주시 일정로 186 🕐 10:00~18:00
❌ 1월 1일, 설날·추석 당일

경주 각지에서 발굴된 신라시대 유물을 한자리에 모아놓았다. 실내 전시만 해도 관람 시간이 꽤 걸리지만 석조 유물과 성덕대왕 신종을 전시한 야외 전시관도 놓치지 말아야 한다. 알찬 관람을 위해 해설사 프로그램을 추천한다.

별보다 더 아름다운 자태
첨성대

📍 경북 경주시 인왕동 839-1

첨성대는 과연 무엇을 하는 곳이었을까. 천문대라는 것이 정설이지만 제단이었을 것이라는 설도 있다. 오히려 이러한 궁금증이 첨성대를 더욱 신비롭게 만든다. 유려한 곡선미와 아름다운 자태는 낮이나 밤이나 감탄을 자아낸다.

한 폭 그림 같은 야경
동궁과 월지

한국관광의 별

📍 경북 경주시 원화로 102 🕐 09:00~22:00
💰 어른 3,000원, 청소년 2,000원, 어린이 1,000원

예전에는 안압지로 불렸는데 '월지'라 적힌 토기 파편이 발굴되면서 이후 동궁과 월지로 명칭이 변경되었다. 문무왕 때 만든 인공 연못으로 알려져 있으며 야경이 아름다워 밤에 많이 찾는다.

시간을 뛰어넘는 공간
월정교 & 교촌마을

📍 경북 경주시 교동 274

경주의 야경 명소로 사랑받는 곳. 멋스러운 다리에서 인생 컷을 건질 수 있다. 월정교를 건너면 바로 교촌마을이다. 한옥 건물이 모여 있는 마을로 경주 최씨 종가댁을 관람하고 교동법주도 맛볼 수 있다.

경주의 '핫플'
황리단길

📍 경북 경주시 포석로 1080

경주의 '핫플' 황리단길은 옛 분위기가 물씬 느껴지는 골목마다 예쁜 카페와 기념품 숍, 서점, 한복 대여점 등이 옹기종기 모여 있어 걷는 맛이 난다. 이른바 경주에서 손꼽히는 핫 플레이스로 원래 있던 점집과 철학관, 이발관 등이 세련되고 개성적인 공간으로 변신했다. 1960~1970년대 세운 낡은 옛 건물에 젊은 감각을 덧입힌 레트로풍 거리가 이색적이다. 요즘 경주 여행에서는 빼놓을 수 없는 여행지로 한 번은 꼭 들러봐야 한다. 대릉원과 이어져 있어 찾아가기도 쉽다.

> **＋TIP**
> 황리단길과 대릉원, 첨성대, 동궁과 월지 등 도보로 이동 가능한 거리를 묶어 하루 코스로 엮거나 조금 먼 거리는 자전거를 타고 느긋하게 다녀보자.

고분 아래 신라의 시간
대릉원

📍 경북 경주시 황남동 31-1

경주의 상징이기도 한 대릉원에는 화려한 금관이 출토된 황남대총과 천마도를 품고 있던 천마총, 미추왕릉이 듬성듬성 자리한다. 2개의 능 사이에 있는 고분과 나무를 배경으로 사진을 찍는 포토 존은 늘 줄이 늘어설 정도다.

왕의 무덤 안으로
천마총

📍 경북 경주시 황남동 262 🕘 09:00~22:00
💰 어른 3,000원, 청소년 2,000원, 어린이 1,000원

대릉원 안에 있는 천마총은 내부 입장이 가능한 곳으로 수천 년간 묻혀 있던 무덤 안을 들여다볼 수 있다. 왕이 묻혀 있던 모습을 고스란히 재현했으며 금관, 목걸이 같은 장신구를 비롯해 천마도 등이 1,000년 시간을 훌쩍 뛰어넘는 감동을 준다.

다보탑 아래 서서
불국사

📍 경북 경주시 불국로 385

경주의 대표적인 문화 유적지로 토함산 자락에 위치하며 신라시대 사찰로 다보탑과 삼층석탑, 칠보교, 금동비로자나불좌상, 금동아미타여래좌상 등 국보가 가득하다. 조선시대에 왜구의 침입으로 대부분 소실된 것을 1970년대 발굴 조사를 거쳐 지금과 같은 모습으로 복원했다.

석굴 안 신비로운 불상
석굴암

📍 경북 경주시 석굴로 238

불국사와 같이 둘러봐야 할 곳으로 자연석을 다듬어 만든 화강암 석굴 중앙에 여래좌상본존불을 모셔놓았다. 석굴암은 국보인 동시에 불국사와 함께 세계문화유산으로 등재된 보존 가치가 높은 소중한 문화유산이다.

대를 이어온 전통 마을
양동마을

📍 경북 경주시 강동면 양동리 125 🕘 09:00~18:00
₩ 어른 4,000원, 청소년 2,000원, 어린이 1,500원

조선시대 전형적인 반촌 마을로 기와집과 초가집이 골고루 분포된 원형이 잘 보존되어 있다. 양동마을 문화관에 마을의 역사와 생활상을 미리 접하면 더욱 알찬 관람이 된다.

용암이 만든 걸작품
경주 양남 주상절리대

📍 경북 경주시 양남면 동해안로 498-13

약 460만 년에 이르는 긴 시간이 빚어낸 자연의 작품으로 2012년 천연기념물로 지정되었다. 해안을 따라 용암이 급속히 식으면서 형성된 육각형 기둥이 늘어선 범상치 않은 경관에 탄성이 절로 나온다. 전망대에 오르면 주상절리가 더욱 선명하게 보인다.

신라시대를 마음껏 누려보자
경주엑스포대공원

📍 경북 경주시 경감로 614   🕙 10:00~22:00
💰 어른 12,000원, 어린이 10,000원

보문단지 인근에 자리한 대규모 문화 콘텐츠 테마파크로 넓은 부지에 갖가지 체험과 전시, 공연 시설이 들어서 있다. 세계적인 건축가 유동룡이 디자인한 경주타워와 솔거미술관을 비롯해 미디어 아트, 자연사 박물관, 방탈출 게임 등 보고 즐길 거리가 무궁무진하다. 설화를 바탕으로 만든 3D 애니메이션과 역동적인 넌버벌 퍼포먼스도 펼쳐지며 아이들을 위한 놀이 공간과 쉼터도 조성되어 있다. 워낙 넓기 때문에 유아를 동반한 가족이라면 유모차는 필수다.

> **⊕ TIP**
> 주요 장소만 둘러보려면 경주엑스포기념관과 천마의 궁전, 화랑숲, 솔거미술관, 경주타워 순으로 관람하는 것을 추천한다. 약 2시간 걸린다. 조금 아쉽다면 인피니티 플라잉을 추가해보자.

온 산이 박물관이네
경주 남산

📍 경북 경주시 배동 산73-1(삼릉탐방지원센터)

남산은 경주를 여행하는 또 다른 방법이 된다. 마치 야외 박물관처럼 곳곳에 왕릉과 불상, 탑, 석등, 절터 등 수많은 유적지와 유물이 산재해 있으며 보존 가치가 높은 국보와 보물급 문화재도 많은 편이다. 이러한 가치를 인정받아 2000년에 세계문화유산으로 등록됐다. 남산은 구릉처럼 편안한 산세여서 누구나 어렵지 않게 다녀올 수 있다. 남산을 둘러보는 코스가 여러 개여서 관광안내소에 들러 가보고 싶은 장소를 중심으로 코스를 추천받는 것이 좋다.

> **⊕ TIP**
> 국보인 칠불암 마애불상군과 보물인 신선암 마애보살반가상은 남산 문화재 여행에 놓쳐선 안 될 포인트다. 가을에는 옥룡암 코스를 권한다. 단풍이 곱게 물든 계곡과 보물인 탑곡 마애불상군을 만날 수 있다.

호수 한 바퀴 돌면서 즐기기
경주 보문호

📍 경북 경주시 신평동

경주의 대표적인 관광지인 보문호 주변을 따라 자전거를 대여해 라이딩을 즐겨보자. 호숫가 주변으로 경주월드와 경주세계문화엑스포 공원 등 크고 작은 볼거리가 많고 호텔과 리조트, 분위기 좋은 근사한 카페와 식당도 찾을 수 있다.

보문호 둘러보기

현실과 상상의 경계
정글미디어파크
📍 경북 경주시 보문로 465-67　🕙 10:00~19:00
💰 어른 19,000원, 청소년 17,000원, 어린이 13,000원

정글 숲에 비행기가 불시착했다는 스토리텔링이 관심을 끈다. 신비로운 정글과 고대 문명, 심해의 세계가 미디어 아트로 펼쳐지며, 만화 같은 카페와 캠핑 존까지 사진 명소로 손색이 없다.

신라시대의 식물원
동궁원
📍 경북 경주시 보문로 74-14　🕙 09:30~19:00　❌ 월요일, 설날·추석 당일
💰 어른 5,000원, 청소년 4,000원, 어린이 3,000원

신라시대에 동궁과 월지에서 새와 동물을 키웠다는 이야기를 현대적 시각으로 재해석한 공간이다. 한옥 구조로 만든 식물원과 곤충 생태전시관을 비롯해 다양한 볼거리가 있다.

버드파크
버드파크
📍 경북 경주시 보문로 74-14　🕙 10:00~19:00　💰 어른 20,000원, 어린이 10,000원

동궁원 안에 있는 조류·동물원으로 새들과 교감하는 시간을 가질 수 있다. 식물이 우거진 자연환경에서 살아가는 새들과 파충류, 작은 동물을 만날 수 있으며 모이 주기 체험도 가능하다.

자동차 마니아의 천국
경주세계자동차박물관
📍 경북 경주시 보문로 132-22　🕙 10:00~18:30
💰 어른 9,900원, 청소년 8,000원, 어린이 6,600원

세계 최초의 자동차부터 클래식 카, F1 명차까지 자동차의 역사와 유래, 종류를 총망라해놓은 곳이다. 대통령이 사용한 의전차와 영화에 등장한 올드 카 등 볼거리가 많다.

온 가족 추억 소환
키덜트뮤지엄
📍 경북 경주시 보문로 132-16　🕙 10:00~18:30
💰 어른 9,000원, 청소년 8,500원, 어린이 8,000원

아이와 어른 모두 만족할 만한 전시가 가득하다. 건담과 스타워즈, 마블 시리즈 등 5만 여 점의 캐릭터 피겨가 전시되어 있으며 축음기, LP판 등 추억의 물건도 관람 포인트다.

포항

손바닥 위로 떠오르는 태양
호미곶 해맞이광장

📍 경북 포항시 남구 호미곶면 대보리 225-2

호미곶 해맞이광장에서는 해마다 신년이 되면 일출 축제가 펼쳐진다. 바다 위에 설치한 상생의 손 사이로 떠오르는 태양이 색다른 묘미다. 과메기 생산지인 구룡포와 멀지 않아 해맞이 후 식도락을 즐기기 좋다. 해맞이광장 끝에 있는 국립등대박물관도 둘러볼 만하다.

담력 테스트로 제격
스페이스 워크

📍 경북 포항시 북구 환호공원길 30 🕙 10:00~20:00
❌ 첫째 주 월요일

환호공원 내에 설치된 이색 체험물로 철강 기업인 포스코에서 만들어 기부했다. 마치 롤러코스터처럼 공중에 철제 계단을 이리저리 이어놓아 걸음을 옮길 때마다 오금이 저려온다. 바람이 불 땐 흔들림도 느껴져 더욱 아찔하다.

바다 건너 독도까지
이가리닻 전망대

📍 경북 포항시 북구 청하면 이가리 산67-3

이가리해수욕장에 세운 독특한 구조물로 닻을 형상화했다. 전망대에서 독도까지 직선거리가 약 251km로 독도 수호 염원을 담고 있다. 전망대 중앙에 설치된 등대 모양의 조형물과 조타 핸들이 포토 스폿이다. 전망대가 상당히 높아 전망이 좋은 편이다.

바다 위를 빙글빙글
포항 해상스카이워크

📍 경북 포항시 북구 해안로 518

길이 463m, 높이 7m에 이르는 스카이워크는 육지와 이어진 출입구가 세 곳이나 있으며 나선형의 복층 구조인 것이 특징이다. 어디서든 영일만 바다가 시원하게 안긴다. 아래층에 바닷물을 이용한 자연 해수 풀이 있다.

색다른 포항 여행
구룡포 일본인 가옥 거리

📍 경북 포항시 남구 구룡포읍 호미로 277

100여 년 전 일본인 어부가 대거 정착한 곳으로 당시 지었던 목조건물들이 남아 있다. 하시모토 겐기치의 집을 개조한 구룡포근대박물관과 드라마〈동백꽃 필 무렵〉촬영지인 까멜리아는 필수 코스. 골목을 따라 일본 가옥을 개조해 조성한 찻집과 카페, 식당이 늘어서 있다.

고래 고기 먹어봤나요?
포항 죽도시장 어시장

📍 경북 포항시 북구 죽도시장13길 13

전국 최대의 어시장 가운데 하나다. 없는 것 없는 곳이지만 어린아이 키만 한 거대한 문어를 내던지거나 특유의 향이 있는 고래 고기와 부산물을 내걸어둔 모습은 다른 지역에서는 보기 힘든 풍경이다. 겨울에는 포항 특산품인 과메기가 지천이며 대게 전문점도 많다.

울산

반구대 암각화 박물관
울산암각화박물관

📍 울산광역시 울주군 두동면 반구대안길 254
🕐 09:00~18:00 ❌ 월요일

신석기시대 사람들의 삶은 어떠했을까. 당시 모습을 유추할 수 있는 단서를 바위에서 찾아볼 수 있다. 대곡천 수직 절벽에는 국보로 지정된 약 300점의 그림이 새겨져 있는데, 호랑이와 고래, 새, 사람 등 비교적 형태가 뚜렷하게 남아 있어 오래전 사람들이 어떻게 살아왔는지 보여준다. 고배율 망원경을 이용하면 더욱 가깝게 볼 수 있다. 암각화를 관람하기 전에 박물관을 먼저 다녀오면 그림을 이해하기가 훨씬 더 쉬워진다. 발굴 작업에 얽힌 숨은 이야기도 들을 수 있다. 박물관에서 암각화가 있는 반구대까지 약 15분 걸린다.

> **+TIP**
> 암면에 햇빛이 비치면 그림이 더욱 또렷하게 나타나니 시간을 잘 맞춰보자. 4월부터 9월 중순 사이, 오후 4시경 암각화가 가장 잘 보인다고 한다.

고래가 궁금한 이들 모여라!
장생포고래박물관

- 울산광역시 남구 장생포고래로 244
- 09:30~18:00 월요일, 설날·추석 당일
- 어른 2,000원, 청소년 1,500원, 어린이 1,000원

국내에서 거의 유일한 고래 전문 박물관이다. 1996년 포경이 금지되면서 잊혀가는 국내 포경 역사와 유물을 전시해놓았다. 거대한 브라이드 고래 뼈와 귀신고래 실물 모형도 볼만하다.

해저 터널이 있는 아쿠아리움
고래생태체험관

- 울산광역시 남구 장생포고래로 244
- 09:30~18:00 월요일, 설날·추석 당일
- 어른 5,000원, 청소년 4,000원, 어린이 3,000원

장생포고래박물관 맞은편에 있다. 우리나라 최초의 돌고래 수족관이며, 바다 물고기 수족관이 전시되어 있다. 해저 터널을 유영하는 돌고래를 만날 수 있다.

야생 돌고래를 찾아서
장생포 고래바다여행선

- 울산광역시 남구 장생포고래로 244 투어마다 다름
- 월요일 7,000원~20,000원

울산 앞바다를 유영하며 돌고래를 찾아 나서는 유람선. 울기 등대나 간절곶을 한 바퀴 돌아오며 고래 탐사나 비어 크루즈 등 다양한 투어 프로그램을 운영한다.

사라진 고래의 흔적
장생포 고래문화마을

- 울산광역시 남구 장생포고래로 271-1 09:00~20:00
- 월요일 3,000원

장생포는 국내 포경 산업이 발달했던 때 번성했던 마을이다. 지금은 잊힌 마을이 되었지만 고래문화마을을 조성해 당시 한창일 때의 마을을 만날 수 있다. 고래 해체장과 고래 착유장, 선장과 포수가 살던 집 등 과거의 모습을 영화 세트장처럼 만들어놓았다. 해설사와 동행하면 재미난 옛이야기들이 술술 흘러나온다.

울산의 대표 명소
대왕암공원

📍 울산광역시 동구 일산동 산907

울산의 대표 명소인 대왕암 주변은 공원으로 꾸며져 있어 한나절 나들이 코스로 손색이 없다. 주차장에서 대왕암까지 여러 갈래의 길이 나 있는데, A코스를 이용하면 출렁다리를 지나게 된다. 소나무숲을 지나면 바로 출렁다리다. 도심지와 해안가에 늘어선 공장이 어우러진 색다른 풍경을 즐길 수 있다. 대왕암까지도 해안을 따라 기암괴석과 좁은 협곡 등 절경이 이어진다.

대왕암은 신라 문무왕이 용으로 승화해 동해 바다를 지킨다는 전설을 품고 있는데, 그만큼 위엄 있어 보인다. 육지와 바위섬 사이에 놓인 철교를 건너 대왕암을 한 바퀴 둘러본 뒤 되돌아오는 길에는 울기등대에 들러보자. 관리소 2층에 있는 4D 영상관은 아이들과 다녀오면 좋다. 시간 여유가 있다면 슬도까지 다녀오자. 고즈넉한 분위기를 느낄 수 있다.

억새 품에서 잠들다
울산 간월재 억새평원

📍 울산광역시 울주군 상북면 알프스온천5길 103-8

울산 인근에서 소문난 억새 명소다. 간월산과 신불산, 영축산에 이어진 30km에 이르는 하늘억새길이 하이라이트다. 탐방로가 정비되어 있어 걷기 편하며 은빛 물결이 내내 이어진다. 영남알프스 복합웰컴센터에서 출발해 억새평원까지 약 2시간 걸린다.

사계절 푸른 강변
태화강 국가정원

📍 울산광역시 중구 태화강국가정원길 154

태화강을 따라 조성된 대나무숲이 약 4km에 걸쳐 이어져 있다. 여름에도 선선한 바람을 즐기며 숲캉스에 나서기 좋다. 대나무 외에도 수많은 테마 정원을 꾸며놓아 볼거리가 많다.

> **+TIP**
> 정원이 무척 넓기 때문에 안내판을 살펴보며 관람 동선을 먼저 짜자.

일본 대마도까지 훤하게
울산대교 전망대

📍 울산광역시 동구 봉수로 155-1　🕘 09:00~21:00
❌ 둘째·넷째 주 월요일, 설날·추석 당일

울산에서 가장 전망 좋은 장소다. 울산대교와 도심은 물론 푸른 바다까지 350도 파노라마 전망을 보여준다. 하늘이 맑고 쾌청한 날엔 일본 대마도까지 내다보인다.

보트 타고 동굴 탐험
자수정 동굴나라

📍 울산광역시 울주군 상북면 자수정로 212　🕘 09:15~17:00
💰 어른 8,000원, 어린이 7,000원(보트 탑승 시 추가 요금)

6,500만 년 전 형성된 자수정 동굴을 탐험하는 흥미로운 여행지다. 동굴 안을 걸어서 다닐 수도 있지만 물이 흐르는 수로를 따라 보트를 타고 관람하는 체험을 적극 추천한다.

외고산 옹기마을
외고산 옹기마을

📍 울산광역시 울주군 온양읍 외고산3길 36　🕘 09:00~18:00
❌ 월요일, 공휴일, 1월 1일, 설날·추석 당일

옹기의 역사와 생활 문화, 세계의 옹기를 비롯해 기네스에 등재된 거대한 옹기를 전시한다. 흙놀이와 도예 체험도 참여해보자. 직접 만든 옹기 잔을 뽐낼 수 있다.

네 소원을 말해봐
울주 간절곶

📍 울산광역시 울주군 서생면 대송리 28-1

국내 대표적인 해맞이 장소이며 내륙에서는 가장 먼저 일출을 보는 곳으로 알려져 있다. 해안가 언덕에 등대와 풍차, 거대한 소망 우체통이 있으며 모녀상과 정크 아트 등 주변에 볼거리가 많다.

┤ ➕TIP ├
엽서를 쓴 뒤 소망 우체통에 넣으면 주소에 적힌 곳으로 배달해준다.

대구·군위·청도·성주

대구를 중심으로 근교 도시인 군위와 청도, 성주를 가볍게 여행하기 좋다.
대구에서 각각 북쪽, 남쪽, 서쪽에 위치해 한 지역을 묶어 1박 2일 코스로 짜면 편하다.
대구에서는 근대문화골목과 서문시장 야시장이 필수 코스다.
군위에서는 화본역과 리틀 포레스트 촬영장에서 아날로그 감성의 여행을 즐길 수 있다.
독특한 경험을 하고 싶다면 청도 와인 터널과 소싸움 경기장을,
자연 속 힐링과 여유로움이 필요하다면 성주 가야산 야생화 식물원과 한개마을을 추천한다.

추천 계절 스폿

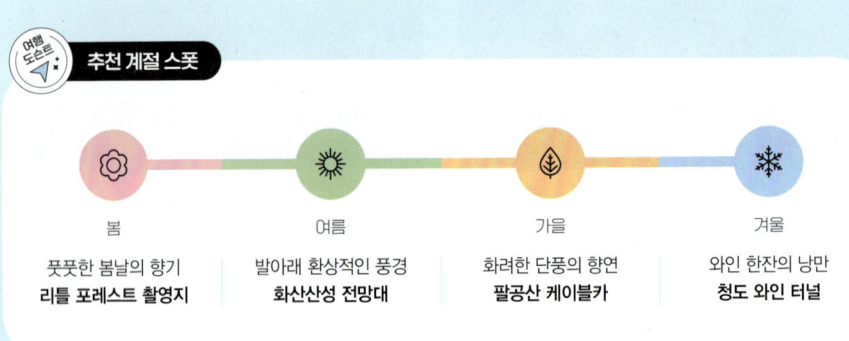

봄 — 풋풋한 봄날의 향기
리틀 포레스트 촬영지

여름 — 발아래 환상적인 풍경
화산산성 전망대

가을 — 화려한 단풍의 향연
팔공산 케이블카

겨울 — 와인 한잔의 낭만
청도 와인 터널

버킷 리스트

〈리틀 포레스트〉 촬영지에서 인증 사진 찍어보기

대구 근대문화골목 하루 만에 완주하기

서문시장 야시장에서 먹방 투어하기

추천 코스

대구와 근교 여행지 핵심 스폿
당일치기 코스

대구

①
근대문화골목
시간을 거슬러 가는 여행

②
김광석 다시그리기길
음악과 벽화 거리

③
서문시장 야시장
대구의 밤을 맛보다.

군위

①
리틀 포레스트 촬영지
영화 속 시골 생활

②
화본역
추억의 간이역

③
화산산성 전망대
고산의 절경을 한눈에

청도

①
청도 와인 터널
감와인의 특별한 맛

②
청도소싸움경기장 & 미디어 체험관
전통과 현대의 조우

③
새마을운동발상지 기념공원
근면, 협동, 자주를 외치다.

④
청도 레일바이크
푸르름 속을 달리자.

대구

타임머신 없이 떠나는 시간 여행
근대문화골목

'근대로의 여행'은 대구를 대표하는 골목 투어다. 총 5개 코스 중 1코스 경상감영달성길과 2코스 근대문화골목이 가장 인기가 많다. 각 2~3시간 정도 소요되며 1코스와 2코스의 핵심 스폿만 묶어 하루 나절 다녀와도 좋다. 토요일에는 코스마다 해설 프로그램을 진행하며 '대구 중구 골목투어 앱'을 이용하면 셀프 투어도 가능하다.

+ TIP

근대문화골목 추천 코스
청라언덕 ▶ 계산성당 ▶ 이상화·서상돈 고택 ▶ 계산예가 ▶ 대구약령시 한의약박물관 ▶ 미도다방

ZOOM IN 근대문화골목 둘러보기

선교사의 집
청라언덕
📍 대구광역시 중구 달구벌대로 2029

2코스 근대문화골목 출발점이다. 당시에 서양식으로 건축된 선교사 사택을 둘러볼 수 있다.

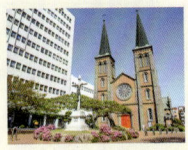

성스러운 종이 울리는
계산성당
📍 대구광역시 중구 서성로 10

100년이 훌쩍 넘는 유서 깊은 성당. 고딕 양식으로 건립되어 고풍스러운 분위기가 흐른다.

일본에 맞선 펜의 힘
이상화 고택
📍 대구광역시 중구 계산동2가

'빼앗긴 들에도 봄은 오는가'를 지은 항일 시인 이상화 선생이 거주했던 공간. 생전에 생활했던 모습이 고스란히 남아 있다.

독립을 위한 한 걸음
서상돈 고택
📍 대구광역시 중구 서성로 6-1

이상화 고택 맞은편에 국채보상운동을 이끈 서상돈 선생의 고택이 있다. 집 안팎에서 독립운동가의 숨결을 느낄 수 있다.

한복 입고 골목 나들이
계산예가
📍 대구광역시 중구 서성로 6-1

근대 문화에 관한 자료를 전시하며 궁중 의상부터 선비복, 도령복 등을 갖춘 한복체험관도 자리한다.

약초 내음이 솔솔
대구약령시한의약박물관
📍 대구광역시 중구 달구벌대로415길 49 🕘 09:00~18:00
❌ 월요일, 1월 1일, 설날·추석 당일 💰 입장료 무료, 체험비 3,000~5,000원

대구 약령시의 역사와 각종 약초에 대한 정보가 망라되어 있다. 한방 족욕 체험, 비누와 향첩 만들기 등 약초를 활용한 프로그램도 운영한다.

달걀노른자 띄운 쌍화차
미도다방
📍 대구광역시 중구 진골목길 14 🕘 09:30~22:00

진골목에 있는 80년 역사를 지닌 다방으로 지금도 직접 우린 쌍화차와 약차를 내놓는다. 예스러운 인테리어가 레트로 분위기를 물씬 풍긴다.

대구의 옛 시절을 엿보는
대구향촌문화관
📍 대구광역시 중구 중앙대로 449 🕘 09:00~19:00 ❌ 월요일, 1월 1일
💰 어른 1,000원, 청소년 500원

1950~1960년대 대구의 모습을 재현해놓은 공간. 대구역과 교동시장, 음악 감상실 등이 고스란히 담겨 있다.

대구의 근현대사가 오롯이
대구근대역사관
📍 대구광역시 중구 경상감영길 67 🕘 09:00~19:00
❌ 월요일, 1월 1일, 설날·추석 당일

1932년 조선식산은행 대구 지점으로 건립된 건물로 르네상스 양식으로 이루어졌다. 근대문화유산으로 지정되었으며, 내부에서는 대구의 근대기를 소개한다.

그리운 이름, 김광석
김광석 다시그리기길

📍 대구광역시 중구 대봉동 6-11

방천시장 인근에 조성된 벽화 골목으로 추억 어린 그림과 노래가 향수를 자극한다. 거리 한쪽에는 벽화가 이어지며 맞은편에는 카페와 식당, 소품점 등 상점들이 줄지어 있다.

> **TIP**
> 거리 끝에 김광석 스토리 하우스도 꼭 가보길 추천한다. 김광석의 생애와 작품을 만날 수 있다.

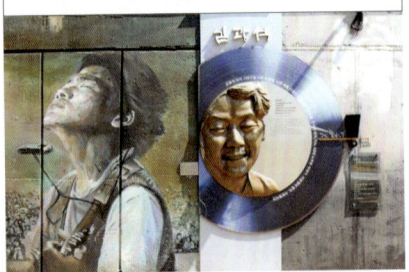

대구가 내 품안에
앞산 케이블카

📍 대구광역시 남구 앞산순환로 574-114 🕐 10:30~19:30
₩ 어른 12,000원, 어린이 8,000원

케이블카를 타고 올라가면 앞산 전망대까지 금세 닿는다. 시내가 훤히 보이는 전망이 으뜸이며 해돋이와 야경도 유명하다.

> **TIP**
> 오후 6시 이전엔 앞산공원 공영 주차장을 이용해야 한다.

빌딩 숲이 펼쳐진 도심 뷰
대구 83타워

📍 대구광역시 달서구 두류공원로 200
🕐 11:00~21:00 ₩ 어른 15,000원, 어린이 12,000원

대구 시내가 360도 파노라마 뷰로 펼쳐지는 곳이다. 전망대는 77층에 위치하며, 한쪽은 카페로 꾸몄다. 아래층은 뮤지컬 뮤지엄으로 BTS가 입었던 무대복 등이 전시되어 있다.

도시를 누리는 짜릿한 공간
스파크랜드

📍 대구광역시 중구 동성로6길 61 🕐 12:00~22:00
₩ 올데이 패스 39,000원

도심 한복판에 만든 테마파크로 건물 내에 VR 체험관과 롤러스케이트, 클라이밍 같은 놀이 시설과 식당, 의류 잡화점이 들어서 있으며 특히 건물 옥상에 설치된 대관람차가 랜드마크다.

팔공산 절경이 눈앞에
팔공산 케이블카

📍 대구광역시 동구 팔공산로185길 51 🕐 09:30~18:50
💰 어른 13,000원, 어린이 7,000원

팔공산의 절경을 케이블카를 타고 만나러 가보자. 무려 820m 높이인 신림봉에 상부 역사가 있다. 전망대에 서면 대구 시가지와 팔공산 전경이 발아래로 펼쳐진다. 역사 내에는 카페와 식당이 있어 식사를 하거나 커피를 마시며 쉬어 갈 수 있고 야외로 나서면 사랑의 터널과 소원의 언덕, 냉골산림욕 등 즐길 거리가 많다. 연인이라면 작은 이벤트로 사랑의 자물쇠를 걸어보는 것도 좋을 것이다.

> **+TIP**
> 차로 3분 남짓한 거리에 동화사가 있다. 1,500년 넘는 역사를 자랑하는 대구에서 가장 큰 사찰로 세운 높이 33m에 이르는 통일약사여래대불이 유명하다. 케이블카 관람을 마친 뒤 내려오면서 함께 둘러보기를 추천하다.

고분 사이로 피어난 꽃
불로동 고분군

📍 대구광역시 동구 불로동 산1-16

삼국시대에 형성된 것으로 추정되는 대규모 고분군으로 높이가 약 6m에 달하는 대형 고분도 있다. 능선을 따라 올록볼록 솟은 고분군 사이로 봄이나 가을에는 꽃이 만발해 경치가 좋다. 고분군을 한 바퀴 둘러보는 데 약 1시간 ~1시간 30분 소요된다.

꽃밭 속 동물원
네이처파크

📍 대구광역시 달성군 가창면 가창로 891 🕐 09:00~18:00
💰 어른 20,000원, 어린이 18,000원

꽃과 정원, 동물이 어우러진 신개념 동물원이다. 실내외 동물원과 곳곳에 사진 찍기 좋은 포토 존이 많아 가족이나 커플 데이트 코스로 많이 이용한다.

향수를 부르는 그림
마비정 벽화마을
📍 대구광역시 달성군 화원읍 마비정길 259

1960~1970년대 농촌 풍경을 표현한 벽화로 꾸민 정감 있는 마을이다. 담벼락에 붙인 지게와 장작 더미 등 어릴 적 향수를 부르는 풍경이 시선을 끈다. 벽화 외에도 느티나무 두 그루가 하나가 된 연리목과 남근 갓바위, 물레방아, 소원지 적기 등 즐길 거리가 많다.

문익점의 후손들이 일군 마을
남평문씨본리세거지
📍 대구광역시 달성군 화원읍 인흥3길 16

고려시대에 처음 목화씨를 들여온 문익점의 후손인 남평 문씨가 집성촌을 이룬 곳이다. 산자락 아래 한옥이 옹기종기 모여 있으며 연못 등 쉼터 공간도 잘 가꿔져 있다. 마을 길을 산책하며 광거당과 수봉정사, 문중 서고인 인수문고 등을 엿볼 수 있다.

은행나무 고목이 아름다운
도동서원
📍 대구광역시 달성군 구지면 도동서원로 1

1607년 사액되었으며 흥선대원군의 서원 철폐령에서 제외된 덕분에 조선 중기 건축의 특징이 잘 드러나 있다. 중정당과 사당, 토담인 담장이 보물로 지정되었으며, 세계문화유산에도 이름을 올렸다. 서원 앞에 식재된 아름드리 은행나무 고목과 어우러진 정경이 무척 아름답다.

전국~ 노래 자랑!
송해공원
📍 대구광역시 달성군 옥포읍 기세리 306

오랫동안 〈전국노래자랑〉 프로그램에서 사회를 맡았던 고(故) 송해 선생을 기념해 만든 공원이다. 넓은 연못과 둘레길, 덱 로드, 출렁다리, 백세교와 정자 등 둘러볼 곳이 많아 2~3시간은 소요된다.

> **TIP**
> 송해기념관을 먼저 관람한 후 공원을 둘러보면 더욱 알찬 시간이 된다.

떡볶이 마니아의 성지
신전뮤지엄

📍 대구광역시 북구 관음로 43 🕙 10:00~17:30 ❌ 월·화요일 💰 어른 10,000원, 청소년 8,000원, 어린이 7,000원

대구가 본점인 신전떡볶이에서 만든 이색 박물관으로 직접 시식을 하거나 밀키트 제조 과정에도 참여할 수 있다. 다양한 볼거리와 체험 프로그램이 많아 시간이 금방 간다.

과학에 대한 모든 것
국립대구과학관

📍 대구광역시 달성군 유가읍 테크노대로6길 20 🕙 09:30~17:30 ❌ 월요일, 1월 1일, 설날·추석 당일 💰 어른 3,000원, 어린이 2,000원

공룡의 시대부터 시작해 지진, 태풍 같은 자연 재해, 춤추는 로봇 같은 최첨단 기술까지 과학에 대한 스펙트럼을 넓힐 수 있다.

┤ ⊕ TIP ├
체험 시설이 많으니 관람 전 미리 일정을 확인해보자.

호랑이 보러 가볼까?
달성공원

📍 대구광역시 중구 달성공원로 35

고종시대에 처음 조성된 대구에서 가장 오래된 공원이다. 옛 토성과 관풍루가 자리하며 잔디 광장과 쉼터, 동물원, 향토 역사관 등 즐길 거리가 많다. 특히 사슴과 타조, 사자, 호랑이 등 쉽게 볼 수 없는 동물이 많아 가족 나들이객이 주로 찾는다.

맛있는 대구의 밤
서문시장 야시장

📍 대구광역시 중구 큰장로26길 45 🕙 19:00~22:30

매일 밤 수많은 점포가 환히 불을 밝히며 맛있는 냄새를 피워낸다. 큐브 스테이브, 직화 곱창 구이 등 기발한 음식 앞에선 줄 서기도 마다하지 않는다. 길거리 공연이 더욱 흥을 돋운다.

대구가 원조인 먹거리 & 주전부리

찜갈비

뭉티기

막창·곱창

| 추천스폿 ① 봉산찜갈비

📍 대구광역시 중구 동덕로36길 9-18

대구의 매운맛을 보고 싶다면 동인동 찜갈비골목으로 가보자. 고춧가루와 다진 마늘을 듬뿍 넣어 마라탕만큼이나 맵고 달짝지근한 맛이 특징이다. 양푼에 담아 내주는 것도 특이하다.

| 추천스폿 ② 충북곱창막창

📍 대구광역시 남구 대명로36길 66-2

안지랑 곱창골목은 대구식 양념 곱창을 맛보는 곳이다. 싸고 푸짐한 데다 초벌된 곱창을 바가지에 퍼준다. 충북곱창막창이 원조집 간판을 걸고 있는데, 맛은 어디나 대동소이하다.

| 추천스폿 ③ 왕거미식당

📍 대구광역시 중구 국채보상로 696-8

대구 향토 음식으로 한우 생고기를 뭉텅뭉텅 썰어 참기름과 다진 마늘, 고춧가루를 섞은 양념장에 곁들여 먹는다. 당일 도축한 신선한 생고기만 쓰기 때문에 주말에는 문을 열지 않는 곳이 많다.

| 추천 스폿 ④ 미성당 납작만두

📍 대구광역시 중구 명덕로 93

대구에서 납작만두는 꼭 한번 먹어봐야 할 음식이다. 파와 부추, 당면을 넣은 만두 위에 파와 간장, 고춧가루를 뿌려 먹는 것이 이색적이다. 여기에 쫄면을 곁들이면 풍미가 더해진다.

| 추천 스폿 ⑤ 삼송빵집

📍 대구광역시 중구 중앙대로 397

마약빵으로 유명한 삼송빵집의 베스트 메뉴. 특제 소스와 옥수수 알갱이가 버무려진 맛이 중독성 있다. 1957년부터 3대를 이어온 빵집으로 전국에 체인점이 많지만 대구가 본점이다.

| 추천 스폿 ⑥ 대구근대골목단팥빵

📍 대구광역시 중구 남성로 7-1

대구가 원조인 빵집. 30년 전통의 장인들이 직접 끓여 만든 팥소에 방부제를 넣지 않은 건강한 재료로 만들었다. 녹차와 딸기, 생크림을 넣은 단팥빵 세트는 선물용으로 구입하기 좋다.

군위

단군 신화 속으로
삼국유사 테마파크

📍 대구광역시 군위군 의흥면 일연테마로 100
🕐 10:00~18:00 ❌ 월요일, 1월 1일
💰 어른 9,000원, 청소년·어린이 8,000원

한국의 대표적인 역사서인《삼국유사》를 주제로 만든 테마파크다. 넓은 부지에《삼국유사》를 형상화한 다양한 전시와 시설물이 들어서 있으며 여러 가지 교육 체험 프로그램을 진행한다. 가온누리관은《삼국유사》를 토대로 만든 영상을 시청하고 설화 속 주인공들을 만나는 공간이다. 웅녀동굴에서는 단군 신화를 배경으로 한 VR 포토 존에서 사진을 찍을 수 있다. 해룡 슬라이드나 전통 놀이, 국궁 체험 등 가족이 다 함께 즐길 수 있는 것도 많다. 여름철에는 해룡 물놀이장이 가장 인기이며 겨울에는 눈썰매장을 운영한다. 테마파크가 넓기 때문에 해룡열차를 타고 이동하는 것을 추천한다. 테마파크 내에서 숙박할 수도 있다.

동화 같은 간이역
화본역

📍 대구광역시 군위군 산성면 산성가음로 711-9

아담한 역사와 급수탑 등 예전 모습을 고스란히 간직한 화본역은 열차 마니아들이 인정하는 아름다운 간이역이다. 드문드문 다니긴 하지만 여전히 열차를 운행한다.

➕ TIP
역사 내부 관람은 가능하지만 선로 밖으로 나가 급수탑을 관람하려면 입장료 1,000원을 내야 한다.

감탄을 부르는 풍경
화산산성 전망대

📍 대구광역시 군위군 삼국유사면 화북리 산230

조선 숙종 때 축성한 화산산성을 품은 화산마을은 고랭지 채소를 재배하며 살아가는 고산 마을이다. 해발 800m 산 정상에 일군 마을에서 내려다보는 풍경은 어디든 그림이 아닌 곳이 없다. 언덕에 서 있는 귀여운 풍차와 액자틀 포토 존에서 사진 찍는 것도 잊지 말아야 한다.

오롯하게 나를 마주하는 공간
사유원

- 대구광역시 군위군 부계면 치산효령로 1150
- 09:00~17:00 휴 월요일, 설날·추석 당일
- 어른 50,000원, 학생 45,000원

유명 건축가와 조경사가 만든 특별한 수목원에서 나를 마주하는 시간을 가질 수 있다. 전체 관람 시 약 3~4시간 소요되며 목련길, 백일홍길 등 4개 코스가 있다.

과거의 시간 속으로
한밤마을 돌담길
- 대구광역시 군위군 부계면 한밤5길 20-5

무려 1,000년의 역사를 품은 유서 깊은 마을로 부림 홍씨가 입향조. 옛 돌담길과 고택이 고스란히 남아 있어 오래된 시간 속을 걷는 듯한 느낌을 준다. 돌담을 휘감아 자란 넝쿨과 꽃나무가 마을 산책 길을 더욱 운치 있게 만든다.

영화 속 감성 그대로
리틀 포레스트 촬영지
- 대구광역시 군위군 우보면 미성5길 58-1

영화 〈리틀 포레스트〉의 주 촬영지였던 곳. 도시를 떠나 고향집을 찾은 김태리가 소박하게 꾸려가는 시골의 삶을 잔잔하게 풀어낸 장소다. 촬영지였던 옛집을 스크린에 비친 모습 그대로 살려 영화 속 감성을 온전히 느낄 수 있다.

그때 그 시절
엄마 아빠 어렸을 적에
- 대구광역시 군위군 산성면 산성가음로 722 09:00~18:00 중학생~어른 3,000원, 어린이~초등학생 2,500원

폐교된 산성중학교를 1960~1970년대 생활상을 체험하는 테마 박물관으로 만들었다. 연탄 가게, 이발소, 구멍가게 등 지금은 보기 힘든 옛 풍경을 재현해 놓았다.

청도

푸르름 속으로 달려
청도 레일바이크

📍 경북 청도군 청도읍 신도리 919-2 🕘 09:00~17:00
💰 25,000원~33,000원

왕복 5km에 이르는 철로를 달리는 동안 푸른 산과 들판이 이어져 상쾌한 기분을 느낄 수 있다. 인근에 자전거 공원과 캠핑장이 있어 가족 나들이에 적당하며 이색 자전거와 미니 기차도 탈 만하다.

감 와인, 맛보셨나요?
청도 와인 터널

📍 경북 청도군 화양읍 송금길 100 🕘 09:30~18:00
💰 3,000원

1898년에 개통된 남성현 터널을 와인 테마 공간으로 만들었다. 깊은 터널 안은 늘 13~15℃를 유지해 와인을 보관하기에 최적이다. 특히 청도 특산품인 감으로 만든 와인을 맛볼 수 있다.

스트레스 날리는 짜릿함
군파크 루지

📍 경북 청도군 화양읍 남성현로 350-30 🕘 10:00~18:00
💰 17,000원~33,000원

트랙 길이만 1.88km에 달하는 데다 울창한 숲 사이로 만든 다양한 코스를 질주하며 짜릿한 경험을 즐길 수 있다. 리프트를 타고 올라갈 때도 녹음이 우거진 자연경관을 만끽할 수 있다.

전통 소싸움을 체험하다
청도소싸움경기장 & 미디어 체험관

📍 경북 청도군 화양읍 남성현로 348 🕘 09:30~17:30
❌ 월요일 💰 어른 3,000원, 청소년·어린이 2,000원

전통적인 소싸움을 직관하거나 미디어 아트로 간접 체험할 수 있다. 경기장 옆에 미디어 체험관이 있으며 소싸움의 역사를 미디어 아트로 풀어냈다.

새 아침이 밝았네
새마을운동발상지기념공원

📍 경북 청도군 청도읍 새마을1길 34 🕐 09:30~18:00
❌ 월요일, 설날·추석 당일

1970년대 청도 신도마을을 토대로 한 새마을운동 탄생 배경과 발전 과정, 성과 등을 스토리텔링한 테마 공간이다. 대통령 전용 열차와 신거역, 기념관 등 볼거리가 다양하다.

화랑 정신을 마음에 담고
청도 신화랑 풍류마을

📍 경북 청도군 운문면 신화랑길 1 🕐 09:00~18:00
❌ 월요일, 1월 1일, 설날·추석 당일
💰 어른 2,000원, 청소년·어린이 1,500원

신라 화랑 정신을 테마로 힐링과 치유를 위한 프로그램을 운영한다. 화랑 VR 체험과 명상, 국궁을 비롯해 호연지기를 기르는 스카이트레일 등 즐길 거리가 많다.

벌개미취가 피는 그 계절
가야산야생화식물원

📍 경북 성주군 수륜면 가야산식물원길 49 🕐 10:00~17:00
❌ 월요일, 1월 1일, 설날·추석 당일

가야산에서 자라는 야생화들을 전시와 온실, 야외 정원에서 보고 즐길 수 있다. 가을 무렵엔 벌개미취 군락이 만든 환상적인 꽃길을 걸을 수 있다. 가야산역사신화테마관이 바로 옆에 위치한다.

옛 담장을 따라 과거로 가볼까
한개마을

📍 경북 성주군 월항면 한개2길

성주에서는 한적한 전통 마을을 산책해보자. 18~19세기에 건립된 10여 동의 한옥 사이를 여유롭게 둘러볼 수 있다. 옛 골목과 담장을 따라 걷다 보면 과거로 회귀한 기분도 든다. 영조 시기에 지은 한주종택과 대나무숲은 꼭 둘러봐야 한다.

문경·안동·영주

문경과 안동, 영주는 한국의 전통문화와 자연이 어우러진 편안한 여행지다.
문경새재에서 아름다운 자연경관과 역사의 숨결을 느낄 수 있으며,
안동에는 하회마을과 도산서원, 봉정사 등 세계적인 가치를 인정받은
역사 문화적 장소가 많다. 영주 부석사와 소수서원도 빼놓을 수 없는 여행지다.
각 도시의 추천 코스를 연결하면 3개 도시를 알차게 둘러볼 수 있다.

추천 계절 스폿

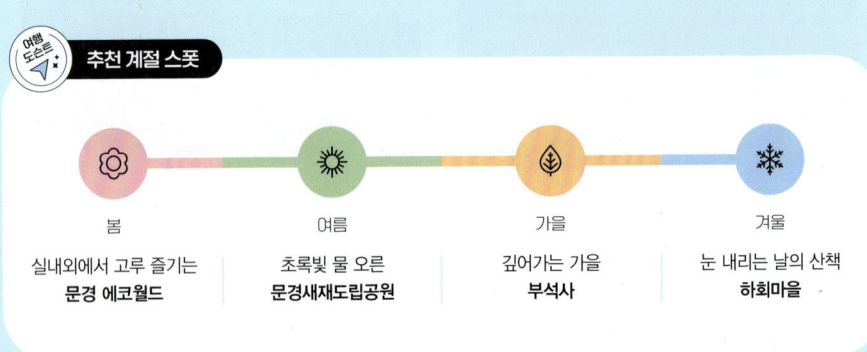

봄
실내외에서 고루 즐기는
문경 에코월드

여름
초록빛 물 오른
문경새재도립공원

가을
깊어가는 가을
부석사

겨울
눈 내리는 날의 산책
하회마을

버킷 리스트

문경 짚라인 9개 코스
완주하기

무섬마을
외나무다리 건너기

독립운동가의 산실
임청각에서 하룻밤 보내기

따로, 또 같이 떠나는 여행
당일치기 코스

문경

① 문경새재도립공원
자연과 역사의 조화

② 문경 철로자전거
옛 철길을 달리다.

③ 카페 가은역
레트로 감성 간이역 카페

안동

① 하회마을
유네스코
세계문화유산에 빛나는

**② 안동소주
전통음식박물관**
명주의 향을 맛보다.

③ 임청각
독립운동가의 숨결

④ 월영교
빛나는 안동의 밤

영주

① 선비촌
선비의 삶을 체험하다.

② 소수서원
조선 최초의 사액서원

③ 부석사
유구한 역사를 품은 고찰

문경

아름다운 대자연 속 나들이
문경새재도립공원

📍 경북 문경시 문경읍 새재로 932

한강과 낙동강 유역을 잇는 고갯길인 문경새재는 자연경관이 빼어난 데다 유서 깊은 유적과 설화, 민요가 전해오는 곳이다. 1981년 도립공원으로 지정되었으며, 옛길을 따라가는 탐방로가 잘 정비되어 있다. 도립공원 내에 생태미로공원과 오픈 세트장 등 볼거리가 풍부하다.

 문경새재도립공원 둘러보기

생태와 미로의 만남
생태미로공원
📍 경북 문경시 문경읍 하초리 245　⏰ 09:00~18:00　❌ 1월 1일, 설날·추석 당일　💰 무료입장

생태 습지와 연못이 조성된 공원 안에 도자기와 돌, 하트 조형물, 수목으로 만든 네 가지 미로가 있다. 아이들이 뛰어놀기 좋은 유아체험숲과 원앙과 금계, 공작비둘기가 사는 조류 방사장도 있다.

봇짐 안에 뭐가 있을까
옛길박물관
📍 경북 문경시 문경읍 상초리 243-2　⏰ 09:00~18:00　💰 무료입장

옛 사람들은 여행할 때 무엇을 가지고 다녔을까. 이러한 질문에 답을 찾는 곳이다. 괴나리봇짐에 넣고 다녔던 작은 유물과 각종 여행기, 풍속화 등을 만날 수 있다.

조선시대로 회귀
문경새재 오픈세트장
📍 경북 문경시 문경읍 상초리 84-2　⏰ 09:00~18:00
💰 어른 2,000원, 청소년 1,000원, 어린이 500원

원래 고려시대가 배경인 사극 드라마를 촬영하기 위해 만들었으나 2008년 기존 세트장을 허물고 조선시대 모습으로 새로 건립했다. 약 70,000㎡ 부지에 광화문과 경복궁, 동궁, 양반집을 비롯해 기존 기와집과 초가집을 합쳐 약 130동의 건물이 서 있다.

숲을 탐험하는 새로운 도전
문경새재 어드벤처 파크
📍 경북 문경시 문경읍 새재1길 45　⏰ 09:00~18:00(12:30~13:30 휴게 시간)　❌ 월요일, 1월 1일, 설날·추석 당일　💰 어른 10,000원, 청소년 8,000원, 어린이 6,000원(통합 이용권 기준)

문경새재 초입에 있는 액티비티 체험장으로 숲 위를 걷는 여러 코스를 지나면 마지막으로 짚라인을 타고 내려온다. 문경의 자연을 즐기며 모험하는 색다른 시간이 된다.

생태와 문화가 결합된 테마파크
문경 에코월드

📍 경북 문경시 가은읍 왕능길 114 🕘 09:00~18:00
💰 어른 10,000원, 청소년·어린이 9,000원

백두대간 생태자원을 토대로 한 생태와 미래적 가치를 지닌 문화 콘텐츠를 결합한 에코월드는 친환경 녹색 문화 도시에 발맞춘 신개념 테마파크. 최근 새로 단장한 문경 석탄박물관과 가은오픈세트장이 한 공간에 자리해 다 함께 묶어 한나절 코스로 구성하면 주말 나들이가 풍성해진다.

 문경 에코월드 둘러보기

최첨단 환경 교육장
에코타운
백두대간 생태 자원과 환경의 소중함을 배우는 체험형 전시 공간 에코서클과 특수 촬영, 영상 제작을 체험하는 에코 스튜디오, 트릭 아트, VR 콘텐츠 등을 갖춘 에코 플라자, 에코 팜 등으로 구성되어 있다. 웅장한 음악과 원형 스크린에 펼쳐지는 멀티미디어 쇼 '포레스트 판타지아'가 깊은 감동을 준다.

상상의 숲으로 출발!
자이언트 포레스트
에코타운 야외에 조성된 스토리텔링형 놀이 공간. 에코월드에 사는 거인의 숲을 탐험하는 테마로 거대한 책 조형물이나 거미집을 오가며 상상의 나래를 펼칠 수 있다.

지나간 시절, 탄광 탐험
문경 석탄박물관
과거 은성광업소가 있던 자리에 박물관이 건립되어 있다. 국내 석탄 산업의 역사를 일목요연하게 보여주며, 실제 석탄을 캤던 탄광 일부도 개방한다. 광부들이 살던 사택촌도 옛 모습 그대로 꾸며놓았다.

폐석산에 만든 촬영장
가은오픈세트장
탄광에서 나온 석탄 폐기물을 쌓아놓았던 폐석산에 나무를 심어 동산으로 만들었는데 넓은 대지를 활용해 촬영 세트장을 세웠다. 높은 곳에 위치해 경치가 남다르며, 궁궐 같은 건축물이 많다. 드라마 <연개소문>을 비롯해 <자명고>, 영화 <안시성> 등 수많은 영상물이 이곳에서 제작되었다.

과거와 현재가 겹치는 곳
고모산성

📍 경북 문경시 마성면 신현리

삼국시대에 축성된 고모산성은 문경에 남아 있는 가장 오래되고 큰 산성이다. 진남교반을 사이에 둔 천연 요새로 대부분 허물어졌지만 동쪽에 일부 성벽이 남아 있다. 옛 분위기가 고스란히 배어 나오며 드라마 〈킹덤〉 시즌 2와 〈나의 나라〉 등의 촬영지다.

석탄 터널에 꾸민 오미자 테마 공간
문경오미자테마터널

📍 경북 문경시 마성면 문경대로 1356-1 🕘 09:30~18:00
❌ 월요일 💰 어른 3,500원, 청소년 2,500원, 어린이 2,000원

문경의 특산품인 오미자를 테마로 만든 문화 공간이다. 과거 석탄을 실어 나르던 문경선 석현터널을 재활용했으며, 내부는 벽화와 갤러리, 전시 판매장 등으로 구성되어 있다.

기차 대신 자전거로 달린다
문경 철로자전거

📍 경북 문경시 마성면 진남1길 155 🕘 09:00~17:00
❌ 화요일 💰 2인승 15,000원, 4인승 25,000원

석탄을 싣고 달리던 철로 위를 자전거를 타고 달려보자. 진남역과 구랑리역, 구랑리역과 먹뱅이 구간 2개 코스가 있으며, 왕복 1시간가량 소요된다. 가족 나들이 코스로 추천한다.

가슴 뻥 뚫리는 풍경
문경 단산 모노레일

📍 경북 문경시 문경읍 활공장길 106
※ 2025년 8월 8일까지 휴무

노약자도 모노레일을 타고 편하게 단산에 올라 탁 트인 경치를 감상할 수 있다. 왕복 3.6km 거리지만 40도가 넘는 급경사를 올라가기 때문에 속도가 무척 느리다. 왕복 1시간 정도 소요된다.

아홉 번의 짜릿함
짚라인 코리아 문경

📍 경북 문경시 불정길 174　🕘 09:00~18:00　💰 59,000원

불정자연휴양림에서 짜릿함을 즐기는 짚라인에 도전해보자. 능선과 계곡을 넘나드는 9개의 다이내믹한 코스가 마련되어 있으며 하루 전 예약해야 한다.

서민들의 도자기 역사
문경도자기박물관

📍 경북 문경시 문경읍 문경대로 2416　🕘 09:00~18:00
❌ 월요일 1월 1일, 설날·추석 당일

문경의 도자기는 순박하고 자연스러운 색과 모양이 특징이다. 예로부터 사발과 대접, 종지, 제기 등 서민들이 일상에서 쓰는 도자기를 많이 생산했으며 전시 유물을 통해 이러한 역사를 쉽게 이해할 수 있다.

TIP 도자기 성형 과정을 체험하는 코너는 사전에 예약해야 한다.

예쁜 간이역 카페
카페 가은역

📍 경북 문경시 대야로 2441　🕘 11:00~17:00

기차가 서지 않는 작은 간이역. 아담한 역사는 등록문화재로 지정되었으며, 옛 정취를 그대로 살려 예쁜 카페로 운영한다. 외관 못지않게 내부도 깔끔하고 정감 있는 분위기다.

TIP 역 근처에 철로를 이용한 꼬마 열차를 운행하는데, 아이들이 무척 좋아한다.

퇴계 이황 선생의 가르침
도산서원

📍 경북 안동시 도산면 도산서원길 154　🕘 09:00~18:00
💰 어른 2,000원, 어린이, 청소년 1,000원

조선시대 유학자인 퇴계 이황을 모신 곳으로 선조 때 사액서원이 되었으며 유네스코 세계문화유산에도 등재되어 있다. 옥진각에서 그의 유품과 저서를 전시하고 있다.

안동

영국 여왕도 한눈에 반한
하회마을

📍 경북 안동시 풍천면 전서로 186　🕘 09:00~17:30
💰 어른 5,000원, 청소년 2,500원, 어린이 1,500원

풍산 류씨가 대대로 살아온 전통 마을로 지금도 주민들이 생활하는 거주 공간이다. 1999년 영국 엘리자베스 2세 여왕이 다녀가면서 세계적인 관심을 모았으며, 유네스코 세계문화유산에도 이름을 올렸다. 낙동강 물줄기가 S자 형태로 마을을 휘감아 도는 아름다운 자연경관과 시간이 멈춘 듯한 풍경은 과거로 회귀한 기분이 들게 한다. 하회마을은 매표소에서 입장권을 구입한 다음 셔틀버스를 타고 이동한 후 마을 길을 따라 자유롭게 관람하면 된다. 임진왜란 때 영의정을 지낸 류성룡 생가인 충효당과 영모각, 병산서원은 꼭 다녀와야 할 코스다.

> **+ TIP**
> 주차장 근처에 음식점과 주전부리를 파는 하회 장터가 있으며 하회세계탈박물관도 무료 개방한다.

안동의 밤을 빛내는
월영교

📍 경북 안동시 상아동 569

안동에서 꼭 가봐야 할 야간 명소다. 어둠이 짙어질수록 강에 가로질러 놓인 다리는 더욱 화려하게 빛난다. 영월교에는 병든 남편을 떠나보낸 아내의 절절한 슬픔이 깃들어 있다. 그녀는 자신의 머리카락을 잘라 미투리를 만들었는데, 그것을 본떠 다리를 세웠다고 한다.

국보급 유산을 품은
봉정사

📍 경북 안동시 서후면 봉정사길 222　🕘 10:00~18:00
❌ 월요일

유네스코에 등재된 한국의 산사 일곱 곳 중 통일신라시대에 창건된 고찰이다. 특히 국보인 극락전은 국내에서 가장 오래된 목조건물로 알려져 있으며 대웅전 또한 국보도 지정되었다.

잊어선 안 될 이름들
경상북도독립운동기념관

📍 경북 안동시 임하면 독립기념관길 2 🕘 09:00~18:00
✖ 월요일, 1월 1일, 설날·추석 당일

안동을 비롯해 경북 지역은 독립운동사에 숨은 인물들이 많은 곳이다. 전시관에는 수많은 독립운동가들의 활동상이 소개되어 있으며, 이들의 이름을 새긴 추모벽도 있다.

저항 시인의 표상
이육사문학관

📍 경북 안동시 도산면 백운로 525 🕘 09:00~18:00
✖ 월요일, 1월 1일, 설날·추석 당일
₩ 어른 2,000원, 청소년 1,500원, 어린이 1,000원

'광야'와 '청포도'를 쓴 시인이자 독립운동가인 이육사 선생을 기리는 곳이다. 일본에 저항했던 그의 활동상이 자세히 소개되어 있으며 독립 의지를 담은 수많은 작품을 만날 수 있다.

대를 이은 나라 사랑
임청각

📍 경북 안동시 임청각길 63

대한민국 임시정부 초대 국무령을 지낸 석주 이상룡의 생가다. 3대에 걸쳐 10명의 독립유공자가 배출된 곳이기도 하다. 원래 99칸 기와집이었지만 일본이 맥을 끊겠다고 앞마당에 철로를 놓아 70여 칸만 남은 것을 복원 중이다. 고택 체험도 운영한다.

내 인생의 명장면
만휴정

📍 경북 안동시 길안면 묵계하리길 42 🕘 10:00~18:00
₩ 1,000원

드라마 〈미스터 션샤인〉에서 여러 명장면을 탄생시킨 장소다. 조선 전기 문신인 김계행이 지은 정자로 작은 냇가에 걸린 나무 다리가 인생 사진을 얻는 포토 스폿이다.

옛적엔 이렇게 살았지
안동시립박물관

📍 경북 안동시 민속촌길 13 🕐 09:00~18:00
❌ 1월 1일, 설날·추석 당일

지역의 고유한 민속 문화를 일목요연하게 정리해놓았다. 실물 모형 전시가 많아 쉽고 재밌게 관람할 수 있다.

┤ ⊕ TIP ├
야외로 나서면 옛 가옥을 살펴볼 수 있는 안동민속촌과 이어진다.

명주를 맛보는 기쁨
안동소주전통음식박물관

📍 경북 안동시 강남로 71-1 🕐 09:00~17:00

한국의 명주로 꼽히는 안동 소주를 널리 알리기 위해 건립되었다. 안동 소주의 유래와 제조 과정 등을 소개하며 안주상과 전통 음식도 전시한다. 안동 소주는 시음 후 구입 가능하다.

참선비의 삶이란
유교랜드

📍 경북 안동시 관광단지로 346-30 🕐 10:00~18:00
💰 어른 9,000원, 청소년 8,000원, 어린이 7,000원

유교 문화를 콘셉트로 꾸민 테마파크형 박물관이다. 타임 터널을 지나면 소년부터 중년, 노년에 이르기까지 선비의 일생을 체험하게 되며 '인의예지'를 토대로 한 입체 영상물도 상영한다.

예술의 끼가 피어나는
예끼마을

📍 경북 안동시 도산면 선성길 14

지역 작가들이 꾸민 재미난 벽화와 주민들이 운영하는 도자기 공방, 갤러리, 능수 벚꽃길 등 발길 닿는 곳마다 볼거리가 가득하다. 골목 바닥에 그린 트릭 아트가 꽤 실감 난다.

┤ ⊕ TIP ├
또 다른 명소인 선성 수상길이 지척이다. 호숫가를 가로질러 놓인 부교를 따라 걸어보자.

영주

무량수전 배흘림 기둥에 기대다
부석사

📍 경북 영주시 부석면 부석사로 345

신라시대 의상대사가 창건한 우리나라 화엄종의 본찰이다. 국내에서 가장 오래된 목조건물인 무량수전이 유명하며, 유네스코 세계유산으로 선정된 '산사, 한국의 산지 승원' 중 한 곳이다. 국보급 문화재가 주는 깊은 울림과 오랜 세월의 흔적이 아름답게 묻어난다.

오랜 풍파에도 꿋꿋한
소수서원

📍 경북 영주시 순흥면 소백로 2740

우리나라 최초의 사액서원으로 성리학자인 안향을 배향한 사당이 있다. 구한말 대원군이 서원 철폐령을 내릴 때도 다행히 헐리지 않고 그대로 보존되었으며 현재 유네스코 세계유산에 등재되어 있다.

> **TIP**
> 소수박물관을 먼저 관람한 후 둘러보면 훨씬 이해하기 쉽다.

도포 자락 휘날리며
선비촌

📍 경북 영주시 순흥면 소백로 2796 🕘 09:00~18:00
💰 어른 3,000원, 청소년 2,000원, 어린이 1,000원

영주 선비들이 살았던 마을 길을 걷고 사라져가는 전통문화를 배울 수 있다. 한옥 숙박도 가능하다.

> **TIP**
> 선비촌과 소수서원은 입장권 하나로 두 곳 다 관람 가능하다.

외나무 다리 건너
무섬마을

📍 경북 영주시 문수면 수도리

무섬마을은 삼면이 물길에 둘러싸여 있어 마치 육지 속의 섬처럼 보인다. 무섬은 물 위에 떠 있는 섬을 뜻하며 원래 물섬이라 불렸다고 한다. 조선 후기 전형적인 사대부 가옥이 모여 있는 전통 마을로 내성천에서 마을을 잇는 외나무다리가 유명하다.

청송·영덕·울진

천혜의 비경을 품은 청송과 푸른 동해 바다가 펼쳐진 영덕, 울진으로 떠나는 여행은 웅장한 자연에 감탄하게 되는 시간의 연속이다.
청송 주왕산국립공원과 주산지는 기암절벽의 경관과 신비로운 자연 풍경을 선사하며 영덕에는 가슴이 탁 트이는 블루로드가 이어져 있다.
울진 성류굴 또한 자연의 신비를 만끽하는 곳이다. 휴식과 미식도 빼놓을 수 없다.
세 도시를 함께 여행하며 온천욕과 식도락을 즐겨보자.

추천 계절 스폿

봄 — 아스라한 물안개의 유혹
청송 주산지

여름 — 시원한 해안가 산책
영덕 블루로드

가을 — 울긋불긋 꽃 대궐
주왕산국립공원 단풍

겨울 — 뜨끈한 온천욕
덕구온천리조트

버킷 리스트

주왕산국립공원 등반 인증숏 찍기

눈 오는 날 노천 온천욕 즐기기

오래된 고택에서 하룻밤 보내기

추천 코스

산과 바다를 골고루 즐기는
당일치기 코스

청송

① 주왕산국립공원
기암괴석이 빚은 절경

② 덕천마을
전통이 숨 쉬는 마을

③ 청송군 수석꽃돌박물관
자연이 만든 예술 작품

④ 솔기·솔샘온천
온천에서의 힐링

영덕

① 영덕 블루로드
푸른 바다를 걷는 길

② 벌영리 메타세쿼이아숲
평온한 숲속 산책

③ 고래불해수욕장
해변에서 찾은 여유

울진

① 후포리 벽화마을
〈백년 손님〉 촬영지

② 성류굴
신비한 동굴 탐험

③ 죽변해안 스카이트레일
해안 절경을 달리다.

③ 덕구온천리조트
뜨끈한 온천욕이 최고

청송

걸음마다 폭포가 쏟아지는
주왕산국립공원

📍 경북 청송군 주왕산면 공원길 169-7

국내 3대 암산으로 꼽히는 청송의 대표 명소. 온통 기암괴석으로 둘러싸여 있어 산세가 웅장하며 특히 등산로를 따라가면 만나게 되는 폭포들이 볼만하다. 주왕산 초입에 자리한 대전사도 들러볼 만하며 주차장부터 이어진 길에 식당이 많아 출출한 배를 달래기도 좋다.

새벽 물안개 피어오르는
주산지

📍 경북 청송군 주왕산면 주산지리 73

영화 〈봄 여름 가을 겨울 그리고 봄〉 촬영지로 유명세를 탄 후 지금까지도 관광객의 발걸음이 끊이지 않고 있다. 호숫가 둘레에 자라난 굵은 왕버드나무가 무척 인상적이다. 새벽녘 물안개가 피어오를 때와 물에 깊이 잠긴 버드나무 가지가 바람에 흔들리는 모습이 꿈을 꾸는 듯 몽환적이다.

꽃양귀비와 백일홍이 넘실대는
산소카페 청송정원

📍 경북 청송군 파천면 청송로 5865

청송군이 지역 주민과 합심해 만든 전국 최대의 백일홍 화원. 약 132,231㎡(4만여 평)의 넓은 대지에 계절별로 다채로운 꽃들의 향연이 펼쳐진다. 봄철에는 화사한 꽃양귀비 물결이 넘실대며 가을에는 백일홍이 관광객들을 유혹한다.

피부 미인의 비결
솔기·솔샘온천

📍 경북 청송군 청송읍 중앙로 315(솔기온천), 청송군 주왕산면 하의리 857(솔샘온천)

청송의 숨은 보물을 꼽자면 온천을 빼놓을 수 없다. 국내 최고의 알칼리성 온천 수질을 자랑하는데, 만성 피부염과 근육통, 노화 방지에 효능이 높다고 알려져 있다. 주왕산관광호텔에서 운영하는 솔기온천과 소노벨 리조트 내에 있는 솔샘온천이 대표적이다.

다양한 유물이 한 공간에
유교문화전시체험관

📍 경북 청송군 주왕산면 주왕산로 494 🕘 09:30~18:00
❌ 월요일

청송에 뿌리내린 유교의 역사와 유물을 한자리에 모아놓았다. 옛 편지 전시관과 청송백자 전시 판매장, 심수관 도예전시관 등이 있으며, 청송 이촌리 오층석탑도 관람할 수 있다.

고색창연한 고택의 운치
덕천마을

📍 경북 청송군 파천면 덕천리 176(송소고택)

청송 심씨 집성촌인 덕천마을은 시간이 멈춘 듯한 느낌을 준다. 마을 길을 따라 송소고택과 송정고택 등 오래된 한옥이 듬성듬성 늘어서 있다. 이곳에선 대청마루에서 느긋하게 쉬어 가는 고택 체험을 권한다. 한옥 감성이 묻어나는 백일홍 카페도 가봐야 한다.

청량대운도와 조우하다
군립야송미술관

📍 경북 청송군 진보면 경동로 5162 🕘 10:00~18:00
❌ 월요일

폐교된 학교를 개보수해 조성한 경북 최초의 공립미술관이다. 청송 출신인 야송 이원좌 화백의 작품을 전시하며 무엇보다 청량산을 모태로 그린 '청량대운도'가 큰 감동을 준다. 반년에 걸쳐 그린 가로 46m, 세로 6.7m에 이르는 대작으로 전시관 하나가 이 그림 하나로 가득 찬다.

단단한 돌에 피어난 꽃
청송군 수석꽃돌박물관

📍 경북 청송군 주왕산면 주왕산로 494 🕘 09:30~18:00
❌ 월요일, 1월 1일, 설날·추석 당일

청강 남정락 선생이 평생을 모아온 수석과 청송 꽃돌을 전시한다. 무엇보다 세계적으로 희귀한 청송 꽃돌을 관람하는 재미가 있다. 돌에 꽃이 피어난 듯한 특이한 무늬가 눈길을 끈다.

영덕의 으뜸 일출 명소
영덕해맞이공원

📍 경북 영덕군 영덕읍 대탄리

영덕해맞이축제가 열리는 이곳은 아름다운 해돋이로 유명한 관광 명소다. 주변에는 해안 산책로를 설치해 관광객들이 편하게 둘러볼 수 있게 했다. 창포말 등대와 풍력발전소의 풍차 등 볼거리도 풍부하다.

> **+TIP**
> 아이들과 나선 길이라면 공원 끝자락에 위치한 어촌민속전시관도 들러보자. 유익한 여행 코스가 된다.

대게 먹고, 대게에서 찍고
강구항 & 해파랑 공원

📍 경북 영덕군 영덕대게로 132

동해안에서 잡힌 대게가 모두 모이는 집산지다. 항구 주변에 대게 위판장을 비롯해 대게찜을 파는 식당가가 형성되어 있다. 눈부신 바다를 담은 해파랑 공원도 지척이다. 금빛으로 빛나는 거대한 대게상과 알록달록한 조형물이 산책길을 더욱 즐겁게 해준다.

아름다운 자연 나눔
벌영리 메타세쿼이아숲

📍 경북 영덕군 영해면 벌영리 산54-1

영덕이 고향인 개인이 20년간 가꿔온 숲을 개방한 사유지다. 주로 메타세쿼이아 나무가 식재되어 있으며 삼나무와 측백나무숲도 조성되어 있다. 한적한 시골 마을 정취를 느끼며 사부작사부작 걷기 좋은 곳이다.

가도 가도 끝없는 긴 백사장
고래불해수욕장

📍 경북 영덕군 병곡면 고래불로 68

영덕을 대표하는 해수욕장으로 8km 남짓한 긴 모래사장이 인상적이다. 무려 6개 해안 마을에 백사장이 이어져 있다. 해변이 둥글게 말린 타원형으로 수심이 얕고 파도가 잔잔해 아이들이 물놀이하기 좋다. 여름철에는 붐비지만 겨울에는 한적한 편이다.

사색을 위한 푸른 길
영덕 블루로드

📍 경북 영덕군 강구면 강구리 산18-1

영덕 블루로드는 해안선을 따라 바다와 함께 걷는 길이다. 부산에서 강원도 고성까지 688km에 이르는 해파랑길의 일부로 총 4개 구간으로 나누어져 있다. 총 길이는 약 65km. 각각의 구간마다 독특한 매력을 지니고 있어 걷는 재미가 있다.

TIP
블루로드를 완주하고 스탬프를 찍어보자. 영덕 엠블럼이 새겨진 완주 메달을 증정한다.

 블루로드 코스

A. 빛과 바람의 길
강구터미널– 강구항 – 금진구름다리– 고불봉 – 해맞이캠핑장– 신재생에너지전시관 – 풍력발전단지 – 영덕해맞이공원
17.5km, 약 6시간

B. 푸른 대게의 길
영덕해맞이공원 – 대탄항 – 석리마을 입구 – 대게원조마을 – 블루로드다리 – 죽도산 – 축산항 – 남씨발상지
15.5km, 약 5시간

C. 목은사색의 길
남씨발상지 – 대소산봉수대 – 목은이색기념관 – 괴시리전통마을 – 대진해수욕장 – 고래불해수욕장
17.5km, 약 5시간

D. 쪽빛파도의 길
대게공원 – 장사해수욕장 – 구계항 – 남호해수욕장– 삼사해상산책로 – 어촌민속전시관 – 강구터미널
14.1km, 약 4시간 30분

울진

자연에서 솟아나는 온천
덕구온천리조트

📍 경북 울진군 북면 덕구온천로 924

온천장과 온천수 치료 시스템인 스파월드, 호텔과 콘도까지 갖춘 종합 온천 휴양지. 국내 유일의 자연 용출 온천으로 덕구 계곡에서 솟아나는 원탕에서는 사계절 온천수가 뿜어져 나온다. 가족과 오붓하게 온천욕을 즐기는 프라이빗 스파 룸을 운영한다.

파도 속에 잠길 듯한
등기산 스카이워크

📍 경북 울진군 후포면 후포리 산141-21   🕘 09:00~17:30
❌ 월요일, 설날·추석 당일

바다를 향해 뻗은 스카이워크는 보기만 해도 아찔하다. 총 길이 135m 중 절반 가까이 강화유리가 설치되어 있으며 발아래로 흰 포말을 일으키며 출렁대는 파도가 끊임없이 펼쳐진다.

> ➕ TIP
> 근처에 울진후포리신석기유적관이 자리해 아이들과 들르면 좋다.

화려한 지하 왕궁
성류굴

📍 경북 울진군 근남면 성류굴로 221   🕘 09:00~18:00
💰 어른 5,000원, 청소년 3,000원, 어린이 2,500원

2억 5,000만 년의 세월이 켜켜이 쌓여 있는 곳. 동굴 안에는 기묘한 형태로 자란 종유석과 석순, 석주, 동굴산호 등이 가득해 마치 지하 왕궁에 들어선 듯한 기분이 든다. 어둠 속에 잠겨 있는 호수는 기이하면서 신비로운 분위기에 젖어들게 한다.

아름다운 신라 사찰
불영사

📍 경북 울진군 금강송면 불영사길 48

신라 진덕여왕 시기에 의상대사가 창건했다. 매표소에서 경내까지 계곡을 따라 덱과 숲길이 잘 가꿔져 있으며 울창한 숲으로 둘러싸여 있어 고요하고 한적하다. CNN에서 '한국의 가볼 만한 아름다운 사찰' 중 한 곳으로 선정한 바 있다.

해안 따라 달리는 모노레일
죽변해안 스카이레일

📍 경북 울진군 죽변면 죽변중앙로 235-12　🕘 09:30~18:00
❌ 셋째 주 수요일　₩ 21,000원~35,000원

죽변 해안을 따라 자동으로 움직이는 모노레일을 타고 색다른 풍경과 낭만을 즐겨보자. 죽변 등대와 폭풍속으로 세트장, 하트 해변을 지나가며 봉수항까지 약 2.8km에 걸쳐 이어져 있다.

바다에 대한 모든 것
국립해양과학관

📍 경북 울진군 죽변면 해양과학길 8　🕘 09:30~17:30
❌ 월요일, 1월 1일, 설날·추석 당일

바다와 관련한 다양한 체험 시설과 입체적인 전시가 돋보인다. 7m 깊이의 해저를 관람하는 바닷속 전망대와 바다 위를 걷는 바다마중길393, 파도소리놀이터 등 흥미로운 시설이 많다.

소박한 어촌 벽화마을
후포리 벽화마을

📍 경북 울진군 후포면 후포리

예능 프로그램 〈백년손님〉 촬영지로 인기를 얻은 후포리마을을 벽화 골목으로 꾸민 곳이다. 방송에 출연했던 주민들을 벽화로 만나볼 수 있으며 골목을 걷는 재미가 쏠쏠하다. 참고로 울진 매화마을에는 이현세 만화거리가 있다. 엄지와 까치, 마동탁 등 추억의 캐릭터와 만나보자.

즐거움이 한가득
울진왕피천공원

📍 경북 울진군 근남면 수산리 17

동해 바다와 왕피천이 만나는 길목에 조성된 공원으로 산과 강, 바다를 두루 조망하는 케이블카와 아쿠아리움, 포토 스폿인 은어다리 등 가볼 만한 곳이 많다.

> **TIP**
> 케이블카 탑승 시 바닥이 투명한 크리스털 캐빈을 권한다.

부산·김해·밀양

부산은 전국에서 으뜸으로 꼽히는 관광도시다.
해운대와 광안리해변, 기장 지역에 이르기까지 볼거리, 놀 거리, 먹거리가 즐비하다.
시간 여유가 충분하다면 김해나 밀양을 더해도 좋다.
김해와 밀양은 부산에서 1시간 이내로 닿는 지역으로 각기 다른 매력을 지니고 있다.
가야시대의 역사와 문화가 풍부한 김해와 고즈넉한 자연을 즐기는 밀양.
어느 곳이든 만족스러운 여행이 된다.

추천 계절 스폿

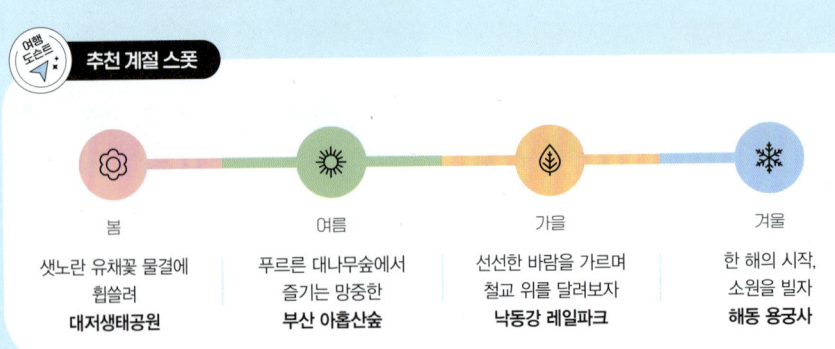

봄	여름	가을	겨울
샛노란 유채꽃 물결에 휩쓸려	푸르른 대나무숲에서 즐기는 망중한	선선한 바람을 가르며 철교 위를 달려보자	한 해의 시작, 소원을 빌자
대저생태공원	**부산 아홉산숲**	**낙동강 레일파크**	**해동 용궁사**

버킷 리스트

용궁사에서 꼭 이루고픈
소원 하나 빌기

아난티 코브 이터널 저니에서
인생 책 발견하기

부산 야시장 탐험하기

추천 코스

1박 2일 코스
부산광역시 인기 여행지만 쏙쏙

Day 1

① 감천문화마을 또는 흰여울문화마을
골목골목 재미가 쏠쏠

② 송도해상케이블카
부산 바다 위를 날다.

③ 오륙도 스카이워크
담력 테스트 성지

④ 광안리해수욕장
반짝이는 해변의 밤

Day 2

① 해동 용궁사
소원 성취 성지

② 아홉산숲
여행의 마무리는 초록

당일치기 코스
역사와 자연을 즐기는

밀양

① 영남알프스 얼음골 케이블카
시원하게, 아찔하게!

② 영남루
누각에 오르면 바람이 솔솔

③ 참샘허브나라
향기로운 허브 정원

김해

① 가야 테마파크
가야의 시간 속으로

② 국립김해박물관
가야 문화의 보물 창고

③ 낙동강 레일파크
레일바이크로 즐기는 낙동강

부산

마이애미 부럽지 않은 도심 해변
해운대해수욕장

📍 부산광역시 해운대구 우동

부산 하면 가장 먼저 생각나는 곳, 해운대해수욕장이다. 부산 지하철 2호선 해운대역에서 도보로 해수욕장까지 이동 가능하다. 1.8km에 달하는 넓은 백사장과 푸른 바다 뒤편으로는 고층 빌딩이 즐비한 마천루 풍경이 펼쳐진다. 도시와 해변이 어우러진 이색적인 경관과 야간 조명을 밝힌 밤 풍경은 해운대해수욕장을 더욱 돋보이게 한다. 해변을 따라 걷다 보면 다양한 먹거리와 카페가 있어 쉬어가며 여유를 만끽할 수 있다. 인근에 가볼 만한 명소가 많아 하루 종일 즐겨도 시간이 부족하기만 하다. 호텔이 밀집해 있어 이곳에 숙소를 두고 부산 여행을 다녀도 좋다.

바닷속이 궁금해
씨라이프 부산 아쿠아리움

📍 부산광역시 해운대구 해운대해변로 266   🕐 10:00~19:00
💰 어른 31,000원, 어린이 26,500원

해수욕장에 인접해 찾아가기 쉽다. 샌드타이거상어와 가오리가 헤엄쳐 다니는 모습은 물론 귀여운 펭귄과 수달 등 다양한 해양 생물을 만날 수 있다. 투명 보트를 타고 메인 수조를 유영하는 체험도 잊지 못할 추억을 선사한다.

자박자박 섬 산책
동백섬

📍 부산광역시 해운대구 우동 710-1

해변 끝자락에는 해운대해수욕장을 한눈에 담는 동백섬이 있다. 순환 산책로를 따라 걷다 보면 광안대교와 마린시티도 차례로 감상할 수 있다. 바닷가 바위에 조성된 덱 길은 꼭 한번 걸어보길 권한다. 섬을 둘러보는 데는 30~40분 정도 소요된다.

바다와 도시가 만나면
엑스더스카이 전망대

📍 부산광역시 해운대구 달맞이길 30 🕙 10:00~21:00
💰 어른 27,000원, 어린이 24,000원

엘시티 랜드마크 타워에 있는 전망대로 해운대는 물론 부산 풍경이 훤히 내려다보이는 화려한 도심 뷰를 자랑한다. 낮에도 근사하지만 온 도시를 밝히는 밤에 특히 멋지다. 전망대 내부에도 미디어 파사드, 스카이 엑스 쇼, 쇼킹 브릿지 등 층별로 다양한 즐길 거리가 있다.

낭만적인 철길 여행
해운대 블루라인파크

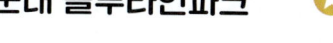

📍 부산광역시 해운대구 달맞이길62번길 13(미포정거장)
💰 월별 상이 💰 35,000~50,000원(해변열차 7,000~16,000원)

폐선된 옛 동해남부선 철길을 따라 미포와 청사포, 송정까지 4.8km 구간에 해변 열차와 스카이캡슐을 운행한다. 낭만적인 관광열차를 타고 자유롭게 오가고 싶다면 해변 열차를, 미포와 청사포 사이 수려한 해안 절경을 만끽하고 싶다면 스카이캡슐을 추천한다.

해운대 '핫플' 탐험
해리단길

📍 부산광역시 해운대구 우동 510-7

해운대역에서 나와 해수욕장과 반대편으로 향하면 옛 철길 건너 핫한 카페와 식당이 자리한 해리단길이 나온다. 유럽 감성이 넘치거나 동화 같은 인테리어로 꾸민 감각적인 핫 플레이스를 찾아보는 재미가 있다.

부산에서 더 특별하게!
더베이 101 요트클럽

📍 부산광역시 해운대구 동백로 52

초고층 빌딩이 숲을 이룬 화려한 마천루를 배경으로 요트에 몸을 싣고 낭만적인 시간을 즐겨보자. 여기가 부산인지, 뉴욕인지 헷갈릴지도 모른다. 여러 명이 함께 체험하는 퍼블릭 투어와 일행만의 프라이빗 투어를 운영한다.

시장만 다녀도 하루가 훌쩍
부산 시장 탐험

부산 3대 시장으로 꼽히는 국제시장, 부평깡통시장, 자갈치시장은 각기 다른 매력과 특색을 지니고 있어 비교하며 둘러보는 재미가 있다. 서로 인접해 한번에 둘러보기 좋고 비프거리와 아리랑거리도 이어져 있어 도보 투어 코스로 안성맞춤이다.

> **TIP**
>
> **시장 투어 추천 코스**
> 비프광장 & 아리랑거리 ▶ 국제시장 ▶ 보수동 책방골목 ▶ 부평깡통시장 ▶ 자갈치시장

 부산 시장 둘러보기

꽃분이네 찾아볼까
국제시장
📍 부산광역시 중구 신창동4가

1945년 광복 이후부터 이어진 부산의 대표 시장이다. 아케이드가 설치되어 있으며, 시장이 무척 넓어 길을 잃기 십상이다. 없는 것 없이 다 있다는 표현이 실감 날 정도. 영화 〈국제시장〉 촬영지인 꽃분이네서 쉬어 가보자.

하루 종일 재밌는
부평깡통시장
📍 부산광역시 중구 부평1길 48

부평깡통시장은 전국 최초 공설 1호 시장이라는 타이틀을 달고 있다. 관광객이 살 만한 물품과 먹거리가 많아 재미나게 다닐 수 있다. 저녁에는 야시장도 열리니 잊지 말고 들러보자.

오이소, 보이소, 사이소!
자갈치시장
📍 부산광역시 중구 자갈치해안로 52

부산을 대표하는 어시장이다. 야외 노점과 건물에 입점한 상점가로 나뉘는데, 생선과 횟감을 파는 노점을 따라서는 생선구이집이 즐비하고 건물 안에는 곰장어구이나 즉석에서 회를 쳐주는 식당이 들어서 있다.

씨앗호떡과 비빔당면의 고향
비프광장 & 아리랑거리
📍 부산광역시 중구 구덕로 44

부산국제영화제가 열리는 비프광장을 걷다 보면 씨앗호떡을 비롯해 주전부리 포장마차가 즐비한 거리로 발걸음이 이어진다. 맛있는 냄새에 이끌려 가다 보면 부평족발골목, 광복동 먹자골목 등이 나온다. 거리에 다리가 짧은 목욕탕 의자를 놓고 한 그릇 후루룩 먹고 일어나는 아리랑거리는 필수 방문 코스다.

광안대교 야경이 멋진
광안리해수욕장

📍 부산광역시 수영구 광안해변로 219

해운대와 용호상박을 이루는 곳이 광안리해수욕장이다. 반원 형태인 해변은 고운 모래가 깔려 있어 아이들이 놀기에도 안전하다. 여름에는 바나나 보트와 윈드서핑 등 다양한 해양 레저 스포츠를 즐기는 사람들로 밤낮없이 북적인다. 특히 광안대교 야경은 이곳만의 매력을 더해주는 포인트가 된다. 해변 뒤편으로 레스토랑과 카페, 호텔이 즐비하게 늘어서 있으며 민락회타운에서는 신선한 회를 맛볼 수 있다.

> **TIP**
> 매년 11월 초 국내 최대 해상 불꽃놀이인 부산불꽃축제를 개최하는데, 이맘때면 숙소 잡기가 하늘에 별 따기다. 일찌감치 축제장 주변에 자리를 잡고 기다려야 하니 담요와 보온 물병은 필수!

책 한 권 사볼까
보수동 책방골목

📍 부산광역시 중구 대청로 67-1

헌책방이 몰려 있는 골목으로 잘만 고르면 새 책도 저렴한 가격에 구입할 수 있다. 골목 분위기가 정겨운 데다 구경하는 재미가 있어 책을 살 목적이 아니어도 한 번쯤 둘러볼 만하다. 국제시장과 부평깡통시장 큰길 건너편에 있어 부담 없이 들를 수 있다.

부산엔 부산 타워
용두산공원 부산 타워

📍 부산광역시 중구 용두산길 37-30 🕐 10:00~22:00
💰 어른 12,000원, 어린이 9,000원

국제시장에서 걸어서 15분 정도 거리에 잘 가꾼 용두산공원이 있다. 공원 가운데 우뚝 솟은 부산 타워는 부산 도심과 바다를 한눈에 조망하는 전망대다. 다만 날씨가 좋은 날 올라가기를 권한다.

여기가 한국의 마추픽추라네
감천문화마을

📍 부산광역시 사하구 감내2로 203

산비탈에 옹기종기 모여 있는 집들이 독특한 풍광을 만들어내는 곳. 한국의 마추픽추라는 별칭이 괜히 붙은 게 아니다. 전쟁 이후 사람들이 모여들어 형성된 마을은 2009년 미술 프로젝트가 진행되면서 낙후된 골목과 집이 새로운 옷을 입게 되었는데 여기에 문화 예술 공간이 들어서 감성적인 공간으로 변모했다. 처음엔 소박한 분위기였지만 지금은 상업 시설이 많이 자리해 다소 번잡한 느낌도 있다. 하지만 소소한 일상이 배어나는 골목길과 마을 언덕에서 내려다보이는 정겨운 풍경이 여전히 이곳을 찾게 만든다.

TIP
감천문화마을에는 인기 포토 존이 여럿 있다. 난간에 걸터앉은 어린왕자와 사막 여우는 줄을 서서 기다려야 할 만큼 많은 사랑을 받는 곳이다.

다리가 후들거리는 아찔함
오륙도 스카이워크

📍 부산광역시 남구 오륙도로 137 🕘 09:00~18:00

부산의 명승지인 오륙도를 관람하기 위해 세운 스카이워크는 강화유리 바닥으로 조성해 바다 위를 걷는 기분을 만끽하게 한다. 아래를 내려다보면 아찔함에 다리가 후들거리기도 하니 각오하고 나서야 한다. 투명한 유리 난간 너머로 보이는 오륙도는 절경 중의 절경이다.

봄엔 여기가 대세
대저생태공원

📍 부산광역시 강서구 대저1동 1-5

봄이면 유채꽃 물결이 넘실대는 나들이 명소다. 습지와 자연 초지, 유채꽃 단지, 파크 골프 등 쉼을 위한 시설이 들어서 있으며 봄철이면 유채꽃축제도 열린다. 워낙 넓은 부지여서 가도 가도 끝없는 꽃물결을 즐길 수 있다.

이름마저 예쁜 동네 마실
흰여울문화마을

📍 부산광역시 영도구 영선동4가 605-3

해안 절벽 위에 형성된 골목 마을로 부산 여행에서 빠지지 않는 '핫플' 가운데 하나다. 영도 하늘 전망대와 흰여울 전망대 앞에 펼쳐진 바다가 액자에 담긴 그림처럼 보인다. 전망대를 내려오면 벽화 길을 따라 가벼운 산책 코스가 시작되며 골목마다 촘촘하게 들어선 카페와 소박한 소품 숍을 구경하는 재미가 있다. 밝고 화사한 빛깔을 입은 건물 사이를 걷다 보면 마음까지 알록달록 물든다.

⊕ TIP

해안 산책로 끝에 자리한 해안 터널이 포토 스폿. 반대편 쪽에서 사진을 찍어도 잘 나오니 줄이 너무 긴 경우 치트키로 이용해보자. 흰여울 문화마을은 온종일 해가 비쳐 들기 때문에 여름엔 모자나 양산이 필수다. 해가 쨍쨍한 날엔 자외선에 눈을 보호하기 위한 선글라스도 준비하길 추천한다.

바다 전문가로 거듭나기
국립해양박물관

📍 부산광역시 영도구 해양로301번길 45 🕘 09:00~18:00
❌ 월요일

바다에 관한 모든 것을 담고 있는 박물관. 아이들이 좋아할 만한 체험 거리도 많다. 4D 영상관을 비롯해 바다거북이 헤엄쳐 다니는 수족관과 로봇 물고기, 요트 체험 등이 눈길을 끈다.

부산에서 제일가는 명승
태종대

📍 부산광역시 영도구 전망로 24
💰 다누비열차 어른 4,000원, 청소년 2,000원, 어린이 1,500원

부산에서 으뜸가는 명승지. 울창한 수목과 깎아지른 듯한 해안 절벽, 기암괴석과 탁 트인 바다가 어우러진 천혜의 절경을 선사한다. 다누비열차를 이용하면 편하게 둘러볼 수 있다.

이렇게 오래된 해수욕장이?
송도해수욕장 & 스카이워크

📍 부산광역시 서구 암남동

송도해수욕장은 1913년에 개장한 국내 최초의 해수욕장으로 지금도 부산 시민과 관광객에게 사랑받는 명소다. 고운 백사장은 물론 인근에 숙소, 식당 등 편의 시설이 잘 갖춰져 있으며 해변 끝에 구름산책로라 이름 붙인 스카이워크도 있다.

송도 하늘을 날다
송도해상케이블카

📍 부산광역시 서구 송도해변로 171 🕘 09:00~20:00
💰 어른 17,000원, 어린이 12,000원

송도해수욕장을 가로지르는 케이블카는 마치 하늘을 날아오르는 기분을 느끼게 한다. 바닥이 투명한 크리스털 캐빈을 이용하면 더욱 짜릿하다. 암남공원과 영도의 절경이 한눈에 담긴다.

해안 절벽을 건너가다
송도 용궁 구름다리

📍 부산광역시 서구 암남동 620-53 🕘 09:00~17:00
❌ 첫째·셋째 주 월요일 💰 어른 1,000원

암남공원과 바위섬인 동섬을 잇는 용궁 구름다리는 바다를 향해 걸어가는 짜릿한 느낌을 선사한다. 해안 절벽을 이룬 기암괴석과 천혜의 비경이 어우러진 절경을 맛볼 수 있다.

가파른 계단길을 올라
초량동 모노레일

📍 부산광역시 서구 동대신동2가 87-302

산복도로에 인접한 동네마다 계단길이 많은데, 초량동 168계단은 그 정점을 보여준다. 가파른 계단을 따라 모노레일이 설치되어 있다. 천천히 오르는 모노레일은 주민들의 발이자 관광객들에겐 색다른 즐길 거리다. 점점 올라갈수록 시원한 풍경이 펼쳐진다.

소원을 이뤄주는 절
해동 용궁사

📍 부산광역시 기장군 기장읍 용궁길 86

바닷가 암반에 세워진 사찰로 푸른 바다과 산이 둘러싸고 있다. 고려시대 나옹대사가 창건했으며, 1974년 정암 스님이 해동 용궁사라 이름을 바꾸었다. 이곳은 누구나 진심으로 기도하면 소원 한 가지씩은 들어준다는 믿음이 깃들어 있다. 그 때문에 수능 시험을 앞둔 때 백일 기도나 공양을 하기 위해 찾는 부모들이 많다.

사찰 곳곳에 소원을 빌기 위한 장소가 많은데, 소원 성취 연못과 득남을 위한 포대화상, 안전 운행을 기원하는 교통안전기원탑, 해수관음대불이 대표적이다. 용궁사 입구에는 오복을 빌어준다는 십이지상이 도열해 있다. 자신의 띠를 찾아 사진을 찍는 것도 재밌다. 용궁사는 일출을 가장 먼저 볼 수 있는 사찰로도 유명해 한 번쯤은 바다에서 해를 맞는 장엄한 풍경을 보러 가도 좋을 것이다.

신비로운 숲속으로
아홉산숲

📍 부산광역시 기장군 철마면 웅천리 520-10
🕘 09:00~18:00 💰 어른 8,000원, 5세~고등학생 5,000원

한 집안이 400년간 대대로 가꾸고 지켜온 뚝심 있는 마음이 깃든 아름다운 숲이다. 대나무와 금강송, 편백나무가 울창하며 〈군도〉, 〈달의 연인〉 등 많은 드라마를 촬영했다.

기장 여행 인증숏 명소
죽성드림세트장

📍 부산광역시 기장군 기장읍 죽성리 134-7

드라마 〈드림〉을 촬영하면서 지었던 성당이 여행 필수 코스로 자리 잡았다. 바닷가 절벽에 서 있는 성당은 이색적인 포토 스폿이다. 파란 하늘과 바다를 배경으로 인상적인 사진을 남길 수 있으며, 주변에 포토 존과 개성적인 카페 등 소소한 즐길 거리가 있다.

오늘은 피크닉 데이
용소웰빙공원

📍 부산광역시 기장군 기장읍 서부리 산7-2

용소골 저수지를 중심으로 수변 공원과 습지가 조성되어 있으며 덱 길을 따라 가볍게 산책을 즐기는 곳이다. 푸른 산이 둘러싼 아래 조성된 저수지 뚝방길에 그네와 벤치가 있어 피크닉에 나서는 이들이 많다. 작은 출렁다리를 건너면 아이들이 놀기 적합한 놀이터와 오두막도 있다.

스릴 있는 속도감
스카이라운지 루지 부산

📍 부산광역시 기장군 기장읍 기장해안로 205
🕙 10:00~19:00 ₩ 30,000~36,000원

중력을 이용해 자유롭게 나만의 속도를 즐겨보자. 2.4km에 이르는 다양하고 독특한 트랙과 30개 이상의 커브를 즐길 수 있으며, 스카이라이드와 하이플라이를 묶은 콤보 패키지도 운영한다.

끝없는 여행의 탐구
아난티 앳 부산 코브

📍 부산광역시 기장군 기장읍 기장해안로 268-32

부산 기장 지역에 자리한 아난티 앳 부산 코브는 탁 트인 오션 뷰와 해안 산책 코스, 휴식과 힐링을 위한 여러 시설이 눈길을 끈다. 파노라마 뷰가 근사한 인피니티 풀은 성인 전용 공간이 별도로 마련되어 있으며, 피트니스와 사우나, 테라피 룸을 갖춰 호캉스로 찾는 이들이 많다. 객실 어디서든 바다가 정면으로 보이는 것이 가장 큰 장점.
숙박하지 않아도 가봐야 할 이유는 이터널저니가 있기 때문이다. 개성적인 큐레이션과 한정판 도서, 디자이너 북 등 기존 서점과는 확연히 차별되는 공간으로, 새로운 시선을 가지고 책을 바라보게 되는 곳이다. 아난티의 이야기를 담은 미디어 갤러리 캐비네 드 쁘아쏭도 마련되어 있다. 미디어 갤러리 관람은 유료다.

가야 무사가 되어볼까
가야테마파크

📍 경남 김해시 가야테마길 161   🕘 09:30~18:00   ❌ 월요일
💰 어른 5,000원, 청소년 4,000원, 어린이 3,000원

김해의 랜드마크이자 인기 있는 관광 명소다. 가야 왕궁을 재현한 전시관과 가야 무사 어드벤처, 짜릿한 익사이팅 사이클과 익사이팅 타워, 눈썰매장 등 즐길 거리가 많다.

가야국의 시조를 만나다
김해수로왕릉

📍 경남 김해시 가락로93번길 26   🕘 08:00~19:00

가야 왕국의 시조인 수로왕의 무덤이 있는 곳. 봉분 높이가 약 5m에 달할 정도로 위용을 자랑한다. 경내에 위패를 모신 숭선전과 여러 전각이 있으며 해마다 춘추 제례가 행해진다.

레일 바이크 타고 달려볼까
낙동강 레일파크

📍 경남 김해시 생림면 마사로473번길 41   🕘 09:30~18:00
💰 2명 15,000원, 3명 19,000원, 4명 23,000원

낙동강 철교 위를 레일 바이크를 타고 모험을 떠나보자. 불어오는 강바람이 마음까지 시원하게 만들어준다. 와인 동굴와 열차 카페, 철교 전망대 등 가족 나들이로도 완벽한 장소다.

잃어버린 왕국을 찾아
국립김해박물관

📍 경남 김해시 가야의길 190   🕘 09:00~18:00
❌ 월요일, 1월 1일, 설날·추석 당일

부산과 경남 지역의 선사시대와 가야 문화를 주로 다룬다. 전시 내용이 알찬 데다 어린이 박물관은 놀이와 배움을 결합한 에듀테인먼트 공간으로 구성되어 있다.

조물조물 무얼 만들까
클레이아크 김해미술관

📍 경남 김해시 진례면 분청로 25
🕙 10:00~18:00 ❌ 월요일, 1월 1일, 설날·추석 당일
₩ 전시에 따라 다름

클레이아크는 흙과 건축을 합쳐서 만든 단어다. 도자 미술과 건축이 조화를 이룬 독특한 예술 작품을 전시하고 있으며 직접 만들어보는 체험 프로그램 또한 운영한다.

분청사기를 배워보자
김해분청도자박물관

📍 경남 김해시 진례면 분청로 17 🕙 09:00~18:00
❌ 월요일, 1월 1일, 설날·추석 당일

전국 최초의 분청사기 박물관. 아담한 규모지만 담고 있는 내용은 풍성하다. 분청사기의 변천사와 여러 가지 제작 기법 등을 자세히 소개하며 도자 체험 프로그램도 운영한다.

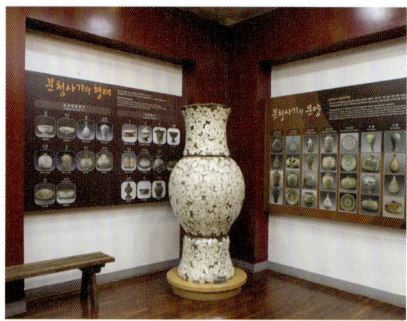

밀양

밀양의 핫 스폿
위양지

📍 경남 밀양시 부북면 위양2길 114

신라시대에 만든 인공 저수지로 독특한 경관과 함께 밀양8경 중 하나로 꼽힌다. 특히 5월 초에 만개하는 이팝꽃이 절경을 이루는데 봄철에 내린 새하얀 눈처럼 이색적인 풍경을 만끽할 수 있다. 사계절 다른 매력으로 여행자들을 사로잡는 위양지는 가을에는 단풍, 겨울엔 눈꽃으로 1년 내내 아름다운 풍경을 선사한다.
위양지 주변에는 분위기 좋은 카페가 많다. 주말엔 지역 주민들은 물론 근교 나들이에 나선 사람들로 북적이는데 블루베리 따기 체험이나 노르딕, 요가 체험 등 흥미로운 프로그램을 운영하는 곳도 있으니 한 번쯤 참여해봐도 좋을 것이다.

빛과 음악의 환상 조합
밀양 트윈터널

📍 경남 밀양시 삼랑진읍 삼랑진로 537-11 🕐 10:30~19:00
💰 어른 8,000원, 청소년 6,000원, 어린이 5,000원

쌍둥이 폐터널을 빛과 음악이 어우러진 환상적인 공간으로 탈바꿈시켰다. 작은 물고기들을 전시한 아쿠아리움도 있으며 터널 끝에 수제 딸기 맥주와 사과 와인을 파는 카페도 있다.

국내 3대 누각 중 하나
영남루

📍 경남 밀양시 중앙로 324

우리나라 3대 누각 중 하나로 국보급 문화재다. 조선시대 객사로 쓰인 건물로 현종 때 밀양부사 이인재가 건립했다. 밀양 강가 절벽에 위치해 한여름에도 시원한 바람이 솔솔 불어오며 누각에 올라 바라보는 경치도 운치 있다.

마치 유럽에 온 듯
밀양 영남알프스 얼음골 케이블카

📍 경남 밀양시 산내면 얼음골로 241 🕐 09:00~17:00 ❌ 월요일, 1월 1일, 설날·추석 당일 💰 어른 16,000원, 어린이 13,000원

가지산과 천황산 등 높이 1,000m 이상의 7개 산군이 모인 영남알프스는 유럽 알프스처럼 이국적이다. 멋진 절경을 케이블카를 타고 편안하게 감상해보자.

어느 계절이라도 좋아
참샘허브나라

📍 경남 밀양시 초동면 방동길 129 🕐 09:00~18:00
💰 어른 5,000원, 어린이 3,000원

농부가 직접 가꾸고 지켜온 아름다운 숲속 정원이다. 울창한 숲에 돌탑과 미니 철길 등 아기자기한 볼거리가 많고 계절마다 단감 따기, 고드름 얼음나라 등 체험 활동도 진행한다.

부산에서 출출할 때 뭐 묵지?

유부전골

떡볶이

비빔당면

추천스폿 ① 깡통골목할매유부전골	추천스폿 ② 아리랑거리	추천스폿 ③ 이가네떡볶이
📍 부산광역시 중구 부평3길 29	📍 부산광역시 중구 광복로35번길 11	📍 부산광역시 중구 부평1길 48
추운 날씨엔 따끈한 유부전골이 당긴다. 맑간 육수에 당면을 넣은 두툼한 유부 주머니를 푹 끓여 내놓는데 현지인들이 자주 찾는 단골 간식이다. 유부 주머니는 뜨거우니 조심해야 한다.	부산의 비빔당면은 잡채와 비슷하면서 다른 특유의 맛이 있다. 삶은 당면에 당근과 어묵, 시금치, 단무지를 얹고 양념장에 비벼 먹는데, 역시 시장 좌판에서 먹는 맛이 최고다.	부산에서 떡볶이를 안 먹고 가면 섭섭하다. 쫀득쫀득한 가래떡에 새빨간 양념을 듬뿍 얹어 내놓는 부산 스타일 떡볶이는 한번 맛보면 푹 빠지게 된다.

옛날 팥빙수 & 단팥죽

어묵고로케

사라다빵

| 추천 스폿 ④ 비엔씨

📍 부산광역시 중구 구덕로34번길 3-1

빵순이, 빵돌이라면 여행 중에도 맛있는 빵집을 찾아가기 마련이다. 유명한 집이 많지만 부산에서 추억의 맛을 느낄 수 있는 사라다빵을 추천한다. 한 끼 식사로도 부족함이 없다.

| 추천 스폿 ⑤ 용호동 할매팥빙수단팥죽

📍 부산광역시 남구 용호로90번길 24

부산에서 먹어야 제맛인 음식 중에는 거칠게 갈아 넣은 얼음 조각에 푹 쑤어 만든 팥을 넣은 옛날 팥빙수도 있다. 이것저것 토핑은 필요 없고 오로지 기본에 충실한 집이 많다.

| 추천 스폿 ⑥ 삼진어묵

📍 부산광역시 영도구 태종로99번길 36

부산은 어묵의 도시다. 시장에 즐비하게 늘어선 어묵집만 봐도 그렇다. 물론 일반적인 어묵이 아니다. 어묵 고로케, 어묵 핫도그 등 어묵의 변신은 끝이 없다.

거제·통영·고성

거제와 통영, 고성은 지리적으로 인접해 함께 묶어 여행하기 좋다.
거제에서 해금강과 외도, 바람의 언덕 같은 아름다운 해안 절경을 감상하고
통영으로 건너가면 전국 원조인 동피랑 벽화마을과
한려수도 절경이 파노라마로 펼쳐지는 통영 케이블카를 즐길 수 있다.
고성에서는 신비로운 해식 절벽과 정성껏 꾸민 민간 정원을 산책하며 시간을 보낼 수 있다.

추천 계절 스폿

봄	여름	가을	겨울
봄날엔 도다리 쑥국 **통영**	알록달록 '수국수국'한 여름 **고성 그레이스 정원 & 만화방초**	하늘은 높고 정원은 아름답고 **거제 외도 보타니아**	야생 독수리 탐조의 계절 **고성독수리생태체험관**

버킷 리스트

통영 주전부리
하나씩 맛보기

통영 섬에서 보내는
하룻밤

몽골에서 온
독수리와 만나기

세 곳의 도시, 세 가지 매력
당일치기 코스

거제

❶ 매미성
열정으로 쌓은 성

❷ 외도 보타니아
환상의 섬 정원

❸ 바람의 언덕
그 언덕에 오르면

❹ 근포땅굴
역사의 숨결이 깃든

통영

❶ 동피랑
알록달록 벽화마을

❷ 통영케이블카
한려수도의 절경을 한눈에

❸ 달아공원
황홀한 일몰 명소

❹ 디피랑
통영 밤의 판타지

고성

❶ 상족암군립공원
세월이 빚은 해식 동굴

❷ 그레이스 정원
수국이 만발한 여름

❸ 문수암
절벽에 세운 암자

❹ 송학동 고분군
아스라한 시간의 언덕

거제

부부의 꿈이 담긴 섬
외도 보타니아

- 경남 거제시 일운면 외도길 17
- 08:00~19:00
- 어른 11,000원, 청소년 8,000원, 어린이 5,000원

척박한 바위섬을 개간해 파라다이스 같은 환상적인 섬으로 바꾸어놓았다. 키 큰 야자수와 선인장, 대나무숲길 등 잘 가꾼 조경수와 야외 조각 공원, 유럽 분위기가 물씬한 비너스 가든 등 섬 전체가 볼거리다. 외도광장에서 비너스 가든까지 천천히 산책한 후 사계절 꽃밭인 벤베누토 정원에서 예쁜 사진도 남겨보자. 뱀부로드를 지나면 해금강이 보이는 전망 카페가 나온다. 잠시 휴식한 후 에덴교회와 천국의 계단을 지나 물의 정원까지 내려오면 1시간 30분~2시간 정도 걸린다.

> **TIP**
> 장승포, 지세포, 와현, 구조라, 도장포, 해금강, 다대 등 7개 선착장에서 외도행 유람선이 출발하며, 매표소에서 외도 입장권까지 통합 발권된다. 유람선은 왕복 기준으로 반드시 같은 배를 이용해 오가야 한다.

정글 돔에서 시간 순삭
거제식물원

- 경남 거제시 거제면 거제남서로 3595
- 09:00~18:00, 월요일, 1월 1일, 설날·추석 당일
- 어른 5,000원, 청소년 4,000원, 어린이 3,000원

거대한 유리 돔 안에 다양한 식물이 자라고 있으며 폭포와 모아이 목상, 전망대, 석부작 계곡 등 볼거리도 많다. 생태 수생정원을 관람하고 정글 타워를 오르다 보면 시간이 금세 흘러간다.

한 사람이 쌓은 성
매미성

- 경남 거제시 장목면 복항길

해안가 바위에 쌓아 올린 성채 구조물은 한 사람이 쌓았다고 하기에는 믿기지 않을 정도로 완벽해 보인다. 견고한 요새처럼 보이는 매미성은 태풍 피해를 입은 마을 주민이 농경지를 보호하기 위해 쌓기 시작한 것이다. 설계도 없이 홀로 웅장한 성을 만든 것에 감탄이 절로 나온다.

이념 대립의 시대를 가다
거제포로수용소유적공원

📍 경남 거제시 계룡로 61 🕘 09:00~18:00
💰 어른 7,000원, 청소년 5,000원, 어린이 3,000원

한국전쟁 당시 북한과 중공군 포로를 수용했던 거제도 포로수용소의 생활을 여러 전시와 디오라마로 보여준다.

> **TIP**
> 4DFX 극장에서 상영하는 〈거제도〉 영화는 꼭 봐야 한다.

해안가 이색 포토 존
근포땅굴

📍 경남 거제시 남부면 저구리 450-1

일제강점기에 판 진지 동굴로 해안가에 3개의 땅굴이 나란히 자리한다. 굴 안에서 바깥을 향해 찍으면 근사한 사진을 얻을 수 있다.

> **TIP**
> 이색 포토 존으로 인기가 높아 주말에는 줄을 서야 할 정도다. 기다리는 사람을 위해 사진은 5분 이내로 촬영하는 배려심을 발휘해보자.

바다, 바람, 그리고 풍차
바람의 언덕

📍 경남 거제시 남부면 갈곶리 산14-47

원래 지명은 띠밭늘인데, 지금은 거제 바람의 언덕이라 불린다. 해안가 절벽 언덕 위에 커다란 풍차가 서 있어 이국적인 정취를 물씬 풍기며 앞에 펼쳐진 너른 들판과 바다 전망이 가슴을 트이게 한다. 가까운 곳에 있는 신선대도 같이 둘러보기를 추천한다.

동백꽃 필 무렵
지심도

📍 경남 거제시 일운면 옥림리

울창한 동백림이 섬을 가득 메워 동백꽃이 피는 시기에는 꽃송이가 떨어지면서 섬 길이 붉은 카펫을 이룬다. 바다와 숲길을 따라 천천히 산책하며 힐링하기 좋다. 장승포와 지세포항에서 배로 약 10~15분 걸린다.

다도해 비경을 내 품 안에
거제 파노라마 케이블카

📍 경남 거제시 동부면 거제중앙로 288
🕘 09:00~20:00 💰 어른 18,000원, 어린이 15,000원

학동 고개에서 노자산 정상을 연결하며 상부 전망대에 오르면 360도로 펼쳐진 다도해 비경이 시원하게 안긴다.

▶ TIP
단풍철엔 크리스털 캐빈을 이용해보자. 발아래 펼쳐지는 풍경이 장관이다.

몽돌이 굴러가는 소리
학동 흑진주몽돌해수욕장

📍 경남 거제시 동부면 학동리

거제의 대표 해수욕장으로 모래사장 대신 몽돌이 깔려 있다. 파도가 칠 때마다 차르르거리는 몽돌 소리가 한여름 더위를 식힌다. 바닷물이 맑고 깨끗하며 주변에 편의 시설이 잘 갖춰져 있어 피서지로 많이 찾는다. 해변 뒤편에 자동차 야영장도 있어 캠핑하기도 적당하다.

이렇게 굵은 대나무가?!
거제맹종죽테마파크

📍 경남 거제시 하청면 거제북로 700 🕘 09:00~18:00
💰 어른 4,000원, 청소년 3,000원, 어린이 2,000원

대나무 가운데서도 가장 굵은 맹종죽숲을 거닐며 힐링하는 공간이다. 맹종죽 공예 체험도 진행하며 숲속에 만든 어드벤처 시설도 체험해볼 만하다.

봄은 수선화를 타고
공곶이

📍 경남 거제시 일운면 와현리 87

봄철 노랗게 피는 수선화 물결이 장관을 이루는 곳. 고(故) 강명식 어르신 내외가 손수 가꾼 자연 농원으로 바다와 수선화가 어우러진 풍경이 그림처럼 아름답다. 거제 시민에게는 추억의 장소로, 관광객에게는 힐링 공간으로 사랑받는다.

ⓒ한국관광공사 포토코리아

통영

벽화마을의 신화
동피랑

📍 경남 통영시 동피랑1길 6-18

전국에 벽화마을 열풍을 일으킨 원조다. 강구안 뒤쪽 언덕에 재기 발랄한 그림이 가득하며 전망대에 오르면 통영 시내와 바다가 훤히 내려다보인다. 원래 재개발 지역이었으나 낡은 담벼락에 그린 벽화들이 입소문을 타고 사람들을 불러 모으면서 삽시간에 스타 여행지로 등극했다. 벽화마을이 형성된 지 15년도 훨씬 넘었지만 주기적으로 그림을 교체하기 때문에 언제나 새로운 그림을 만날 수 있다.

푸른 바다가 출렁이는 골목을 지나 언덕 가장 높은 곳에 있는 동포루에 오르면 잠시 걸음을 멈추고 쉬어 가야 한다. 어디선가 불어오는 바람이 송골송골 맺힌 땀방울을 시원하게 식혀준다. 골목에 카페와 식당, 소품 숍이 숨어 있어 구석구석 찾는 재미도 있다. 바리스타 할머니가 내려주는 커피도 마셔보자.

> **● TIP**
> 주민들이 거주하는 곳인 만큼 매너 있는 관람이 필요하다. 골목길에서 큰 소리를 내거나 남의 집을 기웃거리는 행동은 삼가야 한다.

피아노 계단에서 도레미
서피랑

📍 경남 통영시 서호동

서호동 뒤쪽에는 서피랑이 있다. 동피랑과는 또 다른 감성을 품고 있다. 알록달록한 서피랑 99계단은 발을 디딜 때마다 맑은 소리가 울리는 피아노 계단이 관람 포인트. 언덕에 자리한 서포루에서 호젓하게 강구안 풍경을 즐기는 숨은 명소다.

하루는 나를 위한 호사
요트 투어

📍 경남 통영시 도남로 269-20(통영항 요트 계류 시설)

통영은 요트의 메카다. 미륵도에 마리나 시설을 갖추었으며 요트 투어도 가능하다. 여러 가지 코스가 있지만 한산도 제승당 또는 일몰 코스를 추천한다. 요트에서 스노클링과 바다 수영을 즐기는 체험도 있으며, 간단한 간식을 제공하기도 한다.

벽화를 찾아 떠나는 밤
디피랑

📍 경남 통영시 남망공원길 29
🕐 20:00~24:00 ✖ 월요일, 1월 1일, 설날·추석 당일
₩ 어른 15,000원, 청소년 12,000원, 어린이 10,000원

동피랑에서 사라진 벽화들은 어디로 갔을까? 디피랑은 남망산조각공원 야외에 꾸민 미디어 아트 전시관이다. 디지털과 피랑(벼랑)을 조합한 이름이 돋보인다. 무엇보다 동피랑 벽화가 교체되면서 지워져버린 그림을 찾아 떠난다는 스토리텔링이 신선하다.
숲에 어둠이 깔리면 나무와 바위 등 자연물에 빛과 음악을 이용한 신비한 세계를 펼쳐낸다. 형형색색 빛나는 석상이 도깨비처럼 보이고 울창한 숲속에 뿌려지는 빛의 조각은 단숨에 시선을 잡아끈다. 누구든 마법 같은 시공간에 갇혀 좀처럼 헤어 나오기 힘들다. 사진을 찍거나 여유롭게 관람하려면 1시간 이상 잡아야 한다.

> **● TIP**
> 인터랙션 라이트 볼을 이용하면 더욱 풍부한 관람이 된다. 포인트마다 라이트 볼을 넣으면 사라져버린 벽화가 순식간에 눈앞에 나타난다. 매표소에서 미리 구매하도록.

너른 바다를 보며 산책
이순신공원

📍 경남 통영시 정량동 688-1

바닷가 언덕에 서 있는 이순신 장군 동상이 여행자들을 반긴다. 이곳에서 바라보는 바다는 더없이 파랗고 아름답다. 언덕 아래로 이어진 산책 코스는 바다와 나란히 걷는 길이다. 봄에는 벚꽃이, 여름에는 수국이, 가을에는 단풍까지, 어느 계절에 찾아도 멋진 풍광을 안긴다.

국보를 거닐다
세병관

📍 경남 통영시 세병로 27 🕐 09:00~18:00
₩ 어른 3,000원, 청소년 2,000원, 어린이 1,000원

이순신 장군의 전공을 기념하기 위해 선조 때 건립한 국보급 건물이다. 완공 후에는 삼도수군통제영으로 사용되었다. 경복궁 경회루, 여수 진남관과 함께 오래된 목조 고건축으로 꼽힌다. 위풍당당한 자태가 당시 기백을 엿보게 한다.

한려수도의 비경
통영케이블카

📍 경남 통영시 발개로 205　⏰ 09:30~17:00
❌ 둘째·넷째 주 월요일　₩ 어른 17,000원, 어린이 13,000원

통영 미륵산에 있는 케이블카로 그림 같은 한려수도의 비경이 입체적인 파노라마로 펼쳐진다. 케이블카를 타고 가면서 감상하는 전망도 멋지지만 진짜 풍경을 보려면 정상에 올라야 한다. 상부 역사에 내려 10~15분 정도 계단을 따라 오르면 호수처럼 잔잔한 바다에 섬들이 보석처럼 박힌 숨 막히는 풍경이 펼쳐진다. 전망대가 여러 곳에 있어 이곳저곳 경치를 비교해보는 재미도 쏠쏠하다. 날씨가 맑은 날엔 아무 곳에나 카메라를 갖다 대도 작품 같은 사진을 얻을 수 있다.

> **TIP**
> 케이블카 티켓을 제시하면 할인해주는 곳들이 있으니 잘 챙겨놓자. 할인 업체는 홈페이지에서 확인하면 된다.

한국의 피카소
전혁림미술관

📍 경남 통영시 봉수1길 10　⏰ 10:00~17:00　❌ 월·화요일

통영을 대표하는 예술가 전혁림 화가의 삶과 예술을 엿보는 공간이다. 원색의 세라믹 타일로 마감한 미술관은 이국적이고 독특한 분위기를 풍긴다. 작품과 더불어 전 화백이 사용했던 팔레트, 붓 등 여러 유품이 전시되어 있다.

통영의 인생 서점
봄날의책방

📍 경남 통영시 봉수1길 6-1　⏰ 10:30~18:30　❌ 월·화요일

통영 지역 출판사인 남해의봄날에서 운영하는 아담한 서점이다. 공간은 작지만 큐레이션이 독특해 책 고르는 재미가 쏠쏠하다. 통영 아트 상품도 볼거리를 더한다.

> **TIP**
> 멤버십에 가입하면 책 구매 시 적립해주며 일정 금액이 쌓이면 장인의 다락방(북스테이)을 이용할 수 있다.

회 좋아하면 여기
중앙시장

📍 경남 통영시 중앙동 233

강구안 바로 앞에 있는 통영 대표 시장이다. 특히 좁은 골목을 따라 난 활어 시장이 유명하다. 펄떡이는 생선과 해삼, 멍게, 소라, 개불 등 해산물이 싱싱함을 뽐낸다.

┌─ ⊕ TIP ─┐
구입한 횟감은 즉석에서 회를 쳐주며 인근 식당에서 상차림비를 내고 맛보면 된다.

짜릿한 속도감
스카이라인 루지 통영

📍 경남 통영시 발개로 178 🕙 10:00~18:00
₩ 12,000원~37,000원

굽이굽이 이어진 길을 특수 제작된 루지 카트를 타고 속도감을 즐기며 내려오게 된다. 커브 구간, 터널 등 여러 코스를 자유롭게 오갈 수 있어 스릴감을 더해준다. 출발 지점까지는 리프트를 타고 올라간다.

┌─ ⊕ TIP ─┐
루지 탑승 중에 안전을 위해 휴대폰 사용은 금지된다.

《토지》 작가의 묘소
박경리기념관

📍 경남 통영시 산양읍 산양중앙로 173 🕘 09:00~18:00
✖ 월요일

《토지》 저자 박경리 작가의 친필 원고와 유품이 전시되어 있으며 인터뷰 영상과 주옥같은 명언도 곱씹어볼 수 있다. 박경리 작가의 고향이 통영이다. 기념관 뒤편에 묘소가 있다.

통영 일몰 맛집
달아공원

📍 경남 통영시 산양읍 연화리 114-2

미륵도 남단에 자리한 통영에서 첫째가는 일몰 명소다. 바다에 점점이 뜬 섬들 사이로 붉은 노을을 감상할 수 있다. 시뻘건 태양이 바다에 잠길 무렵이면 곳곳에서 탄성이 새어 나온다. 전망대가 쉼터처럼 조성되어 있어 석양 전부터 기다리는 사람들이 많다.

하얀 등대가 있는 섬
소매물도

📍 경남 통영시 한산면 매죽리

통영의 많은 섬들 중 가장 절경으로 손꼽히는 소매물도는 이국적인 정취로 사계절 사람들을 끌어 모은다. 주봉인 망태봉에 오르면 섬을 둘러싼 풍경이 파노라마로 펼쳐진다. 하얀 등대가 있는 새끼섬은 하루 두 차례 바닷길이 열릴 때만 다녀올 수 있다. 물때를 잘 맞춰야 하는데 간조 전후로 2시간 정도 여유를 두면 적당하다. 등대까지 목재 덱 탐방로가 이어져 있으며, 특히 가을철에는 억새꽃이 가득한 서정적인 풍경을 그려낸다. 등대까지 올라도 좋지만 본섬에서 바라보는 경치가 더 멋지긴 하다.

> **TIP**
> 소매물도는 탐방 길이 좁고 울퉁불퉁해 트레킹 차림을 권장한다. 행정구역상 통영이지만 사실 거제도에서 더 가까워 통영항에서 1시간 20분 정도 소요되며 거제도 저구항에서는 40분가량 걸린다.

바다 위 아름다운 공원
장사도 해상공원 까멜리아

📍 경남 통영시 한산면 장사도길 29 🕐 10:00~18:00
💰 어른 8,000원, 학생 7,000원, 어린이 5,000원

한려수도 절경과 동백꽃이 조화를 이루는 아름다운 섬이다. 10만여 그루의 동백나무를 비롯해 후박나무, 구실잣밤나무, 팔색조와 풍란 등 다양한 식생을 품고 있다. 섬 곳곳에 전망대와 야외 조각품이 많고 여러 갈래의 코스가 있어 구석구석 다니다 보면 2시간은 훌쩍 지나간다. 섬에 들어설 때 나눠주는 지도를 참고하면 효율적으로 관람할 수 있다.

> **TIP**
> 소매물도와 마찬가지로 거제도에서 더 가깝다. 통영 도남동 유람선 선착장, 거제 근포항에서 각각 배가 출발한다. 통영 유람선은 한려수도 선상 관광을 포함해 3시간 30분 코스로 운항하며 근포항에서는 10분 정도 걸린다. 장사도 선착장은 배가 내리는 곳과 타는 곳이 달라 헷갈리지 말아야 한다.

군침 돌게 하는 통영 먹거리

① 충무김밥

③ 졸복국

② 통영 꿀빵

추천 스폿 ① 충무김밥거리

📍 경남 통영시 통영해안로

통영에선 당연히 충무김밥을 먹어야 한다. 충무김밥의 고향이 바로 통영이기 때문. 맨밥을 넣은 꼬마김밥에 매콤한 오징어와 어묵, 아삭한 섞박지와 맑은 시락국을 곁들인 충무김밥은 배부른 한 끼 식사가 된다.

추천 스폿 ② 오미사 꿀빵

📍 경남 통영시 도남로 110

1960년대부터 통영 시민들의 출출함을 채워주던 꿀빵이 지금은 대표 주전부리가 되었다. 세탁소 옆 간판에서 팥소를 넣어 팔던 오미사 꿀빵이 원조. 크림치즈, 고구마, 흑미 등 다양한 내용물을 채운 꿀빵도 인기다.

추천 스폿 ③ 부일식당

📍 경남 통영시 서호시장길 45

통영 술꾼들이 많이 찾는다는 일등 해장국이다. 손가락만 한 졸복이지만 맛과 숙취 해소 능력이 결코 뒤지지 않는다. 오히려 졸복을 푸짐하게 넣어주니 고마울 뿐이다. 양념장과 식초를 살짝 뿌려 먹는 게 통영식이다.

추천스폿 ④ 원조 시락국
📍 경남 통영시 새터길 12-10

졸복국과 함께 속풀이 해장국으로 사랑받는 시락국은 장어 뼈를 푹 우려낸 국물에 시래기를 넣고 끓이는 것이 특징이다. 여기에 된장을 풀어 넣어 간을 맞춘다. 저렴한 데다 영양까지 챙길 수 있는 일석이조 음식이다.

추천스폿 ⑤ 팔도식당
📍 경남 통영시 안개2길 25-6

봄날 통영에서 꼭 먹어야 하는 먹거리. 싱싱한 도다리에 해풍을 맞고 자란 쑥을 넣어 끓인다. 담백한 국물에 향긋함이 더해져 겨우내 잃었던 식욕을 찾게 해준다. 통영에선 도다리쑥국을 먹어야 봄이 온다는 말까지 있을 정도.

추천스폿 ⑥ 할매우짜
📍 경남 통영시 새터길 42-7

여러 가지 잡곡과 말린 고구마를 넣어 죽처럼 끓인 빼떼기죽은 통영에선 특별한 간식거리로 통했다. 여기에 우동도 먹고 싶고, 짜장도 먹고 싶은 손님들의 요청에 으로 탄생한 우짜도 한 번쯤 맛봐야 한다.

| 고
| 성

공룡이 되살아난다면
당항포 관광지

📍 경남 고성군 회화면 당항만로 1116 🕘 09:00~18:00
❌ 월요일 ₩ 어른 7,000원, 청소년 5,000원, 어린이 4,000원

경남고성공룡세계엑스포 부지를 활용한 테마파크로 가족 나들이에 추천한다. 주제관에서는 사파리 영상관과 움직이는 공룡을 전시하며 4D 영상관에서 더욱 생생한 공룡 세계를 접할 수 있다. 한반도 공룡 발자국 화석관도 흥미롭다. 이곳에서는 360도 5D 입체 영상을 관람한다.
유아 동반 가족에겐 공룡 캐릭터관이 제격이다. 귀여운 공룡은 아이들도 좋아한다.
초등학생 아이와 함께라면 공룡 화석 & 체험관을 방문해보자. 정글 미디어 아트와 진품 화석이 놀라움을 선사하며 화석 발굴 체험이 아이들의 흥미를 끈다. 7,000만 년 전 공룡의 세계를 스크린에 펼친 영상관은 부모들도 재미있게 관람할 수 있다.

▶ TIP
당항포 오토 캠핑장이 이웃해 있어 숙박 여행도 가능하다. 캠핑 또는 펜션 이용 시 당항포 관광지 입장은 무료다.

억만 겹 세월의 신비
상족암군립공원

📍 경남 고성군 하이면 덕명5길 42-23

해안 절벽에 깊은 굴이 뚫려 있는데, 안쪽에서 바라본 바깥 풍경이 세월을 비껴간 듯 오묘한 느낌을 준다. 울퉁불퉁한 암반을 건너 굴 안쪽까지 들어갈 수 있으며, SNS 사진 명소로 인기 있다. 물이 차면 동굴까지 건너가기 어려우니 미리 물때를 확인해보자.

야생 독수리와 추억 만들기
고성독수리생태체험관

📍 경남 고성군 고성읍 기월리 251-3

겨울이 오면 꼭 가봐야 하는 특별한 여행지다. 해마다 몽골에서 700마리 남짓한 독수리가 날아와 겨울을 나기 때문이다. 20여 년간 독수리에게 먹이를 주며 구호 활동을 펼쳐온 결과라고 한다. 독수리 생태 관광 프로그램을 이용하면 탐조 활동에 참가할 수 있다. 예약 필수.

정성껏 가꾼 수국 맛집
그레이스 정원

📍 경남 고성군 상리면 삼상로 1312-71 🕘 09:00~18:00
💰 어른 10,000원, 중·고등학생 8,000원, 어린이 6,000원

깊은 숲속 비밀의 화원 같은 곳. 경남 6호 민간 정원으로 정원 부지만 약 530,000m²(약 16만 평)에 달한다. 오솔길을 따라 가면 울창한 나무와 흐드러지게 핀 꽃이 반갑게 맞는다. 6~7월 수국이 필 시기에 맞추면 더욱 화사한 꽃 나들이를 즐길 수 있다.

자연 속을 거니는
만화방초

📍 경남 고성군 거류면 은황길 82-64 🕘 09:00~18:00
❌ 월요일 💰 어른 5,000원, 청소년·어린이 3,000원

경상남도 민간정원 8호다. 자연을 그대로 살려 만든 공간에 마음이 간다. 편백나무숲길을 걷거나 아기자기하게 꾸민 꽃 정원을 감상하며 힐링 시간을 가져보자. 산 중턱에 있어 언덕길을 올라야 하는 수고로움이 있다. 쉬엄쉬엄 가보자.

천년 세월이 묻힌 곳
고성 송학동 고분군

📍 경남 고성군 고성읍 송학리 470

고성은 삼국시대 이전 번성한 소가야의 중심지였다. 봉긋하게 솟은 고분들이 왕족 또는 집권층의 무덤으로 여겨지는 이유다. 푸른 잔디에 거대하게 솟은 봉분이 세월을 뛰어넘는 아름다움을 보여준다.

┤ TIP ├
바로 옆에 고분군에서 출토된 유물을 전시한 고성박물관도 있으니 함께 둘러보자.

기암절벽에 세운 신비로운 암자
문수암

📍 경남 고성군 상리면 무선2길 808

남해 보리암, 여수 향일암과 함께 남해안 3대 기도처로 알려진 곳이다. 산중턱 절벽에 암자가 있는데, 기암절벽이 병풍처럼 둘러쳐 있어 어떻게 세웠을까 싶을 정도로 신비로운 모습이다. 가파른 계단을 오르면 푸르게 빛나는 한려수도가 파노라마로 펼쳐진다.

하동 · 남해 · 사천

하동은 드라마 속 풍경과 아름다운 자연경관을 만끽하는 여행지다.
차 시배지가 있는 하동에서 차 한잔의 여유는 꼭 즐겨야 한다.
바다 쪽으로 걸음을 옮겨 노량대교, 또는 남해대교를 건너면
이국적인 분위기를 풍기는 남해도에 닿는다. 독일마을과 다랭이마을은 필수 코스다.
남해에서 창선대교를 건너면 바로 우주항공청이 있는 사천이다.
아이와 함께 항공우주박물관에서 새로운 꿈을 키워보자.

추천 계절 스폿

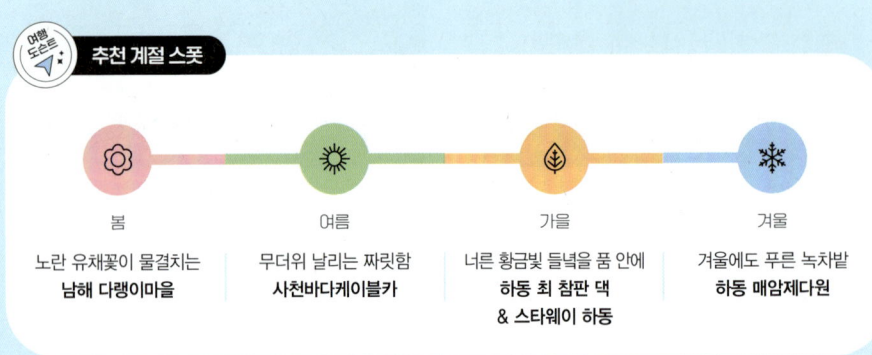

봄
노란 유채꽃이 물결치는
남해 다랭이마을

여름
무더위 날리는 짜릿함
사천바다케이블카

가을
너른 황금빛 들녘을 품 안에
**하동 최 참판 댁
& 스타웨이 하동**

겨울
겨울에도 푸른 녹차밭
하동 매암제다원

버킷 리스트

갓 수확한 잎으로 만든
우전차 맛보기

설리 스카이워크에서
노을을 향해
하늘 그네 도전하기

보리암에서 새벽 일출 보고
컵라면 먹기

추천 코스

과거, 현재, 미래를 만나는
당일치기 코스

하동

① 최 참판 댁
소설 《토지》의 그곳

② 스타웨이 하동
별을 닮은 전망대

③ 매암제다원
향긋한 차밭에서 보내는 시간

④ 화개장터
전통과 활기가 넘치는 시장

남해

① 섬이정원
다랑이 논이 정원으로

② 독일마을
독일 대신 여기

③ 물건리 방조어부림
물고기를 부르는 숲

④ 남해 보물섬 전망대
절벽을 향해 뛰어!

사천

① 사천바다케이블카
바다를 건너 섬으로

② 아라마루 아쿠아리움
슈빌 만나러 가볼까?

③ 항공우주박물관
우주를 향한 꿈과 도전

하동

만석꾼의 들녘
최 참판 댁

📍 경남 하동군 악양면 평사리길 66-7   🕘 09:00~18:00
💰 어른 2,000원, 청소년 1,500원, 어린이 1,000원

박경리 작가의 대하소설 《토지》의 무대를 그대로 옮겨놓은 최 참판 댁은 드라마 촬영을 위해 만든 세트장이었지만 일반에 개방한 이후 하동을 대표하는 관광 명소로 자리 잡았다. 소설을 구상할 때 떠올린 너른 들판이 그대로 소설의 무대가 되었는데, 그 들녘 위에 최 참판 댁이 있다. 고래등 같은 기와집에선 어디선가 서희가 나타날 것만 같은 느낌이다.
언덕 위쪽에는 평사리문학관과 한옥 숙소도 자리한다. 아래쪽에는 초가집에 꾸민 공방과 음식점이 여럿 들어서 있다. 최 참판 댁은 마을 안에 있는 조씨 고가가 모델인 것으로 전해진다. 소설 《토지》는 1979년과 1989년, 2005년 등 여러 번 드라마로 제작되었다.

별을 하동의 품 안에
스타웨이 하동

📍 경남 하동군 악양면 섬진강대로 3358-110
🕘 09:30~18:00   💰 어른 3,000원, 청소년 2,000원

드넓은 평사리 들판과 그 옆으로 섬진강이 흐르는 파노라마 절경을 품고 있다. 삼각형 모양의 전망대가 독특하다. 가을 수확 무렵에 방문하면 황금빛으로 물결치는 풍경을 담을 수 있다.

느긋한 마음으로 쉼표
동정호 생태습지

📍 경남 하동군 악양면 평사리 305-2

평사리 들녘 한쪽에 아담한 연못을 공원으로 꾸며 느긋하게 둘러보며 쉬어 가면 좋다. 연못 둘레에 조성된 덱 길을 따라 걷다 보면 작은 정자도 나온다.

⊕ TIP
하동의 숨은 핑크뮬리 맛집이다.

하동 야생차가 궁금하다면
하동야생차박물관

📍 경남 하동군 화개면 쌍계로 571-25 🕐 10:00~18:00
❌ 월요일, 1월 1일, 설날·추석 당일

하동은 우리나라에 처음 차나무가 보급된 지역으로 알려져 있다. 하동 차문화센터에서는 야생차의 역사와 재배법을 알아보자. 직접 차를 시음한 후 구입도 할 수 있다.

마음도 쉬어 가는 곳
매암제다원

📍 경남 하동군 악양면 악양서로 346-1 🕐 10:00~18:00
❌ 월요일

매암제다원은 푸른 차밭을 감상하며 여유롭게 차를 즐기는 곳이다. 차밭 사이를 걷는 동안 마음이 맑고 편안해진다. 〈수요미식회〉에서 극찬한 잭살차(홍차)를 맛볼 수 있다.

그윽한 우전차의 향기
쌍계명차

📍 경남 하동군 화개면 화개로 30

세계 명차 품평회에서 금상을 수상한 김동곤 명인이 운영하는 카페 겸 티 뮤지엄이다. 추천 메뉴는 시그너처인 우전차다. 맑은 빛깔에 반하고 그윽한 향에 한 번 더 반하게 된다. 2층에 만든 차 뮤지엄도 내용이 알차 그냥 지나치면 아쉽다.

매일이 장날이네
화개장터

📍 경남 하동군 화개면 탑리

옛 기록에도 남아 있을 만큼 유서 깊은 시장이다. 한창때는 전라도, 경상도의 물자는 물론 중국 비단과 제주도 생선까지 오갈 정도로 규모가 컸다고 한다. 이후 사라져가던 장터를 지금 자리에 복원했다.

◎ TIP
봄철에는 화개장터부터 쌍계사까지 하동십리벚꽃길이 이어진다.

돌로 만든 궁전
삼성궁

📍 경남 하동군 청암면 삼성궁길 86-15 🕐 08:30~16:30
💰 어른 8,000원, 청소년 5,000원, 어린이 4,000원

산속에 만든 거대한 성과 돌탑이 불가사의하게 느껴지는 곳. 삼성궁은 한풀선사가 50년여 년에 걸쳐 만든 곳으로 무려 1,500여 기의 솟대 돌탑을 쌓았다고 한다. 홍익인간과 이화 세계를 널리 알리고 배달민족의 혼을 지켜가기 위해 만든 성전이다. 무엇보다 약 132,231m²(4만 평)에 이르는 넓은 부지에 쌓은 견고한 성과 수많은 돌탑은 보는 누구나 감탄하지 않을 수 없다. 계곡을 따라 오르다 보면 끝없이 이어지는 절경에 경이로움마저 느껴진다. 연둣빛 물이 오른 봄철이나 단풍이 물든 가을에 더욱 신비로운 느낌을 준다.

●TIP
궁이 있는 곳까지는 산길 오르막이 계속되다 보니 어린아이나 어르신은 끝까지 오르기 힘들 수 있다.

마음껏 내질러봐!
코리아 짚와이어

📍 경남 하동군 금남면 경충로 493-37 🕐 08:30~17:00
💰 어른 40,000원, 청소년 35,000원, 어린이 30,000원

시원하게 펼쳐진 다도해를 향해 날아갈 듯 즐기는 익스트림 레포츠. 해발 849m 금오산 정상에서 출발해 최고 시속 120km/h 속도로 미끄러지듯 내려가다 보면 쌓인 스트레스가 단번에 날아간다.

금오산까지 편안하게
하동 케이블카

📍 경남 하동군 금남면 경충로 461-7 🕐 09:30~17:30
💰 어른 20,000원, 어린이 15,000원

짚와이어가 부담스럽다면 케이블카를 추천한다. 금오산 정상까지 편안하게 오를 수 있다. 상부 승강장에서 내려다보는 남해 바다는 잊을 수 없는 추억을 안겨준다.

남해 속 독일마을
독일마을

📍 경남 남해군 삼동면 물건리 1074-2

근대화 시기 독일로 떠났던 교포들을 위해 조성한 마을로 전통 독일 양식의 집들이 이국적인 정취를 풍긴다. 해마다 독일 맥주를 소개하는 축제도 열린다. 파독전시관도 잊지 말고 들러보자. 독일 파독 광부와 간호사의 역사와 독일마을 건립에 관한 이야기를 들을 수 있다.

> **TIP**
> 독일마을과 이웃하고 있는 또 다른 명소 원예 예술촌도 들러보자. 원예 전문가들이 각자 집과 정원을 작품처럼 가꿔서 개방해 예쁜 집과 아기자기한 여러 나라의 정원을 산책 삼아 즐길 수 있다.

다랑이 논이 정원으로
섬이정원

📍 경남 남해군 남면 남면로 1534-110 🕐 일출~일몰
💰 어른 5,000원, 청소년 3,000원, 어린이 2,000원

다랑이 논이었던 곳을 근사한 정원으로 바꿔놓았다. 경상남도 민간정원 1호이며 정원 어디든 눈길이 가지 않는 곳이 없다. 숨어 있는 작은 연못이 감성 사진을 위한 포토 스폿이다.

물고기를 부르는 숲
물건리 방조어부림

📍 경남 남해군 동부대로1030번길 59

독일마을에서 바닷가 쪽으로 내려오면 닿는 울창한 숲이다. 약 300년 전 마을 사람들이 바닷바람과 해일 등을 막기 위해 방풍림으로 심은 것이다. 해안을 따라 오래된 나무들이 운치 있는 오솔길을 만들어놓았다.

굽이굽이 이어지는 바닷가 논두렁
남해 다랭이마을

📍 경남 남해군 남면 남면로 702

비탈진 해안에 수많은 논두렁이 굽이굽이 이어진 풍경이 장관이다. '다랑이(다랭이)'는 좁고 긴 계단식 논배미를 뜻하는데, 농기계도 들어올 수 없는 탓에 여전히 소와 쟁기가 논을 가는 모습을 볼 수 있다. 요즘은 보기 힘든 서정적인 정경에 한번 다녀간 후엔 쉬이 잊히지 않는다.

+ TIP
다랭이마을에서 운영하는 달빛 걷기 체험 프로그램을 추천한다. 랜턴을 들고 마을 오솔길과 해안 절벽을 걷는 시간이 꿈결처럼 몽환적이다. 마을 안에 푸근한 인심을 느낄 수 있는 식당과 예쁜 카페, 민박집이 자리해 소소한 즐거움을 얻을 수 있다.

유리 바닥을 굴러 저 바다로
설리 스카이워크

📍 경남 남해군 미조면 미송로303번길 176　🕐 일출~일몰
💰 어른 2,000원, 어린이 1,000원

바다를 향해 길게 뻗은 스카이워크는 바라만 봐도 아찔하다. 해안 절벽 위를 걷는 것도 후들후들한데 스카이워크 끝 지점에서 바다를 향해 떠오르는 그네는 극강의 아찔함을 선사한다.

줄에 매달려 폴짝!
남해 보물섬 전망대

📍 경남 남해군 삼동면 동부대로 720

바닷가 절벽에 서 있는 전망대는 전망 좋은 호텔에 와 있는 듯 기분 좋은 시간을 갖게 한다. 와이어 줄에 위지해 건물 외곽에 설치된 투명한 유리 바닥을 걷는 클리프워크에도 도전해보자.

절경 앞에선 컵라면도 꿀맛
보리암

📍 경남 남해군 상주면 보리암로 665

남해의 으뜸 명소. 국내 3대 기도 도량 가운데 하나로 깎아지른 듯한 산 중턱 절벽에 있는 암자는 그 자체로도 신비롭다.

> **＋TIP**
> 절벽 위 금산산장에서 컵라면 한 그릇은 필수다.

섬에서 꽃피운 유배 문화
남해유배문학관

📍 경남 남해군 남해읍 남해대로 274
🕘 09:00~18:00 ❌ 화요일, 1월 1일, 설날·추석 당일
💰 어른 2,000원, 청소년 1,500원, 어린이 1,000원

조선시대 유배지였던 남해를 새롭게 조명한 곳. 《구운몽》, 《사씨남정기》 작가인 김만중과 서예가 자암 김구 등 유배인들이 남긴 문화의 흔적을 찾아보자.

이렇게 희한한 탈이?!
남해국제탈공연박물관

📍 경남 남해군 이동면 남해대로 2412
🕘 09:00~18:00 ❌ 화요일, 1월 1일
💰 어른 2,000원, 청소년 1,500원, 어린이 1,000원

전 세계의 탈 문화를 정리한 곳으로 재밌고 희한한 탈이 많다. 점점 사라져가는 탈춤도 영상을 통해 볼 수 있으며, 평소 접하기 힘든 인도네시아의 그림자극도 눈길을 끈다.

지혜로운 전통 어업
남해 지족해협 죽방렴

📍 경남 남해군 삼동면 지족리

전국 최고의 품질을 자랑하는 남해 죽방렴 멸치 어장에 직접 가보자. 물살이 센 창선교 부근 바다에는 대나무를 이용해 만든 죽방렴이 여럿 있다. 실제 죽방렴을 체험하고 관람하는 관람대가 있으며, 바다 위를 건너가 죽방렴을 볼 수 있다.

남해대교가 눈앞에 딱!
남해각

📍 경남 남해군 설천면 남해대로 4216 🕘 09:00~18:00
❌ 화요일

여행자를 위한 남해 관광 플랫폼. 숙박과 맛집, 기념품점 등 다양한 정보를 제공하며, 남해각의 과거와 현재를 보여주는 아카이브도 있다. 무엇보다 옥외에서 바라보는 경치가 으뜸이다.

이곳이 창고였다고?!
스페이스 미조

📍 경남 남해군 미조면 미조로 254 🕘 11:00~19:00
❌ 화·수요일

미조항 앞에 냉동 창고를 개조해 만든 4층 규모의 복합 문화 공간이다. 카페와 전시관, 작가 레지던시, 루프톱 라운지로 이뤄졌으며, 창고 특유의 공간을 재설계한 세련된 감각이 돋보인다.

로컬 푸드 들여가세요
앵강마켓

📍 경남 남해군 남면 남서대로 772 🕘 11:00~17:30

죽방 멸치, 다시마, 미역 등 남해 특산품 판매하는 로컬 푸드 숍 겸 카페. 아기자기하고 고급스러운 패키지에 선물용으로 구입하는 이들이 많다. 아담하고 감성 가득한 카페는 빈자리 찾기가 힘들 정도다. 핸드 드립 커피나 수제청 차에 양갱을 곁들이면 입이 행복해진다.

LP판이 가득한 카페
라키비움

📍 경남 남해군 창선면 진동리 676

남해의 푸른 바다를 품은 이색 공간이다. 1만여 장의 LP와 음악 도서로 가득한 뮤지엄, 카페, 갤러리로 꾸며놓았다. 고전적인 분위기와 그윽한 커피 향이 어우러지며 색다른 휴식을 선사한다. 날씨 좋은 날엔 야외 테라스에서 시간을 보내자. 여행 기분이 물씬 난다.

사천

사천의 매력을 보여줄게
사천바다케이블카

📍 경남 사천시 사천대로 18　🕐 09:30~18:00
💰 어른 18,000원, 어린이 15,000원

바다와 섬, 산을 잇는 케이블카를 타고 사천이 품은 다채로운 풍경을 감상해보자. 바다 건너 초양역에서 하차해 주변 볼거리를 즐긴 후 다시 승차해 각산역까지 두루 다녀올 수 있다.

슈빌을 만나는 유일한 곳
아라마루 아쿠아리움

📍 경남 사천시 사천대로 18　🕐 09:30~18:00
💰 어른·청소년 27,000원, 초등학생 23,000원(동물원 별도)

모든 층에 자연광이 들어오도록 설계해 밝고 환한 분위기가 특징이다. 공룡의 후예로 불리는 슈빌을 비롯해 하마와 타조, 하이에나 등 여러 동물과 물고기를 만날 수 있다.

미래를 향한 발걸음
항공우주박물관

📍 경남 사천시 사남면 공단1로 78　🕐 09:00~18:00
❌ 설날·추석 연휴　💰 어른 5,000원, 청소년 3,000원

항공기의 역사와 비행 원리에 대해 알아보며 기내 탑승 체험을 할 수 있다. 우주 탐험에 대해서도 배울 수 있다.

> **TIP**
> 사천항공우주과학관에서 4D 영상과 VR 가상 체험에도 참여해보자.

남해에서 손꼽히는 환상 숙소
아난티 남해

📍 경남 남해군 남면 남서대로1179번길 40-109

드라마 〈환상의 커플〉로 널리 알려진 곳으로 힐튼 계열에서 2018년부터 아난티 남해로 바뀌어 운영되고 있다. 골프와 스파 시설을 잘 갖춘 고급 휴양 리조트로 서점 겸 라이프스타일 숍인 이터널저니도 있다. 이터널저니는 숙박객이 아니어도 이용 가능하다.

진주·산청·함양·거창

네 지역은 주요 고속가 편리하게 연결되어 있어 함께 여행하기 좋다.
남강유등축제로 유명한 진주에서 역사와 문화를 배우고,
산청 동의보감촌에서 치유와 건강 테마 여행을 즐겨보자.
함양에서는 지리산과 상림공원 등 자연을 만끽하는 동시에
스릴감 넘치는 액티비티도 체험할 수 있다.
수승대와 거창 항노화힐링랜드의 출렁다리도 아찔한 시간을 선사한다.

추천 계절 스폿

봄
벚꽃과 꽃창포의 계절
거창 창포원

여름
시원한 계곡물 따라
더위 쫓는 트레킹
산청 대원사 계곡길

가을
보랏빛 향기에
흠뻑 젖어보자
거창 별바람 언덕

겨울
한옥마을에서
전통주 한잔
함양 개평마을

버킷 리스트

노란 꽃창포에 파묻혀
인생 사진 찍기

담력 테스트에 도전!
함양 대봉산 휴양밸리 &
진주 월아산

출렁다리
도전하기

추천 코스

고속도로 타고 하루에 한 도시
당일치기 코스

진주

① 진주성 — 의연한 논개의 정신
② 김시민호 유람선 — 남강 위를 유유히
③ 진양호공원 — 즐길 거리 많은 호수 공원
④ 남가람 문화거리 — 조명이 별빛처럼 흐르는 거리

산청

① 동의보감촌 — 한방과 치유의 만남
② 수선사 — 선계로 들어서는 문

함양

① 대봉산 휴양밸리 — 스릴 만점 액티비티
② 상림공원 — 도심 속 천년의 숲
③ 하미앙 와인밸리 — 와인의 세계에 풍덩

거창

① 창포원 — 노란 꽃창포의 계절
② 해플스 팜사이더리 — 사과밭에서 사이더 한잔
③ 거창 항노화 힐링랜드 — 출렁출렁 아찔한 다리

진주

임진왜란의 생생한 현장
진주성

- 경남 진주시 본성동
- 05:00~23:00(18:00 이후 무료)
- 어른 2,000원, 청소년 1,000원, 어린이 600원

임진왜란 3대 대첩으로 한산대첩과 행주대첩, 그리고 진주대첩이 있다. 진주성은 임진왜란 때 우리에게 값진 승리를 안긴 역사적인 장소이자 논개가 왜장을 끌어안고 남강에 투신한 의암순국의 현장이기도 하다. 진주성에 들어서면 먼저 진주대첩을 이끈 충무공 김시민 장군상이 눈에 들어온다. 성 내에는 광한루, 영남루와 함께 국내 3대 누각 중 하나로 불리는 촉석루가 의연히 서 있으며, 아래쪽으로 의암이 내려다보인다.

> **TIP**
> 진주성 안에 있는 국립진주박물관은 필히 가봐야 한다. 임진왜란을 조선과 명나라, 일본이 참전한 동아시아 국제 전쟁으로 해석한 전시가 참신하다. 또 진주대첩과 김시민 장군의 활약상도 자세하게 보여준다. 관람은 무료다.

유람선 타고 남강 뱃놀이
김시민호

- 경남 진주시 망경로 195
- 10:00~21:00
- 어른 8,000원, 어린이 4,000원

남강에서 뱃놀이하던 전통을 재현한 유람선이다. 문화해설사가 동행해 진주성 일대를 돌며 숨겨진 역사 이야기를 들려준다. 김시민호는 촉석나루와 망진나루에서 탑승 가능하며 30분 정도 남강을 유람한다.

불 밝힌 화려한 유등
진주남강유등전시관

- 경남 진주시 망경로 207
- 10:00~21:00
- 월요일, 1월 1일, 설날·추석 당일
- 어른 2,000원, 청소년 1,000원, 어린이 500원

매년 축제를 빛낸 유등이 한자리에 모여 있으며 비단을 둘러 만든 소망등 터널이 인기 포토 존이다. 저녁에는 옥외 공간인 소망진산 유등테마공원에 불을 밝힌 유등을 전시한다.

주말마다 우린 피크닉
경상남도수목원

📍 경남 진주시 이반성면 수목원로 386
🕘 09:00~18:00 ❌ 월요일, 1월 1일, 설날·추석 당일
💰 어른 1,500원, 청소년 1,000원, 어린이 500원

주말 나들이 장소로 사랑받는 진주의 명소다. 넓은 부지에 3,600여 종의 국내외 식물이 자라고 있으며 열대와 난대식물원은 물론 생태온실과 선인장원, 무궁화공원, 야생동물 관찰원까지 볼거리가 가득하다. 울창한 메타세쿼이아숲길 아래엔 그늘진 평상이 설치되어 있으며, 아이들이 뛰어놀기 좋은 잔디광장도 있다. 산림박물관도 꼭 가봐야 할 곳인데, 경상남도 산림과 임업의 역사 등 잘 알지 못했던 지식을 쌓을 수 있다.
수목원은 1시간부터 4시간까지 다양한 관람 코스가 있다. 처음 방문했다면 관람차를 이용해 한 바퀴 둘러보면 좋다. 가볍게 다녀오려면 산림박물관을 먼저 관람한 후 화목원과 잔디광장, 수중식물원, 생태온실 순으로 관람하는 것을 추천한다.

빛이 뿌려지는 대나무숲
남가람 문화거리

📍 경남 진주시 칠암동 502-1

남강변에 조성한 문화 공간으로 관광객들은 남강에 비친 의암과 촉석루를 보기 위해 진주성 맞은편 구간을 많이 찾는다. 대나무숲 산책로를 따라서는 별빛 길이 이어져 있는데, 반딧불이가 날아다니는 듯 반짝반짝한 불빛이 눈을 떼지 못하게 한다.

철도역이 생태 공원으로
철도문화공원

📍 경남 진주시 진주대로879번길 18

100년 역사를 담은 철도역을 새롭게 정비해 만든 공원이다. 역사 건물은 비둘기호와 통일호 등 기억 속 열차를 되살린 전시관으로, 기차 플랫폼은 생태 공원으로 조성해놓았다. 무궁화호 객차 실물도 철길에 서 있다.

┤ ⊕TIP ├
전시관에서 재미난 역무원 적성 검사에 도전해보자.

모험심 강한 사람 모여라
월아산 숲속의 진주

📍 경남 진주시 진성면 달음산로 313

자연 휴양림과 산림 레포츠 단지를 조합한 독특한 산림 복지시설이다. 숲속에 글램핑장과 숲속의집, 산림휴양관 등 다양한 숙소가 있으며 목재문화체험장, 숲속 어린이 도서관을 비롯해 에코라이더, 곡선형 짚와이어 같은 레포츠 시설이 설치되어 있다.
울창한 숲 위를 나는 듯이 달리는 에코라이더는 담력 테스트나 다름없다. 외줄에 매달린 자전거를 타고 최대 15m 공중을 달려나가는데, 매 순간이 아찔하다.
에코라이더가 부담스럽다면 나선형 레일을 타고 내려오는 짚와이어에 도전해보자. 짜릿한 속도감을 즐길 수 있다. 어린아이에게는 네트 어드벤처 시설이 제격이다. 공중에 그물망을 설치한 공간에서 한껏 뛰고 구르는 색다른 체험을 제공한다.

이 터널 끝은 어디일까
진치령 터널

📍 경남 진주시 가좌동 857-1

현지인처럼 가볍게 산책하는 곳. 더 이상 열차가 다니지 않는 폐철도 구간을 자전거와 도보 코스로 만들었다. 터널 안에 조명 시설과 포토 존이 설치되어 있으며, 터널 반대편으로 나서면 진주 대표 캐릭터인 하모 역장이 반갑게 맞는다.

주택의 역사를 한눈에
토지주택박물관

📍 경남 진주시 충의로 19   🕐 10:00~17:00
❌ 공휴일, 5월 1일, 10월 1일

국내 주거 문화의 역사와 집을 짓는 데 쓰는 건축 재료, 도구의 변천사를 알아본다. 전통 가옥에서 아파트 문화로 넘어가는 과정을 흥미롭게 보여주며 국토 개발 단계도 알기 쉽게 풀어놓았다.

온종일 지루하지 않아
진양호공원

📍 경남 진주시 남강로1번길 130(진양호동물원)

맑고 수려한 풍광을 품은 진양호는 인공적으로 만든 호수다. 진양호에는 즐길 거리가 많은데, 그중 가장 인기가 많은 곳이 진양호동물원이다. 호랑이와 곰, 독수리, 낙타 등 45종 290여 마리의 동물이 살아가는 보금자리로 경남 최초의 동물원이자 진주에서 손꼽히는 벚꽃 명소다.

3층 높이의 야외 구조물인 전망대에서는 잔잔한 호수와 그 너머로 솟은 지리산을 한 프레임에 담을 수 있다. 전망 좋은 아천 북 카페에서 책 읽는 시간을 가져보는 것도 색다른 여행이 된다. 진양호반에 인접한 물빛 갤러리에서 편안한 힐링 시간도 가질 수 있다.

> **TIP**
> 아이들과 방문한다면 물놀이터나 에어바운싱돔, 환상의 숲을 추천한다. 모노레일을 타고 꿈키움동산까지 오를 수 있다.

진주의 숨은 박물관
남가람박물관

📍 경남 진주시 내동면 칠봉산길 190
🕐 10:00~18:00 ❌ 월요일, 설날·추석 당일
💰 어른 2,000원, 청소년, 어린이 1,000원

진주 문화 예술을 엿보는 공간으로 고(故) 최규진 초대 이사장이 오랫동안 모아온 유물을 전시한다. 도자기와 근대 서화, 진주 반닫이, 병풍 등 소장품이 무려 2,500여 점에 달한다.

그 시절, 그 사람들
청동기박물관

📍 경남 진주시 대평면 호반로 1353
🕐 09:00~18:00 ❌ 월요일, 1월 1일, 설날·추석 당일
💰 어른 1,000원, 청소년 700원, 어린이 500원

국내 청동기시대 최대 유적지인 대평에 세운 박물관이다. 300여 점의 진품 유물을 전시하며, 디지털 기술로 구현한 대평 사람들의 생활상이 실감 나게 표현되어 있다.

두고두고 생각나는 진주의 맛 3

① 진주냉면

③ 육회 비빔밥

② 육전

| 추천 스폿 ① **하연옥**

📍 경남 진주시 진주대로 1317-20

평양·함흥냉면과 함께 3대 냉면으로 꼽힌다. 1800년대 쓰인 《동국세시기》에 진주냉면에 대한 기록이 있을 만큼 역사가 깊다. 건새우, 황태머리, 멸치 등 해물 국물을 사용하며 육전을 고명으로 올린다.

| 추천 스폿 ② **진주냉면산홍**

📍 경남 진주시 금산면 금산로 62

진주는 예부터 교방 문화가 발달하면서 다양한 음식이 발전해온 곳이다. 그중 하나가 육전으로 얇게 저민 소고기에 밑간을 한 후 달걀물을 입혀 살짝 익혀 먹는데 입안에서 살살 녹아든다.

| 추천 스폿 ③ **천황식당**

📍 경남 진주시 촉석로207번길 3

진주비빔밥은 계절 나물과 함께 소고기 육회를 고명으로 얹은 것이 특징이다. 예전에는 사골이나 양지를 곤 육수에 밥을 지었다고도 한다. 또 선지와 간, 무, 콩나물 등을 넣어 끓인 선짓국을 곁들인다.

예를 담아 드리는 마을
남사예담촌

📍 경남 산청군 단성면 지리산대로2897번길 10

한국에서 가장 아름다운 마을 1호로 알려졌으며 예부터 학식 높은 선비들이 많이 배출되었다. 남사예담촌은 이씨, 최씨, 연일 정씨 등 여러 성씨가 모여 살던 곳으로 마을 이름에는 '예를 담아 드린다'는 뜻이 숨겨져 있다. 마을을 둘러싼 황톳빛 담장은 국가등록문화재로 지정된 소중한 유산이다. 정갈하게 쌓은 담장을 따라 40여 채의 고택이 남아 있으며, 그 중 이씨 고가가 가장 오래된 건축물로 꼽힌다. 마을 안에 운치 있는 찻집과 카페, 염색 체험 공방이 있으며 한복 대여점도 찾을 수 있다.

> **TIP**
> 일제강점기 유림 독립운동을 이끈 곽종석 선생이 이 마을 출신이다. 마을 끝에 자리한 유림독립기념관에 유림들의 활동상이 소개되어 있다.

국악계의 큰 별
기산국악당

📍 경남 산청군 단성면 상동길 69

남사예담촌 맞은편에 기산국악당이 있다. 한국 국악계에 큰 별인 기산 박헌봉 선생을 기념해 지은 곳이다. 야외에 전시된 악기들은 두드려보거나 체험해봐도 된다.

> **TIP**
> 여름과 가을에는 주말 무료 공연이 진행된다. 기왕이면 일정에 맞춰 가보자.

남명 조식의 흔적을 좇아
산천재 & 남명기념관

📍 경남 산청군 시천면 남명로 311

산청에는 조선시대 대학자인 남명 조식이 여생을 보낸 산천재(山天齋)와 남명기념관이 있다. 임금의 부름도 마다하고 평생 초야에 묻혀 학문에 정진한 조식은 후진 양성과 올곧은 선비의 삶을 솔선수범한 인물이다. 산천재에는 조식이 가꿔온 매화나무 고목(남명매)이 있다.

건강한 하루 보내기
동의보감촌

📍 경남 산청군 금서면 동의보감로555번길 61

동의보감촌은 산청세계전통의약엑스포가 개최되는 장소이자 산청을 대표하는 관광 명소다. 우스갯소리로 기운 없던 이들도 건강해져서 나온다는 명약 같은 곳이다. 산으로 둘러싸인 청정한 곳에 위치하니 맑은 공기는 기본이요, 한방 의료 시설에서 침과 뜸 치료도 받을 수 있다. 워낙 넓고 시설물이 많아 미리 위치를 파악하지 않으면 길을 찾아가기 어려우니 갈 곳을 정한 후 움직이는 것이 좋다. 예약이 필요한 체험 시설도 있으므로 사전에 문의해봐야 한다. 숙소와 식당도 있어 하루 온종일 지내도 된다.

> **TIP**
> **동의보감촌 추천 관람 코스**
> 엑스포 주제관 ▶ 산청약초관 ▶ 한방기체험장 ▶ 무릉교 ▶ 산청치유의숲

 동의보감촌 둘러보기

세계전통의약항노화엑스포 메인관
엑스포 주제관
📍 경남 산청군 동의보감로555번길 45-6 🕘 09:00~18:00 ✖ 월요일, 설날·추석 당일
💰 어른 2,000원, 청소년 1,500원, 어린이 1,000원

건강하게 나이 먹는 방법을 주제로 7개 구역으로 나뉘어 전시가 꾸며져 있다. 세계 전통 의약과 한의학에 대한 이야기가 담겨 있다.

한의학 역사와 지혜를 배우다
한의학박물관
📍 경남 산청군 금서면 동의보감로555번길 61 🕘 09:00~18:00 ✖ 월요일, 설날·추석 당일
💰 어른 2,000원, 청소년 1,500원, 어린이 1,000원

한의학의 역사와 미래를 조명하는 공간. AR로 만나는 약전거리나 인터랙티브 월로 연출된 《동의보감》 이야기, 약초 숲 미디어 아트는 아이들도 좋아하는 코너다.

약초의 신비를 캐다
산청약초관
📍 경남 산청군 금서면 동의보감로555번길 91

지리산과 산청 지역에서 자생하는 약초를 가꾼 온실로 건강에 좋은 약초에 대해 알아볼 수 있다.

기 받고 싶은 사람 모여라
한방기체험장

한방 기 수련과 명상을 하며 몸과 마음을 치유하는 공간이다. 석경과 귀감석, 복석정은 좋은 기가 많이 나온다고 알려져 있으니 필히 만져봐야 한다.

사슴과 교감하는 시간
사슴 생태 체험장

십장생 중 하나인 사슴을 가까이서 보는 곳이다. 약초 이름을 붙인 약 30마리의 사슴이 살고 있다.

다리를 건너 치유의 숲으로
무릉교
📍 경남 산청군 금서면 특리 산81 ⏰ 09:00~18:00

공중에 설치된 육각형 출렁다리를 건너가면서 심신을 단련해보자.

걸을수록 건강해져요
산청치유의숲
📍 경남 산청군 금서면 특리 1300-127

동의보감촌과 이어진 숲으로 자신만의 템포로 자연 속을 거닐며 스스로 치유하는 힘을 길러보자.

내가 만든 공진단
산청 동의보감 한의원
📍 경남 산청군 금서면 동의보감로555번길 45-27

대표적 보약인 공진단을 직접 만들어보는 프로그램을 진행한다. 미리 준비된 공진단 재료를 둥글게 굴려 금박을 입히면 된다. 아이들도 쉽게 따라 할 수 있다.

한방 약초 족욕 체험
산앤휴 카페
📍 경남 산청군 금서면 동의보감로479번길 53 ⏰ 11:00~18:30 💰 1인 1,000원

따뜻한 물에 한방 약초 주머니를 넣고 발을 담가 피로를 풀고 혈액순환을 도와주는 체험이다. 차와 함께 즐기면 몸과 마음이 편안해진다.

성철 스님의 집
겁외사

📍 경남 산청군 단성면 성철로 125

한국 불교계의 큰스님인 성철 스님의 생가 터에 세운 겁외사는 시간과 공간을 초월한 절이란 뜻을 지니고 있다. 경내에 성철 스님 동상과 뒤쪽에 복원된 생가가 있다.

> **+TIP**
> 겁외사 맞은편에 있는 성철스님기념관을 먼저 들르면 더 의미 깊은 관람이 된다.

이토록 아름다운 사찰
수선사

📍 경남 산청군 산청읍 웅석봉로154번길 102-23

전통과 현대적인 감성이 공존하는 이색 사찰이다. 연못 가운데에 목조 다리가 놓여 있고 옆에는 신식 카페가 있다. 언덕을 올라 작은 문을 통과하면 그야말로 신세계가 열리는데, 신비한 정원과 사찰이 신선계에 초대받은 듯한 느낌을 준다. 연꽃이 피는 7월이 가장 아름답다.

아담한 정원을 품은 절
대명사

📍 경남 산청군 단성면 강누방목로 435

봄철에 화사한 꽃잔디로 뒤덮이는 작고 아름다운 절이다. 산 중턱에 단정하게 들어선 절은 누군가 정성껏 가꾼 정원 같다.

> **+TIP**
> 경사가 급한 계단이 있어 조심히 오가야 한다. 경내에선 큰 소리로 대화하는 것을 삼가자.

비오는 날 더 운치 있는
전구형왕릉

📍 경남 산청군 금서면 구형왕릉로 92-12

가락국 마지막 제10대 왕인 구형왕의 무덤으로 알려졌다. 국내에서는 유일한 피라미드형 석릉으로 산기슭에 작은 암석을 쌓아 만들었다. 아치형 돌다리와 석담, 기와 건물이 어우러진 풍경이 묘한 분위기를 풍긴다. 비가 보슬보슬 내리는 날이 더 신비롭고 운치 있다.

지리산 맑은 물길 따라
대원사 계곡길

📍 경남 산청군 삼장면 대원사길 455(대원사)

한여름 더위를 식히는 데 계곡만 한 곳이 없다. 짙푸른 숲과 끊임없이 흐르는 계곡을 따라 걷는 대원사 계곡길은 숲길과 도로를 오가며 여행자들을 청량한 세계로 인도한다. 대원주차장부터 유명마을까지 약 3.5km에 걸쳐 있으며, 왕복 4시간 이상 걸린다. 계곡에는 용이 승천했다는 용소와 가락국의 왕이 피란을 왔다는 소막골 등 흥미로운 전설이 많다. 중간쯤 대원사가 나오는데 여기서 잠시 한숨 돌리고 가면 된다. 진흥왕 시기 창건된 천년 고찰로 1948년 여수사건 때 전소되었다가 오늘날 비구니 참선 도량으로 거듭났다. 신라 시기 자장율사가 처음 건립했다고 전해지는 보물급 다층석탑이 있다.

> **➕ TIP**
> 전체 구간을 한 번에 걷기보다 대원사를 기점으로 나눠 걷는 것도 추천한다. 대원사에 주차할 곳이 있다.

분홍분홍 꽃잔디
생초국제조각공원

📍 경남 산청군 생초면 산수로 1064

이른 봄에 꽃잔디축제가 열리는 장소로 66,115m^2(2만여 평) 산지에 국내외 유명 작가들의 작품 27점이 전시되어 있다. 꽃잔디가 진 후에는 알록달록 색색의 다른 꽃들이 들판을 뒤덮는다.

> **➕ TIP**
> 공원 바로 앞에 산청박물관이 있다. 산청에 대한 궁금함을 풀어주는 곳이다.

소나무 정원 아름다운
카페 산청요

📍 경남 산청군 단성면 강누방목로499번길 106-5

한옥과 고즈넉한 정원을 바라보며 차 한잔 마시면서 마음을 가다듬어보자. 카페 맞은편은 도예가 민영기 장인의 작업실이자 전시 공간이다. 투박한 질감의 찻사발과 도자기 작품도 함께 감상해보자.

함양

한번 도전해볼까
대봉산 휴양 밸리

📍 경남 함양군 병곡면 병곡지곡로 331 🕘 09:30~16:30
💰 모노레일 어른 15,000원, 청소년 12,000원, 어린이 10,000원

대봉산 일대에 꾸민 휴양 시설로 삼림욕장과 건강체험 존 등이 있으며 아로마 테라피, 숲 멍 때리기 등 체험 프로그램도 운영한다. 특히 모노레일을 타고 정상에 오르거나 짜릿한 스피드를 만끽하는 짚라인 체험이 인기다. 대봉산 정상인 천왕봉부터 모노레일 하부 승강장까지 총 3.27km를 하늘을 날아 내려온다. 바람 이름을 본뜬 5개 코스가 있으며, 그중 샛바람과 돌개바람 코스가 가장 길고 스릴 있다. 녹음이 우거진 산 능선 계곡을 지나갈 땐 심장이 쫄깃해지는 아찔함에 어질어질할 정도다. 고도 차가 커서 속도감도 대단하다. 새가 되어 날아오르는 느낌이 바로 이런 게 아닐까. 함양에서 한 번쯤 도전해보길 추천하는 액티비티다.

◆ TIP
짚라인은 최소 체험 1시간 전에 휴양 밸리관에 도착해야 한다. 모노레일 승강장까지 셔틀버스로 이동한 후 천왕봉까지 다시 30여 분을 올라가야 한다. 모노레일 탑승만도 가능하다.

숲속에 지은 힐링 숙소
대봉캠핑랜드

📍 경남 함양군 병곡면 원산지소길 192

자연에 안긴 숲속의 펜션. 내부를 나무로 마감해 자연적인 느낌이 물씬하다. 숲속 놀이터와 바비큐장, 식당도 있어 가족 나들이에 제격이다. 아침 새소리에 잠이 깨고, 푸른 산이 바라보이는 테라스에서 힐링 타임을 가져보자. 입실할 때 대봉산 휴양 밸리 할인권을 준다.

정성껏 가꾼 천년의 숲
상림공원

📍 경남 함양군 함양읍 교산리 1073-1

신라 진성왕 때 고운 최치원 선생이 마을과 경작지를 보호하고자 만든 인공림으로 전해진다. 천년의 숲이라 불리며 울창한 나무 사이를 지나면 드넓은 꽃밭과 연꽃 단지도 있다. 근처에 최치원역사공원과 함양박물관이 있으며, 식당, 카페도 많다.

또 가고 싶은 와인 정원
하미앙 와인밸리

📍 경남 함양군 함양읍 삼봉로 442-14 🕘 09:00~18:00

예쁜 정원과 잔디밭, 와인 동굴, 카페, 레스토랑 등 즐길 거리와 먹거리가 한곳에 모여 있다. 먼저 와인 숙성실과 와인 동굴을 관람하고 정원을 둘러보거나 차와 식사를 즐기면 좋다.

> **TIP**
> 팜마켓에서 다양한 와인을 시음해보고 마음에 드는 것을 구입할 수 있다.

가양주가 익는 마을
개평마을

📍 경남 함양군 지곡면 개평길 59

하동 정씨와 풍천 노씨 가문이 터를 이어온 마을로 드라마 〈미스터 션샤인〉에서 고애신의 집으로 등장한 일두 정여창 선생의 고택이 있다.

> **TIP**
> 고택 옆에 500년 전통을 자랑하는 가양주 솔송주 문화관이 있다. 목 넘김이 부드러우며 2007년 남북 정상회담 때 공식 만찬주였다.

동굴에 새긴 경전
서암정사

📍 경남 함양군 마천면 광점길 27-79

거대한 기암괴석 사이를 지나면 독특한 동굴 법당이 나온다. 한국전쟁으로 희생된 원혼들을 달래기 위해 만든 서암정사다. 자연 암반에 굴을 판 후 벽면과 천장 할 것 없이 정교한 조각을 새겨 넣어 보는 이의 감탄이 끊이지 않는다.

구불구불 아름다워라
오도재 & 지안재

📍 경남 함양군 휴천면 지리산가는길 635(오도재 공영 주차장)

지리산을 넘어가는 고갯길인 오도재와 지안재는 아름다운 '도로 100선'에 선정되었던 일품 드라이브 코스다. 전망대에서 내려다보면 언덕 아래로 지그재그 이어진 도로와 지나는 차들이 미니어처처럼 보인다. 곡선 구간이 위험할 수 있어 천천히 운전해야 한다.

거창

노란 꽃물결에 풍덩
창포원

📍 경남 거창군 남상면 창포원길 21-1 🕘 09:00~20:00

거창을 대표하는 명소로 100만 본 이상의 노란 꽃창포가 군락을 이룬 서정적인 풍경이 일품이다. 꽃창포는 5월 중 만개하며, 이 시기에는 넓은 수변 공원에서 일렁이는 노란 물결을 만날 수 있다. 수양버드나무 아래 꽃창포가 수줍게 얼굴을 내민 모습이 소박하고 아름답다. 넓은 부지에는 꽃창포 외에도 수련원과 연꽃원, 아이리스 정원, 수생식물원, 수국원, 장미원 등 갖가지 테마 정원이 가꿔져 있다. 계절에 따라 오색 찬란한 꽃들이 피어나며 축제도 개최된다. 입구 부근에 있는 열대식물원도 잊지 말고 다녀와야 한다. 갖가지 식물과 폭포까지 볼거리가 다양하다. 무료입장.

> **TIP**
> 워낙 넓기 때문에 자전거를 타고 둘러보는 것도 좋은 방법이다. 유료 자전거 대여가 가능하다.

천하 절경에 출렁다리까지
수승대 출렁다리

📍 경남 거창군 위천면 황산리 565 🕘 10:00~17:50
❌ 월요일

멋진 계곡과 아름다운 소나무숲이 어우러져 예부터 사람들의 발길이 끊이지 않았던 곳이다. 수승대 출렁다리도 건너봐야 한다. 높이가 상당한 데다 바닥이 철망 구조여서 아찔함이 최고조에 달한다.

가을엔 보랏빛 향기
거창 별바람 언덕

📍 경남 거창군 신원면 덕산리 산57

감악산에 세운 풍력발전기와 계절별 꽃밭이 이색적인 감흥을 준다. 특히 가을철 아스타 국화가 빼곡한 보랏빛 물결이 아름답다. 거창 시내가 훤히 내려다보이는 풍경과 수려한 산세도 볼만하다.

출렁다리 건너고, 온천에서 힐링하고
거창 항노화 힐링랜드

📍 경남 거창군 가조면 의상봉길 830
🕐 09:00~17:00 ₩ 어른 3,000원

우두산 자락에 조성한 자연 휴양 관광지. 국내 최초로 교각 없이 설치된 Y자형 출렁다리가 전국적인 명성을 얻고 있다. 탐방로를 따라 15분 정도 산길을 오르면 깊은 계곡 사이에 놓인 다리에 도착한다. 현수교지만 출렁거림이 심하지 않아 편안히 건널 수 있다. 모든 방향에 전망대가 있으며 중간 기점에 서면 주변 산세를 입체적으로 감상할 수 있다.
산 중턱에 숲속의집이 있으며 복층 구조에 아일랜드 식탁과 침대까지 갖추어 집처럼 편히 쉴 수 있다. 휴양관에서는 숲 해설과 산림 치유 프로그램도 운영한다.

> **⊕ TIP**
> 차로 10분 거리에 있는 가조 온천을 묶어 하루 코스로 짜는 것도 추천한다. 물이 매끄럽고 부드러워 피부가 보들보들해진다.

거창의 아픈 손가락
거창사건추모공원

📍 경남 거창군 신차로 2924 🕐 09:00~18:00

거창의 아픈 역사를 품은 공간. 1951년 2월에 벌어진 민간인 희생 사건으로 약 700명에 이르는 주민이 국군에 의해 학살되었다. 이들을 추모하며 만든 공원에는 잘 가꾼 연못과 꽃밭, 조경수와 더불어 위령탑과 부조벽, 위령묘지, 역사교육관이 있다.

사과밭에서 상큼한 피크닉
해플스 팜사이더리

📍 경남 거창군 거창읍 갈지2길 192-8 🕐 10:00~22:00
❌ 화요일

국내 최초의 팜사이더리다. 직접 재배하는 사과로 여러 종류의 사이더와 커스터드 사과 파이, 사과 도넛 같은 디저트를 만든다. 사과 햄버그스테이크와 카레라이스도 별미. 사과밭 아래에서 피크닉을 즐기거나 루프톱 카페에서 시간을 보내기 좋다.

"오늘은 어디로 떠나볼까?"

부푼 마음을 안고 책장을 넘겨본다.
페이지가 한 장씩 넘어갈 때마다
마음은 이미 꽃길을 거닐고 푸른 들판을 달리며,
바다를 감싼 코발트빛으로 물들어간다.

길 위에 선 순간 우리는 모두 여행자다.
가슴에 '여행'이란 두 글자를 새겨 넣고
힘차게 발걸음을 내디뎌보자.
눈길 닿는 곳마다
발길 닿는 곳마다
가슴이 두근두근 뛰어오른다.
설렘이 몽글몽글 피어오른다.